国家"十二五"重点图书

世界主要政党规章制度文献

丛书主编：俞可平
执行主编：陈家刚

尼日利亚

主编：宋 微

中央编译出版社

中央编译局文库出版工作领导小组（编委会）

主　　任：贾高建
副 主 任：俞可平　魏海生　陈和平　柴方国　杨金海
委　　员：崔友平　沈红文　杨雪冬　季正聚　陈家刚
　　　　　赖海榕　郗卫东　张文成　刘明清

中央编译局文库出版工作领导小组办公室

主　　任：薛晓源
成　　员：徐向梅　苗永姝

中央编译出版社文库编辑中心编辑小组

刘明清　谭　洁　董　巍　贾宇琰　曲建文　苗永姝
杜永明　盛菊艳　李媛媛　薛迎春　董　妍

总　序

近代的政党,是基于一定的阶级或阶层之上,为了夺取和巩固国家的政治权力,从而维护特定利益的政治组织。与其他政治组织相比,政党最明显的特征,就是它有着明确的政治目标,即夺取政权和维护政权。除了执掌国家政权这一基本职能外,政党也是现代社会中最重要的利益表达和利益综合机构,是连结政府与民众的政治桥梁。政党还是国家政治生活的最重要组织者,是公民参与国家政治生活的重要平台,它履行着政治动员、公共参与和政治教育等重要的政治职能。因此,从权力的角度看,在所有政治组织中,政党是最重要的政治组织,它对近代国家的政治生活有着极为重要的影响。实际上,近代政治就是政党政治。国家权力主要由政党掌握,并且通过政党运行。

由于政党在国家公共政治生活中起着如此关键性的决定作用,规范政党组织本身及其成员的行为和活动,就变得极其重要。从国家的角度看,宪法及相应的专门法律,通常要对政党参与国家政权的方式、途径、范围等作出原则性规定,从而形成了不同的政党制度,如多党制、两党制、一党制、一党主导或一党独大制、多党合作制等。从政党自身的角度看,每个政党都必须有一整套政治纲领和规章制度,明确宣示政党的性质、使命、目标、任务和政策倡议,详细规定党员的资格、条件、义务、责任、权利,以及党的组织形式、选举制度、领导机制、决策程序和纪律约束等。广义上说,政党制度既包括政党的外部制度,也包括政党的内部制度,它们一起构成国家政治制度的重要组成部分。

如果说主权国家是国际政治舞台的主角,那么政党便是国内政治舞台的主角。除了少数小国之外，世界上绝大多数国家的政权实际上都掌握在执政党手中。一个个政党的产生、发展、壮大、掌权、下台、消亡，以及各个政党之间的竞争、合作、争斗、兼并、分化、组合，构成了现实政治生活一幅五彩斑斓的图景。要真正了解当代世界，就要了解世界各国的政治图景，那就不能不了解主演这些政治图景的各个政党。世界的丰富多彩，不仅体现在文化传统、生活方式和乡土风情上，也体现在社会结构、发展模式和政治体制上。进而言之，要真正了解一个国家，就要了解这个国家的政治体制；而要了解一个国家的政治体制，就不能不了解这个国家的政党制度。

中国共产党是按照马列主义原则建立起来的一个革命政党，在夺取国家政权后，特别是在改革开放后，它逐渐从一个革命党转变为执政党。党的根本宗旨没有改变，但党的群众基础、指导思想、组织结构、领导机制和执政方式等，都发生了重大的变化。坚持人民主体地位，发展人民民主已经成为中共执政的基本政治目标；民主、自由、平等、公正、法治、和谐，已经成为中共追求的核心政治价值；民主执政、依法执政和科学执政，已经成为中共的基本执政方式；建设中国特色的社会主义法治国家，推进国家治理现代化，已经成为中共全面深化改革的总目标。所有这些都表明，中国共产党自身正处于现代化的转型之中，实现治理的现代化，不仅是党执政治国的目标，也是党自身建设的目标。政党治理的现代化，是世界各国主要政党共同面临的时代课题。一些政党在推进治理现代化方面，取得了成功的经验，得以继续在本国的政坛叱咤风云；而另一些政党则付出了惨重的代价，直至失去了政权。学习和借鉴国外政党的成功经验，汲取它们的失败教训，对于中国共产党实现治理现代化，有着重要的现实意义。

1998年，我曾经主编过当时国内唯一的《当代各国政治体制》丛书，总共有16册之多，内容包括了世界各主要国家。那套丛书比较客观地介绍了各国主要政治体制，为读者全面了解当代世界的各种政治制度提供了翔实的资料，从而广受好评。此后，我一直想编纂一套介绍世界各主要政党制度的丛书，可惜终未如愿。巧的是，前几年中央为了加强党内法规建设，需要了解和借鉴国外政党的经验做法，有关部门便委托我局编译国外主要政党的规章制度。我认为，这些党内规章制度，虽不能在整体上等同于政党制度，但却在很大程度上体现了党的组织制度、领导制度、决策制度和纪检制度，因而，编译这些国外政党的法规制度，不仅对于我们加强党内法规建设有其借鉴意义，而且将这些材料正式汇编出版，也可以在一定程度上起到帮助读者了解世界各国政党制度，从而更全面地了解世界各国政治制度的作用。

《世界主要政党规章制度文献》丛书，总共有20卷，收录了当今世界绝大多数重要政党的代表性规章制度。在收集、编选和翻译这套丛书的过程中，我们得到了社会各界的大力支持。例如，一些从事世界政党研究的专家学者提出了很好的编纂建议，一些驻外使领馆人员为我们提供了所在国主要政党的最新材料，一些译者放弃休息时间，努力按照要求完成翻译任务；国家出版基金给予了专项出版资助。在此，我代表编者向所有为本丛书出版作出过贡献的朋友们表示衷心的感谢。参与本丛书的许多译者，是年轻的博士后和博士生，他们积极性高，责任心强，但尚缺乏足够的翻译经验，错讹之处还望读者谅解并不吝批评。

俞可平

2015年1月13日于方圆阁

目　录

导　言 ………………………………………………………………… 1

第一部分　宪法、全国性涉党法律 …………………………………… 1

 尼日利亚宪法（1999 年）………………………………………… 3

 尼日利亚宪法第一修正案（2010 年）………………………… 142

 尼日利亚宪法第二修正案（2010 年）………………………… 149

 尼日利亚宪法第三修正案（2011 年）………………………… 153

 选举法（2010 版）……………………………………………… 159

 选举法（2010 修正案）………………………………………… 227

 选举法（2011 修正案）………………………………………… 237

 政党管理法案（2011 年）……………………………………… 240

第二部分　主要政党内部规章制度 ………………………………… 245

 人民民主党党章 ………………………………………………… 247

 人民民主党宣言 ………………………………………………… 295

 行动大会（党）党章 …………………………………………… 299

 行动大会（党）宣言 …………………………………………… 332

 人民进步党党章 ………………………………………………… 343

 人民进步党宣言 ………………………………………………… 371

1

人民联盟民主前线（党）宣言 …………………………………… 425

民主变革大会（党）宣言 ………………………………………… 438

社会主义重建民主党宣言 ………………………………………… 443

进步变革大会（党）宣言 ………………………………………… 455

行动联盟党宣言 …………………………………………………… 461

考瓦党宣言 ………………………………………………………… 464

全国转型党党章 …………………………………………………… 471

全国转型党宣言 …………………………………………………… 493

全尼日利亚人民党宣言 …………………………………………… 509

非洲解放党宣言 …………………………………………………… 523

尼日利亚改革党宣言 ……………………………………………… 527

后　记 …………………………………………………………………… 536

导　言

尼日利亚是撒哈拉以南非洲最大的新兴民族国家，尼日利亚的政治稳定对西非乃至整个非洲大陆都具有示范作用。作为一个拥有250多个部族的国家，尼日利亚通往现代化的核心在于，如何实现由传统部族社会向现代民族国家的过渡转型，即如何把严重分割、封闭落后的多个部族，进行整合，将其塑造成为具有凝聚力和一体化的统一民族。并在此基础上，形成一个现代国家生存所必需的统一的国家政治体制和具有行动能力的中央政府，以及与之相适应的现代政治公民的价值体系价值观念。这不仅是尼日利亚一国的问题，而且是整个非洲大陆在现代化进程中共同面临的困境。

一、尼日利亚的政治制度

（一）尼日利亚政治概况

作为西非大国，尼日利亚广土众民，人口逾1亿。尼日利亚历史上曾产生过璀璨的诺克、贝宁文化。独立后经济迅速发展，特别是20世纪70年代后半期石油工业高速发展，使得尼日利亚成为西非经济强国。2014年4月初，重新计算后尼日利亚的国内生产总值达到了5099亿美元，超过了南非成为非洲大陆第一经济大国。[①] 尼政府与社会有一种普遍心理，尼将成为非洲复兴的希望，成为撒哈拉以南非洲经济实力最强、可以发挥领头作用的国家。

[①] 周玉渊：《南非与尼日利亚关系：从合作到竞争》，载《西亚非洲》2015年第1期，第108页。

然而，在政治发展方面，尼日利亚的民族国家之路却并非一帆风顺。尼日利亚自 1960 年独立以来，就不断经历军事政变、军人专政以及"孜孜不倦"的"还政于民"计划。尼历史上仅有的一次政权在文官政府之间过渡的努力也因军事政变而失败。"透明国际" 2013 年发布的腐败洞察指数（Corruption Perception Index，CPI），尼日利亚得分为 25，位列第 144 位。① 联合国开发计划署 2013 年发布的人类发展指数（Human Development Index），尼日利亚得分为 0.504，位列第 152 位。② 2014 年底公布的全球民主排名（Global Democracy Ranking）中，尼日利亚排名第 104 位，较 2013 年上升了 1 位。其民主改善程度排名世界第 18 位。③

（二）尼日利亚的政治体制

1. 国家元首

尼日利亚联邦宪法规定，总统为国家元首、联邦行政长官和联邦军队统帅。

依据宪法第 131 条，参加竞选尼日利亚总统须满足以下的条件：尼日利亚出生的公民；年龄须达到 40 周岁；隶属于一个政党，并被其政党支持；必须接受高中以上教育并具有学历证书或同等的学历证书。

宪法第 143 条规定了对总统的罢免：总统或副总统根据本条规定，可以被罢免；若有不少于三分之一的国民议会成员签名通过控诉，并以书面形式呈交参议院院长，详细声明总统或副总统在任职期间严重渎职情况；在收到控诉书的七日内，参议院院长应将相应的控诉书副本送达被指控者本人，并将控诉书及被指控者针对指控的回复，一起发送给每一位议员；在控诉呈送给参议院院长的十四日内（无论是否有对指控的回复声明），每一个议院便可不经过辩论，进行对指控是否调查的动议；调查动议须经

---

① Transparency International Corruption Perceptions Index 2013.

② Human development index (HDI), http://hdr.undp.org/en/content/human-development-index-hdi-table.

③ Global Democracy Ranking, http://democracyranking.org/wordpress/? page_id=828.

每个议院不少于三分之二的议员多数通过；根据上一款规定，在通过调查动议的七日内，根据参议院院长的要求，尼日利亚首席大法官应任命以七个人组成的专门调查小组，调查该指控。该小组的成员应正直，不能来自于公务员系统、立法机构或者政党团体；接受调查的被指控者有辩护的权利，并可选定律师进行辩护；专门调查小组，应根据国民议会的规定，拥有相应的权力并承担职责，在成立的三个月期限内分别向众议院和参议院提交调查报告；若根据提交的报告，指控不成立的，就不再进行下一步程序；若根据提交的报告，指控成立的，并且国民议会每一个议院在收到报告的十四日内，有不少于三分之二的人支持该报告，则该报告即获得通过，被指控者应从该报告获得通过之日起被罢免。

2. 国家行政机构

国家行政机构包括联邦行政机构和地方行政机构。中央行政机构是负责制定和执行全国政策与规划的机关，由总统、副总统、总理、副总理、总检察长和政府各部部长组成。中央政府行政权属于总统，总统可直接或通过下属官员行使这一权力。作为中央政府首脑，总统有权撤销国家机关，任免副总统和各部部长、助理部长以及常务秘书。政府一切决定都以总统的命令、指示形式下达。

地方行政机构由36个州政府组成。地方的行政权被授予各州的州长，并且应当遵循由州议会制定的任何法律条款，直接由州长行使或通过副州长、各州的专员或各州的公职人员行使；并且应当延伸至为执行和维持本宪法，以及所有由各州的州议会临时制定的法律。

3. 国家立法机构

宪法第4条对立法权做出规定：尼日利亚联邦共和国授予参议院、众议院组成的联邦国民议会立法权；国民议会有权通过立法来保持联邦的和平、秩序和良好政府；国民议会对涉及联邦的和平、秩序和良好政府的事项享有专属立法权，除非本宪法另外有规定，州议会不得行使；若州议会制定的法律与国民议会制定的法律不一致时，以国民议会制定的法律为准；与国民议会制定的法律不一致的内容应视为无效；联邦各州的立法权应由各州州议会行使；除本宪法另有规定外，国民议会或州议会行使立法权时，必须受制于法院以及根据法律设立的法庭，因此，国民议会或者州议会不能制定关于推翻法院或者根据法律设立的法庭的任何法律；国民议会或者州议会不应制定任何追溯性的有关刑事犯罪的法律。

4. 国家司法机构

宪法第6条对司法权做出规定，授予联邦法院联邦的司法权；授予州法院各州的司法权；联邦法院和州法院是尼日利亚的高级记录法院；除国民议会或者州议会的另外规定，每一个法院都具有高级记录法院的全部权力。

尼日利亚设立的法院包括：尼日利亚联邦最高法院，上诉法院，联邦高等法院，联邦首都阿布贾直辖区高等法院，各州高等法院，联邦首都阿布贾直辖区伊斯兰教上诉法院，各州伊斯兰教上诉法院，联邦首都阿布贾直辖区习惯法上诉法院，各州的习惯法上诉法院，在其权限范围内由国民议会制定的法律授权行使司法管辖权的其他法院，以及在其权限范围内由州议会制定的法律授权使一审或上诉管辖权的法院。

宪法所授予的司法权包括，在不违背本宪法的情形下，包含任何根据法律设立的法院依法固有的权力及其实施制裁的权力；涉及所有公民之间、政府及所有公权力之间管辖权的权力，所有与公民权利和义务相关的，包括实体及程序在内的所有事项；除本宪法另有规定外，有权审查任何本宪法列于第二章的与国家政策的指导原则及基本目标不一致的政府机构或个人的行为、法律或司法判决。

针对选举中可能产生的争议，设立选举法庭。该法庭对以下事务拥有排他的初审管辖权：当选国民议会成员是否合法有效；宪法规定的职位任期是否应停止；提交选举法庭裁决的问题或请求是否恰当。每个州应设立一个或多个州长和州议会选举法庭，拥有对当选州长、副州长和州议员是否合法有效执行事务的排他的初审管辖权。

（三）政治体制的根源与基础

1. 政治建构深受宗主国影响。19世纪末和20世纪初，英国通过与其他欧洲列强的谈判确定了尼日利亚西部、北部和东部的疆界，只有濒临大西洋的南部疆界算是自然形成的结果，并依照尼日尔河，将这块土地命名为"尼日利亚"。英国人出于维护和推进殖民利益的需要，实行分而治之的政策，在形式上把不同族群和不同区域捏在一起，但没有加以整合。所以，严格意义上讲，"尼日利亚不是一个国家，它是一个纯粹的地理概念"①。殖民政府就在行政上采取了联邦体制，设三个行政区作为尼日利亚联邦政府的下辖单位，但享有高度自治，并分别被多数族群所把持，即豪萨-富拉尼人主宰北区、约鲁巴人控制西区、伊博人掌握东区。② 之所以进行这样的制度设计，主要是出于应对尼日利亚复杂的族群状况，无法达到共同的政治认同。

"二战"后，英国殖民当局先后设计了理查兹宪法、麦克弗逊宪法和李特尔顿宪法等三部宪法，一方面推动尼日利亚从政治自治最终走向主权独立，另一方面也为尼日利亚设计了一整套以西方政治模式为蓝本的政治制度。然而，这样的一套体系往往与尼日利亚的现实经济和社会发展水平不相适应，与独立后尼日利亚在政治发展、国家构建和民族发展方面面临的首要任务或核心问题并不吻合。西方式政体所追求的多党竞争与议会政治，在尼日利亚不幸地演化成畸形的族群政党冲突和地区分裂主义政治。

2. 联邦制国家，地方政府权力较大。作为一个多族群的国家，尼日利亚在历史上从来没有形成过国家机体，因此期望国家能够自然形成一个民族国家根本没有现实的基础。众多的族群拥有不同的土著语言、生活方式和社会结构，在殖民时代开始前生活在不同的地区，组成了不同的社会，或称帝国、王国或城邦，基本上处于一种分散但割据的状态。"二战"结束以后，英国在尼日利亚先后制定并颁布了三部宪法，最终以联邦制的形式，促成了尼日利亚成为一个独立的国家。赋予州以一定的自治权，以使得原有的族群意识和区域认同在法律上得到确认和巩固。

---

① Obafemi Awolowo, *Path to Nigerian Freedom*, London: Faber & Faber, 1966, pp. 47–48.
② 蒋俊：《尼日利亚建国以来的族群政策述评》，载《世界民族》2013年第3期，第33页。

在尼结束军人统治、实现"还政于民"后，部分州为扩大州权，要求建立由州控制的警察力量，遭到了联邦政府和议会的拒绝。① 1999年10月27日，北方赞法拉州未经联邦同意，率先正式实行伊斯兰教的行政和司法制度，并援引宪法条文论证其合法性，与联邦政府相争，引起数州效法。② 从军人政权过渡到文官政权，州权必然要扩大，但能否将州权的扩大控制在一定范围内，使其不致成为离心或分裂因素，这是尼日利亚所面临的现实问题。

3. 军人政治向文官政治转型步履维艰。尼日利亚在1960年10月摆脱了英国殖民统治，成为一个独立的国家。然而不久后，即在1966年1月发生了第一次军事政变，第一共和国倾覆。此后，尼日利亚经历了多次成功或未遂的军事政变，军人长期执掌国家大权。③ 民选政府领导的第二共和国于1979年10月成立，但在1983年12月又在军事政变中被推翻。穆罕默德·布哈里、易卜拉欣·巴班吉达和桑尼·阿巴查先后夺取国家政权，实现军人独裁。④ 直到1999年5月29日，奥巴桑乔就任尼第三共和国总统，尼日利亚终于实现了文官统治。然而在这次总统大选中仅有三个政党、人民民主党的奥巴桑乔和全民党—民主联盟党两党竞选联盟的奥卢·法拉埃两名总统候选人参加。而这两个候选人都是军人出身、都担任过军政权首脑等背景，因此被媒体冠之以"将军间的竞选""将军们的民主"。

奥巴桑乔上台后，在对待军队势力方面，迫使担任原军政权联邦和州政府要职的近百名军官退休，使新政权与军政权划清界限。⑤ 在经济政策

---

① 张怀印：《尼日利亚宪法述评》，载《河北法学》2007年第10期，第173页。
② 郑宪：《还政于民后的尼日利亚——奥巴桑乔政府的内外政策和面临的挑战》，载《西亚非洲》2000年第1期，第39页。
③ 从1966年1月至1979年10月，托马斯·阿圭伊-伊龙西、雅库布·戈翁、穆塔拉·穆罕默德和奥卢赛贡·奥巴桑乔先后以军人身份统治尼日利亚。
④ 庆学先：《军人执政与民族国家构建——尼日利亚民族国家构建研究》，载《学海》2011年第4期，第190页。
⑤ 郑宪：《还政于民后的尼日利亚——奥巴桑乔政府的内外政策和面临的挑战》，载《西亚非洲》2000年第1期，第38页。

方面，放松政府管制，实行私有化和多元化。私有化领域涉及电力、航空等部门。多元化政策包括企业类型的多元化、出口商品结构的多元化等。政府在保持石油和可可等主要传统出口产品发展的同时，还支持天然气出口发展计划，鼓励国家石油公司在海外投资。然而，尼日利亚面临的许多根深蒂固的问题没有、也不可能在短期内得到解决。自奥巴桑乔总统1999年就职以来，有上万人在各种政治、民族、宗教暴力冲突中丧生。此外，尼国内电力供应时断时续，石油产品严重短缺，经济几乎瘫痪。

二、尼日利亚的政党制度

（一）尼日利亚的政党概况

尼日利亚在解除党禁后，实行了多党制。以下简单介绍几个政党：

1. 人民民主党。由前军政府首脑奥巴桑乔任主席，是一个广泛的大众化联盟和一个广泛的职业政治家与退役军官的联盟，它是一个"中间偏左"的政党，也是尼日利亚最大的政党，其成员分布在全国36个州和阿布贾首都区。该政党在全国有较大影响，特别是在北、中、东和南部的影响较大，在西南地区影响较小。[①]

2. 全民党。是尼日利亚第二大政党，其主席是穆赫杜德·瓦兹里。该党是一个"中间偏右"的政党，有广泛的群众基础，其成员分布在全国各州和阿布贾首都区。其中一些人是折中主义的政治家，另一些人是前军政首脑阿巴查[②]的支持者。

3. 民主联盟。主席是波拉·伊吉（前奥约州长），约鲁巴族人。该党比较激进，其成员分布在全国14个州和首都区，其主要势力范围在西南地

---

① 李起陵：《尼日利亚还政于民向第三共和国过渡》，载《西亚非洲》1999年第3期，第1页。

② 1985年8月，陆军参谋长巴班吉达政变上台建立政府，宣布要还政与民，并在1993年的6月举行了总统选举。由于巴本人落选，于是他以舞弊为由取消了选举结果，要求重新投票，引发了严重的政治危机。巴班吉达被迫辞职，局面由一个过渡政府维持。1993年11月，国防部长阿巴查将军发动政变，自立为国家元首和武装部队总司令，成立了新的军政府。

区的约鲁巴族人地区，还有一些东、北以及中部地区的政治家与企业家。该党提出了一些激进的变革与发展的主张。①

此外，尼日利亚还有行动大会（党）、人民进步党、民主变革大会（党）等几十个注册政党。

（二）尼日利亚的政党制度

1. 多党参与的民主选举制。1966—1978年间尼日利亚没有政党存在。穆罕默德和奥巴桑乔将军在随后的"还政于民"过程中认识到，领导尼日利亚的政党必须超越部族利益，有广泛地区代表性，因此在1977年宪法中规定，政党要向所有国民开放，并于1978年解除了党禁。有五个政党参加了1979年的全国大选并进入了议会，其中影响最大的有尼日利亚人民党、尼日利亚统一党和尼日利亚民族党。而这三个党正是分别以第一共和国时期的尼公民国民大会、行动集团和北方人民大会为基础而成立的。② 尼日利亚民族党候选人谢胡·沙加里在此次大选中获胜。这三个政党又继续参加了1983年大选，尼日利亚民族党连胜，但军人以腐败和金钱政治为由，再度取而代之，又持续统治了16年。其间有两次还政于民的努力。③ 1998年阿巴查猝死，其接班人阿布巴卡尔将军主持了向民选政府的再次过渡，

---

① 杜小林：《尼日利亚政党政治的发展》，载《西亚非洲》2004年第4期，第62页。

② 1944年，麦考莱与恩纳姆迪·阿齐克韦共同创建尼日利亚和喀麦隆国民理事会（NCNC，后改为尼公民国民大会），支持者主要为伊博族人。1950年，约鲁巴族律师奥巴费米·阿沃洛沃以约鲁巴文化协会为基础成立行动集团（AG）。同期，豪萨族传统军事统帅阿哈迈杜·贝洛和阿布巴卡尔·巴勒瓦（后任尼首任总理）在北部成立了北方人民大会（NPC）。这三个党基本上均以部族和地区为基础，各党领导层中三大部族成员所占比例为，尼公民国民大会中伊博族占49.3%，行动集团中约鲁巴族占68.2%，北方人民大会中豪萨－富拉尼族占51.3%。Richard Sklar & C. S. Whitaker, Jr., "Nigeria" in Political Parties and National Integration in Tropical Africa, Berkeley: University of California Press, 1964.

③ 一次是20世纪80年代末90年代初，由巴班吉达将军主导，仿美国政党模式成立了国家共和大会（党）和社会民主党两个政党，参加1993年大选，社会民主党候选人、身兼约鲁巴和穆斯林双重身份的富商莫舒德·阿比奥拉自称获胜。但随后军政权即宣布选举无效，政党解散。第二次是军政权统帅阿巴查将军授意于1996年成立了五个政党，这些党都提名阿巴查为自己的总统候选人，这显然是为了军人变相继续掌权。

人民民主党、尼日利亚全民党（2002年改为全尼日利亚人民党）和民主联盟成立。人民民主党赢得1999年大选组建政府，称为尼日利亚第三共和国。① 1999年大选仅有这三个党参加。2003年共27个政党注册参选，但总统选举主要在奥巴桑乔和全尼人民党候选人布哈里之间较量，议会席位基本由三个党瓜分，新的政党力量微乎其微。

2. 三大政党鼎立。人民民主党、全民党以及民主联盟支持基础相对稳定，基本上代表了全国各大部族、主要集团和社会组织的利益。人民民主党由于历史渊源深厚，组成基础十分广泛，涵盖了三大部族在内的众多部族及知识分子、商人和农场主等各行业人士，支持面已从最初的中部扩及全国。全尼人民党领导层中豪萨族政治家占多数，同时也包括一些前军队将领和伊博族政治家，支持基础在西北部和东北部。民主联盟领导层基本由约鲁巴族构成，支持基础在西南部。而之所以形成三大政党鼎立的格局，主要是由于尼日利亚的选举制度有利于大党的发展。尼日利亚实行选区制，获胜者须赢得该区所有选票，败者遭淘汰，这一制度利于大党而不利于小党。而尼日利亚立法提高了政党成立的门槛，使得代表个别地区和部族利益的政党参选受限。

（三）政党体制的根源与基础

1. 政党领导能力较弱为军人干预政治提供了机会。尼日利亚建国之初全国分为四个行政区，即北区、西区、东区和首都区。除首都区以外，其他三区分别由豪萨－富拉尼人的"北方人民大会党"、约鲁巴人的"行动派"、伊格博族的"尼日利亚全国公民会议"把持。这样的国家体制深刻地反映了尼日利亚族群结构的特点。然而这三大政党各谋其利，相互倾轧，关系日渐恶化，置整个国家的稳定安危而不顾，1966年第一届文官政府即是在政党无休止的吵嚷与内耗中黯淡收场。此后尼日利亚就陷入了一轮又一轮的军事政变中。政党之间的争斗不仅反映了深层的族群矛盾和区域矛盾，而且也说明尼日利亚政治精英缺乏领导国家的能力和手段。相比

---

① 杜小林：《尼日利亚政党政治的发展》，载《西亚非洲》2004年第4期，第60—61页。

而言，军人似乎给人民提供了另一种选择，甚至成为一种可依赖的政治力量。在大多数的情况下，军事政变之所以发生，是因为国家陷入了持久的暴力和动乱之中。在动乱中，军政府成立起先还受到了举国欢迎。

2. 民主基础薄弱。虽然宪法为尼日利亚设计了一套看似完备的选举制度，但是由于尼日利亚本身民主基础的薄弱，使得选举制度在执行层面上面临诸多的难题。仅以1999年大选为例，尼日利亚的主要监督组织、由170个人权和公民社会组织组成的过渡监测团在全国各地部署了1万名经过培训的观察员，他们观察到了普遍的选举欺诈和违法乱纪。该组织主席奥克耶说："在全国许多州中有欺诈，经常是同选举官员和安全人员勾结。"美国华盛顿的全国民主学会对选举中出现的伪造选票、操纵选举、威吓选民、暴力和欺诈等行为表示非常忧虑，特别是在动荡不安的石油产地尼日尔三角洲地区和尼东南地区。美国总统布什所属共和党的国际共和党研究会称这次选举为"直接的或未遂的欺诈"。欧盟观察团报告说，选举被严重违法乱纪和欺诈所破坏。一份欧盟观察团的陈述宣布尼日利亚总统选举和许多州的州长选举遭到严重违法乱纪和欺诈的破坏。在一些州，民主选举所要求的最起码标准都没达到。[1]

3. 腐败问题挑战政治建设能力。石油收入是尼日利亚的主要经济来源。在尼日利亚石油投资领域，存在的最大问题是决策过程缺乏透明度。开发权及承包项目的授予经常取决于政府官员的态度，这就滋生了大量腐败行为。世界石油巨头荷兰皇家壳牌公司就曾坦言，该公司在尼日利亚南部产油区的开采活动助长了当地的暴力和腐败，并加剧了当地的贫困状况。在年国内生产总值约450亿美元的尼日利亚，仅石油行业每年因腐败造成的损失就高达60亿美元。[2] 经济管理不善、腐败且对石油的过分依赖是尼日利亚恶劣的经济情况和贫苦加剧的主要原因。尽管国家有相对丰富

---

[1] 李文刚：《奥巴桑乔喜中有忧的大选结局——2003年尼日利亚大选述评》，载《西亚非洲》2003年第4期，第50页。

[2] 赖早兴、洪细根：《国际因素与尼日利亚的反腐败实践》，载《西亚非洲》2006年第7期，第51页。

的石油财富,但尼日利亚基本的社会指标表明,它是世界上最贫穷的20个国家之一。① 在尼日利亚议会权力机关以及司法、行政执法等部门中都存在着严重的腐败问题。腐败损害了民众和政府间的信任关系,损害了民主制度。腐败问题败坏了尼日利亚的政府形象,使尼日利亚企业与权力密切关联,造成了社会动荡,严重影响尼日利亚的政府治理。

4. 伊斯兰宗教势力的诉求日益扩大。自独立以来,长期的军人统治、经济管理不善、金融混乱、贫穷、社会紧张状态和腐败,导致尼日利亚伊斯兰极端主义兴起,民众转向宗教渠道表达自己对社会的不满,重申伊斯兰宗教认同和政治抱负,确信伊斯兰教会带给他们更大的社会公正和经济福祉。② 权力滥用和腐败的一个必然结果是,国家很容易发生暴力事件,穷人将会通过暴力来表达他们的不满。③ 对非洲穆斯林来说,伊斯兰教给他们提供了一个身份认同的凭证……他们的宗教认同比公民身份认同更重要。④ 特别是"9·11"事件之后,基地组织开始在全球寻求新的生存空间,并逐渐在非洲活跃。"博科圣地"(Boko Haram)开始在尼北部发迹,并逐渐发展为一支伊斯兰极端恐怖组织。2011年,"博科圣地"袭击了联合国驻尼日利亚代表处大楼,引起世界震惊。"博科圣地"具有明确的反对尼日利亚世俗政府、推行伊斯兰教法的政治主张,并以恐怖手段宣示其存在和力量,对政府和人民造成极大的生命财产损失和恐慌心理。"博科圣地"已经具备了恐怖主义的基本特性,被称之为"尼日利亚的塔利班(Taliban)"。⑤

---

① 参见尼日利亚打击经济与金融犯罪委员会网站。
② Abdelkerim Ousman, "The Potential of Islamist Terrorism in Sub-Saharan Africa," *International Journal of Politics, Culture and Society*, Vol. 18, No. 1/2, Fall/Winter, 2004, p. 77.
③ 〔美〕托因法洛拉:《尼日利亚史》,北京:东方出版中心2010年版,第217页。
④ 李文刚:《非洲伊斯兰教的现状与发展趋势》,载《西亚非洲》2010年第5期,第39页。
⑤ 刘鸿武、杨广生:《尼日利亚"博科圣地"问题探析》,载《西亚非洲》2013第4期,第54—55页。

三、尼日利亚政党内部规章制度分析

(一) 政党内部建设概况

尼日利亚政党的产生很大程度上是受到了殖民统治的影响，其民主基础十分薄弱，政党制度先天不足。而在尼日利亚这样一个自身发展阶段又较为滞后，部族、宗教和地区矛盾十分突出的国家中，政党政治的发展更为艰难，因而在初始阶段难以遏制军事政变，并被迫让位于长时间的军政权统治。反过来，军政权统治则压制了民主政治的发展，进而阻滞了民族国家的建设进程。然而，作为一种上层建筑，政党政治毕竟比部族忠诚更能适应尼日利亚现代社会的发展要求，因而虽在形式上几经中断，但内部的演变却并未停滞。

尼日利亚政党政治的演变具有极强的自身特色。同时，由于尼日利亚是典型的黑非洲国家之一，其政党政治也部分体现出非洲国家政治发展的一般共性，即形式上为多党制，内容上以选举为核心，发展趋势上为一党坐大。① 由于各党成立的目的就是为了参加选举、夺取政权，因此大部分政党都比较注重加强党的建设，不断提高党内民主决策和科学决策的水平。一般来说，那些具有一定规模的政党都设立了一套完整的党章、党内候选人提名规章以及竞选宣言等。为保证决策的科学性，党在决策过程中注意征求、吸收基层组织、党员个人，甚至是党外群众的意见，并相应建立起一套制度，出台了一些规定和办法。如代表大会是党的最高权力和决策机构，代表大会召开得越民主，决策过程就越民主。各党召开党代会方式灵活，气氛活跃。党代表有充裕的时间发言，可以提出质疑，发表不同意见。② 提前向全党公布党代会文件，使党的最重要决策充分反映党员意志。各党还普遍设立纪检和监察机构，强化党风、党纪建设，加强对领导人的监督。

---

① 杜小林：《尼日利亚政党政治的发展》，载《西亚非洲》2004年第4期，第63页。
② 丁逾：《非洲国家执政党如何发扬党内民主》，载《当代世界》2012年第5期，第71—73页。

(二) 政党内部规章制度的类型

1. 党内规章

第一,对党内选举的规定。各党派都重视对党内领导人筛选制度的建设。大部分政党在党章中规定设立全国选举和提名委员会,并单独颁布党内候选人提名规则。例如,行动大会(党)党章规定,应该设有选举委员会对针对任何候选人的投诉进行裁定;全国级别的选举委员会应该由全国执行委员会组成,还应包括廉政正直的党员,并反映国家地理分布状况。州级别的选举委员会应该由州级执行委员会组成,还应包括七名廉政正直的党员,并反映州的地理分布状况。

第二,对政党资金的管理规定。几乎所有政党都设立了全国司库或财务主管负责管理党内资金。例如,民主党在党章中规定:民主党的持续的资金来源包括:民主党党员上交的党费、注册费及税费等,民主党投资的收益,津贴及捐助款,经法律认可的个人及集体的赠予及补助,经国家行政委员会批准的贷款等;民主党资金管理的透明度及责任:全国行政委员会须指定标准的财政法规,以管理民主党各级别的资金,各级别财政委员会必须包括财政主管、财政部秘书及审计员,这些人参与到民主党资金的实际管理工作中;在全国级别,由主席负责确保关于联邦政治任命问题的党费调整要符合此章程的相关条款的规定;适用于全国级别的条款也适用于大区级别。

第三,对党内纪律监督的规定。几乎所有的政党党章都对党员的权利、义务以及纪律做出了明确规定。例如,人民进步党党章规定:党员纪律应该通过党的相应级别的纪律委员会进行执行,应包括相应的程序和公平的听证,并遵守党的附则规定,党的行为规范以及道德价值观;党的任何成员当被发现有下列触犯行为时,应该受到惩罚:违背党章的规定;开展反党活动,以任何方式毁坏党的名誉,使党陷入遭人仇恨、鄙视、嘲笑和践踏名声的境地;实行党的或党的官员的合法指令时采取不服从或忽视的态度;蔑视党的裁决和决议,从事不正当行为,欺骗党,不断缺席会议,开展反党的宣传或其他任何破坏党的和平的、合法的有效的组织活动，或从事与实现党的宗旨和目标相违背的活动；操着不被党章认可的头衔，向党的任何机关传递错误信息，在没有授权的情况下，公开宣传党内还没有得到全面解决或公正的有争议的纠纷问题。

2. 政党宣言

第一，发展民生。例如，全国转型党宣言中提出，发展教育的目标是：为儿童普及基础教育，教育须与地方相关，并与全球通用标准接轨；推行现行的、为民所享的、负担得起的、优质的和节约成本的教育模式；推行职业培训和成人扫盲；为十八周岁以下的每位儿童提供义务教育；不断推行公民教育；在不妥协的基础上，继续促进和鼓励发展私立教育；改善教育机构的学习环境；实施功能性教育，做好关于满足国家对劳动力需求的研究。此外，发展卫生事业的目标是：根据世界卫生组织的建议，加大对医疗保健领域的投资；通过公共医疗保健教育，推行预防性卫生服务项目；通过建立公私伙伴关系，发展基础性设施；在卫生保健领域促进私营企业的参与；在公共医疗服务机构推行免费的基本卫生保健；在教育机构，推行校内卫生规划；推进全民综合医疗卫生保健；对医疗人员进行再培训和重新定向；对二三级医疗机构实施创业管理；针对性项目：母婴健康、疟疾、艾滋病、癌症等；加大对公共、军事、准军事机构和私营机构的医疗研究；在实践的基础上，支持和发展替代性医疗保险。

第二，发展经济。例如，社会主义重建民主党宣言中提出的发展经济目标是，党的经济政策基于其民主社会主义的意识形态。我们将不仅促进和确保充足尽责的政府经济调控，还将在国家领导的经济框架下积极主动参与经济事务。通过促进民主参与，鼓励各关键利益相关者委派代表参与宏观经济管理以及各经济部门的管理，来扩大经济的民主自治。推动民主参与宏观经济管理和个别经济部门管理，意味着党将努力培养利益相关者和公民参与经济的管理和规范活动。利益相关者的参与意味着，经济实体或改革进程所在的社区，将真正有机会参与决策，这些决策很可能会切实影响到业主、股东、工人、管理人员、消费者、社区居民等的利益。

第三，改善治理。例如，民主党在宣言中提出的改善治理目标是，强调人民福祉的参与性民主制原则；面向全体公民社会公正和机遇平等原则；促进和捍卫尼日利亚联邦制政府；问责和透明度原则，目的在于重建民众对政府、纪律和领导力的信心并以此作为公众生活的基础，而个人诚信作为处理公众事务的重要的道德观念；在我们人民中培养同一性，无论社会、政治或经济地位公正平等对待他人；在保证宗教自由和良好的道德心的同时维持尼日利亚是多宗教国家的现状。

（三）政党内部规章制度的价值和作用

1. 建立了相当完备的党内层级体系。几乎所有成规模的政党都建立了全国代表大会、全国理事会、全国执行委员会、区域执行委员会、选区管理委员会、社区选区指导委员会以及投票站调动委员会等。通过严密的组织层级，各政党将方针政策逐级传达和贯彻。

2. 无统一的意识形态和明确的阶级基础。各党竞选纲领就是党的纲领、路线和政策，政治思想多元，很难区分左右，组成上倾向于全民党。如人民民主党的创建者中就包括了保守派、自由派、左派和激进派等各派人士。

3. 政党对政策影响力小。在尼日利亚政治生活中，以总统为代表的行政权权限很大，立法和司法权限相对较小，在议会中总统超脱党派归属，每个党又难得形成一致立场，因而党通过议会对政府发挥的作用有限。就执政党内部来说，总统等高官参加党的核心会议，但并无义务执行党的决议，党本身对决策也没有多少发言权。①

四、尼日利亚制度建设的挑战与未来

（一）地方部族势力制约政治发展

美国学者哈维·格利克曼指出："非洲的政治仍然被民族冲突严重分割开来。在不到十年的时间内，由通向民主的开放所提供的政治空间仍然

---

① 杜小林：《尼日利亚政党政治的发展》，载《西亚非洲》2004年第4期，第62页。

是一个竞技场,在那里,政策的争论与民族力量、民族政党和在民族基础上获得支持的候选人之间展开不平等竞争。"① 这也正是尼日利亚的现实。尼日利亚是一个具有高度的文化多样性、语言各异、宗教繁多、民族关系结构十分复杂的国家。尼全国约有250个部族,其中北部的豪萨-富拉尼族、西部的约鲁巴族和东部的伊格博族为三大主要部族。这些大小部族分属不同的语言集团,信奉不同的宗教,有着彼此不同的风俗习惯。② 仅仅在半个世纪之前的民族独立运动中,有的民族主义者强烈反对建立一个统一的尼日利亚这种"人为制造的国家"。由此可见,克服地方民族主义是尼日利亚政治发展的核心主题。尼日利亚各届政府都把克服地方民族主义、实现国家政治与民族一体化作为一个基本目标来追求。历届政府都试图逐渐削弱地方传统领导人的权力、强化中央集权程度、扩展中央政府权力和职能以及创建统一的国民文化体系等推动尼日利亚政治的一体化,但都是步履维艰。

(二)经济发展有望带动政治进步

在传统的认识中,尼日利亚经济严重依赖石油等资源,国内制造业、农业和服务业非常落后,尼日利亚经济单一化问题相当严重。然而,国内生产总值的重新计算根本性地改变了这一认识。根据世界银行以及麦肯锡等机构的报告,实际上自2000年以来,尼日利亚的经济增长主要靠生产能力提高推动的,经济增长部分主要来自非资源行业,这反映了尼日利亚经济更加多元化。虽然石油等资源仍是国家收入重要来源,但根据世界银行2014年的报告,2012年石油产业占国内生产总值的比例只有15.8%,而没有重新计算的比例为37%。③ 麦肯锡报告还预测,到2030年,贸易、基础设施、制造业和农业四个行业将会带来5000亿美元的经济增长,这几乎

---

① Timothy D. Sisk & Andrew Reynolds eds., *Elections and Conflict Management in Africa*, Washington, DC: United States Institure of Peace Press 1998, p.37.

② 黄泽全:《尼日利亚的两大难题:民族和宗教矛盾》,载《西亚非洲》1993年第3期,第49页。

③ World Bank, Nigeria Economic Report, No.2, Washington D.C.: World Bank Group, 2014.

相当于当前的经济总量。① 对于大国而言，经济实力的增长必然伴随着经济和商业利益的对外扩张、自我认知的变化、国际战略的重新定位、海外利益保护需求的上升，以及对外行动能力的提高。因此，尼日利亚积极参与非洲联盟主席的角逐，联合国安理会非常任理事国席位争夺，非洲地区事务的主导权竞争等。而对国际和地区事务的参与，也在体系层面上为尼日利亚的政治进步施加了外部压力。

（三）公民参与公共治理的积极性日益增强

公民参与是指普通公民通过各种合法方式参加政治生活，影响政治体系构成、运行方式、运行规则和政策过程的行为，是现代民主政治最主要的特征之一。② 从1986年起开始的还政于民计划由于种种缺陷，成了没有尽头的过渡，尼日利亚人对此失去信心。这种状况对公民社会的形成和活动起到了催化作用。阿巴查政府时期对反对他的社会力量则采取了更严厉的镇压手段。而军政府的做法使国家与公民社会的关系成为单一的对抗关系，不仅没有扼杀公民社会，反而激起他们的不断反抗。在此期间，大量人权组织在尼日利亚蓬勃发展，国际社会对这些组织也给予了大量援助。尼日利亚的公民社会组织大致可分为五类：（1）民权和自由组织。如公民权利组织、保卫人权委员会、宪法权利计划等。(2) 倡导民主和责任制的组织。如民主运动、民主律师协会、尼日利亚联合民主阵线、尼全国解放理事会、民主联合行动等。(3) 行业组织和劳工组织。如尼大学学术职员联盟、尼律师协会、尼医学协会、尼记者联盟、尼劳工大会等。(4) 保护经济、社会、文化和性别利益的各种组织。如尼手工业者协会、尼日利亚妇女等。(5) 各种宗教、族体和地方性的组织。如尼日利亚基督教协会、

---

① Richard Dobbs, Reinaldo Fiorini, AchaLeke, Aliyu Suleiman, Fraser Thompson, David Wright, Nigeria's Renewal: Delivering Inclusive Growth in Africa's Largest Economy, McKinsey Global Institute, May 2014.

② 王浦劬主编：《政治学基础》，北京：北京大学出版社1995年版，第207页。

天主教主教大会、北部长者论坛、中部地带论坛等等。①公民社会的发展对于表达公民诉求、改进和加强尼日利亚民主制度发挥了越来越重要的作用。

---

① 李文刚:《公民社会对尼日利亚民主化的影响》,载《西亚非洲》2004年第4期,第56页。

第一部分
宪法、全国性涉党法律

尼日利亚宪法（1999 年）

我们尼日利亚联邦共和国全体人民郑重宣布，在上帝的保护下，团结和睦，共同维护国家主权，决不分裂；致力于巩固非洲稳定、维护世界和平、推进国际合作以及加深共同理解；基于自由、平等、正义的原则建立良好政府，谋求全国人民的幸福安乐，巩固国家和人民的团结稳定，谨此制定、通过并实施本宪法。

第一章 总 则

第一节 尼日利亚联邦共和国

第 1 条 宪法的至高无上性

（1）本宪法对尼日利亚联邦共和国政府和人民始终具有最高约束力。

（2）尼日利亚联邦共和国主权独立，除按照本宪法之规定，尼日利亚政府或其任何机构都不受任何个人或团体的控制。

（3）其他任何法律与本宪法不一致的，以本宪法为准；与宪法不一致的法律和不一致的部分无效。

第 2 条 尼日利亚联邦共和国

（1）尼日利亚联邦共和国，是一个统一的、不可分割的主权国家。

（2）尼日利亚是一个由每个州和联邦首都直辖区组成的联邦。

第 3 条 州和联邦首都阿布贾

（1）尼日利亚共由 36 个州构成，它们分别是：阿比亚州，阿达玛瓦州，阿南布拉州，阿夸·伊博姆州，包奇州，巴耶尔萨州，贝努埃州，博尔诺州，十字河流州，三角洲，埃邦伊州，埃多州，埃基提州，埃努古州，贡贝州，伊莫州，吉加瓦州，卡杜纳州，卡诺州，卡齐纳州，凯比州，科吉州，夸拉州，拉各斯州，纳萨拉瓦州，尼日尔州，奥贡州，翁多洲，奥逊州，奥约州，高原州，河流州，索科托州，塔拉巴州，约比州和扎姆法拉州。

(2) 尼日利亚的每一个州及其相应区域，都在本宪法附件一（略）中标明。

(3) 每个州的州长办公所在地点为该州首府，其在附件一中标明。

(4) 联邦首都直辖区阿布贾的有关规定，在附件一中标明。

(5) 在本宪法第八章中规定了联邦首都直辖区阿布贾的有关情况。

(6) 尼日利亚包含768个地方政府区域及6个地区议会，并分别在本宪法附件一中标明。

第二节 尼日利亚联邦共和国的权利

第4条 立法权

(1) 尼日利亚联邦共和国授予由参议院、众议院组成的联邦国民议会立法权。

(2) 国民议会有权通过立法来保持联邦的和平、秩序和善治，以及对任何涉及本宪法附件二第一部分所列事项享有专属立法权。

(3) 国民议会对涉及联邦的和平、秩序和善治的事项享有专属立法权，除非本宪法另有规定，否则州议会不得行使。

(4) 除本条第（2）款赋予的立法权外，国民议会就下述事项也享有立法权：

(a) 对本宪法附件二中的第二部分"联邦国民议会与州议会共有立法权"中列出；

(b) 任何授权的其他事项都应依照本宪法。

（5）若州议会制定的法律与国民议会制定的法律不一致，则以国民议会制定的法律为准；与国民议会制定的法律不一致的内容应视为无效。

（6）联邦各州的立法权应由各州州议会行使。

（7）各州的州议会对各州，诸如和平、秩序和善治，以及任何涉及下述事项的部分享有立法权，即：

（a）任何列于本宪法附件二第一部分以外的专属立法权事项；

（b）本宪法附件二中第二部分"联邦国民议会与州议会共享有立法权"所列的任何事项；

（c）任何授权的其他事项都应依据本宪法。

（8）除本宪法另有规定外，国民议会或州议会行使立法权时，必须受制于法院以及根据法律设立的法庭，因此，国民议会或者州议会不得制定关于推翻法院或者根据法律设立的法庭的任何法律。

（9）国民议会或者州议会不得制定任何追溯性的有关刑事犯罪的法律。

第5条　行政权

（1）联邦的行政权力：

（a）在遵守国民议会制定的法律的前提下，授予总统直接行使或通过副总统、联邦政府部长或联邦公职人员行使；以及

（b）应当延伸至为执行和维持本宪法，以及所有由国民议会制定和通过的法律。

（2）各州的行政权：

（a）在遵守州议会制定的法律的前提下，授予各州的州长直接行使或通过副州长、各州的专员或各州的公职人员行使；并且

（b）应当延伸至为执行和维持本宪法，以及所有由各州的州议会制定和通过的法律。

（3）本条第（2）款授予各州的权力，不得：

（a）阻止或损害联邦行政权力的行使；

（b）危害联邦政府在该州的资产或投资；或者

（c）危及尼日利亚联邦政府的存继。

（4）除上述规定外，

（a）总统无权宣布联邦与另一个国家处于战争状态，但得到国民议会参众两院联席会议的正式决议的批准除外；

（b）除得到参议院的事先批准，联邦武装部队不得在尼日利亚境外部署，或参加战斗。

（5）除本条第（4）款的规定，总统在其认为国家安全处于紧急威胁或者危险之际，通过与国防委员会的协商，可以调动联邦武装部队在尼日利亚境外进行一场有限的战斗。

上述情形下，总统应当在实际开战的七日内寻求参议院的批准，参议院应在十四日内决定是否批准。

第 6 条　司法权

（1）根据本条创立的联邦法院，授予联邦的司法权。

（2）根据本条创立的州法院，被授予各州的司法权。

（3）根据本条第五款的（a）至（i）项所规定的联邦法院和州法院，是尼日利亚的高级记录法院；除国民议会或者州议会的另外规定，每一个法院都具有高级记录法院的全部权利。

（4）本条款中的任何内容，不得被理解为阻碍：

（a）国民议会或任何州议会根据本条规定，设立服从高等法院管辖的法院；

（b）国民议会或任何州议会废除任何由它有权设立的法院。

（5）本条所指的法院，包括：

（a）尼日利亚联邦最高法院；

（b）上诉法院；

（c）联邦高等法院；

（d）联邦首都阿布贾直辖区高等法院；

（e）各州高等法院；

（f）联邦首都阿布贾直辖区伊斯兰教上诉法院；

(g) 各州伊斯兰教上诉法院;

(h) 联邦首都阿布贾直辖区习惯法上诉法院;

(i) 各州的习惯法上诉法院;

(j) 在其权限范围内由国民议会制定的法律授权行使司法管辖权的其他法院;以及

(k) 在其权限范围内由州议会制定的法律授权使一审或上诉管辖权的法院。

(6) 根据本条上诉条款所授予的司法权:

(a) 在不违背本宪法的前提下,包含任何根据法律设立的、法院依法成立的、固有的权力及其实施制裁的权力;

(b) 涉及所有公民之间、政府及所有公权力之间管辖权的权力,所有与公民权利和义务相关的,包括实体及程序在内的所有事项;

(c) 除本宪法另有规定外,有权审查任何与本宪法规定的国家政策的指导原则及基本目标不一致的政府机构或个人的行为、法律或司法判决;

(d) 在本条生效之日起,不能管辖自1966年1月15日以后制定的、任何仍然生效的有关政府机构和个人职权的法律性和程序性问题。

第7条 地方政府

(1) 本宪法保障民主选举产生的地方政府理事会,以及各州的政府应当遵循本宪法第8条的有关规定。

(2) 法律授权的人在指定的地区行使超越当地政府理事会的职权时,应当:

(a) 明确地、具体地划定这些地区;以及

(b) 合理地划定这些地区时,应确保:

(i) 该地区的社会共同利益;

(ii) 社会传统的交往;

(iii) 行政管理上的便利。

(3) 根据本条第(2)款,各州的地方政府理事会有责任参与当地经济发展计划的制订,以及为此目的,根据由州议会颁布的法律设立一个经

济计划委员会。

（4）各州政府应确保在州议会选举中每位有选举权和被选举权的公民在地方政府理事会的选举中享有同样的选举权和被选举权。

（5）法律赋予地方政府理事会的职责应包括本宪法附件四中所列出的事项。

（6）除本宪法规定外，

（a）国民议会应制定将联邦的公共收入分配给地方政府理事会的财政规定；

（b）各州的州议会应制定将本州的公共收入上缴给地方政府理事会的财政规定。

第 8 条 新州设立和边界调整

（1）只有满足以下条件时，国民议会才可以通过法律创立新州：

（a）必须得到下列至少三分之二以上成员（即要求设立新州的地区）的支持，包括：

（i）参议院和众议院；

（ii）该地区的州议会；以及

（iii）由国民议会认可的该地地方政府理事会；

（b）创建新州的提案应当由拟创建新州的地区三分之二以上的公民投票通过；

（c）该公投结果须由联邦各州的过半数议员表决批准；以及

（d）该提案由国民议会的每个院的三分之二以上议员正式表决通过。

（2）关于任何现存的州的边界调整的法案，只有符合以下条件，才能获得国民议会通过：

（a）调整边界的法案，需得到下述的三分之二以上成员的支持（代表要求调整边界的地区以及受边界调整影响的地区），包括：

（i）参议院和众议院；

（ii）该地区的州议会；以及

（iii）由国民议会认可的该地的地方政府理事会；

(b) 关于边界调整的法案获得通过，须经由以下程序：

(i) 国民议会的每一个院的过半数议员的表决通过；以及

(ii) 上述地区的州议会的过半数议员的表决通过。

(3) 只有符合下述情况，关于设立新的地方行政区的法案才能获得州议会的通过：

(a) 得到以下每一个机构至少三分之二以上成员（要求设立新的地方政府的区域）的支持，包括：

(i) 该州议会；以及

(ii) 由州议会批准的该地区的地方政府理事会；以及

(b) 设立地方行政区的法案应得到该区域的至少三分之二以上公民投票表决通过；

(c) 公投的结果由每个地方行政理事会的过半数成员表决通过；

(d) 公投的结果由州议会的三分之二以上议员表决通过。

(4) 只有在以下情况下，州议会对任何现存地方行政区的边界调整的法案才能获得通过：

(a) 关于边界调整的法案获得下述每一个机构的三分之二以上成员（代表要求调整边界的地区以及受边界调整影响的地区）的支持，即：

(i) 该地区的州议会；

(ii) 由国民议会批准的该地区的地方政府理事会；

(b) 边界调整的法案应由该地区州议会的过半数成员表决通过。

(5) 按照本条通过的法案在国民议会应当确保涉及各州或者地方行政区名称和首府的有关条款应当与本宪法第 3 条所列一致。

(6) 为了确保国民议会能够行使本条第（5）款赋予的权力，在依照本条第（3）款设立了更多地方行政区划之后，其所在州的议会应向国民议会的参众两院提交完整的报告。

第 9 条 宪法修改的程序

(1) 国民议会对本宪法任何条款的修改，应当遵守本条的相关规定。

(2) 根据本法第 8 条国民议会提出的宪法修正案，除非该法案获得不少于该院全体议员三分之二的正式表决支持，否则国民议会的任何一个议院都不能通过该修正案。

（3）关于本条，以及第 8 条和第四章相关条款国民议会提出的修正案，应获得国民议会每个议院全体议员的五分之四以上表决通过，并且至少三分之二以上的州议会以正式决议通过，否则国民议会任何一个议院都不能通过该修正案。

（4）为实现本宪法第 8 条以及本条第（2）、（3）款的目的，即使国民议会每一个议院的议员人数存在空缺，也应被视为是本宪法第 48 条、第 49 条规定的议员数。

第 10 条　禁止国教

联邦政府或者州政府不应批准任何一个宗教作为国教。

第 11 条　公共秩序和公共安全

（1）国民议会可以为任何涉及联邦或地方公共安全、公共秩序和公共服务的，以及对其认为必须提供维护和安全保障的事项立法。

（2）本条中的任何条款不得被解释为排除州议会对本条相关事项的立法权，包括维护和保障国民议会认可的事项。

（3）当联邦处于战争状态时，国民议会应当对例如和平、秩序、善治以及任何未被包括在专属立法权范围内，但为了联邦防御的必要和便利的相关事项立法。

（4）任何时候，在各州的州议会因为该州的形势不能履行其职责时，国民议会应当对原属于州议会立法权范围的，例如涉及该州和平、秩序、善治等事项进行立法，直到该州议会能够重新行使其职能时为止，并且这些由国民议会依照本条制定的法律，应当被视为与该州州议会制定的法律具有同等效力。

本条中任何条款都不应当被解释为赋予国民议会免除该州州长或者副州长职务的权力。

（5）为了实现本条第（4）款的目的，州议会如果能够举行会议或处理事务，就不能被认为是无法履行职能。

第 12 条　条约的履行

（1）未经国民议会批准的联邦与其他国家之间签订的条约，不具有法律效力。

（2）为了履行条约，国民议会可以对联邦或者任何未被包括在专属立法权范围内的事项的任何部分立法。

（3）依据本条第（2）款通过的法案，国民议会只有在得到联邦大多数州议会的正式批准后，才能呈报总统签署和颁布。

第二章　国家政策的根本目标和指导原则

第 13 条　政府的基本义务

所有政府机构和公职人员均有责任和义务行使立法、行政、司法权力来维护和遵守本宪法第二章中的规定。

第 14 条　政府与人民

（1）尼日利亚联邦共和国应该是一个建立在民主、正义原则基础上的国家。

（2）现，宣称：

(a) 尼日利亚的主权是属于尼日利亚人民的，政府依据宪法被人民授予权力；

(b) 政府的主要职责是保障人民的安全和福利；以及

(c) 依据本宪法的规定，确保人民参与政府管理；

（3）联邦政府或者其机构的构成和管理必须反映尼日利亚的联邦性质，促进和维护国家统一和完整，确保不能由个别几个州、几个种族或区域性集团在政府或者任何一个机构中占优势。

（4）各州政府的组成机构，地方政府理事会以及该政府理事会的任何一个机构，政府和委员会及其管理机构都应当认可其地域范围内的民族多样性，并促进联邦所有人民的归属感和忠诚感。

第 15 条　政治目标

（1）尼日利亚联邦共和国的宗旨是：团结与信任、和平与发展。

（2）共和国应当积极鼓励民族的融合，禁止因籍贯、性别、宗教信仰、地位、种族、语言等方面的差异而造成的歧视。

（3）各个州均有责任促进民族融合；

（a）提供足够的便利，促进人员、货物和服务在整个联邦的自由流动；

（b）保障每一个公民在联邦每个地区都享有充分的居住权；

（c）鼓励不同的地域、宗教信仰、种族或者语言间的人民通婚；

（d）促进和鼓励跨越种族、语言、宗教信仰和其他障碍的融合。

（4）国家应当在联邦各族人民之中培养和促进归属感和参与感，使其对国家的忠诚超越对各阶层或群体的忠诚。

（5）国家应当彻底取缔所有营私舞弊和滥用权力的行为。

第16条 经济目标

（1）为实现本宪法中规定的理念和目标，国家应当：

（a）利用国家的资源，促进国家繁荣，并创造一个高效的、有活力的和独立自主的经济；

（b）调控国民经济以便在社会正义及地位、机会平等的基础上实现每个公民最大限度的福利、自由和幸福；

（c）在保持中立而不偏向主要经济部门的前提下，管理和运行主要的经济部门；

（d）在不威胁任何个人参与主要经济部门权利的前提下，保障每个公民参与除主要经济部门之外的任何其他经济活动的权利。

（2）国家应当通过政策，确保：

（a）促进有计划和均衡的经济发展；

（b）使国家的物资尽可能地被用于和分配于公共服务；

（c）使经济体系的运行不出现财富集中或者是由少数个体或群体掌控生产和交换的情况；

（d）为全体公民提供适当和充足的住房、足量的食物、合理的国家最低生活工资、老年保健和养老金，以及失业保障、病假保障和残疾保障。

（3）国民议会有权以法律形式组建机构，

（a）随时审查在尼日利亚经营的企业的所有权和控制权，并对总统提出合理建议；

（b）制定对上述企业所有权进行规制的法律。

（4）本条所称：

"主要经济部门"应当被理解为直到国民议会通过一个相对的正式决议之前，由国民议会的每个院以正式决议宣布的，由联邦政府专属管理和经营的经济部门。在本条正式生效之前，已由联邦政府开展的专属经济活动，包括其直接的或是通过法定代理机构、其他公司开展的，都应当被理解为是主要经济部门；

（a）"经济活动"包括直接与生产、财富、商品及服务的分配和交换有关的活动；

（b）"参与"包括提供劳务和提供商品。

第 17 条　社会目标

（1）国家的社会秩序是设立在自由、平等和正义的理念之上。

（2）为了维护社会秩序：

（a）在法律面前，每个公民都应该享有平等的权利、义务和机会；

（b）应该承认、维护和加强人的尊严；

（c）政府的行为必须是人道的；

（d）除非为了公共利益，否则无论出于其他何种理由，都应禁止开发人力或者自然资源；

（e）应当保证法院的独立、公正和诚信，以及诉讼的便捷。

（3）国家应协调其政策，确保：

（a）所有的公民，不受任何歧视享有充分的生活资料的权利，以及适宜的就业机会的权利；

（b）工作条件是公正和人道的，并保障充足的娱乐以及社交、宗教和文化生活的时间；

（c）所有被雇佣的劳动者的健康、安全和福利不被损害和滥用；

(d) 为所有人提供充足的医疗条件和保健设施；

(e) 实行同工同酬，不得由于性别或者任何其他原因实行差别待遇；

(f) 保护儿童、青年以及成年人不受任何剥削，或遭到道义上和物质上的损害；

(g) 应当在必要的情形下，得到公共援助；

(h) 促进和提高家庭生活水平。

第 18 条 教育目标

(1) 政府应当确保所有阶层的人获得公平和充分的教育机会。

(2) 政府应当促进科学和技术发展。

(3) 政府应当争取消除文盲；为此，政府应当在适当的时候提供：

(a) 免费的义务教育以及普及的基础教育；

(b) 免费的中等教育；

(c) 免费的大学教育；

(d) 免费的成人扫盲计划。

第 19 条 外交政策目标

外交政策目标应当为：

(1) 维护国家利益；

(2) 促进非洲一体化，支持非洲统一；

(3) 促进国际合作，加强世界和平和所有国家间的相互尊重，消除各种形式的歧视；

(4) 尊重国际法以及条约的义务，致力于通过协商、调解、仲裁和裁决的方法解决国际争端；

(5) 推动正义的国际经济秩序的形成。

第 20 条 环境目标

国家应当保护和改善环境，保护尼日利亚国内的水、空气、土地、森林和野生动物等资源。

第 21 条 尼日利亚文化建设目标

国家应当：

(1) 维护和加强尼日利亚文化,以及人类尊严;

(2) 鼓励和发展科学技术研究,加强文化价值观。

第22条 大众媒体的义务

报刊、广播、电视及其他大众传媒机构应当始终自觉维护本章所述的根本目标,有责任和义务维护政府的治理。

第23条 国家伦理

国家倡导守纪、诚信、劳动尊严、宗教宽容、社会正义、自力更生和爱国主义。

第24条 公民的义务

每个公民都有义务:

(1) 遵守本宪法、国家理念和制度,尊重国旗、国歌、国家誓言以及合法组建的政府;

(2) 增进尼日利亚的权力、威望和声誉,保卫尼日利亚,及在必要时服兵役;

(3) 尊重其他公民的尊严、权利和正当利益,秉持团结、和谐和共同友爱的精神;

(4) 为其所居住的社区的发展和幸福做出积极的、有益的贡献;

(5) 为适当的和合法的政府机构提供必要的帮助,以维护法律和秩序;

(6) 向适当的和合法的政府机构诚实地申报收入情况并及时缴纳税款。

第三章 国 籍

第25条 因出生取得国籍

(1) 下述人因出生而成为尼日利亚公民:

(a) 在独立日之前出生在尼日利亚的人,如果其父母任何一方或者其祖父母任何一方是尼日利亚本土居民的;

但是，如果其父母任何一方或者其祖父母任何一方都不是在尼日利亚出生，那么就不能被视为尼日利亚的公民；

（b）每一个在独立日之后在尼日利亚出生的人，其父母任何一方或者其祖父母任何一方是尼日利亚本土公民；

（c）每一个在尼日利亚境外出生的人，其父母任何一方为尼日利亚本土公民。

（2）本条中"独立日"是指1960年10月1日。

第26条 因登记取得国籍

（1）除本法第28条的规定外，一个人可以根据本条申请登记为尼日利亚公民，如果总统确信：

（a）其是一个有优良的品行的人；

（b）其已经充分表达了在尼日利亚定居的愿望和意图；

（c）其已经根据本宪法附件七的规定进行了效忠宣誓。

（2）本条相关条款适用于：

（a）正在或已经与尼日利亚公民结婚的任一妇女；

（b）在尼日利亚境外出生的，其祖父母任何一方为尼日利亚公民，并已成年且具有完全行为能力的任何人。

第27条 因归化取得国籍

（1）除本法第28条的规定外，任何符合本条相关条款资格规定的人，都可以向总统申请归化入籍证书。

（2）任何人申请归化入籍，均须先由总统确信：

（a）其已经成年并且具有完全行为能力；

（b）其是一个有优良品行的人；

（c）其已经明确表明了在尼日利亚定居的愿望和意图；

（d）根据其正在或者打算定居的州的州长意见，该申请人能够被其申请永久居住的社区所接受，并且已经融入该地区的生活方式；

（e）其是一个已经或者有能力为尼日利亚的发展和幸福做出有益贡献的人；

(f) 其已经根据本宪法中附件七的规定进行了忠诚宣誓;

(g) 在提交申请日之前,其已经满足以下条件中的任何一项:

(i) 其已经在尼日利亚连续居住满十五年;或者

(ii) 其在尼日利亚连续居住满十二个月,并且在此前的二十年内,其在尼日利亚居住的时间不少于十五年。

第 28 条　双重国籍

(1) 除本条相关条款另有规定外,一个人如果不是因出生取得尼日利亚国籍的,那么当他不是因为出生而获得或者保留非尼日利亚国家的公民资格或国籍时,则其随即丧失尼日利亚国籍。

(2) 因归化加入尼日利亚国籍的,如果其不是因出生而享有他国国籍的,应当从其被授予尼日利亚国籍之日起的不超过五个月内,无条件放弃他国国籍。

第 29 条　放弃国籍

(1) 任何尼日利亚的成年公民如希望放弃其尼日利亚国籍的,应当按照法定方式发表声明放弃。

(2) 总统应当依据本条第(1)款做出的声明,停止其尼日利亚公民资格。

(3) 以下情形下,总统可暂缓依据本条第(1)款做出的声明登记:

(a) 该声明是在尼日利亚实际处于战争期间做出的;或者

(b) 总统认为,该声明违反了公共政策;

(4) 本条第(2)款项所规定的,

(a) "成年"的意思是十八周岁及以上;

(b) 已婚妇女视为已成年。

第 30 条　剥夺国籍

(1) 非因出生而取得公民资格的人在归化入籍之后的七年内,如果被判处三年及以上的监禁,总统可以剥夺其公民资格。

(2) 总统取消非因出生而取得尼日利亚公民资格的人的公民资格时,

必须依据法院或者其他法庭诉讼记录或者在依据其他规定做出应有的调查之后做出，包括：

（a）该人的行为或言语已经背叛了尼日利亚联邦共和国；或者

（b）该人，在尼日利亚处于战争期间，非法与敌军交易或者参与、进行在总统看来在战争中对尼日利亚的敌军有帮助的任何交易，或者非法与敌军联系以对尼日利亚不利或者蓄意损害尼日利亚利益。

第 31 条 视为拥有尼日利亚国籍的人

如果一个人的父母或者祖父母在独立日之时还活着，那么该人出生时，其父母或者祖父母因为他的出生而具有公民身份，该人的父母或祖父母应当被视为尼日利亚公民，本条中"独立日"是指本宪法第 25 条第（2）款所指的日期。

第 32 条 制定规则的权力

（1）总统应当制定与本章不相抵触的规则，规定便于执行本章相关条款所必要的事项，并给予尼日利亚公民的不愿加入尼日利亚国籍的非尼日利亚配偶特殊的移民地位以使其获得全部居住权。

（2）总统根据本条款制定的任何规则应当提交国民议会。

第四章 基本权利

第 33 条 生命权

（1）每个人都享有生命权，任何人不得被故意剥夺生命。但因在尼日利亚境内犯罪而被法院判处死刑的情况除外。

（2）因以下情况而死亡的，不应当视为被剥夺了生命权。但以下行为必须是合理和必要的：

（a）保护当事人或者其财产不受非法暴力侵害的；

（b）实施依法逮捕或者防止依法拘留人员逃跑的；或者

（c）基于平定暴乱、骚乱或者叛乱目的的。

第 34 条 尊严的权利

（1）任何人的尊严不得受到侵犯：

（a）任何人不得受到酷刑或不人道或有辱人格的对待；

（b）任何人都不应被奴役和压迫；

（c）任何人都不应被要求进行强制性的劳动。

（2）本条第（1）款（c）项中的"强制性的劳动"的内容不包括：

（a）法院审判结果中所要求的任何劳动；

（b）联邦军队或者警察在执行任务时所要求的任何劳动；

（c）缔约方故意拒服兵役的情况下，替代服务所需的劳动；

（d）在生活或社会福祉出现紧急情况或灾难的威胁下，满足劳动力的合理需要；或

（e）下列情况下的劳动或服务：

（i）为维护社会的福祉而履行的正常的公民义务；

（ii）国民议会法规定的为联邦军服役的义务；

（iii）对尼日利亚公民进行关于的国民议会法的普及教育的义务。

第35条 个人的自由权

（1）在下列情况下，除了按照法律允许的程序，人人有权享有人身自由，任何人不得被剥夺这一权利：

（a）执行法院有关刑事罪行的裁判；

（b）确保遵守法院命令，以及履行根据法律规定的强制性义务；

（c）根据法院的命令或有合理理由相信，犯罪嫌疑人，并迫使其告上法庭，或者是合理必要的预防犯罪的蔓延；

（d）当事人未满十八周岁时，须保障其教育和福利；

（e）当事人有传染性疾病的、精神失常的、吸毒的、酗酒的情况的，相关方对其提供的以护理或治疗为目的的社会保障；

（f）出于防止以任何非法目的进入尼日利亚的、驱逐、引渡或者用其他手段将当事人驱逐出尼日利亚的。

如果当事人受到犯罪指控并且被依法拘留候审时，不得超过依法律规定的最长拘留期。

（2）被逮捕或者拘留的任何人员都有权保持沉默，不回答任何问题，

直到其与律师或者其选择的其他人员协商为止。

（3）被逮捕或者拘留的任何人员应在二十四小时内（以其能够理解的语言）收到其被逮捕或拘留的事实和原因的书面通知。

（4）按照本条第（1）款（c）项被逮捕或者拘留的当事人，如果未出现以下情形，那么应在合理的时间提交法庭。

（a）逮捕或拘留之日起两个月内没有获准保释；或者

（b）逮捕或拘留之日起三个月内获准保释，他将无条件释放或者在为确保不妨碍其后对他的审理而采取必要措施后释放。

（5）本条第（4）款中的"合理时间"是指，

（a）如果被逮捕或拘留的地点半径四十公里内有司法健全的法院，那么期限为一日；

（b）在其他情况下，法院可考虑期限为二日或者更长的时间。

（6）当事人遭受非法逮捕或拘留，应获得赔偿，并且由适当的机关或个人进行公开道歉。此款中，"适当的机关或个人"是指法律规定的机关或个人。

（7）本条内容不应理解为：

（a）本条第（4）款不得适用于基于合理理由被怀疑犯有死罪而被逮捕或拘留的人；

（b）不能因为某一法律授权规定联邦政府军队或尼日利亚警察成员因有罪而拘留期限不超过三个月的原因，而被认为无效。

第36条 公平听证的权利

（1）在有关确定公民权利与义务的判决中，当事人应该被赋予公平听证权，在合理的时间内以宪法所规定的方式由法院或者其他审判机构保证其独立和公正。

（2）以下情形并不损害本条的规定，法律并不因授权政府决定哪些影响或可能影响公民权利及义务而无效；

（a）在政府做出决定影响当事人的权利和义务之前，须向其提供申辩的机会；

（b）不包含任何使行政机关决定具有最终效力的条款。

（3）本条第（1）款相关事务的法院处理程序必须公开进行。

（4）任何人受到犯罪指控，除非对其撤销指控，否则他都应该由法院或者法庭赋予平等的公开听证的权利，但——

（a）法院或者法庭出于保护国防利益、公共秩序、社会公德、未满十八周岁的当事人的利益、个人隐私，或者诸如此类由于公开就可能与司法宗旨相违背的情形的除外；

（b）在法院或法庭的诉讼中，如果联邦政府部长或者州政府专员认为诉讼涉及公共利益而不适宜公开审判，那么法院或者法庭应该要求当事人提供相关证据，并采取必要措施防止泄露。

（5）被指控有罪的当事人在被证明有罪前应被视为无罪。要求当事人自证其罪的法律是无效的。

（6）被指控有罪的人有权：

（a）及时以其能够理解的语言被告之其详细罪行及性质；

（b）获得足够的时间和条件为辩护做准备；

（c）由本人或者通过其律师进行辩护；

（d）由本人或其律师向法院或其他审判机构提出传唤控方证人的要求，以及有权与控方一样要求法院或其他审判机构传唤有利于自己的证人，并参加询问；

（e）在法庭审判过程中得到无偿的翻译服务。

（7）对于任何刑事罪行的审判，法院或者法庭应该保留诉讼记录，被告一方或者其授权人在判决的七日内有权获得判决的副本。

（8）任何人不得因未行使犯罪行为而被认定为罪犯；也不得处以比犯罪时应当处罚的更重的刑罚。

（9）任何人如其罪行或刑事罪行已经由有管辖权法院或法庭进行过审判，不论被判断是有罪还是无罪，除上级法院命令再审的外，都不能就其相同的罪行或刑事罪行再次进行审判。

（10）被赦免的当事人不得因此罪行被再度审判。

（11）不得迫使被指控者提供证据。

（12）除本宪法另有规定外，当事人不应认定有罪，除非成文法对该罪行及其刑罚另有规定。在此款中，"成文法"是指国民议会或隶属州的法律法规，或是根据法律条款制定的文书。

第 37 条 私人和家庭的权利

公民的隐私、住所、通信、电话、电子交流应得到保护。

第 38 条 个人思想、良心和宗教的自由权

（1）每个人都有思想、良心及宗教自由，包括改变其宗教或信仰的自由，以及（以单独或者与其他人组成团体的形式，公开或者私下地）通过朝拜、传教、践行和观察的方式表达和宣传其宗教和信仰的自由。

（2）任何人接受教育时，如果该场所宗教或仪式与当事人信仰的宗教不符，或没有得到其父母或者监护人的认可，就不得被要求参加。

（3）在完全由宗教团体支持教育的场所，该宗教社团可以为学生提供宗教指引。

（4）本条内容未赋予当事人成立秘密社会组织、参加其活动或成为其成员的权利。

第 39 条 表达自由权

（1）每个人都有言论自由的权利，包括表达意见、接受和传达思想信息而不受干涉的自由。

（2）在不违背本条第（1）款的前提下，每个人都有权拥有、设立和经营任何媒介来传播信息、思想及观点。

除了联邦政府或州，或者按照国民议会法令并由总统授权的个人和机构外，任何人都不得出于任何目的拥有、设立或者经营电视或者无线广播电台。

（3）以下情形是民主社会所允许的，相关法律并不因此而无效：

（a）不泄露秘密收到的信息，以维护法院权威及独立性或者规范电话、无线广播、电视或者电影展；或者

(b) 对联邦或州政府，联邦军队或尼日利亚警察人员，或者政府安全人员或依法成立的机构的人员的限制。

第 40 条 和平集会、结社权

每个人都享有自由结社的权利，在特殊情况下，还可以成立或者参与某个政党、工会或者其他组织以保护其利益。但不得损害本宪法所授予的国家独立选举委员会的权力。

第 41 条 自由迁徙权

(1) 每个尼日利亚公民都有在尼日利亚境内自由迁徙和居住的权利，任何尼日利亚公民都不得被从尼日利亚驱逐或者拒绝入境或者离开。

(2) 以下情形符合民主社会的要求，并不违背本条的第（1）款：

(a) 限制嫌疑犯的居住或迁移，以防其离开尼日利亚；

(b) 出于以下情形，将当事人从尼日利亚移送到外国：

(i) 由于犯罪，需要在尼日利亚境外进行审判的；

(ii) 根据尼日利亚与其他国家的协议，法院依法判决其有罪而又必须在尼日利亚境外执行监禁的。

第 42 条 免于歧视的自由权

(1) 尼日利亚公民，不因其民族、性别、宗教、政治见解或参与特定团体，而——

(a) 受到法律和行政部门明确或实际上的因与尼日利亚其他社会团体、民族、籍贯、性别、宗教或者政治见解不同而遭到歧视或限制；

(b) 享有法律和行政部门明确或实际上给予的超越于其他团体、民族、籍贯、性别、宗教和政治见解的特权。

(2) 任何尼日利亚公民不得仅因其出生而遭受不公平待遇或被剥夺权利。

(3) 除本条第（1）款规定外，法律可对州政府职员、联邦政府军队成员、尼日利亚警察人员，或者直接依据尼日利亚法律成立的公司成员加以限制。

第 43 条　获得和拥有不动产的权利

除本宪法的规定外，每一位尼日利亚公民在尼日利亚境内任何地方都有获得和拥有不动产的权利。

第 44 条　强制征收

（1）在尼日利亚境内任何动产和不动产权益不得被强制征用，并且不得强制获得这些财产的权利，除非基于法律规定的方式和目的，并且，

（a）立即支付赔偿；以及

（b）任何请求财产赔偿的人都有权向当地法院或法庭或其他司法机构确定其需要赔偿的其他财产和应获得赔偿的数额。

（2）以下情况不得理解为违背本条第（1）款的内容：

（a）任何税、费或者关税的征收和执行；

（b）民事或刑事违法被确认后的强制性处罚或者没收；

（c）有关租约、租赁、抵押、收费、销售单或其他根据合同所引起的权利或义务；

（d）对被宣告破产的法人或非法人的财产处理和管理，或者是对丧失意识或死亡的人的财产处理和管理；

（e）执行法院判决和命令；

（f）紧急避险；

（g）敌人财产；

（h）有关信托及受托人的财产；

（i）涉及诉讼时效；

（j）直接由尼日利亚法律设立的企业的财产；

（k）为临时性检查、调查、询问而征用的财产；

（l）为保护土壤而在相关土地上进行工作；

（m）在对受损的建筑物、经济林木或农作物进行立即赔付后，政府机构或人员才可进入相关土地调查、挖掘，或者安装垂直杆、电缆、线、管或者其他设施，以便提供、保持或者分配能源、燃油、水源、通讯服务或者其他公共设施。

（3）除上述规定外，尼日利亚境内所有土地上的矿藏、石油、天然气、地下及领海和专属经济区的全部财产，由联邦政府按国民议会的法律所规定的方式拥有和管理。

第45条 基本权利的限制和克减

（1）依下列情形制定的法律符合民主社会的要求，并不违背本法第37条、第38条、第39条、第40条及第41条的规定：

（a）出于维护国防利益、公共安全、公共秩序、公共道德或者公共健康利益的目的；

（b）出于保护他人自由和权利的目的。

（2）只有在紧急情况下，国民议会才可通过立法克减本法第33条和第35条规定的权利，但采取的措施必须是合理正当的，并与实现消除紧急情况的目的相适应。

除非是由于战争引起的死亡或者是由此宪法第36条第（8）款所授权外，本条所有内容都不应授权对本法第33条规定权利的克减。

（3）此条的"紧急情况"是指总统得到此宪法第305条授权对外宣布的紧急状态期间。

第46条 州高等法院的复核权和法律援助

（1）任何人认为州法律与本条相违背的，都可向该州高等法院申请复核。

（2）除本法的规定外，高等法院拥有对根据本章提出诉求的案件的聆讯和裁判的初始管辖权，有权发布命令，并给予指示，保障该州法律的实施和依照本章规定提出诉求的当事人的权利。

（3）尼日利亚首席大法官可以根据本条，制定有关高等法院的议事规则。

（4）国民议会：

（a）可根据需要授予高级法院本条以外的权力，便于高等法院更有效地实现本条授予的司法管辖权；

（b）应规定：

(i) 为因本章权利被侵犯或者需要律师帮助进行诉讼的贫穷的尼日利亚公民提供经济援助；以及

(ii) 必须保证权利被侵犯的事实确实存在，并且确实需要经济和法律的援助。

第五章 立法机关

第一节 国民议会

A. 国民议会的组成及其组成人员

第 47 条 国民议会的设立

国民议会由参议院和众议院组成。

第 48 条 参议院的组成

参议院由来自每个州的三名参议员和联邦首都阿布贾直辖区的一名参议员组成。

第 49 条 众议院的组成

众议院由三百六十名议员组成，每个选区的人口尽可能接近，且任何选区不得跨州设立。

第 50 条 参议员和众议员

(1) 设置：

(a) 参议院议长和副议长，从参议院议员中选出；

(b) 众议院议长和副议长，从众议院议员中选出。

(2) 出现以下情况时，参议长及副议长、众议长及副众议长职位将空缺：

(a) 其不再担任参议员或众议员，但因参议院或众议院解散而不再担任议员的情况除外；

(b) 其所在众议院在解散后的第一次重组时；

(c) 被其所在的参议院或众议院以三分之二以上多数决定将其除

名的。

第 51 条　国民议会的组成人员

国民议会应颁布法令，设置一名国民议会秘书及其他职位，并规定相应的任命程序。

B. **召集和解散国民议会的程序**

第 52 条　议员资产和负债的申报及宣誓

（1）众议院和参议院的每位议员在就职前应根据本法规定申报财产与负债，向参议院议长或众议院议长进行并签署本宪法附件七所规定的效忠宣誓及成员宣誓，但议员可以在宣誓之前参加参议院议长或副议长或者众议院议长或副议长的选举。

（2）参议院的议长和副议长以及众议院的议长和副议长应根据本法规定申报资产和负债，随后在国民议会秘书面前进行并签署规定的效忠宣誓及成员宣誓。

第 53 条　主持国民议会和联席会议

（1）国民议会和联席会议：

（a）参议院会议由参议院议长主持；议长缺席时，由副议长主持；

（b）众议院会议由众议院议长主持；议长缺席时，由副议长主持。

（2）参议院和众议院的联席会议：

（a）由参议院议长主持，其缺席时，由众议院议长主持；

（b）当本款第（a）项规定的人员都缺席时，由参议院副议长主持，其缺席时，由众议院副议长主持。

（3）在上述人员都缺席时，参议院、众议院或联席会议应当通过选举产生一位会议主持人。

第 54 条　会议法定人数

（1）参议员或众议院会议制定法律的法定出席人数应不少于该院总人数的三分之一。

（2）参议院和众议院的联席会议的法定出席人数应不少于两议院总人

数的三分之一。

（3）当参议院或众议院的任一成员认为出席会议的人数少于其所在的议院的总人数的三分之一（提出异议者不算），导致不能按该议院议事规则规定的时间讨论日常政务，经会议主持人确定出席人数仍少于该议院总人数的三分之一时，应决定议会延期。

（4）上述条款适用于有关参议院与众议院的联席会议，也分别适用于涉及参议院会议，以及两议院的任何议员。

第 55 条　语言

国民议会的工作应以英语进行，若事先做了充足的准备，也可以豪萨语、伊博语、约鲁巴语进行。

第 56 条　投票

（1）除本宪法另有规定外，提交参议院或众议院决定的事项应由要求的多数人或由出席的议员投票决定；主持人只有在票数相等时才参与投表决票，其他情况下，不得投票。

（2）除本法另有规定外，赞同的大多数应为简单多数。

（3）参议院或众议院应规定：

（a）议员与其参与辩论事项可能有直接金钱利益关系的，应事先申明；

（b）议院应以决议形式决定，上述议员是否能参与相关事项的讨论和表决；

（c）议院应对上述应当申报而没有申报的议员进行处罚；

（d）议院认为有必要的其他事项。

议院不能要求明确表示不参加讨论和表决的议员，进行上述利益的申明。

第 57 条　无资格议员的出席和投票

任何出席参议院或众议院会议和参加表决的议员，如果其无权出席和表决，一旦出席或表决，即属犯罪，由国民议会立法确定罪名和刑罚。

第 58 条　联邦立法权行使方式：一般规定

（1）国民议会由参议院及众议院通过法案来行使立法案，并且除本条第（5）款规定的情形外，还须提交总统签署。

（2）参议院及众议院均可提出议案，议案未通过不得成为法律。除本条以及本法第 59 条另有规定的外。

（3）当一项议案经提出该项议案的议院通过后，应送至其他议院，当获得其他议院通过，并且两议院就相关修正案达成一致后，呈交总统签署。

（4）当一项议案呈交总统后，总统应在三十日内表明其是否同意签署。

（5）当法案因未获得总统签署，再次被两个议院分别以三分之二多数通过时，该法案即可成为法律而无须总统签署。

第 59 条　联邦立法权的行使方式：有关财政的法案

（1）本条的规定适用于：

（a）拨款法案或补充拨款法案，包括任何从公共基金或其他任何联邦公共基金中支付、发行或撤销，及任何变更上述数额的法案；

（b）任何实施或增加税收、关税和收入费的议案，或任何减少、撤销、取消税收、关税和收入费的议案。

（2）当一项适用于本条规定的议案获得国民议会某一议会的通过，却在一个财政年度开始后两个月内仍未获得另一个议院的通过时，参议院议长应在其后十四日内，安排并召集联合财务委员会召开会议，审查该议案，解决两院之间的分歧。

（3）当联合财务委员会未能解决上述分歧时，则该项议案应提交国民议会联席会议审议，如果该议案获得该联席会议的通过，则提交总统签署。

（4）如总统在其收到议案后三十日内，没有表明其是否同意签署时，则该项议案应再次提交国民议会由联席会议审议，如经该联席会议中两个议院成员的三分之二多数通过，则该项议案即成法律不须交总统签署。

（5）本条所称的"联合财务委员会"是指根据本宪法第 62 条第（3）款的规定而成立的国民议会有关财政的联合委员会。

第 60 条　议事规则

除本法另有规定，参议院或众议院应制定其议事规则，包括召集和集会的规则。

第 61 条　无权出席或参与的人出席或参与会议程序

参议院或众议院在其议员有任何空缺的情况下仍须议事，无权出席或参与的人出席或参与会议程序的，并不导致这些程序无效。

第 62 条　委员会

（1）参议院和众议院，若认为以委员会的形式能更好地进行运作时，可在其议院中成立一个委员会，以决议、法规或者其认为合适的其他形式，委托此委员会行使其相关职能。

（2）根据本条任命的委员会的组成人员的人数及其任期、法定人数应由成立该委员会的议院确定。

（3）参议院和众议院可指定一个由两个议院相等的人数组成的有关财政的联合委员会，并可根据本条的规定确定其他联合委员会。

本条的规定不得解释为授权议院可以委托一个委员会行使决定一项法案是否通过而成法律的权力，或决定本法条款授权由议院以决议形式通过的任何事项，但该委员会可被授权就这些事项向议院提出建议。

第 63 条　议事时间

参议院和众议院在一年内各自的议事时间不得少于一百八十一日。

第 64 条　总统解散会议

（1）参议院和众议院每一届的任期为自该议院第一次会议之日起四年。

（2）如果联邦爆发地区战争，且总统认为不适合进行选举时，国民议会可以决议形式延长第（1）款规定的任期、次数不限，但每次不得超过六个月。

（3）根据本宪法的规定，当选总统有权在就职后立即发出公告召开国民议会第一次会议，或依据本条规定发出公告宣布解散国民议会。

C. 国民议会的成员资格及出席权

第 65 条　选举资格

（1）根据本宪法第 66 条的规定，具备以下条件的人有资格参选下列成员：

（a）参议员：年龄达到三十五周岁的尼日利亚联邦共和国的公民；

（b）众议员，年龄达到三十五周岁的尼日利亚联邦共和国的公民。

（2）要参选为本条第（1）款规定的成员应具备如下资格：

（a）具有高中毕业学历水平，或同等学历；

（b）是某一政党的成员并获得该政党的支持。

第 66 条　资格限制

（1）下列人员不具有参选参议员或众议员的资格：

（a）除本法第 28 条的规定外，自愿取得尼日利亚以外的其他国家的公民资格，或除国民议会规定的情况外，已经向其他国家宣誓效忠的人；

（b）依据尼日利亚联邦任何地区的生效法律，被认定为疯癫的人或被宣布为精神失常的人；

（c）被尼日利亚境内任何有司法管辖权的法院或法庭判处死刑的人，或者因涉及欺诈（无论是何称谓）的犯罪而被判处监禁或罚金的人，或被有管辖权的法院或法庭判断有其他犯罪的人，或被有权机关施以替代法院判处的刑罚人；

（d）在选举之日前十年内，因涉及不诚信的犯罪而被定罪并判处刑罚，或因违反纪律守则而被认定有罪的人；

（e）依据尼日利亚境内的任何地区的法律被判定或宣告破产而未获解除的人；

（f）受聘于联邦或州的公共服务机构，而在选举日前三十日未辞职、辞退或退休的人；

（g）秘密组织的成员；

（h）因挪用公款或欺诈而被司法调查的委员会、行政调查小组、依联邦或州政府的法庭调查法或其他法律成立的法庭起诉，且起诉书已经分别由联邦或州政府受理的人；

（i）向国家独立选举委员会提交伪造证书的人。

（2）任何人被：

（a）宣告为疯癫；

（b）宣告为精神失常；

（c）判处死刑或监禁；

（d）判定或宣告死亡。

任何依据尼日利亚境内的现行法律针对上述决定提出了上诉的，在自该项上诉提出之日起至该上诉被最终决定之日，或该上诉失效或撤回之日（取发生较早的日期）、本条第（1）款暂不适用。

（3）本条第（2）款所称的"上诉"包括任何强制令、申请调卷令、训令、禁止或人身保护令的申请，或由上述申请引发的诉讼。

第67条 总统出席议会的权力

（1）总统可以出席国民议会的任何联席会议、参议院、众议院的任何会议，既可针对国家事务包括财政措施发表意见，也可针对其认为是具有全国性意义的政府政策发表意见。

（2）应邀参加议院会议的联邦政府部长须向该议院陈述其部门的工作，尤其是该部门正在讨论的事务。

（3）非议员在参议院、众议院或议院委员会不享有投票权。

第68条 议员任期

（1）如果出现下列情况，参众两院的议员应被取消席位：

（a）成为另一个议院的成员；

（b）本不具有参选议员资格的；

（c）不再是尼日利亚的公民的；

（d）当选为总统、副总统、州长、副州长或联邦政府部门的部长或州政府专员或特别顾问的；

（e）除本法另有规定外，其成为依本法或其他法律成立的委员会或其他组织的成员；

（f）在任意一年的议院会议中，无正当理由而缺席其所在的议院会议累计超过会期总数的三分之一的；

（g）其是由某一政党资助而当选议员，却在该议院任期结束前成为另一个政党的成员；但由其之前所在的政党解散或两个或两个以上的政党合并或之前资助过其他的政党的不同派系合并所致的除外；

（h）参议院议长或众议院议长收到国家独立选举委员会主席的证明，表明因根据本法第69条的规定而免除其议员身份。

（2）参议院议长或众议院议长应执行本条第（1）款的规定，但参议院议长或众议院议长或相关议员应首先向该议院提供该议员已可以适用该款项的充足证据。

（3）参议院或众议院的议员除非提供其符合议员缺席的条件或其缺席有正当理由的书面证明，否则即被认定为无正当理由缺席其所在的议院的会议。

第69条　罢免

参议院或众议院的议员在下列情况下，可被罢免其议员身份：

（a）向国家独立选举委员会主席提交该议员所在选区一半以上的已登记选民的联名请愿书，表明对该议员不信任；

（b）国家独立选举委员会自收到请愿书之后的九十日之内安排举行公投，该议员所在选区已登记选民以简单多数通过。

第70条　薪酬

参议院或众议院的议员应得到的薪酬和其他津贴，由收入分配和财政委员会决定。

D. 国民议会的选举

第71条　参议员选区与联邦选区

依据本法第72条规定，国家独立选举委员会应：

（a）在选举参议员时，应把联邦的各个州划分成三个参议院选区；

（b）在选举众议员时，除本法第49条的规定外，将联邦划分为三百六十个联邦选区。

第72条 参议员选区与联邦选区划分

任何一个参议院选区或联邦选区应属于同一个州，且每个参议院选区或联邦选区分界应尽可能地连续，区内的居民人数应尽可能合理切实可行地与人口基数相符。

第73条 参议员选区与联邦选区划分的重新审查

（1）国家独立选举委员会应每隔不少于十年的时间，重新审查参议院选区和联邦选区的划分，并且在其认为需要调整的范围内，根据本条的规定进行调整。

（2）除第（1）款外，国家独立选举委员会在本法第8条出现修改或被替代后，或由于人口普查的原因，或根据国民议会的法令，可随时根据本条的规定，在其认为必要的范围内，对参议院选区和联邦选区进行重新审查并进行调整。

第74条 参议员选区和联邦选区划分的生效

当本法第71条划定的参议院选区和联邦选区按照本宪法第73条的规定进行调整后，该调整在经国民议会的两院同意且在该届参议院（当该调整是对参议院选区做出时）或众议院（当该调整是对联邦选区做出时）任期结束后，方可生效。

第75条 选民人数的确定

本法第72条规定的尼日利亚或其境内任何地方的居民人数应参照1991年的尼日利亚人口普查结果确定，或参照根据国民议会在本款生效后制定的法令进行的最近一次人口普查结果确定。

第76条 国民议会的选举时间

（1）国民议会的每个议院的选举应在国家独立选举委员会指定的日期进行

（2）本条第（1）款所指的日期不得早于上一届议院解散前两个月。也不得迟于其解散后两个月；当该选举是为填补一个选举日前已经持续空缺了三个月以上的空缺时，不迟于该空缺确定后一个月。

第77条　直接选举和选民登记

（1）根据本宪法的规定，每一个根据本款划定的参议院选区或联邦选区，应根据国民议会法令规定的方式，推选出一个直接当选参议院或众议院议员的人。

（2）每一个在选民登记之日居住在尼日利亚、年满十八周岁的尼日利亚公民，均有权为本次选举登记为选民。

第78条　选举监督

选民登记和选举应在国家独立选举委员会的指导和监督下进行。

第79条　国民议会决定特定问题的权利

国民议会应当规定：

(a) 关于以下问题向选举法庭提出诉讼的资格：

(i) 关于已当选的议员是否有效；

(ii) 关于其任期是否应当停止；

(iii) 参议院或众议院的议员的席位是否空缺；

(b) 进行这种诉讼的情况、方式以及条件；

(c) 与此种申诉有关的选举法庭的权利、运作和程序。

E. 对公共基金的权力和控制

第80条　公共基金的设立

（1）所有的财政收入或由联邦募集、收到的其他款项（非财政收入或其他为特殊的目的而设立的、根据本宪法或其他国民议会法令应支付给联邦的其他公共基金款项）应汇入并成立一个联邦公共基金。

（2）除非为满足依本法而成立的基金的花费需要，或该项支付已获得拨款法案、补充拨款法案或依据本宪法第81条而通过的法案的授权，任何款项均不得从联邦公共基金中支出。

（3）除非该款项的支付已获得国民议会法令的授权，任何款项均不得从联邦公共基金以外的任何其他联邦公共基金中支出。

（4）未依国民议会规定的方式，任何款项均不得从联邦公共或联邦任何基金中支出。

第 81 条　政府支出

（1）总统应在每一财政年度内向国民议会的每个议员提交下个财政年度的联邦政府的财政收入和支出预算。

（2）预算中包括的支出项目（依本宪法规定应从联邦公共基金中支出的费用以外的）应被制成一项法案，即所谓的拨款法案，规定为满足财政支出而须从公共基金中支付的款项以及为指定的目的的拨款。

（3）任何在联邦公共基金中支出的司法机构的款项，都应直接支付给全国司法委员会，由它统一支付给依本宪法第 6 条而设立的联邦和州法院。

（4）如果在财政年度内发现：

（a）拨款法案规定的为任何目的的拨款项金额不足；

（b）出现拨款不是法案规定的须支付的费用。

应制定补充拨款预算，任何需要支出的条目均应被包括在补充拨款法案中，提交国民议会的每个议院。

第 82 条　授权支出的默认条款

若任一财政年度的拨款法案在该财政年度开始时未被通过成为法律，则总统可授权在联邦公共基金中拨发为满足联邦政府运作所必要的不超过六个月或直至拨款法案实施为止所必要的支出。

但上述时期内的相关支出不应超出国民议会通过的拨款法案所规定的上一财政年度同期从联邦公共基金中拨出的额度，该数额应参照上一财政年度中的相关支出额与总额的比例计。

第 83 条　应急基金

（1）国民议会可依法律为联邦成立一个应急基金，并授权总统在出现没有规定的紧急情况或不可预见的需要而需支出费用时，可以从该基金中预支相关款项。

（2）当依据本规定预支任何款项时，应提交补充拨款预算，且须尽快制定补充拨款法案，以取代预支的款项。

第 84 条　总统和特定人员的薪酬

（1）应向担任本条提到的职务的人按国民议会的规定支付薪酬、薪金和津贴，但不应超过收入分配和财政委员会决定的数额。

（2）向上述任职者所支付的薪酬和津贴应从联邦公共基金中支出。

（3）向上述任职者所支付的薪酬以及他们的服务条件，除津贴外，不得在其任职后减少。

（4）上述职务是指：总统、副总统、尼日利亚首席大法官、最高法院法官、上诉法院院长、上诉法院法官、联邦高等法院首席法官、联邦高等法院法官、联邦首都阿布贾直辖区高等法院首席法官和法官、州首席法官、州高等法院法官、联邦首都阿布贾直辖区习惯法上诉法院院长和法官、州伊斯兰教上诉法院的大卡迪和卡迪、州习惯法上诉法院院长和法官、联邦政府审计长，以及以下执行机构的主席和成员，包括纪律检察署、联邦公务委员会、国家独立选举委员会、国家司法委员会、联邦司法人员委员会、联邦首都阿布贾直辖区联邦司法人员委员会、联邦委员会、纪律裁判庭、全国人口委员会、收入分配和财政委员会、尼日利亚警察委员会和警察人员委员会。

（5）任何卸任总统或副总统有权终身享有相当于现任总统或副总统年薪的退休金：

但遭遇到合法程序弹劾或是违反宪法相关规定而离职的总统、副总统不享有该项权利。

（6）任何根据本条第（5）款应支付的津贴均应从联邦公共基金中支出。

（7）联邦政府司法人员的经常性开支［除了本条第（4）款规定的司法人员的薪水和津贴］应从联邦公共基金中支出。

第 85 条　公共账户的审计

（1）设联邦审计总长一名，审计总长根据本宪法第 86 条的规定任命。

（2）联邦的所有行政机关和法院的公共账户应被审计并报告至审计总长，审计总长应报告至国民议会。为此目的，审计总长及其授权的人有权查看所有与这些公共账户有关的账簿、记录、反馈和其他文件。

（3）本条第（2）款的规定不得被解释为授权审计总长审计政府的法定机构、委员会、机关、机构，包括所有依照国民议会法令设立的组织和人员的账户，或者为之指派审计师。但审计长须：

（a）向上述机构提供：

有资格被作为外部审计师指派给他们的审计师名单，而上述机构也应指定他们的外部审计师；并规范应支付给外部审计师的费用；

（b）对他们的年度账目以及审计师就此做出的报告进行评论。

（4）审计总长有权对所有政府的法定机构、委员会、机关、机构，包括所有依据国民议会法令设立的组织和人员进行检查。

（5）审计总长应在收到总会计师的财务报表后九十日内，依照本条的规定向国民议会的各议院提交报告，每个议员应安排国民议会中负责公共账目的委员对该报告进行审查。

（6）审计总长在履行本宪法规定的职能时，不受任何机关或个人的制约。

第 86 条　审计总长的任命

（1）联邦审计总长应由总统在联邦公务委员会的建议下任命，须经参议院同意。

（2）任命审计总长的权力归属于总统。

（3）除有参议院的决定外，任何人担任审计总长不得超过六个月。

第 87 条　审计总长的任期

（1）担任审计总长职务的人可被总统宣布撤职，该决定须参议院三分之二多数认为审计总长丧失履行其职务的能力（不论是精神上的或身体上的或其他原因）或其行为不当而应被撤销职务。

（2）除本条规定的情况外，审计总长在法律规定的退休年龄前不应被撤职。

第 88 条　调查权

（1）根据本宪法的规定，国民议会的每一议院有权在其公报或联邦政府的官方公报上以发表决议案的形式，指示或者直接调查：

（a）与其立法权有关的任何事宜或事务；

（b）任何个人、机关、部门或政府机构已经履行的或正在履行的下列职责或责任的行为：

（ⅰ）实施或执行国民议会颁布的法律；

（ⅱ）支付或管理国民议会拨款的款项。

（2）本条赋予国民议会的权力只有在致力于以下目的时方可行使：

（a）为其立法权限范围内的任何事项制定法律，以及修正现行法律的任何缺陷；

（b）揭露在执行其立法权限范围内的法律以及在支付其拨款的基金中存在的腐败、低效率或浪费行为。

第 89 条　取证的权力

（1）为进行本宪法第 88 条规定的调查，参议院或众议院或本宪法第 62 条指定的委员会有权依照第 88 条的规定：

（a）搜集其认为必要的或适当的相关证据，无论是书面的或口头的，直接的或间接的，审查所有证明被调查事项的物证或相关证人证言；

（b）要求证人如实提供以上证据；

（c）传唤在尼日利亚的任何人，要求提供其所知道的证据或出示其所拥有或有其所控制的任何文件或其他东西，审查其是否具有证人资格；

（d）强制任何经传唤到来却未到或迟到且未能就其未到或迟到的行为做出合理的解释的人到来，并要求其承担强制其到来或因其未到或迟到行为而要求其服从传唤所花费的所有费用，也可按规定对其未到或迟到行为处以罚款。上述任何罚款应由法院处以罚款的方式进行。

（2）根据本条发出的传唤或指令可由尼日利亚警察部队的任何成员送达或执行，或视情况，由参议院议长或众议院议长授权代表送达或执行。

第二节 各州的州议会

A. 州议会的组成及其人员

第 90 条 州议会的设立

联邦各州应设立一个州议会。

第 91 条 州议会的组成

根据本宪法的规定，州议会应由该州在国民议会众议院席位数的三倍或四倍组成，但州议会的组成不得少于二十四人且不得超过四十人。

第 92 条 州议长

（1）州议会应设一名议长和一名副议长，议长和副议长由该议会的议员互选产生。

（2）下列情况下，州议会议长或副议长必须辞职：

（a）如果其不再是该州议会的议员，但因该议院解散的情况除外；

（b）该议会解散后第一次召开会议；

（c）由该议会三分之二以上议员表决，以州议会决议形式解除其职务。

第 93 条 州议会的组成人员

每个州议会须设一名秘书以及州议会颁布的法律所规定的其他职员，秘书及其他人员须按该法律规定的方式进行任命。

B. 召唤程序和州议会的解散

第 94 条 州议员资产和负债的申报及宣誓

（1）当选州议会的议员在就职前须按本宪法规定的方式申报其资产与负债，随后在该议会议长面前，进行并签署本宪法附件七所规定的效忠宣誓及成员宣誓，但议员可以在宣誓之前参见州议会议长或副议长的选举。

（2）州议会议长和副议长在就职前须按本宪法规定的方式申报其资产与负债，随后在州议会秘书面前进行并签署前述效忠宣誓及成员宣誓。

第95条　会议主持

议长须主持该议院的任何一次会议；议长缺席时，副议长应该主持会议；当该议院议长和副议长都缺席时，由该议院选出的议员主持。

第96条　法定人数

（1）州议会开会的法定人数应是议会成员数的三分之一。

（2）当州议会的任一成员提出异议，主张出席该议会的人数少于该议院总人数的三分之一（提出异议者不算），而使该议院不能讨论日常政务，且在经过了该议院的议事规则规定的时间后，主持会议的人确定出席人数少于该议会总人数的三分之一时，须决定议会延期。

第97条　宣言

州议会的事务应以英语进行，但议会也可以该议院的决议允许的除英语外的一种或一种以上的该州使用的其他语言作为补充进行。

第98条　投票

（1）除本宪法另有规定，提交州议会决定的任何事项须由大多数成员出席并表决决定；主持会议的人应为避免票数相等的情况而投表决票，在其他情况下不得投票。

（2）除本宪法另有规定，为决定任何事项的目的所需的大多数应是简单大多数。

（3）州议会应规定：

(a) 当该议会的议员在与提交该议会审议的任何事项可能有直接金钱利益关系时，应申报；

(b) 议院应以表决形式决定在审议相关事项时，上述议员是否能进行表决，或参与相关事项的审议；

(c) 议会可以对上述应申报而没有申报的议员加以处罚；

（d）议会认为有必要进行上述申报的其他事项。

当上述条款的规定并不意味着议员能够制定任何规定要求那些明显表示其不参与表决或审议的议员，以及那些没有进行表决或审议的议员申报上述利益关系。

第 99 条　无资格议员的出席和投票

任何在州议会会议中出席或表决的人，当其知道或应当知道其无权出席或表决，已经出席或表决，即属犯罪，且一经定罪既应按国民议会立法所规定惩罚。

第 100 条　州立法权行使方式

（1）州议会行使立法权应以议案形式获得该议会的通过，且除本条另有规定外，须提交州长同意。

（2）一项议案未经确实地通过，且，如本条第（1）款的规定，未依本条的规定提交州长寻求同意，不得成为法律。

（3）当一项议案经该议会通过后，须被提交给州长，寻求其同意。

（4）当一项议案被呈交州长寻求其同意后，州长须在收到后三十日内表明其是否同意。

（5）当议案因未获得州长同意而被该议院以三分之二多数再次通过时，该议案即可成为法律而无须州长同意。

第 101 条　议事规则

根据本宪法的规定，州议会有权制定其议事规则，包括召集会议的休会的规则。

第 102 条　无权出席或参与的人出席或参与会议程序

州议会在其议员有空缺的情况下仍得议事，无权出席或参与的人出席或参与会议程序，不导致这些程序的无效。

第 103 条　委员会

（1）州议会可为特殊或一般的目的，在其认为以委员会的形式能更好地进行规范的管理时，在其议员中指定一个委员会，并可以决议、规定或其认为合适的其他形式,委托次委员会行使其职能。

(2)根据本条任命的委员会的组成人员的人数及其任期、法定人数应由议会规定。

(3)本条的规定不得被解释为授权议会须委托一个委员会行使决定一项法案是否可通过而成法律的权力,或决定本宪法条款授权议会通过决议形式决定的任何事项,但该委员会可被授权就这些事项向议会提出建议。

第104条 议事时间

州议会年内议事的时间不得少于一百八十一日。

第105条 州长解散议会

(1)州议会每一届的任期为自该议会第一次会议之日起四年。

(2)如果联邦处于战争中,且总统认为不适合进行选举时,国民议会可以决议形式延长本条(1)款规定的任期,次数不限,但每次不得超过六个月。

(3)根据本宪法的规定,当选州长的人有权在其宣誓就职后立即发出公告召开州议会第一次会议,或依据本条规定发出公告宣布解散议会。

C. 州议会的成员资格及出席权

第106条 选举的资格

根据本宪法第107条的规定,具备以下条件的人有资格参选议员:

(1)尼日利亚公民;

(2)已年满30周岁;

(3)具有中学以上学历,或同等学历;

(4)是某一政党的成员并获得该政党的支持。

第107条 资格的限制

(1)以下人员不具备参选州议员的资格:

(a)依据本宪法第20条的规定,自愿取得尼日利亚以外的其他国家的公民资格,或,除国民议会另有规定外,已经向其他国家宣誓效忠的人;

（b）依据尼日利亚联邦任何地区的生效法律，被判定为疯癫的人或以其他形式被宣布为精神失常的人；

（c）被尼日利亚境内任何有司法管辖权的法院或法庭判处死刑的人，或者因涉及欺诈的犯罪而被判处监禁或罚金的人，或被有管辖权的法院或法庭判定有其他犯罪的人，或被主管机关施以替代法院判处的刑罚的人；

（d）在议会选举之日前十年内，因涉及不诚实的犯罪而被定罪并判处刑罚，或因违反行为纪律守则而被认定有罪的人；

（e）依据尼日利亚境内的任何地区的法律被判定或以其他形式宣告破产而未或解除的人；

（f）受聘于联邦或任何州的公共服务机构，而在选举日前三十日尚未辞职、辞退或退休的人；

（g）是秘密组织的成员；

（h）以挪用公款后欺诈而被司法调查委员会、行政调查小组、以联邦或州政府的法庭调查或其他法律而设立的法庭起诉，且起诉书已分别由联邦或州政府接受；

（i）向全国独立选举委员会提交伪造证书的人。

（2）任何人被：

（a）宣告为疯癫；

（b）宣告为精神失常；

（c）判处死刑或监禁；

（d）判定或宣告破产，

任何依据尼日利亚境内的现行法律针对上述决定提出了上诉的，自该项上诉提出之日起至该上诉被最终决定之日，或该上诉失效或撤回之日（取发生较早的日期）止，本条第（1）款暂不适用。

（3）本条第（2）款所称的"上诉"包括任何强制令、申请调卷令、训令、禁止或人身保护令的申请或由上述申请引发的诉讼。

第108条　州长出席议会会议的权力

（1）州长可出席州议会的会议，可针对该州事务，也可针对其认为是对该州具有重要意义的政府政策发表意见。

（2）应邀参加州议会会议的该州的政府专员应向议院陈述其部门的工作，尤其是其部门正在讨论的事务。

（3）本条的规定不能使非该州议会的议员在议会或委员会享有投票权。

第 109 条　任期

（1）如果出现下列情况，州议会的议员应被取消其在该议会的席位：

（a）该议员成为另一个议院的成员；

（b）其本不具有参选为州议员的资格的；

（c）其不再是尼日利亚的公民；

（d）其当选为总统、副总统、州长、副州长或联邦政府部门部长或州政府专员或特别顾问；

（e）除本宪法另有规定外，其成为依据本宪法或其他法律成立的委员会或其他组织的成员；

（f）在任意一年的议会会议中，无正当理由缺席累计超过会期总数的三分之一；

（g）其是由某一政党资助而当选议员，却在该议会任期结束前成为另一个政党的成员；而且其成为另一个政党成员不是由其之前所在的政党解散或两个或两个以上的政党合并或之前资助过他的政党不同派系合并的而造成的；

（h）州议长从国家独立选举委员会主席手中获得证明书，表明已因遵守本宪法第 110 条的规定而免除其成员身份。

（2）州议长应执行本条第（1）款的规定，但州议长应首先向议会提供有关该议员可以适用该条款的充足证据。

（3）州议会的成员除非提供其缺席是有正当理由的书面证明材料，否则即被认定为无正当理由缺席其所在的议院的会议。

第 110 条　罢免

州议会的成员在下列情况下可被免除其成员身份：

(1) 向国家独立选举委员会主席递交该议员所在选区一半以上的登记选民的联名请愿书，该请愿书表明他们对该议员的不信任；并且

(2) 国家独立选举委员会自收到请愿书之后的九十日之内举行公投，且该议员所在的选区登记选民以简单多数支持。

第 111 条 薪酬

州议会的成员应获得的薪酬以及其他津贴由收入分配和财政委员会决定。

D. 州议会的选举

第 112 条 州选区

根据本宪法第 91 条和第 113 条的规定，国家独立选举委员会应将每一个州划分为相当于州范围内的联邦选区数量的三到四倍的选区。

第 113 条 州选区的划分

每一州选区的范围应考虑区内的居民人数，这个人数应尽可能与人口基数相符。

第 114 条 州选区划分的重新审查

(1) 国家独立选举委员会应每隔不少于十年的时间，重新审查州选区的划分。

(2) 国家独立选举委员会可根据州界的变化或者因举行依据国民议会法律的尼日利亚人口普查的原因，在其认为必要的范围内，对选区重新审查并调整。

第 115 条 州选区划分的生效

当任何依据本宪法第 112 条划定的州选区的范围按照本宪法第 114 条的规定进行调整后，该调整在经国民议会通过且在该届州议会任期结束后生效。

第 116 条 州议会选举的时间

(1) 每一个州议会的选举应在国家独立选举委员会指定的日期举行。

(2) 本条第 (1) 款所指的日期不得早于上一届议会解散前六十日，

也不得晚于其解散后的六十日；当选举是为填补一个选举日前已经持续空缺了三个月以上的空缺时，不得晚于该空缺确定后一个月。

第 117 条　直接选举和选民登记

（1）根据本宪法的规定，每一个根据本章本条划定的选区，应按照州议会法令规定的方式直接推选出一个当选众议员。

（2）每一个在进行选民登记之日前居住在尼日利亚、年满十八周岁的尼日利亚公民，均有权参与本次选举而登记为选民。

第 118 条　选举监督

选民登记和选举应在国家独立选举委员会的指导和监督下进行。

第 119 条　州议会决定特定问题的权力

国民议会对以下事项做出规定：

（1）什么人可以申请去选举法庭以决定以下问题：

（a）所有人均被有效地选举为参议院或众议院的议员；

（b）某人的任期已届满；

（c）参议院或众议院的议员席位已空缺。

（2）进行这种申请的情况、方式以及条件；并且

（3）与此种申请有关的选举法庭的权力、运作和程序。

E. 对公共基金的权力和控制

第 120 条　公共基金的设立

（1）所有的财政收入或州收到的其他款项（非财政收入或其他特殊的目的而设立的、根据本宪法或其他该众议院法令应支付给州的其他公共基金款项）应汇入并成立该州公共基金。

（2）除为满足依本宪法而成立的基金花费的需要外，或该项支付已获得拨款法案、补充拨款法案或依据本宪法第 121 条通过的法案的授权，否则任何款项均不得从州公共基金中支出。

（3）除该款项的支出已获得该州议会法令的授权外，否则任何款项均不得从州公共基金以外的任何联邦公共基金中支出。

(4) 除非依州议会规定的方式，任何款项均不得从州公共基金或州其他基金中支出。

第121条 政府支出

(1) 州长应在每一财政年度开始前的任何时间向州议会提交该州的财政收入和支出预算。

(2) 预算中包括的支出项目，除依本宪法规定应从州公共基金中支出的费用以外，须由拨款法案明确规定。该法案规定为满足财政支出而须从州公共基金中支付的款项以及为指定的目的而对这些款项的拨款。

(3) 任何在州公共基金中支出的司法机构的款项，均应直接交给相关法院。

(4) 如果在任何财政年度内，发现：

(a) 拨款法案规定的为任何目的的拨款项金额不足，或者出现拨款法案未按规定拨款目的而支出的费用；

(b) 一个显示所需的款项的补充拨款预算应被提交州议会，且这项支出的任何条目均被包括在补充拨款法案中。

第122条 授权支出的默认条款

如果任一财政年度，拨款法案在该财政年度开始时未获通过，则州长可授权从州公共基金中发放为满足该州政府运作所必要的不超过六个月或直至拨款法案实施为止（取二者中较短的时间）所必要的支出。

但在上述时期内的相关支出不应超过该州议会通过的拨款法案所规定的上一财政年度同期授权从州公共基金中拨出的额度，该额度应参照上一财政年度中的相关支出额与总额的比例计。

第123条 应急基金

(1) 州议会可以法律形式为州设立一个应急基金，并授权州长在出现没有相关规定的紧急情况或不可预见的需要支出费用的情况时，可以从该基金中预支相关款项。

(2) 依据本条规定预支任何款项时，须提交补充拨款预算，应尽快制定补充拨款法案，以取代预支的款项。

第 124 条 州长和特定人员的薪酬

（1）应向担任本条提到的职务的人支付州议会规定的薪酬、薪金和津贴，但不应超过收入分配和财政委员会决定的数额。

（2）向上述任职者所支付的薪酬、薪金和津贴应从州公共基金中支出。

（3）向上述任职者所支出的薪酬、薪金以及他们的服务条件，除津贴外，不得在其获得任命后减少。

（4）上述职务是指：州长、副州长、州审计长，以及以下机构的主席和成员，即公务员委员会、州独立选举委员会、州司法人员委员会。

（5）州议会应制定法律规定向曾任州长或副州长且非因弹劾而离职的人发放退休金或酬金，任何依本条规定而发放的退休金应从州公共基金中支出。

第 125 条 公共账户的审计

（1）各州应设一名审计长，审计长根据本宪法第 126 条的规定任命。

（2）州的所有机关和法院的公共账户应接受该州审计长审计、审计长应向该州议院提交报告。为此，审计长及其授权代表他的人有权查看所有与这些公共账户有关的账簿、记录、反馈和其他文件。

（3）本条第（2）款的规定不得被解释为授权审计长审计政府的法定机构、委员会、机关、机构，包括所有依法成立的组织和人员的账户，或者为其指派审计师，但审计长须：

（a）向上述机构提供：

有资格被指派给他们作为外部审计师的审计师名单，而上述机构也应指定他们的外部审计师；规范应支付给外部审计师的费用；

（b）对他们的年度账目以及审计师就此做出的报告进行评论。

（4）州审计长应在收到总会计师提交的该州的财务报表以及年度账目后三个月内，向该州议会提交报告，该议会应安排该议会中负责公共账户的委员会对该报告进行审查。

（5）州审计长在履行本宪法规定的职能时，不受任何机关或个人的约束或控制。

第 126 条　审计总长的任命

（1）州审计长应由州长在州公务员委员会的建议下任命，该建议须经该州议会同意。

（2）任命州审计长人选的权力属于州长。

（3）除该州议会的决定外，任何人担任州审计长一职不得超过六个月。

第 127 条　审计总长的任期

（1）根据本宪法第 126 条担任审计长的人，可被州长宣布撤职，但须该州议会三分之二多数认为因该审计长丧失履行其职务的能力（不论是精神上的或身体上的或其他原因）或因其行为不当应被撤销职务。

（2）除依本条的规定外，审计长在法律规定的退休年龄前不得被撤职。

第 128 条　调查权

（1）根据本宪法的规定，州议会有权以在其公报或州政府的公报上发表决议案的形式，指示或直接调查：

（a）与其立法权有关的任何事宜或事务；

（b）任何个人、机关、部门或政府机构已经履行的或正在履行的下列职责或责任的行为：

（i）执行该议会颁布的法律；

（ii）支付或管理该议会拨款的款项。

（2）本条赋予州议会的权力只能在为达到以下目的时方可行使：

（a）为其立法权限范围内的任何事项制定法律，以及修正现行法律存在的任何缺陷；

（b）揭露在执行其立法权限范围内的法律以及在支付其拨款的基金中存在的腐败、低效率或浪费行为。

第 129 条　取证的权力

（1）未进行本宪法第 128 条规定的调查，州议会或本宪法第 103 条指定的委员会有权依照第 88 的规定：

（a）搜集其认为必要的或适当的相关证据，无论是书面的或口头的，还是直接的或间接的，审查所有证明被调查事项的物证或相关的证人证言；

（b）要求证人诚实地提供以上证据；

（c）传唤在尼日利亚的任何人，要求其提供所知道的证据或出示其所拥有或由其所控制的任何文件或其他东西，审查其是否具有证人资格并要求出示其所拥有或由其所控制的任何文件或其他东西；

（d）发出指令强制任何经传唤到来却未到或迟到且未能就该未到或迟到的行为做出合理的解释的人的到来，并要求其承担强制期到来或因其未到或迟到的行为而要求其服从传唤所花费的所有费用，也可按规定对该未到或迟到的行为处以罚款。上述任何罚款应采取相关法院处以罚款的方式进行。

（2）根据本条发出的传唤或指令可由尼日利亚警察部队的任何成员，或由该州议会议长授权代表送达或执行。

第六章　行政机构

第一节　联邦行政机构

A. 联邦行政长官

第 130 条　总统职位的设立

（1）设立联邦总统。

（2）总统为国家元首、联邦行政长官和联邦军队统帅，

第 131 条　参选总统的资格

参加竞选总统须满足以下的条件：

（1）尼日利亚出生的公民；

（2）年龄须达到四十周岁；

（3）隶属于一个政党，并被其政党支持；

（4）必须接受过高中以上教育并具有学历证书或同等的学历证书。

第 132 条　总统的选举：一般规定

（1）国家独立选举委员会在指定日期任命总统。

（2）选举将被安排在前一位任职者卸任之前，时间不早于六十日之前且不晚于三十日之后。

（3）在总统竞选中，候选人提名结束后，因别的候选人被取消资格退出竞选，或失去资格，或死亡而产生唯一候选人的，尼日利亚国家独立选举委员会应推迟提名的时间。

（4）为了竞选国家总统，整个联邦被看作一个选区。

（5）在议会的成员选举中，每一个登记投票的人都有权在总统选举中投票。

第 133 条　只有一个总统候选人时的总统选举

若只有唯一总统竞选候选人的，在下列情形下，该候选人视为当选：

（1）在选举中获得了大多数的支持票；

（2）在联邦及联邦首都阿布贾直辖区的至少三分之二的州中，都获得不少于四分之一的支持票。

第 134 条　两个或两个以上总统候选人时的总统选举

（1）若仅有两个总统候选人参选的，达到以下条件者当选：

（a）获得了多数的支持票；并且

（b）在包括联邦首都阿布贾直辖区在内的至少三分之二的州中，都获得不少于四分之一的选票。

（2）总统竞选的候选人超过两个人的，达到以下条件者可当选：

（a）最高的支持票；并且

（b）在包括联邦首都阿布贾直辖区在内的至少三分之二的州中，都获得不少于四分之一的选票。

（3）若未能按照本条第（2）款选出的，则应按本条第（4）款进行第二轮选举，达到以下条件者当选：

（a）依据上述第（2）款所规定的最高选票者；

（b）在剩余的候选人当中，获得最多的州的选票者（不止一个候选人获得了最多的州的选票）将成为第二候选人。

（4）若按前面的程序仍未能选出，国家独立选举委员会须在选举结果出来的七日内在这两名候选人之间再次安排选举，达到以下情形的候选人当选总统：

（a）在选举中获得了大多数的支持票；并且

（b）包括联邦首都阿布贾直辖区在内的至少三分之二的州中，都获得不少于四分之一的选票。

（5）根据本条的第（4）款仍未能选出的，国家独立选举委员会应在选举结果出来的七日内在这两名候选人之间再次安排选举，在选举中拥有大多数的选票者当选。

第135条　总统的任期

（1）根据本宪法的规定，出现以下情形，总统停止履行其职务：

（a）继任者宣誓就职后；

（b）去世；

（c）辞职并生效；

（d）根据宪法的规定，不能再继续任职。

（2）根据本条第（1）款规定，总统任期四年，从以下时间算起：

（a）第一次当选为总统，从其根据宪法进行宣誓之日起；

（b）连任的，从其根据宪法宣誓之日起。

（3）如果尼日利亚联邦陷入战争中，总统认为不适合举行选举，国民议会可通过决议暂时决定延长本条第（2）款所规定的四年期限，但延长的时限不得超过六个月。

第136条 当选总统在宣誓就职前死亡的

（1）若当选总统在宣誓就职前死亡，或者因为其他原因，不能宣誓就职的，那么，当选的副总统应宣誓就任总统，总统应提名，并在国民议会联邦会议的简单多数赞成下任命副总统。

（2）若当选总统和副总统在国民议会就职前死亡，或者由于其他原因不能就职的，尼日利亚国家独立选举委员会应立即安排选举新的总统和副总统。

第137条 资格限制

（1）若有以下情形的，不能参选总统：

（a）根据本宪法第28条的规定，自愿获得其他国家公民资格，宣誓效忠其他国家者，除非国民议会另有规定的除外；

（b）已当选两届的；

（c）根据尼日利亚的法律，被宣告为精神错乱，或者被宣布为精神失常者；

（d）被尼日利亚有管辖权的法院或者特别法庭判处死刑者，或者因诈骗及其他罪行被法院或特别法庭，或者其他替代的政府机关判处刑罚或者罚金者；

（e）在当选为总统之前的十年的时间内，因为诚信问题或因被发现违反了行为纪律准则被宣布有罪的；

（f）已经在尼日利亚或者任何其他国家，被法律裁定或者宣布破产并且未偿清债务的破产者；

（g）任职于联邦或州的公务员，在选举前的至少三十日内，没有辞职、离职或者退休者；或者

（h）秘密组织的成员；或者

（i）根据联邦或州的特别法庭调查法，因挪用公款或者欺诈被司法调查委员会或者行政调查小组或者特别法庭调查起诉，并且起诉书已被联邦或州分别受理的；

（g）向尼日利亚国家独立选举委员会提交伪造证书的。

(2) 对于以下人员:

(a) 被裁定为精神错乱者;

(b) 被宣布为精神失常者;

(c) 被判定为死刑或者监禁者;

(d) 被裁定或宣布为破产者。

任何依据尼日利亚境内的现行法律针对上述决定提出了上诉的,在自该项上诉提出之日起至该上诉被最终决定之日,或该上诉失效或撤回之日(取发生较早的日期),本条第(1)款不再适用。

第 138 条　总统任其他职务的限制

总统在任期内,不得以其他任何身份、拥有任何其他的行政权力,或从事其他带薪的工作。

第 139 条　选举相关问题的决定

国民议会应通过法令,确定:

(1) 就以下问题向上诉法院提出上诉的人的资格:

(a) 当选总统或者副总统是否合法有效;

(b) 总统或副总统任期是否已满;或者

(c) 总统或副总统职位是否已空缺。

(2) 提出上诉的条件、方式。

(3) 与该上诉有关的上诉法院的权力、运作,以及程序。

第 140 条　总统个人资产和负债的申报及宣誓

(1) 当选总统应当根据宪法规定公布资产和债务,并根据附件七进行宣誓后才能行使权力。

(2) 宣誓应由尼日利亚首席大法官或者其他被任命的人来主持。

第 141 条　副总统职位的设立

联邦设一名副总统。

第 142 条　副总统的任命和选举

(1) 根据本章前述相关条款进行的选举,参加总统选举的候选人应当从其政党中提名一位副总统,若参加总统选举的候选人根据前述条款当选的,那么该人就成为副总统。

(2)本章有关总统选举的任期、资格、资产和债务的公布以及宣誓条款均适用于副总统的选举。

第143条 总统的罢免

(1)总统或副总统根据本条规定,可以被罢免。

(2)若有不少于三分之一的国民议会成员签名通过控诉,并以书面形式:

(a)呈交参议院议长;

(b)详细声明总统或副总统在任职期间严重渎职的情况。

在收到控诉书的七日内,参议院议长应将相应的控诉书副本送达被指控者本人,并将控诉书及被指控者针对指控的回复,一起发送给每一位议员。

(3)在控诉呈送给参议院议长的十四日内(无论是否有对指控的回复声明),每一个议院便可不经过辩论,进行对指控是否调查的动议。

(4)调查动议须经每个议院不少于三分之二的议员多数通过。

(5)根据上一款规定,在通过调查动议的七日内,根据参议院议长的要求,尼日利亚首席大法官应任命由七个人组成的专门调查小组,调查该指控。该小组的成员应正直,不能来自于公务员系统、立法机构或者政党团体。

(6)接受调查的被指控者有辩护的权利,并可选定律师进行辩护。

(7)专门调查小组,应:

(a)根据国民议会的规定,拥有相应的权力并承担职责;

(b)在成立的三个月期限内,分别向众议院和参议院提交调查报告。

(8)若根据提交的报告,指控不成立的,就不再进行下一步程序。

(9)若根据提交的报告,指控成立的,并且国民议会每一个议院在收到报告的十四日内,有不少于三分之二的人支持该报告,则该报告即获得通过,被指控者须从该报告获得通过之日起被罢免。

（10）专门调查小组或者国民议会的任何决定都不能被诉至法院。

（11）本条款中，"严重渎职"指严重违反或破坏宪法条款的行为或国民议会认为构成严重渎职的行为。

第 144 条　总统和副总统永久性失去工作能力

（1）有以下情形的，总统或副总统应停止职务：

（a）联邦执行委员会以三分之二的多数通过决议，宣布总统或副总统因身体原因不能胜任；并且

（b）根据本条第（4）款设立的医疗小组经过必要的医疗检查之后，向参议院议长和众议院议长提交的报告中，证实该声明的。

（2）医疗小组证实总统或副总统身体或精神欠佳，致使其长期不能履行职责的报告应由参议院议长和众议院议长签署并在联邦政府的官方公报上公开。

（3）根据本条第（2）款，从医疗小组报告发布日期起，总统或副总统须停止职务。

（4）本条款中的医疗小组成员由参议长在以下人士中任命五人组成：

（a）被检查者的私人医生一名；

（b）其他四人应由参议长认为在其医疗领域享有很高的声誉，并且胜任前款相关检查工作的人中选出。

（5）本条中，"联邦执行委员会"是指联邦政府的部长联盟，由总统在相关职能部门中设立，并由总统指导。

第 145 条　总统缺失时的暂时代职

因不能胜任职务的，直到副总统成为代总统行使权力，总统才可卸任。

第 146 条　总统的解职

（1）由于死亡或者辞职、弹劾、永久丧失工作能力、被罢免或符合宪法第 143 条的任何其他原因，导致总统位置空缺的，副总统应接替成为总统。

（2）当副总统的职位出现如本条第（1）款所提到的空缺情形的时候，参议院议长应暂时代任总统职位，但是应在不超过三个月内进行新的总统选举。新当选总统将接替其职位。

（3）根据以下情形，副总统的位置空缺时：

(a) 符合宪法第 143 条或第 144 条，由于死亡或者下台、弹劾、永久伤残或罢免；

(b) 根据本条第（1）款成为总统的；

(c) 以及其他任何原因。

经国民议会的每一个议院的同意，总统应提名并任命一个新的副总统。

第 147 条　联邦各部部长

（1）总统应根据需要设置联邦政府部长的职位。

（2）部长提名应由参议院通过，并由总统任命。

（3）总统根据本条第（2）款任命部长应与本宪法第 14 条第（3）款一致。

总统应从州的土著人中任命至少一名部长。

（4）国民议会议员或州议员被任命为联邦政府部长的，应辞去国民议会议员或州议员身份，并做部长宣誓。

（5）不符合众议院参选条件的，不能被任命为联邦政府部长。

（6）在参议院接收到提名的二十一个工作日内，如若没有任何回复，将视为提名通过。

第 148 条　部长的行政职责

（1）总统可酌情指定副总统或者联邦政府部长负责联邦政府任何部门的事务。

（2）总统应举行常规会议，与副总统、所有的联邦政府部长讨论以下事项：

(a) 决定联邦政府的国内外一般性政策；

(b) 协调总统、副总统及各部部长在联邦政府的职责履行；

(c) 总统根据宪法的要求履行职责时应咨询并听取他人或团体建议。

第 149 条　部长个人资产和负债的申请表及宣誓

联邦政府部长，应根据宪法规定公布自己的资产和负债情况，根据宪法附件七进行宣誓，才能就职。

第 150 条　联邦检察总长

（1）联邦检察总长是联邦的首席法律官员和联邦政府司法部长。

（2）联邦检察总长应由具备在尼日利亚从事法律工作的职业资格并且从业不少于十年的人担任。

第 151 条　特别顾问

（1）总统可以任命任何人士为特别顾问，协助他履行职责。

（2）这些顾问的数量和他们的报酬及津贴由国民议会通过法律或决议来决定。

（3）根据本条所做的任命随总统卸任而失效。

第 152 条　特别顾问的个人资产和负债的申报及宣誓

根据本法第 151 条被任命为特别顾问的人应按本宪法规定公布自己的资产和负债状况，并按宪法附件七进行宣誓。

B. 联邦政府部门

第 153 条　联邦委员会及理事会

（1）应设立下列联邦政府机构：

(a) 纪律检察署；

(b) 国务院；

(c) 联邦委员会；

(d) 联邦公务员委员会；

(e) 联邦司法人员委员会；

(f) 国家独立选举委员会；

(g) 国防委员会；

(h) 国家经济委员会；

(i) 国家司法委员会；

(j) 国家人口委员会；

(k) 国家安全委员会；

(l) 尼日利亚警察委员会；

(m) 警察人员委员会；

(n) 收入分配和财政委员会。

(2) 本条第（1）款设立的每一机关的组成及权力被规定在本宪法附件三的第一部分。

第 154 条 主席及成员的任命

(1) 除了当然的成员及本宪法的其他规定，上述机构的主席和部门成员须根据本宪法的规定由总统任命，并经参议院同意。

(2) 总统有权任命国务院、国防委员会以及国家安全委员会的主席及成员，且无须经过参议院的同意。

(3) 总统对国家独立选举委员会、国家司法委员会、联邦司法人员委员会及国家人口委员会的主席及成员的任命，应事先与国务院协商。

第 155 条 成员职位的任期

(1) 在下列情形下，按照上述规定被任命的任何机构和成员应保留其成员的身份：

(a) 因其是该机构的当然成员而获得相应的职位的；

(b) 已取得终身职位的；

(c) 除当然成员以及凭借此前职权以外的方式获得任命的，任期为五年。

(2) 如果出现任何机构的成员本不具备该机构的任职资格，应取消相应的任命。

第 156 条 成员的资格

(1) 有下列情形的，不具备任命为上述任何机构成员的资格：

(a) 不具备当选众议员的资格的；

(b) 在过去的十年中，因不端行为被罢免上述机构成员资格和所任职务的。

(2) 任何在联邦政府担任公职的人不得被任命为上述机构的主席或成员。一旦任命，则视为其辞去相关政府职务。

(3) 任何曾被任命而不是以当然成员身份担任上述机构的成员，不能在下一个任期被重新任命为同一个机构的成员。

第157条 成员的罢免

(1) 根据本条第（3）款的规定，担任本条中相应职位的人，若有超过三分之二的参议员认为其不能履行职责（不论精神、身体或其他原因）或因其不当行为应当被罢免的，则由总统罢免。

(2) 本条适用于纪律检察署、联邦公务员委员会、国家独立选举委员会、国家司法委员会、联邦司法人员委员会、联邦委员会、尼日利亚警察委员会、国家人口委员会、收入分配和财政委员会及警察人员委员会的主席及成员。

(3) 若总统宣布全国人口普查报告不可靠，或根据本法第213条作废，国家人口委员会的所有成员应当被停职。

第158条 某些团体的独立性

(1) 纪律检察署、国家司法委员会、联邦公务员委员会、联邦司法人员委员会、收入分配和财政委员会及国家独立选举委员会行使任命及纪律检查权时，不受任何其他机关及人士的干预。

(2) 国家人口委员会行使以下权力时，不受任何其他机关或个人的干预：

(a) 任用、培训或组织培训统计员或其他协助人口普查的工作人员；

(b) 决定是否接受或修改联邦任何地区或部分的人口普查委员会的官方汇报；

(c) 进行人口普查；

(d) 编制全国人口普查报告并出版。

第 159 条　法定人数及决定

（1）根据本法 153 条所设机构的任何会议的法定人数应不低于该机构在召开会议当日的成员总数的三分之一。

（2）每位成员享有一票表决权，以该机构名义做出的任何决定和行为都应由出席会议的过半数人员通过。

（3）在上述机构的所有事项以投票（无论以何名义投票）来决定的会议中，会议的主席或其他主持人应制作决议列表并由全体审议表决。

（4）除其议事规则另有规定外，即使其成员出现空缺或缺席，上述机构也应积极对决议进行表决。

第 160 条　权力及程序

（1）除本条第（2）款另有规定外，上述任何机构为履行其职责，经总统批准，可根据其议事规则向任何政府官员或机构授予权力或职责。

（2）行使本条第（1）款规定的权力时，上述机构在向各州官员或州政府机构授予权力或职责时，须经过该州州长的批准。

第 161 条　解释

本章所提及的概念，除文意另有所指外：

（1）文中所提及的"当然成员"是指该成员已拥有或正在担任联邦公共服务机构的职位；

（2）"职位"是指联邦公共服务机构的任何职位；

（3）根据宪法第 153 条成立的机构的"成员"应包括该机构的主席；

（4）"不端行为"是指违反其效忠誓言或宣誓，或违反本宪法的规定，贿赂、贪污、虚假申报资产和负债或应以叛国罪等重罪论处的行为。

C. 公共收入

第 162 条　用于分配收入的账户

（1）联邦应设立一个特别账户，即"联邦账户"。联邦政府向除尼日利亚军队人员、警察人员、政府外交机构人员和联邦首都直辖区阿布贾直辖区居民以外的个人征收所得税的收入都应存入该账户。

（2）总统收到收入分配和财政委员会提交的报告后，应向国民议会提交对联邦账户进行收入分配的建议，并确定分配的准则。国民议会应考虑分配的原则，尤其是人口、各州之间的平衡、内部的收入、土地质量，地形以及人口密度等因素。分配方案应不断修改，保证不低于百分之十三的直接从自然资源获取的收入归入联邦账户。

（3）由联邦账户分配给联邦政府、各州政府和各州地方政府理事会的信用金额及其使用方式由国民议会规定。

（4）联邦账户中各州的信用金额在各州之间分配的具体项目及数额由国民议会规定。

（5）联邦账户的各地方政府理事会的信用金额也应专项分配给各州，分配的具体项目及数额由国民议会规定。

（6）每个州应设一个"州与地方政府联合账户"，地方政府理事会从联邦和州分配的收入应存入该账户。

（7）每个州分配给各地方政府理事会的数额占其总收入的比例、具体款项、条款及方式由国民议会规定。

（8）分配给各州地方政府理事会的信用金额及使用方式由州议会规定。

（9）分配给联邦司法机构的信用金额应直接拨付给国家司法委员会，由其支付给根据本法第6条成立的联邦和州的法院。

本条第（1）款中的"收入"是指联邦政府在下列情况下获得的任何收入和收益：

（a）依照法律规定的任何进账；

（b）基于联邦财产获得的收益；

（c）联邦政府在任何公司或其他法人中持有的股份或贷款所得的股息或利息。

第163条　其他收入的分配

根据国民议会的法令，依据本法附件二第二部分征收税款和关税的余额应按以下原则分配给各州：

（1）若原来由各州政府或者其他机构征收的，那么该部分所得应视为该州的公共基金的一部分；

（2）若原来由联邦政府或其他机构征收的，在返还时，国民议会确定一个相同的返还比例。

第164条 联邦援助各州的收入

（1）联邦可授权州增加收入，具体数额、款项及条件由国民议会规定。

（2）联邦可额外对外国和国际组织进行赠与，以促进尼日利亚外交政策目标的实现，具体数额、款项及条件由国民议会规定。

第165条 为某些关税收入的开支

为联邦顺利实施征取税收和关税，并根据国民议会依据本章的条款制定的法令全部或部分分配给各州在每个财政年度的收益分享比例，各州在每个财政年度应当支付联邦上述所需开支。

第166条 抵销

（1）任何本章所称的由联邦向州的支付都可以与联邦给予该州的贷款相抵销。

（2）上述抵销权不影响联邦其他因放贷而获得的权利。

第167条 公共收入基金的总数

本章所称的由联邦向州的支付都可从联邦公共基金中支付；由州向联邦的支付可从该州的公共基金中支付。

第168条 支付的条款

（1）本章所进行的款项支付应事先由联邦审计长核实；临时款项的支付，可在联邦审计长核实前进行。

（2）国民议会应规定依据本章所进行的款项支付的方式和时间，以保证支付及临时付款的有效性。

D. 联邦公共服务

设立设立联邦公务员委员会。

第 169 条　联邦公务员委员会：授权功能

根据本宪法规定，联邦公务员委员会经总统批准，可授权其认为合适的成员或任何联邦公务员行使宪法赋予的任何权利。

第 171 条　由总统任命

（1）任命和撤销该委员会成员职位的权力属于总统。

（2）本条所述的职位是指：

（a）联邦政府秘书；

（b）联邦公务员专员；

（c）大使、高级专员或其他尼日利亚在国外的首席代表；

（d）各部及由联邦政府额外成立的部的常任秘书；

（e）总统办公室的员工。

（3）联邦公务员专员不得从联邦常任秘书及联邦或州同级别的公务员中任命。

（4）对大使、高级专员或其他尼日利亚国外首席代表的任命须经过参议院的同意。

（5）总统行使本条规定的权力，须遵循尼日利亚的联邦性质，促进民族团结。

（6）任何根据本条第（2）款（a）项和（e）项的规定所进行的任命在总统卸任时失效。

第 172 条　行为纪律守则

联邦公务人员应当遵守联邦公共服务行为纪律准则。

第 173 条　薪金权利保障

（1）根据本宪法的规定，联邦公共服务人员领取退休金或抚恤金的权利应当由法律规定。

（2）任何有资格获得本条第（1）款所述利益的人，除因违反法律和行为守则的行为外，不得因其他的错误而被削减第（1）款所述的利益。

（3）退休金应每五年重新评估一次，或同联邦公务员的薪酬一起重新评估，以时间较早者为准。

（4）不得对联邦公共服务人员的退休金征税。

第174条　公共检察

（1）联邦检察总长有权：

（a）根据国民议会法令所规定的罪行，对任何人在尼日利亚军事法庭以外的任何法院提起刑事诉讼；

（b）接管已由其他政府机构或个人提起的刑事诉讼；

（c）在判决前，终止任何由他本人或其他任何官方或个人提起或承办的刑事诉讼程序。

（2）根据本条第（1）款赋予联邦检察总长的权力，可由他本人亲自行使也可由其下属部门官员行使。

（3）联邦检察总长在根据本条行使其权力时，须顾及公众利益、正义和防止滥用法律程序。

第175条　赦免

（1）总统可以：

（a）赦免任何依据国民议会法律规定构成刑事犯罪的人；

（b）给予被判处刑罚的罪犯一个不确定或确定期限的缓期执行的机会；给予罪犯减刑；

（c）免除部分或所有罪犯的刑罚或罚款，而不考虑州对这类犯罪的决定。

（2）总统行使本条第（1）款规定的权力的，须在与国务院协商后，由其本人行使。

总统在国务院的建议下，可对因违犯陆军、海军或空军法律的人或被军事法庭定罪判刑的人，行使本条第（1）款的规定的权力。

第二节 州行政

A. 州长

第 176 条　州长职位的设立

(1) 每个州都须设一名州长。

(2) 州长是每个州的最高行政长官。

第 177 条　当选州长的资格

参与州长选举的人应当符合以下条件：

(1) 尼日利亚出生的公民；

(2) 年满三十五周岁；

(3) 是某个政党的成员并且被该政党支持；

(4) 至少达到中学教育水平或者同等学历。

第 178 条　州长选举：一般规定

(1) 选举州长的日期应当由国家独立选举委员会指定。

(2) 州长选举日期应定在不早于上届任职期满时的六十日且不晚于三十日。

(3) 在有两个或两个以上候选人的州长选举中，在提名候选人结束后，其他候选人由于被剥夺资格、退出竞选、不符合资格、失踪或者死亡等原因不能参加选举而导致只有一名候选人的情况下，国家独立选举委员会应延长提名时间。

(4) 州长选举时，该州应视为一个选区。

(5) 每个在议员选举中登记投票的人都有资格参加州长选举。

第 179 条　一个候选人、两个或两个以上候选人的州长选举

(1) 在州长选举中，当只有一名提名候选人的情况下，如果他符合以下条件，应当被认为是合法地被选举为州长：

(a) 他获得大多数的赞成票；

（b）他在该州至少三分之二的地方政府区中每区获得至少四分之一的选票。但是，如果该唯一的候选人在选举中未能符合上述条件，则应重新提名。

（2）在拥有二名或者二名以上候选人的州长选举中，如果某名候选人符合以下条件，则应当被认为是已经合法地被选举为州长：

（a）在选举中他获得的票数最高；并且

（b）他在该州至少三分之二的地方政府区中，每区获得至少四分之一的选票。

（3）根据本条第（2）款的规定仍不能选出的，则应根据本条第（4）款进行第二轮选举，达到以下情行者，当选：

（a）选举中得票最高者：并且

（b）在剩余的候选人中，获得最多的地方行政区选票者（不止一个候选人获得了最多的地方行政区的选票）将为第二候选人。

（4）根据本条第（2）款的规定仍不能选出的，国家独立选举委员会应在选举结果出来后的七日之内，在两个候选者之间安排一次选举，达到以下情形者，当选：

（a）在选举中他得票最多；并且

（b）他在该州至少三分之二的地方政府区中每区获得至少四分之一的选票。

（5）根据本条第（4）款的规定仍不能选举出的，国家独立选举委员会应在选举结果出来后的七日之内，在这两位候选者中另外安排一次选举，候选人在选举中获得大多数票者当选。

第180条 州长的任期

（1）根据本宪法的规定，一个人应当持续担任州长，直到：

（a）继任者宣誓就职；或者

（b）其在任期内死亡；或者

（c）辞职正式生效；或者

（d）根据本宪法的规定，必须终止任职。

（2）根据本条第（1）款规定，州长从以下日期算起，任职满四年应卸任。

（a）依据宪法的规定，他首次当选为州长，已宣誓就职；并且

（b）再次当选，已宣誓，即将任职，但死亡的。

（3）如果国家正处于战争时期，总统认为不适合选举的，国民议会可以延长本条第（2）款规定的四年期限，但任何一次延长都不能超过六个月。

第181条　当选州长宣誓就职前死亡的

（1）如果一个正式当选为州长的人在其宣誓就职前死亡，或者因任何其他理由无法宣誓就职，那么当选副州长应作为州长宣誓就职，同时应提名一位新的并由州议会同意的人作为副州长。

（2）如果正式当选为州长和副州长的人在其宣誓就职前死亡，或因其他理由无法宣誓就职，国家独立选举委员会应立即进行州长和副州长的选举。

第182条　资格限制

（1）有以下情形的人，没有资格参加州长选举：

（a）根据本宪法第28条的规定自愿并宣誓效忠成为其他国家的公民，国民议会另有规定的除外；

（b）已任两届州长；

（c）根据尼日利亚法律，被认定为精神病人或其他精神失常的人；

（d）被任何一个尼日利亚的合法的法庭判处死刑，或因涉及不诚实或欺诈行为（不论如何定罪）而被判处监禁，或因任何其他罪行而被某一合法的法律机构判刑；或者

（e）在州长选举日之前的十年内，他因诚信问题或因被发现违反行为准则而被定罪；或者

（f）他是一个未偿还债务的破产者，或者被尼日利亚有效的法律宣布的破产者；或者

（g）他受雇于联邦或任何一个州的公共服务机构，且并没有在选举日

期前的至少三十日内辞职、离职或退休；或者

（h）他是某一秘密组织的成员；或者

（i）他已因犯有贪污或欺诈行为被根据法庭调查法成立的司法或行政调查委员会起诉，并且已被联邦或州政府接受；或者他向国家独立选举委员会提供了一个伪造的证书。

（2）凡任何一个人：

（a）被宣布为精神失常；

（b）被宣判宣告破产；

（c）裁定宣告破产。

在上诉的有效时间内可以提出上诉，在上诉被最终判决前，本条第（1）款的规定不应实施。

第183条　州长担任其他职务的限制

州长在其任职期间，不应该担任其他公职或者任何其他有偿的职位。

第184条　选举相关问题的决定

国民议会应就以下问题制定法律：

（1）个人可以就有关选举中出现的如下问题向选举法庭申诉：

（a）州长或副州长是否有效当选；

（b）州长或副州长的任期是否已满；或者

（c）副州长的职位是否已出现空置；

（2）可提出申请的情况和条件；

（3）选举法庭的权力、运作和程序有关的申请。

第185条　州长个人资产和负债的申报及宣誓

（1）当选州长者只有在按照宪法的规定公布了他的资产和债务情况，并根据本宪法附件七的规定宣誓就职后方能履行州长职能。

（2）州长的宣誓就职应在州法院首席法官或州伊斯兰教上诉法院的大卡迪、其他州习惯法上诉法院的首席法官，或者其他被任命担任主持人的主持下进行。

第186条 副州长职位的设立

联邦国家的每一个州都设一名副州长。

第187条 副州长的任命和选举

(1) 在任何州长选举中,州长候选人必须是提名其他候选人作为他的副州长以管理州政府事务,州长候选人只有提名了副州长候选人,才能参加州长选举;若候选人按照规定当选为州长,他提名的副州长候选人才能当选副州长。

(2) 本条这部分规定的有关选举的资格、州长任职取消资格、报告资产负债表和宣誓就职的条例均适用于州长和副州长。

第188条 州长和副州长的罢免

(1) 符合以下条件时,州长和副州长可以依照法律的规定被罢免:

(a) 有不少于三分之一的州议员签署的书面指控;

(b) 指控书详细说明了被指控者严重渎职的行为。

(2) 州议会议长在收到指控书的七日内,应将相应的指控书副本送达被指控者本人,并将指控书及被指控者针对指控的回复,一并发送每一位议员。

(3) 在控告呈送给州议会议长的十四日内(无论是否有针对指控的回复声明),每个议院都可不经过辩论,通过对指控是否进行调查的动议。

(4) 调查动议须经州议会三分之二以上的多数议员通过。

(5) 根据上一款规定,在通过调查动议的七日内,根据州议会议长的要求,州首席法官须任命一个七人组成的专门调查小组,调查该指控。该小组的成员应正直,不能来自于公务员系统、立法机构或者政党团体。

(6) 接受调查者有辩护的权利,并可选定律师进行辩护。

(7) 专门调查小组应:

(a) 根据州议会的规定,拥有相应的权力并承担职责;

(b) 在规定的三个月内,向议院报告其调查的结果。

(8) 根据提交的报告,指控不成立的就不再进行下一步程序。

（9）若根据提交的报告，指控成立的，并且州议会在收到报告的十四日内有三分之二以上的人支持，该报告即获得通过，被指控者应从该报告获得通过之日起被罢免。

（10）专门调查小组或者州议会的任何决定都不能被诉至法院。

（11）本条款中，"严重渎职"指严重违反或破坏宪法条款或国民议会认为构成严重渎职的行为。

第189条 州长和副州长永久性失去工作能力

（1）一个州的州长或副州长在任职期间出现以下情况，将被停职：

（a）三分之二以上的州执行委员会成员通过决议认为州长或者副州长是不能胜任的；并且

（b）在本条的（a）项的决议被通过后，应由医学检查小组对其进行医学检查，并根据本条第（4）款向州议长报告。

（2）若医学检查小组在其报告中证明，州长或副州长的身体患有某种疾病或者精神问题使他永远无法履行职能，则议长应签署声明并刊登在州政府公报上。

（3）州长或副州长自本条第（2）款中的医学报告刊登的日期起停止任职。

（4）本章节涉及的医学检查小组成员须由州议长提名，由五名尼日利亚医学从业人员组成：

（a）一名必须是州长或者副州长的私人医生；并且

（b）其他四名由议长提名的医疗从业人员，须在医学领域享有声誉和高水平资格并且通过相关的考试。

（5）在本章中提到的"州执行委员会"是指州政府专员参与的机构，由州长设立和指导，承担政府职能。

第190条 州长缺失时的暂时代职

无论什么时候，当州长递交给议院议长一个书面声明，表明他由于正在度假或者由于其他原因不能行使州长职能时，州长职能将由副州长代理行使，直到州长递交给议长一个相反的书面声明时，他才能重新行使州长职能。

第 191 条 州长的解职

（1）按照本宪法第 188 条或第 189 条的规定，如果现任州长因死亡、辞职、弹劾、永久丧失工作能力或被罢免而造成州长职位空缺，那么副州长将代行州长职能。

（2）当出现本条第（1）款中提到的州长职务空缺，并且副州长职务同样也空缺的时候，州议会议长将代理行使州长职能，但不得超过三个月，同时要进行新州长的选举，当选的州长任期为上任州长的剩余任期。

（3）当副州长的职位出现空缺：

（a）原因与本宪法第 188 条或 189 条的规定一致，现任副州长因为死亡、辞职、弹劾、永久丧失工作能力或被罢免；

（b）根据本条第（1）款的所规定的，他将要担任州长；或者

（c）因其他原因，由州长提名并经州议会批准，任命一位新的副州长。

第 192 条 州政府委员会

（1）州长须设立州政府委员会。

（2）对于一些州政府委员会官员的任命如果习惯上由州议会决定，那么州长在做出决定和任命时应符合本宪法第 14 条第（4）款。

（3）当州议会或者国民议会的任一成员被任命为州政府委员会委员时，在他宣誓就职的时候，必须确认已经辞去州议会或国民议会的职务。

（4）除非其有资格参加州议会的选举，否则他将不得被任命为州政府委员会委员。

（5）依本条规定做出政府委员委派令后，如果在其后的二十一个工作日内没有收到来自州议会的反对意见，那么此决定将视为生效。

第 193 条 州长和各专员的行政职责

（1）州长可在其权力范围内，自主指定副州长或其他州政府委员会委员来负责州政府事务，包括担任州政府专员。

（2）州长须与副州长及所有州政府委员会委员定期召开会议，以便：

（a）确定该政府政策的总体方向；

（b）统筹、协调州长、副州长及政府专员的行政职责；

（c）州长根据宪法要求履行职责时，须咨询并听取他人或团体的建议。

第 194 条　专员个人资产和负债的申报和宣誓

政府专员应按本宪法的规定公开资产和债务，并且依照宪法附件七的程序宣誓就职后才能任职。

第 195 条　州的检察总长

（1）州设立一名检察总长，其同时还担任州首席法律官员和州司法专员。

（2）担任检察总长的人须具备尼日利亚的法律执业资格，并且有不少于十年的从业经验。

第 196 条　特别顾问

（1）州长可委任特别顾问协助他履行职能。

（2）顾问的数量以及他们的薪酬、津贴须由法律规定或州议会决定。

（3）这些任命应该按照本条的规定和州长自己的意愿进行，并且当州长终止其任职时，这些顾问也须终止任职。

（4）依照本条第（1）款的规定而任命的特别顾问须按本宪法的规定公开资产和债务，并且依照本宪法附件七的程序宣誓就职后才能任职。

B. 州主要行政机构

第 197 条　州委员会

（1）每个州须设立以下机构：

（a）州政府公务员委员会；

（b）州独立选举委员会；

（c）州司法人员委员会。

（2）依据本条第（1）款设立起来的机构的构成和其权力在本宪法附件三的第二部分有详细的列举。

(3) 州长在任命州政府参股和投资的企业以及大学、学院和其他高等教育机构理事会的主席和机构成员时，须遵守本宪法第 14 条第（4）款的规定。

第 198 条　主席及成员的任命

除了当然的成员或者是本宪法中的其他条款规定的情况，依照本宪法的规定，任何机构的主席和成员的都须由州长任命，并且该任命须得到州议会的批准。

第 199 条　任期

（1）在下列情形下，按照上述规定成立的任何机构的成员应保留其成员的身份：

（a）因其是该机构的当然成员而获得相应的职位的；

（b）已取得终身职位的；

（c）除依当然成员以及凭借此前职权以外的方式获得任命的以外，任期为五年。

（2）如果发现任何机构的成员不具备该机构的成员资格的，应取消相应的任命。

第 200 条　成员的任职资格

（1）有下列情形的，不具备被任命为上述任何机构成员的资格：

（a）不具备当选议员资格的；

（b）在过去的十年中，他因行为不端被罢免上述成员资格和所任职务。

（2）任何在州公共系统中担任公职的人不得被任命为上述机构的主席或成员。一旦任命，则视为辞去公共系统中的职务。

（3）任何曾被任命为而不是以当然成员身份担任上述机构成员的人，其不具备在下一任期被重新任命为同一个机构成员的资格。

第 201 条　罢免

（1）担任本条第（2）款中规定的职位的人，若有三分之二以上的议员认为其不能履行职责（不论精神、身体及其他原因）或严重渎职应当罢免的，由州长罢免。

（2）本条适用于各州政府公务员委员会、各州独立选举委员会、各州司法人员委员会的主席和成员。

第202条　某些团体的独立性

各州政府公务员委员会、各州独立选举委员会、各州司法人员委员会委员在行使其任命权和纪律控制权时，不受任何来自官方或个人的指导和控制。

第203条　法定人数和程序

（1）根据本宪法第197条的规定，所设机构的任何会议的法定人数，在举行会议的时候不得少于该组织成员总数的三分之一。

（2）根据本宪法第197条成立的机构的成员应享有一票投票权。在出席会议的多数成员的同意下，可以该机构的名义采取行动或做出决定。

（3）每当这些机构召开会议的时候，主席或其他会议主持者应将所有需要投票表决的事项（无论以何种名义进行投票）制成列表以便进行审议投票。

（4）尽管有成员缺席，但符合议事规则的，任一此类的机构都可以采取行动或做出决定。

第204条　权力和程序

（1）根据本条第（2）款的规定，在州长的同意下，任何机构都可以出于履行其职能的目的，按照规定给某一官员或组织授予权力或责任。

（2）政府官员在本条第（1）款的规定下行使权力时，不得对任何联邦机构授予权力或责任，除非获得总统的支持。

第205条　解释

在本章中，除上下文有其他方面的指明外：

（a）文中所提及的"当然成员"是指该成员拥有州公共服务机构的职位；

（b）职位是指州的公共服务体系的职位；

（c）任何在本宪法第 197 条的规定下设立的机构的成员包括其主席；并且

（d）严重渎职是指违背就职宣誓或违反本宪法的规定或贿赂或贪污或虚假申报资产或负债的行为，或触犯叛国罪等罪行。

C. 州公共服务

第 206 条　州公务员委员会的设立

每个州都须设公务员委员会。

第 207 条　州公务员委员会的职权：授权条款

根据本宪法的规定，每个州公务员委员会都可在州长的支持下及它认为合适的条件下，在宪法允许的范围内，将其权力授予其成员或其他公职人员。

第 208 条　由州长任命

（1）州长有权委任任何官员或解除某一官员的权力。

（2）本条所适用的官职，包括：

（a）州政府秘书；

（b）州政府公务员专员；

（c）常任秘书或任何其他指定的某一政府部门的主管；以及

（d）州长的任何私人助理。

（3）对该州的政府公务员专员任命，须由州政府秘书、州政府或者与联邦政府公务员委员会相同级别的官员做出。

（4）州长在行使委任权的时候，应考虑到本州的民族多样性和促进民族团结的需要。

（5）依照本条第（2）款的（a）、（b）项的规定，任何委任均应根据州长的意愿进行，并且在州长任期期满的时候终止；若一个人在被委任前为联邦国家或者州公务员的，则在州长卸任时，他也将有资格担任他原来的职务。

第 209 条 纪律行为守则

州公共服务体系中的每位成员都应服从和遵守行为道德守则。

第 210 条 薪金权利的保障

(1) 根据本条第(2)款的规定，州公共服务体系的成员领取退休金或养老金的权利须由法律规定。

(2) 任何按照本条第(1)款规定的权利，不应因他的缺点或错误被减少，法律或行为纪律守则另行规定的除外。

(3) 退休金应每五年重新评估一次，或连同任何州公务员的薪酬重新评估，以较早者为准。

(4) 不准对州公共服务成员的退休金征税。

第 211 条 公共监督

(1) 州检察总长有权：

(a) 根据国民议会法令所规定的罪行对任何人在尼日利亚军事法庭以外的法院提起刑事诉讼；

(b) 接管由其他政府机构或个人提起的刑事诉讼；

(c) 在判决前，终止任何由他本人或其他任何官方或个人提起或承办的刑事诉讼程序。

(2) 根据本条第(1)款规定州检察总长的权力，须由他自己行使或由他所属部门人员行使。

(3) 州检察总长在根据本条行使其权力时，其作为州法律专员必须顾及公众利益、正义，防止滥用法律程序。

第 212 条 赦免

(1) 州长可：

(a) 对任何根据州法律规定被判处有罪的人实行宽恕、释放或依法处理；

(b) 对由于犯罪被处罚人给予缓期；

(c) 对于犯有罪行的人，以较轻的处罚形式替代原刑罚；或者

(d) 对于犯有罪行的人，免除所有或部分的惩罚或罚款。

(2) 州长根据本条第（1）款的权力须在与州咨询委员会协商后行使。

第三节 补 充

A. 全国人口普查

第 213 条 全国人口普查

(1) 每一次全国人口普查后，国家人口委员会主任须将该人口普查报告提交给总统。

(2) 总统应在收到报告后的三十日内，将该报告副本提交国务院，由其评估并提出建议。

(3) 当国务院建议总统接受该报告时，总统应采纳该报告，并分别提交国民议会的两个议院。

(4) 总统采纳该报告并分别提交国民议会两个议院后，应在联邦政府的政府公告中刊登。

(5) 国务院可就以下原因建议总统拒绝采纳：

(a) 报告中提供的人口普查不准确；

(b) 报告违反常理。

总统应拒绝采纳该报告，任何人或者任何机构无论出于何种原因，都不得信赖该报告。

B. 尼日利亚武装警察部队

第 214 条 武装警察部队的设立

(1) 尼日利亚设立武装警察部队。根据本法，联邦或其他部分都不再设武装警察力量。

(2) 依本法的规定：

(a) 尼日利亚武装警察部队须按国民议会的法令组织和管理；

(b) 尼日利亚警察部队成员依据法律的授权行使权力和职责；

（c）国民议会可规定由尼日利亚警察部队组成部分联邦军队，保卫联邦的港口、航道、铁路、领空等领域。

第215条　警察总长和武装部队的控制

（1）设：

（a）总统根据本宪法第216条第（2）款规定，在尼日利亚警察委员会的建议下，从现役的尼日利亚警察部队里选出一人担任警察总长；

（b）各州警察专员应由警察委员会委任。

（2）尼日利亚警察部队由警察总长统率，各州的尼日利亚警察部队同时也受该州警察专员的领导。

（3）总统或者其他联邦政府部长可以依法授权和指示警察总长维护和保障公众安全和必要的公共秩序，警察总长须遵守这些指示并使警察部队服从这些指示。

（4）根据本条的规定，州长或是州政府专员，可以依法授权和指示警察专员维护和保障公众安全和必要的公共秩序，警察专员须遵守这些指示并使警察部队服从这些指示。但各警察专员在执行前述条款的指令前，可就此向总统或联邦政府部长查证相关的事务是否得到了相应的授权。

（5）本条规定做出的任何指示不受任何法庭调查。

第216条　警察总长的权力

（1）依照本宪法规定，尼日利亚警察委员会，在得到总统同意并认为适宜的情形下，可以将其宪法规定的权力委托给警察总长，或任何尼日利亚警员。

（2）总统在任命或罢免警察总长的职务时，须征询尼日利亚警察委员会的意见。

C. 联邦武装部队

第217条　联邦武装部队的设立和组成

（1）联邦政府应拥有自己的军队，并且须根据国民议会的相关法令，设立陆军、海军、空军和其他军事力量的分支机构。

（2）联邦政府须遵守国民议会的相关法令，设立武装和管理军队以充分有效地完成下述目标：

（a）抵御外来入侵；

（b）保持本国领土完整并保卫陆海空边境不受侵犯；

（c）根据总统的要求平定内乱，帮助恢复国内秩序，但须服从国民议会相关法令的规定；

（d）执行国民议会的相关法令规定的其他职能。

（3）联邦武装部队官员的组成须体现尼日利亚的联邦特性。

第218条　指挥和作战使用

（1）总统作为军队的总司令，有权决定联邦政府的军事行动。

（2）根据本条第（1）款授予的总统的权力，包括：任命国防参谋长、陆军参谋长、海军参谋长、空军参谋长以及根据国民议会的相关法令设立的其他军种的领导。

（3）总统须书面授权联邦军队的人员执行有关军事行动。

（4）国民议会有权力制定以下相关法律：

（a）总统作为联邦政府军队总司令可以行使的权力；

（b）对联邦政府成员的任命、晋升以及纪律管理。

第219条　确保武装部队的联邦特性

国民议会应当：

（1）实施本法第217条的规定；

（2）总统须依据本宪法第218条行使有关权力，通过法案组成相关机构，以确保联邦武装力量的构成反映本宪法第217条规定的尼日利亚的联邦特性。

第220条　义务兵役

（1）为保护尼日利亚公民，联邦应设置和维持足够的设施，实施国民议会有关义务军事训练或服兵役的法令。

(2) 在国民议会制定相关法令后，总统须在尼日利亚中学或者高等教育机构中设置足够的设施，以满足有意愿的人进行军事训练。

D. 政党

第 221 条　禁止某些团体的政治活动

除政党以外，其他任何组织不得在任何选举中拉票，或在选举中提供任何政党资金或选举资金。

第 222 条　政党活动的限制和要求

成立政党必须满足以下条件：

（1）该政党的全国性办公室的名称、住址须在国家独立选举委员会注册；

（2）组织的成员须向尼日利亚的所有公民开放，不论其籍贯、背景、性别、宗教信仰或者民族；

（3）该政党章程的副本须按国家独立选举委员会的规定登记；

（4）更改已经登记的章程时，应于更改前一个月在国家独立选举委员会办公室登记；

（5）组织的名称、符号或徽标不能包含任何种族或宗教含义，或让他人认为该组织的活动范围只限于尼日利亚地理区域的某一部分；

（6）该组织的总部须设置在联邦首都直辖区阿布贾。

第 223 条　政治团体的构成和规则

（1）一个政党的章程、规定应：

（a）对该党的主要官员、执行委员会的成员和其他的机关成员进行定期的民主选举；

（b）确保该党执行委员会的成员和其他机关的成员体现尼日利亚的联邦特性。

（2）本条中所讲的：

（a）对政党的执行委员会的负责人或者成员的定期选举是固定的，并且不能超过四年的期限；

(b) 政党执行委员会的负责人和其他机关成员体现尼日利亚联邦特性是指其成员来自于不少于三分之二的州和联邦首都直辖区阿布贾。

第 224 条　目标和宗旨

政党的宗旨和目标须符合本法第二章的规定。

第 225 条　政治团体的资金

(1) 每一个政党须按国家独立选举委员会要求的方式和时间公布它的资产和债务状况。

(2) 每一个政党须按国家独立选举委员会的要求向其提供一个详细的年度报告，以便于对其经费来源和其他资产的支出进行评估。

(3) 任何政党都不能：

(a) 在尼日利亚以外的国家拥有任何资金或者其他资产；

(b) 接受尼日利亚境外的任何资金或者其他财产。

(4) 政党须依据国家独立选举委员会的要求在二十一日内将其从尼日利亚境外收到的资金或者资产转交给委员会。

(5) 国家独立选举委员会有权指令对与政党有关的书籍或者经济交易记录进行检查。

(6) 本条第（4）款授予委员会的权力须由它的成员或者其他专业审计员和其他非政党人员行使。

第 226 条　资金的年度报告

(1) 国家独立选举委员会须每年向国会提交每个政党的财务收支状况的报告。

(2) 国家独立选举委员会在起草本条的报告时，负责调查政党的账簿及记录是否恰当，若认为不恰当，应如实报告。

(3) 国家独立选举委员会的每位成员及其任命的人：

(a) 有权取得每个政党的账簿、凭证和单据；

(b) 调查政党官员个人信仰，并有权取得相关信息和解释。对此，国家独立选举委员须在报告中如实反映。

第 227 条 禁止准军事组织

任何团体不得保留、组织、培训或武装任何人和任何团体，并雇用其使用武力或以武力胁迫来推动某种政治目的或追求某种政治利益，或以此种方式导致任何社会恐慌。

第 228 条 国民议会对政治团体的特别权力

国民议会须立法：

（1）对经正当程序调查发现有违反本宪法第 221 条、第 225 条第（3）款和第 227 条规定的任何政党的管理人员进行处罚；

（2）取消帮助或教唆政党违反本宪法第 225 条第（3）款规定的人担任公职的资格；

（3）每年度授权国家独立选举委员会公平公正地拨款给各个政党，以帮助他们更好地履行职责；

（4）国民议会给予国家独立选举委员会必要的权力，以使其更有效地确保政党遵守本章的规定所需的权力。

第 229 条 解释

本章的"团体"，除非上下文另作解释，是指任何个人团体的机构或尚未组成团体但同意为某些目的达成一致的行动，也包括为了民族、社会、文化、职业、宗教目的等而设立的社团。

"政党"包括那些在总统、副总统、州长、副州长、议会或者地方政府理事会成员选举中进行竞选活动的社团。

第七章 司 法

第一节 联邦法院

A．尼日利亚的最高法院

第 230 条 尼日利亚最高法院的设立

（1）尼日利亚设最高法院。

(2) 尼日利亚的最高法院由以下人员构成：

(a) 一名首席大法官；

(b) 最多不超过二十一名大法官，具体由国民议会法律规定。

第231条 最高法院的首席大法官和大法官的任命

(1) 首席大法官由总统依据国家司法委员会的建议，并得到参议院的确认后任命。

(2) 最高法院法官由总统依据国家司法委员会的建议，并得到参议院的确认后任命。

(3) 任职最高法院的首席大法官及其他法官，至少须有十五年的法律从业资历。

(4) 如果首席大法官请假或是因为其他原因不能履行首席大法官的职能，总统有权任命最高法院中最资深的法官来代行首席大法官的职能，一直到首席大法官假毕或新首席大法官上任。

(5) 除非国家司法委员会另有建议，总统根据本条第（4）款的任命自任命之日起三个月后失效，并且总统不能再任命同一个人。

第232条 最初司法管辖权

(1) 最高法院享有排除其他任何法院的针对联邦与州、州与州之间的争议（无论是法律的还是事实）的初始管辖权。

(2) 除根据本条第（1）款授予的管辖权外，最高法院可以享有国民议会法令授权的任何除刑事以外的其他初始管辖权。

第233条 上诉司法管辖权

(1) 最高法院享有排除其他法院的针对上诉法院的上诉管辖权。

(2) 上诉人有权针对上诉法院的下列裁判，上诉至最高法院：

(a) 仅涉及法律问题或由上诉法院裁判的有关民事、刑事案件；

(b) 在具体的民事或刑事程序中对涉及本宪法的解释和运用有疑问的；

(c) 在具体的民事或刑事程序中涉及当事人可能与本法第四章的规定

相违背的；

（d）由上诉法院判决或由其他法院判决，并由上诉法院确认的死刑判决；

（e）涉及以下决定：

（i）总统或副总统的选举是否合法；或

（ii）总统或副总统的任期是否须被中止；或

（iii）总统或副总统的职位是否已空缺；

（iv）总统或副总统是否须根据国民议会相关规定停职。

（3）根据本条第（2）款的相关规定，由上诉法院至最高法院的上诉须得到上诉法院或最高法院的同意。

（4）最高法院认为不需要开庭审理的，可以通过审核相关书面记录审理相关上诉案件。

（5）本条规定的向最高法院上诉的权利授予民事案件的当事人、经上诉法院或最高法院同意的民事案件的利害关系人、刑事案件的被告或根据本法接管或中止本由其他机构和个人进行的刑事诉讼的联邦或州检察总长。

（6）本条规定的向最高法院上诉的权利的行使程序须按国民议会根据本法第236条制定的法律和最高法院的议事规则运作。

第234条 构成

最高法院审理案件时的法官人数应不少于五名；涉及本法第233条第（2）款（b）项或（c）项，以及本法第232条的，须由七名法官审查。

第235条 最终决定

除请求总统或州长行使赦免权外，对最高法院任何裁判都不能上诉。

第236条 议事规则

尼日利亚的首席大法官可根据国民议会法律制定最高法院议事规则。

B. 上诉法院

第237条 上诉法院的设立

（1）设立一个上诉法院。

(2) 上诉法院须包括：

(a) 一名上诉法院院长；

(b) 由国民议会规定的不少于四十九人的上诉法院法官，其中包括不少于三名精通伊斯兰法律和不少于三名精通习惯法的法官。

第238条 院长和大法官的任命

(1) 上诉法院的院长，须由总统依据国家司法委员的提名，由参议院通过后任命。

(2) 上诉法院法官由总统依据国家司法委员会的提名任命。

(3) 上诉法院的法官，必须拥有十二年以上的尼日利亚的法律执业资历。

(4) 如果上诉法院院长位置空缺，或者因某种原因无法履行其职务时，则直到下一任院长被任命并承担其职务，或直至其已恢复担任该职务，总统须委任上诉法院的资深法官履行这些职务。

(5) 除了国家司法委员会的推荐外，总统根据本条第（4）款规定的任命三个月后失效，并且总统不得再次委任任期已经结束的人员。

第239条 最初司法管辖权

(1) 除本法另有规定外，上诉法院有权排除尼日利亚的其他法院对以下案件行使初始管辖权：

(a) 总统或副总统的选举是否合法；

(b) 总统或副总统的任期是否被停止；

(c) 总统或副总统位置是否空缺。

(2) 上诉法院在审理根据本条的第（1）款（a）项的选举案件时，须至少由三名法官组成。

第240条 上诉司法管辖权

根据本法的规定，上诉法院有权排除尼日利亚其他法院的管辖权，享有对来自联邦高等法院、联邦首都直辖区阿布贾高等法院、州高等法院、联邦首都直辖区阿布贾伊斯兰教上诉法院、州伊斯兰教上诉法院、州习惯法上诉法院,以及国民议会规定的军事法院或其他法院审理和判决案件的上诉管辖权。

第 241 条　针对联邦高等法院或州高等法院的上诉权

(1) 出现下列情况,可对联邦高等法院或高等法院的裁判向上诉法院上诉:

(a) 联邦高等法院或州高等法院民事刑事案件的一审判决;

(b) 联邦高等法院或州高等法院民事刑事案件的裁判;

(c) 在具体的民事或刑事程序中对涉及本宪法的解释和运用有疑问的;

(d) 在具体的民事或刑事程序中涉及当事人是否与本法第四章的规定相违背的;

(e) 在刑事诉讼中联邦高等法院或州高等法院做出死刑判决的;

(f) 由联邦高等法院或高等法院做出的以下裁判:

(i) 涉及个人自由或孩子的监护权的;

(ii) 涉及授权或拒绝任命的;

(iii) 涉及债权人或其他债务人以及根据司法不当行为的其他人员;

(iv) 涉及婚姻诉讼或海事诉讼的裁判;

(v) 尼日利亚法律规定的其他情形。

(2) 以下情形不能上诉:

(a) 联邦高等法院或任何高等法院认为在任何情形下都不能为之辩护的判决;

(b) 判决撤销或无效婚姻的一方当事人有权上诉,但当判决成立后其有时间和机会上诉而没有上诉的;或者

(c) 由联邦高等法院审理而当事人又和解的案件,没有得到联邦高等法院、州高等法院或上诉法院的同意,不能上诉。

第 242 条　上诉

(1) 根据本法第 211 条的规定,对联邦高等法院或高等法院的判决向上诉法院上诉的,必须得到联邦高等法院、州高等法院及上诉法院的

同意。

（2）根据民事和刑事程序，上诉法院可处理任何联邦高等法院或州高等法院同意的上诉案件。若上诉法院为了维护司法公正，无须开庭审理的，可以通过审核相关书面记录审理相关上诉案件。

第 243 条　针对联邦高等法院或州高等法院的民事和刑事案件的上诉权

根据本法的规定，对来自联邦高等法院和州高等法院裁判的上诉人可向上诉法院提出上诉：

（a）民事案件中一方当事人，或得到联邦高等法院、高等法院或上诉法院同意的民事案件的利害关系人、刑事案件的被告或根据本法接管或中止本由其他机构和个人进行的刑事诉讼的联邦或州检察总长；

（b）根据国民议会和上诉法院议事规则行使。

第 244 条　针对伊斯兰法院的上诉

（1）可以就按伊斯兰教规定由伊斯兰教上诉法院审理的任何民事案件向上诉法院提出上诉。

（2）对伊斯兰教上诉法院审理的民事案件向上诉法院提出上诉的，应：

（a）由当事人一方，或得到伊斯兰教上诉法院和上诉法院同意的利害关系人行使；

（b）依据国民议会法令和上诉法院的议事规则来行使。

第 245 条　针对习惯法法院的上诉

（1）按习惯法规定及国民议会法律规定由习惯法上诉法院审理的任何民事案件，可向上诉法院提出上诉。

（2）对习惯法上诉法院审理的民事案件向上诉法院提出上诉的，应：

（a）由当事人一方，或得到习惯法上诉法院和上诉法院同意的利害关系人行使；

（b）依据国民议会法令和上诉法院的议事规则来行使。

第 246 条　针对纪律裁判庭或其他法院或裁判庭的上诉

（1）针对以下情况向上诉法院上诉是一项权利：

(a) 对依据本法附件五设立的纪律裁判庭的裁判；

(b) 对国民议会议员选举法庭和州长以及州议会选举法庭关于下列问题的裁判：

(i) 当选为国民议会或州议会的议员是否有效；

(ii) 当选州长和副州长是否有效；

(iii) 任何当选的人职务是否应该停止，或当选者的职位是否应该空缺。

(2) 国民议会可授权上诉法院审理和判决针对由国民议会成立的其他法院的上诉。

(3) 上诉法院针对选举上诉请求的判决为最终判决。

第247条　构成

(1) 针对下列情形的上诉，上诉法院须至少由三名法官组成：

(a) 伊斯兰教上诉法院至少有三名精通伊斯兰法律的法官；

(b) 习惯法上诉法院至少有三名精通习惯法的法官。

第248条　议事规则

上诉法院的院长可根据国民议会的法令制定上诉法院议事规则。

C. 联邦高等法院

第249条　联邦高等法院的设立

(1) 设立一个联邦高等法院。

(2) 联邦高等法院须以下人员组成：

(a) 一名首席法官；

(b) 依据国民议会法令规定的一定数量的法官。

第250条　首席法官和法官的任命

(1) 联邦高等法院的首席法官须由总统依据国家司法委员会推荐提名，并由参议院通过后任命。

(2) 联邦高等法院的其他法官由总统依据国家司法委员会的推荐任命。

（3）联邦高等法院的首席法官须在尼日利亚从事至少十年以上的法律从业资历。

（4）如果联邦高等法院首席法官位置空缺，或首席法官因故不能行使其职务时，在下一任首席法官就职之前，或首席法官恢复行使其职务前，总统须任命联邦高等法院资深法官代行其职务。

（5）除了国家司法委员会的推荐外，总统依据本条第（3）款的任命从任命生效之日起的三个月失效，并且总统不得再次委任任期已经结束的人员。

第251条　管辖权

（1）根据本法及国民议会法令的授权，联邦高等法院对涉及以下案件享有排他的司法管辖权：

（a）涉及联邦政府的税收问题，即政府部门、机构或个人作为政府的代表受到控诉或作为控诉方时；

（b）关于向公司、其他企业或在尼日利亚从事商业行为的个人征联邦税时；

（c）涉及由征收海关税、消费税和出口税引起的、遵守或违反尼日利亚海关服务法令的官员请求或被请求的；

（d）涉及金融业、银行或其他金融机构时，包括任何两个银行之间直接的交易，由银行业务、外汇、货币、法定货币、汇票、信用证、本票和其他财政措施引起的支持或反对尼日利亚中央银行的行为。本段规定不适用于个人客户与银行之间的争议；

（e）涉及公司法及相关经营法的实施或其他规范公司注册的相关法律实施；

（f）联邦制定的任何有关版权、专利权、设计、反假冒商标、工业设计和商标、企业名称、商业和工业的垄断、兼并和信托、货物、商品和工业标准的法律；

（g）涉及海事管辖权，包括在尼日尔河和贝努埃河以及他们的支流和被法律定位为国内水道的内陆水道、所有的联邦海港（包括其权力属于联邦海港），以及海上运输的船舶和导航；

（h）外交代表机关、领事和贸易代表；

（i）公民、归化入籍人员和外国人、驱逐出境的人、引渡逃离尼日利亚的逃犯、护照和签证；

（j）破产、无力偿还债务；

（k）航空和飞行安全；

（l）武器、弹药和炸药；

（m）药物与毒品；

（n）矿山和矿物质（包括油田、石油开采、地质调查和天然气）；

（o）度量衡；

（p）联邦政府或其机构的管理和控制；

（q）涉及影响联邦政府及其机构运作的相关宪法解释；

（r）任何涉及影响联邦政府及其机构的行为效力的程序；

（s）涉及是否有排他管辖权的或是否由国民议会拥有民事和刑事管辖权的。如果在本款（p）、（q）和（r）项中没有规定阻止个人在根据法律、法规和衡平法对联邦政府及其机构提出赔偿请求。

（2）联邦高等法院享有对涉及叛国罪、严重叛国罪及相关罪行的司法管辖权。

（3）联邦高等法院享有对涉及违反本条第（1）款的刑事犯罪的司法管辖权。

第252条 权力

（1）为了实现本法和国民议会授权行使的司法管辖权，联邦高等法院有权行使州高等法院的一切权利。

（2）除本条第（1）款规定外，国民议会可以通过法律规定，赋予联邦高等法院本条之外的、使其有效行使司法管辖权所需的权力。

第253条 构成

联邦高等法院的裁判须由一名以上法官做出。

第254条 议事规则

联邦高等法院的首席法官须根据国民议会相关法律制定联邦高等法院的议事规则。

D. 阿布贾联邦首都直辖区高等法院

第255条 阿布贾联邦首都直辖区高等法院的设立

（1）设立阿布贾联邦首都直辖区高等法院；

（2）阿布贾联邦首都直辖区高等法院应包括：

（a）一名首席法官；

（b）由依据国民议会所规定的一定数量的法官。

第256条 阿布贾联邦首都直辖区高等法院首席法官和法官的任命

（1）阿布贾联邦首都直辖区高等法院的首席法官须由总统依据国家司法委员会推荐，并由参议院通过后任命。

（2）阿布贾联邦首都直辖区高等法院的其他法官由总统依据国家司法委员会推荐任命。

（3）阿布贾联邦首都直辖区高等法院的法官须有在尼日利亚十年以上的法律从业资历。

（4）如果阿布贾联邦首都直辖区高等法院的首席法官位置空缺，或首席法官因故不能履行其职务时，在下一任首席法官就职之前，或首席法官恢复行使其职务前，总统须任命阿布贾联邦首都直辖区高等法院的资深法官代行其职务。

（5）除了国家司法委员会的推荐，总统根据本条第（4）款的规定的任命三个月后失效，并且总统不得再次委任任期已经结束的人员。

第257条 管辖权

（1）除第251条和其他条款赋予的司法管辖权外，阿布贾联邦首都直辖区高等法院对涉及权利、权力、责任、义务、特权等民事案件问题，及涉及有关财产的没收、刑罚或其他处罚的问题享有司法管辖权。

（2）本条中所称民事或刑事法律程序，包括在阿布贾联邦首都直辖区高等法院的一审程序和由联邦首都直辖区高等法院进行的上诉和监督审理的程序。

第 258 条　构成

阿布贾联邦首都直辖区高等法院做出裁判时，须有一名以上法官。

第 259 条　议事规则

阿布贾联邦首都直辖区的高等法院首席法官有权依据国民议会的规定，制定阿布贾联邦首都直辖区高等法院议事规则。

E. 阿布贾联邦首都直辖区伊斯兰教上诉法院

第 260 条　阿布贾联邦首都直辖区伊斯兰教上诉法院的设立

（1）阿布贾联邦首都直辖区设立一个遵循伊斯兰教法的上诉法院。

（2）阿布贾联邦首都直辖区伊斯兰教法上诉法院须包括：

（a）一名大卡迪法官；

（b）由国民议会规定的一定数量的卡迪法官。

第 261 条　阿布贾联邦首都直辖区伊斯兰教上诉法院大卡迪和卡迪的任命

（1）阿布贾联邦首都直辖区伊斯兰教法上诉法院的大卡迪法官由总统依据国家司法委员会推荐提名，并由参议院通过后任命。

（2）阿布贾联邦首都直辖区伊斯兰教法上诉法院的法官由总统依据国家司法委员会的推荐任命。

（3）任职阿布贾联邦首都直辖区伊斯兰教上诉法院的大卡迪法官，必须具备以下条件：

（a）在尼日利亚有十年以上的法律从业资历，并且从国家司法委员会认可的机构中获得了伊斯兰法的资格认可；

（b）进入由国家司法委员会批准的有关从事伊斯兰教的机构，并获得资格证不少于十二年：

（i）或者具有相当丰富的伊斯兰法领域的实践经验；

（ii）或是一个伊斯兰法领域的杰出学者。

（4）如果阿布贾联邦首都直辖区伊斯兰教上诉法院的大卡迪法官位置

空缺，或首席法官因故不能履行其职务时，在下一任首席法官就职之前，或首席法官恢复履行其职务前，总统须任命阿布贾联邦首都直辖区伊斯兰教上诉法院的资深法官执行其职务。

（5）除了国家司法委员会的推荐，总统根据本条第（4）款的规定的任命三个月后失效，并且总统不得再次委任任期已经结束的人员。

第262条 管辖权

（1）伊斯兰教上诉法院，除了享有国民议会赋予的司法管辖权外，还享有因民事案件的上诉和其监督管辖范围涉及伊斯兰法的民事问题的司法管辖权。

（2）为了达到本条第（1）款的目的，伊斯兰教上诉法院应有权决定：

（a）涉及决定有关婚姻是否有效、婚姻的解除、家庭关系和孩子监护权的问题的伊斯兰法中的任何民事问题；

（b）若双方都是穆斯林，则在伊斯兰法中的民事问题包括婚姻的有效性或婚姻的解除、家庭关系、孩子的监护权问题；

（c）涉及穆斯林的遗嘱问题，包括对遗产的捐赠和继承，以及遗嘱提到的继承人和捐助人的伊斯兰法中的民事问题；

（d）涉及对婴儿、落难者、心理障碍者及生理有困难者权利的伊斯兰教中的民事问题；

（e）所有当事人都是穆斯林的，有权要求一审法院按照伊斯兰教进行审判。

第263条 构成

为了行使本法和国民议会规定的司法管辖权，伊斯兰教上诉法院须有三名以上法官。

第264条 议事规则

根据国民议会组织法的规定，伊斯兰教上诉法院的大法官有权根据实际情况，对阿布贾联邦首都直辖区上诉法院进行程序上的变更。

F. 阿布贾联邦首都直辖区习惯法上诉法院

第 265 条　阿布贾联邦首都直辖区习惯法上诉法院的设立

（1）设立一个阿布贾联邦首都直辖区习惯法上诉法院；

（2）阿布贾联邦首都直辖区习惯法上诉法院应包括：

（a）一名习惯法上诉法院的院长；

（b）国民议会法规定的一定数量的法官。

第 266 条　阿布贾联邦首都直辖区习惯法上诉法院院长和法官的任命

（1）阿布贾联邦首都直辖区习惯法上诉法院院长由总统依据国家司法委员会推荐进行提名，并由参议院通过后任命。

（2）阿布贾联邦首都直辖区习惯法上诉法院的法官由总统依据国家司法委员会的推荐任命。

（3）除了国民议会的规定要求外，担任阿布贾联邦首都直辖区习惯法上诉法院的法官还应符合以下条件：

（a）在尼日利亚有十年以上的法律从事资历，并且从国家司法委员会认可的机构中获得了习惯法的资格认证；

（b）国家司法委员会认为其具有足够的习惯法知识和实践经验。

（4）如果习惯法上诉法院的主席位置空缺，或主席因故不能履行其职务时，在下一任首席法官就职之前，或首席法官恢复履行其职务前，总统应任命阿布贾联邦首都直辖区习惯法上诉院的资深法官代行其职务。

（5）除了国家司法委员会的推荐，总统根据本条第（4）款的规定的任命三个月后失效，并且不得再次委任任期已经结束的人员。

第 267 条　管辖权

阿布贾联邦首都直辖区习惯法上诉法院除享有由国民议会授予的司法管辖权外，还享有涉及习惯法的上诉和审查监督的民事案件的司法管辖权。

第 268 条　构成

为了行使本法和国民议会赋予的司法管辖权，习惯法上诉法院须由三名以上法官组成。

第 269 条　议事规则

根据国民大会组织法的规定，阿布贾联邦首都直辖区世俗上诉法院的主席有权根据实际情况，对阿布贾联邦首都直辖区世俗上诉法院进行程序上的规范和调整。

第二节　州法院

A. 州高等法院

第 270 条　州高等法院的设立

（1）每个州均设高级法院。

（2）州高级法院须包括：

（a）一名州首席法官；

（b）由州议会规定的一定数量的高级法院法官。

第 271 条　首席法官和法官的任命

（1）州首席法官须由州长依据国家司法委员的推荐，并经得州议会同意后任命。

（2）州高级法院法官须由州长依据国家司法委员的推荐任命。

（3）担任州高级法院法官必须具备尼日利亚的法律执业资格，且拥有十年以上的法律从业资历。

（4）如果州首席法官职位空缺或任职者无法履行职责，则在重新任命他人担任该职务或原任职者复职之前，由州长任命该州最为资深的高级法院法官代行该职务。

（5）除了国家司法委员会的推荐，州长根据本条第（4）款的规定的任命三个月后失效，并且不得再次委任任期已经结束的人员。

第 272 条　司法管辖权：一般规定

（1）根据本宪法第 2 条和其他条款的规定，州高等法院具有审理和裁决所有民事诉讼的司法权，包括案件中存在或涉及的合法权利、责任、债务、特权、利益、义务或声明等问题，以及审理和裁决所有刑事诉讼中违法者应担负诸如罚款、没收财产、体罚或他相关法律责任等事项。

（2）本条中所提及的民事或刑事诉讼程序，包括州高等法院本身受理的以及提交州高等法院审理的相关诉讼，均由法院行使上诉受理或司法监督权。

第273条　构成

为行使宪法或其他法律赋予的司法权，州高等法院裁判时须有一名以上州高级法院法官。

第274条　议事规则

州首席法官有权依据州议会制定的法律制定州高等法院的议事程序。

B. 州伊斯兰教上诉法院

第275条　州伊斯兰教上诉法院的设立

（1）在有需要的州设立伊斯兰教上诉法院。

（2）州伊斯兰教上诉法院须由以下成员构成：

（a）一名州伊斯兰教上诉法院首席大卡迪法官；以及

（b）数名由州议会规定的州伊斯兰教上诉法院法官。

第276条　州伊斯兰教上诉法院大卡迪和卡迪的任命

（1）州伊斯兰教上诉法院大卡迪法官须由州长按国家司法委员的推荐提名，经州议会同意后任命。

（2）州伊斯兰教上诉法院卡迪法官须由州长依照国家司法委员的推荐任命。

（3）所有州伊斯兰教上诉法院大卡迪法官的任职者须符合以下条件：

（a）此人须具备十年以上的尼日利亚法律执业资历，并且获得国家司法委员会认可机构授予的伊斯兰法认证证书；或者

（b）此人参加了国家司法委员会认定机构的学习并获得其认证的伊斯兰法的证书，且持证时间不少于十年；另外

（i）此人须具有丰富的伊斯兰法实践经验；或者

（ii）此人为知名的伊斯兰法领域的杰出学者。

（4）如果州伊斯兰教上诉法院首席大卡迪职位空缺或因为其他原因任职者无法履行职责，则在重新任命他人担任该职或原任职者复职之前，由州长任命该州最为资深的伊斯兰教上诉法院大卡迪代行该职务。

（5）根据本条第（4）款的任命应自委任之日起三个月停止生效，且州长不得再次委任已卸任的任职者，但国家司法委员会推荐的除外。

第277条 管辖权

（1）除了该州法律赋予的其他司法权外，州伊斯兰教上诉法院还有权对民事诉讼中涉及的伊斯兰教教义问题行使上诉受理权和司法监督权，依据本条第（2）款之规定有权做出裁决。

（2）为施行本条第（2）款之规定，州伊斯兰教上诉法院有权裁决的情况如下：

（a）所有伊斯兰教教义涉及的婚姻问题，包括婚姻合法性或解除婚姻的有关问题，以及家庭关系或未成年人监护权的相关问题；

（b）在诉讼双方都为穆斯林的情况下，伊斯兰教教义涉及的婚姻问题，包括婚姻合法性或解除婚姻的有关问题，以及家庭关系、未成年人抚养、监护的有关问题；

（c）凡授权人、捐赠人、遗嘱人或继承人都为穆斯林时，所有伊斯兰教教义涉及的财产、馈赠、遗嘱或继承问题；

（d）所有伊斯兰教教义涉及的穆斯林未成年人、无力治产人或精神病人问题；以及身心存在缺陷的穆斯林的生活保障或监护权问题；以及

（e）诉讼双方皆为穆斯林，要求法院初审时按照伊斯兰教教义裁决的情况。

第278条 构成

为行使宪法或其他法律赋予的司法权，州伊斯兰教上诉法院裁判时须包括三名以上伊斯兰教上诉法院卡迪法官。

第 279 条　议事规则

根据州议会制定的法律规定，州伊斯兰教上诉法院首席大卡迪有权制定州伊斯兰教上诉法院议事规则。

C. 州习惯法上诉法院

第 280 条　州习惯法上诉法院的设立

（1）依据需要可在每个州设立习惯法上诉法院。

（2）州习惯法上诉法院须由以下成员构成：

（a）一名州习惯法上诉法院院长；以及

（b）数名州议会规定的习惯法上诉法院法官。

第 281 条　院长及法官的任命

（1）州习惯法上诉法院院长的担任者须由州长依据国家司法委员会的推荐任命，但必须经得州议会同意。

（2）州习惯法上诉法院法官须由州长依照国家司法委员会的推荐任命。

（3）除了达到州议会规定的要求，担任州习惯法上诉法院院长或法官的条件还有：

（a）其须拥有十年以上的尼日利亚法律从业资历；且国家司法委员会认为其在习惯法实践中具备足够的知识和经验；或者

（b）经国家司法委员会评估，其在习惯法实践中具备足够的知识和经验。

（4）如果州习惯法上诉法院院长职位空缺或任职者无法履行职责，则在重新任命他人担任该职务或原任职者复职之前，由州长任命该州最为资深的习惯法上诉法院法官代行该职能。

（5）根据本条第（4）款的任命应自委任之日起三个月届满后停止生效，且州长不得再次委任任期已结束的任职者，但国家司法委员会推荐的除外。

第 282 条　管辖权

（1）州习惯法上诉法院须对民事诉讼中涉及习惯法的问题行使受理上

诉权和司法监督权。

（2）为施行本条规定，州习惯法上诉法院还拥有由州议会规定的初始的司法管辖权。

第283条 构成

为行使所有宪法或其他法律赋予的司法权，州习惯法上诉法院有权制定条例规范州习惯法上诉法院的执法程序。

第284条 议事规则

根据州议会制定的法律规定，州习惯法上诉法院院长有权制定州习惯法上诉法院的议事规则。

第三节 选举法庭

第285条 选举法庭的设立

（1）联邦政府须设立一个或多个国民议会选举法庭，对以下事务拥有排他的初审管辖权：

（a）当选国民议会议员是否合法有效；

（b）宪法规定的职位任期是否应停止；

（c）提交选举法庭裁决的问题或请求是否恰当。

（2）每个州须设立一个或多个州长和州议会选举法庭，拥有对当选州长、副州长和州议员是否合法有效执行事务的排他的初审管辖权。

（3）国民议会选举法庭和州长及州议会选举法庭的组成须依据本法附件六的规定进行。

（4）根据本条组成的选举法庭须由一名主席和二名其他成员组成。

第四节 附加条款

第286条 针对联邦条款的州法院管辖权

（1）根据本宪法之规定：

（a）凡享有州法律赋予审理民事案件以及由此引发的上诉案件的司法管辖权的任何法院，有权审理联邦案件以及由此产生的上诉案件；

（b）凡享有州法律赋予的调查、审理刑事案件及由此引发的上诉案件的司法管辖权的法院，有权调查、审理违反联邦法律的刑事案件及由此引发的上诉案件；

（c）根据本条之规定，赋予州法院的司法权，应依据州民事或刑事事务的程序进行，而不适用于联邦事务案件。

（2）除非本法第299条和第301条有规定，本条规定不得被理解为授权没有或尚未取得法律执业资格者主持法庭处理有关联邦诉讼或违反联邦法行为的司法管辖权。

（3）在本条中，除非上下文另有需要：

"事务"包括争议事项；

"联邦事务"是指该民事或刑事诉讼与国民议会制定的法律相关；

"联邦犯罪"是指违反国民议会或制定的法律或任何同等效力有关规定的犯罪行为。

第287条 判决的执行

（1）最高法院的判决须由联邦政府在各个地区的机关和人员，或者所有最高法院的下属司法机关强制执行。

（2）上诉法院的判决须由联邦政府在各个地区的机关和人员，或者所有上诉法院的下属司法机关强制执行。

（3）联邦高等法院或州高等法院，以及所有依据本宪法设立的法院的判决，须由联邦政府各个地区的机关和人员，以及该法院下属司法机关强制执行。

第288条 熟悉伊斯兰法律和习惯法的人的任命

（1）总统在按本章上述规定任命最高法院法官和上诉法院法官的职务时，须确保其精通伊斯兰教义法和习惯法。

（2）为了施行本条第（1）款：

（a）符合以下条件的人视为精通伊斯兰教义：对于最高法院法官，其应在尼日利亚有十五年以上的法律从业资历；对于上诉法院法官，有十二年以上的法律从业经历，或者获得国家司法委员会认可机构的认证证书；

（b）符合以下条件的人视为精通伊斯兰教义：对于最高法院法官，其应在尼日利亚有十五年以上的法律从业资历；对于上诉法院法官，有十二年以上的法律从业经历，或者国家司法委员会认为在习惯法实践中具备足够的学识和经验的。

第 289 条　法律职业的限制

在国家司法委员会、阿布贾联邦首都直辖区委员会，或州司法人员委员会任职者，不能被任命为最高法院的法官或上诉法院法官、联邦高等法院法官或州高等法院法官，以及伊斯兰教上诉法院法官或习惯法上诉法院法官。其在卸任三年后才具备被任命的资格。

第 290 条　司法官员的个人资产和负债的申报和宣誓

（1）所有被任命的司法官员，须依据本宪法要求公开其财产和债务，然后按照宪法规定的第七附件进行宣誓，并在誓词上签字后方能就职，履行其职能。

（2）上述宣誓手续须由当时法定的管理人员监督执行。

第 291 条　任期和薪金保障

（1）在最高法院或上诉法院任职的司法人员可在年龄达到六十五周岁时申请退休，且在年龄达到七十周岁时必须停止任职。

（2）除了本条第（1）款的规定外，在其他法院任职的司法人员，可在年龄达到六十周岁时申请退休，且在年龄达到六十五周岁时必须停止任职。

（3）担任司法职务的人员：

（a）担任尼日利亚首席大法官、最高法院大法官、上诉法院院长或上诉法院大法官的，在六十五周岁或以后，其他法官六十周岁或以后才退休的，有权领取不少于十五年的相当于其任公职最后一年的薪金、全额退休养老金以及所有其他应当享有的退休福利；

(b) 如果在六十五周岁或六十周岁及以前退休，则视为有资格领取少于十五年的按本款（a）项中提及的一定比例（视其任司法职务的年数而定）退休养老金，并根据其任职的时间和条件确定的其他退休福利；

(c) 在任何情况下都有资格享有国民议会或州议会法律规定的退休金或其他退休福利。

(4) 本条不排除本法其他对联邦政府和州政府公职人员的退休金、抚恤金及其他退休福利的有关法律规定。

第 292 条 罢免

(1) 未达到退休年龄，不得罢免或撤销司法人员的职务或任命，除非出现以下情况：

(a) 具体情形如下：

(i) 尼日利亚首席大法官、上诉法院院长、联邦高等法院首席法官、阿布贾联邦首都直辖区高等法院首席法官、阿布贾联邦首都直辖区伊斯兰教上诉法院首席法官大卡迪、阿布贾联邦首都直辖区习惯法上诉法院院长等职务，若要免职，须由总统根据参议院三分之二以上支持才能进行。

(ii) 州首席法官、州伊斯兰上诉法院首席法官大卡迪或者州习惯法上诉法院院长等职务，若要免职须由州长根据州议会三分之二以上支持才能进行。

上述情况下的罢免须是由于本人无力履行职责（身体或精神疾病原因），以及行为不端或违反行为准则导致的弹劾；

(b) 在任何情况下，除了本款（a）项适用的情况由总统免职外，其他司法人员若出现本人无力履行职责（身体或精神疾病原因），以及行为不端或违反行为准则的情况，也可由州长依据国家司法委员会的提议免职。

(2) 任何担任公职的司法人员无论因何种原因离职后，不得在尼日利亚从事出庭的法律工作。

第 293 条 空缺

为行使宪法或其他法律赋予的司法权，所有依据本宪法规定设立的法院即便在法庭成员空缺的情况下也应当被认定是合法的。

第294条　某些事务的决定

(1) 所有根据宪法设立的法院，须在做出证据结论和总结陈词后的九十日内做出判决，并在判决后的七日内将合法确认的判决副本交付案件各方。

(2) 每位最高法院或上诉法院大法官须以书面形式表达或陈述其裁决意见，他所采用的其他法官的意见也须以书面形式陈述。假如判决时审理案件的法官不在场，则该法官的判决可由其他法官宣判或宣读，无论审理时他本人是否在场。

(3) 对于由一名以上法官组成的法庭，其判决须根据绝大多数人的意见来决定。

(4) 依据本条规定宣布判决时，不论是最高法院还是上诉法院，只要当时有一名法官在场，就应被认定是合法的。

(5) 只有法院在未遵守本条第(1)款的有关规定的情况下做出的判决才被视为无效。若一方认为审判不公，法院可以通过上诉或提审的方式行使其司法权，做出有效判决。

(6) 任何案件审理判决后发现未能遵守本条第(1)款的有关规定，须立即由当时负责开庭的人尽快提交一份该案件的报告给国家司法委员会主任，由其采取适当措施通报国家司法委员会。

第295条　法律指引

(1) 凡在尼日利亚任何地区的法院（不包括最高法院、上诉法院、联邦高等法院或州高等法院）进行的诉讼涉及本宪法解释或应用的、且法庭认为争议涉及法律实体性问题，或诉讼的任何一方提出请求，可将争议提交联邦高等法院或该地区有司法权的高等法院裁决。联邦高等法院或高等法院如果认为：

(a) 争议涉及法律实体性问题，应提交上诉法院裁决；或者

(b) 争议并未涉及法律实体性问题，在给予合理的指示后发还原法院进行重新审理。

（2）凡在联邦高等法院或州高等法院的诉讼中涉及本法解释或应用的，且法院认为争议涉及法律实体性问题，或诉讼的任何一方提出请求，法院可将争议提交上诉法院裁决；上诉法院应提出合理的指示后发还原审法院进行重新审理。

（3）凡在上诉法院诉讼涉及本宪法解释或应用的，且法院认为争议涉及法律实体性问题，或诉讼的任何一方提出请求，法院可将争议提交最高法院裁决，最高法院就争议做出最终判决并给予上诉法院合理解释。

第 296 条　解释

在本章中，除上下文另有说明，"职位"一词应指合法竞选的职位，包括联邦政府总统、副总统、州长或副州长，但不包括参议员议长、众议院议长、州议会议长或者依据本宪法设立的其他职位。

第八章　阿布贾联邦首都直辖区及一般补充的规定

第一节　阿布贾联邦首都直辖区

第 297 条　阿布贾联邦首都直辖区的区域

（1）阿布贾联邦首都直辖区的边界划分详见本宪法第一附件第二部分。

（2）阿布贾联邦首都直辖区内所有土地的所有权属于尼日利亚联邦政府。

第 298 条　联邦首都

阿布贾联邦首都直辖区为联邦政府的首都、联邦政府所在地。

第 299 条　宪法的运用

阿布贾联邦首都直辖区如同联邦政府的一个州，本宪法之规定也适用于该地区。因此：

（a）所有授予州议会、州政府和州法院的立法权、行政权及司法权分别授予国民议会、联邦政府总统以及依据前述规定专门为阿布贾联邦首都直辖区设立的法院；

（b）本条第（a）项提及的所有权力须依照本宪法的规定行使；而且

（c）对与上述内容相关的宪法规定做出解读时，应做合理和必要的修订和更正，使之与本条规定一致。

第 300 条　国民议会中的代表

为施行本宪法第五章的规定，阿布贾联邦首都直辖区须依据本宪法第 49 条规定作为一个参议员选区以及相应数量的联邦选区。

第 301 条　某些参考的采纳

在不违背本法第 299 条规定的情形下，当本宪法适用于阿布贾联邦首都直辖区时，应做以下解释：

（a）所指的州长、副州长以及州行政委员会（不论如何称呼）在特区法律中分别被称为总统、副总统以及联邦行政委员会；

（b）所指的州的首席法官、高级法院法官依据本宪法的规定被称为阿布贾联邦首都直辖区高等法院首席法官或高等法院法官；

（c）所指的州的个人、官员和机关在联邦政府中分别对应联邦相应职位，尤其是，州的检察总长、行政专员和审计长分别对应的是联邦相应称谓和权力的检察总长、部长和审计总长。

第 302 条　阿布贾联邦首都直辖区的部长

依据本宪法第 147 条赋予职权的总统可以任命一名阿布贾联邦首都直辖区事务部长，日常行使和履行总统委派的职权和职责。

第 303 条　阿布贾联邦首都直辖区的行政管理

阿布贾联邦首都直辖区须根据国民议会规定设立六个地区的区议会、行政机构及其他管理机构。

第 304 条　阿布贾联邦首都直辖区司法人员委员会的设立

（1）阿布贾联邦首都直辖区设立一个司法人员委员会，其组成及职责，须遵照本宪法附件三第三部分规定。

（2）本宪法第154条第（1）款和第（3）款、第155条、第156条、第157条第（1）款和第（2）款、第158条第（1）款，以及第159条至第161条应用到阿布贾联邦首都直辖区司法人员委员会时可做必要修订。

第二节 其他规定

第305条 州紧急状态的宣告程序

（1）依据本宪法的规定，总统可以通过发布联邦政府公报的形式，宣布整个联邦或其中任何一个部分处于紧急状态。

（2）公告发出之后，总统须立刻将包括紧急状态宣告在内的详细情况与联邦政府公报副本递交给参议院议长、众议院议长，由其立刻各自召开或安排议会讨论当前局势，并视情况而定是否通过决议通过该宣告。

（3）只有在下述情况下，总统才有权宣告国家处于紧急状态：

(a) 联邦处于战争状态时；

(b) 联邦处于紧迫危险状态，面临入侵或被卷入战争；

(c) 整个联邦或其中任何地区的公共秩序和公共安全的确遭到破坏，其程度需要采取特别措施才能恢复和平与安全的；

(d) 整个联邦或其中任何地区的公共秩序和公共安全正存在明显的危险时，只有采取特别措施才能避免危险的；

(e) 国家发生危险或即将陷入危险时，或者发生自然灾害，影响到联邦的统一性或地区的统一性；

(f) 存在其他明显的公共危险，对联邦的存亡造成威胁的；

(g) 总统收到依照本条第（4）款的规定发布紧急状态的请求。

（4）当州存在如本条第（3）款（c）、（d）、（e）项所述情况，且局势并未超出该州边界时，在得到州议会三分之二以上支持后，州长有权请求总统宣告该州处于紧急状态。

（5）若该州的情况不适用于本条第（4）款，则在任何情况下总统都不得发出紧急状态宣告，除州长无法在合理期限申请总统发布宣告外。

(6) 在下述情形下，总统依据本条规定发布的宣告停止生效：

(a) 总统以联邦政府公报的形式撤回宣告；

(b) 在宣告发布后对联邦或任何地区造成影响，在两日之内召开国民议会，若议案表决无法获得国民议会任一议院三分之二以上支持或十日内仍无法召开议会，则该宣告失效；

(c) 在宣告生效后的六个月内，国民议会可随时通过相同的表决方式决定延长，则紧急状态可在上述的六个月满期后延长至下一个期限，若未能通过表决，则宣告失效；

(d) 本条款（b）、（c）项所提及的意见表决时，国民议会任一议院都可以简单多数的票数撤回该宣告。

第306条 辞职

（1）除本条另有规定外，任何通过任命、选举或其他选拔方式就任的任职者都可自愿辞去本宪法设立的任何职位，但须亲书致函任命、选举、选拔此人的单位或个人。

（2）任何人提出辞去本宪法设立职位，在该辞职通告被任命、选举或选拔其的单位或个人接受后，辞职生效。

（3）总统和副总统的辞职信分别提交参议院议长和总统。

（4）总统提出辞职后，参议院议长须立刻将辞职通告呈送众议院议长。

（5）州长和副州长的辞职信须分别呈送州议会议长和州长。

（6）参议院议长和众议院议长的辞职通告须呈送给国民议会秘书，而州议会议长的辞职通告须呈送给州议会秘书。

（7）议会议员的辞职通告须呈送参议院议长，或者视情况要求提交议会议长讨论。

第307条 某些公民资格的限制

根据本法的第四章以及第131条和第177条的规定，登记或归化加入尼日利亚的公民，在登记或归化的十年内不得参加本宪法规定职位的选举或委任。

第 308 条 立法程序的限制

(1) 除本法另有规定外，依据本条第 (2) 款之规定：

(a) 对任期内的官员不得发起或继续民事或刑事诉讼；

(b) 在其任期内不得对其逮捕或监禁；

(c) 不得对本条规定的官员启动强制的法庭程序，除审查其任期是否到期的外。

(2) 本条第 (1) 款的规定不适用于针对此人只是名义上的公职身份的民事诉讼或刑事诉讼。

(3) 本条规定适用的任职者为总统或副总统、州长或副州长。本条中所述的"任期"是指某人任职期间必须履行职责的那段时间。

第三节 过渡性条文和保留意见

第 309 条 国籍

尽管有本宪法第三章之规定，但依据第 28 条的规定，任何根据本宪法因出生、登记或移民成为尼日利亚公民者可继续享有尼日利亚公民身份。

第 310 条 立法机关的成员

(1) 在国民议会或州议会根据本法第 51 条或第 93 条之规定行使其权力之前，须分别由联邦公务员委员会和州公务员委员会任命国民议会或州议会的秘书。

(2) 联邦公务员委员会根据本条之规定行使职权时，须酌情咨询参议院议长或众议院议长，州公务员委员会应咨询州议会议长。

第 311 条 常规秩序

(1) 本条之规定只有在国民议会或州议会正确行使本宪法第 60 条或第 101 条赋予的权力时才生效。

(2) 曾用宪法确定的参议院议事程序应适用于本宪法确定的参议院议程的相关内容。

(3) 曾用宪法确定的众议院议事程序应适用于本宪法确定的众议院议程的相关内容。

(4) 曾用宪法确定的州议会议事程序应适用于本宪法确定的州议会议程的相关内容。

(5) 本条第（2）、（3）、（4）款规定提及的立法会曾用议事程序，应做必要的修订以符合本宪法的规定，并且与议会的现行议程相符。

(6) 本条中的"曾用宪法"指1979年的尼日利亚联邦共和国宪法。

第312条 第一次选举的特别规定

(1) 任何依照有效法律设立的联邦选举委员会，自本宪法生效之日起开始履行其职能，对赋予其职责的依据本法成立的国家独立选举委员会负责。

(2) 在本宪法生效前，已通过选举担任宪法中提到的所有职位者，自本宪法开始施行时被视为依法正式当选。

第313条 税收收入的分配

依据本宪法的规定，联邦政府和州政府之间，各州政府之间，州政府与地方政府之间以及州内各地政府之间的收入分配制度均由国民议会规定，在国民议会未做出决定前，须继续实行从1998年1月1日开始到1998年12月31日结束的财政年度的收入分配制度。若本宪法已经将该职能从联邦政府转移到州政府，或者从州政府理事会转移到地方政府理事会，则批准款项经费的职能也应视为需要做相应的转移。

第314条 债务

联邦政府或州政府在本条款即将生效前产生的任何债务，须从联邦或州的收入和财产里征收，并且该项费用自本条款开始实行之日起继续收取。

第315条 现有的法律

(1) 根据本宪法的规定，现行所有法律须做相应的修订，使之符合本宪法之规定，可做出如下理解：

（a）国民议会法令，是指国民议会依据本宪法授权制定的法律；而且

（b）州议会制定的法律，是指议院依据本宪法授权制定的法律。

（2）有权机关认为有必要时，可以对现行法律做出相应的修订，使之符合本宪法之规定。

（3）本法的任何条款都不得被解释为影响法院或依据法律成立的法庭判决，下述法律因不符合本宪法而被宣告失效，包括：

（a）其他任何现行法律；

（b）州议会法；

（c）国民议会法；

（d）本宪法的任何条款。

（4）在本条款中，下述词语有其指定意义，分别是：

（a）"有权机关"是指：

（i）总统；

（ii）州长；或者

（iii）任何被任命来修订或重新制定联邦法或州法的人。

（b）"现行法"指所有法律，包括所有法律规则或者所有自本条规定开始实行时立即生效或者之后通过或制定的法令或文书；以及

（c）"修订"包括添加、更改、删除或废止。

（5）不得废除本宪法中的下列法令，即：

（a）1993年的国家青年服役条例；

（b）公共投诉委员会法案；

（c）国家安全局法案；

（d）土地使用法案。

另外，这些法律的所有条款以及本宪法的其他组成部分在其限期内继续实行并具有全部效力，不得更改或废止，除本宪法第9条第（2）款规定的情况外。

在不违反本条第（5）款规定的情况下，该部分法令须作为联邦法令继续生效，其相关事项见本宪法附件二中第一部分的专属立法目录。

第316条　现有的官员、法院及政府

（1）所有在本法生效前依据其他宪法设立的职位、法院及机关应视为有效任命，并继续履行相应的职责，直到本宪法生效。

（2）任何在本法生效前据其他宪法获得任命的人须被视为有效任命，并继续履行相应的职责，直到本宪法生效。

（3）尽管有本条第（2）款之规定，但在本条款生效时，所有在本法生效前根据其他宪法设立的职位、法院及机关职位者均须辞去该职位，或其任期终止，其任职资格也相应失效。

（4）本条中上述规定不妨碍本宪法或其他法律授权的任何机关或个人行使，包括设立或废除职位、法院或机关，以及任命相关人员在内的权力。

第317条　财产、权利、义务、职责的继承

（1）在不妨碍本宪法第315条规定的一般性原则的情况下，本条款生效前所涉及的财产、权利、特权、债务应授予：

（a）前任联邦权力机关代理或信托机构；

（b）基于联邦利益由前任任何州属权力机关代理或委托执行。自本条规定开始生效之日起，若没有比本条款更健全的保障，应由总统或联邦政府执行，或由州长或州政府执行。

（2）为执行本条规定：

（a）总统和联邦政府、州长和州政府须分别被视为上述前任联邦政府机构和前任州政府机构的继任者；而且

（b）本条提到的"前任联邦政府机构"和"前任州政府机构"包括提及的前任联邦政府和前任州政府、前任地方政府机构或任何代理行使权力者。

第四节　解释、引用和生效

第318条　解释

（1）在本宪法中，除非另有明文规定：

"法令"或"国民议会法令"是指由国民议会制定的所有法律，及作为国民议会法律生效的本法中的相关条款；

"任命"，含义包括任命、晋升、调任及批准；

"地区理事会"是指每一个行政区以及阿布贾联邦首都直辖区；

"机关"，包括政府；

"属于"通常用来指某人生于某个州，或其父母或祖父母都是该州的社区原住居民；

"联邦公务人员"是指在联邦政府担任公职的人员，诸如联邦总统、副总统、联邦政府部门的办公室职员，须为联邦政府分配的工作负责；

"州公务人员"是指在联邦州政府担任公职的人员，诸如州长、副州长、州政府部门的办公室职员，须为联邦政府分配的工作负责；

"行为纪律准则"是指本宪法附件五中包含的行为守则；

"委员"是指州政府委员会成员；

"共同立法目录"是指本宪法附件二第十一部分第一栏所列出的事项，而关于国民议会和议院的立法规范分别列在与之相对应的第二栏；

"裁决"是指任何法院的裁定，包括判决书、法院指令、定罪书或建议书；

"法令"是指所有法律及其附属文书的条款；

"专属立法目录"是指本宪法附件二第一部分所列的目录；

"现行法律"是指本宪法第315条中规定的含义；

"尼日利亚的联邦性质"是指本宪法第14条第（3）、（4）款中提到的尼日利亚人民的特别愿望，即促进国家统一、民族团结，弘扬报效祖国和给予每个尼日利亚公民国家归属感；

"联邦"是指尼日利亚联邦共和国；

"财政年度"是指任何起始于国民议会规定的某个日期或某年的1月的第一天的十二个月；

"职责"包括权力和责任；

"政府"包括联邦政府、州政府、地方政府委员会以及任何代表政府行使权力的个人或机关；

"州长"或"副州长"是指一个州的州长或副州长；

"司法人员"是指尼日利亚首席大法官、最高法院大法官、上诉法院院长或大法官。联邦高等法院首席法官或法官，阿布贾联邦首都直辖区高等法院首席法官和法官，州高等法院首席法官和法官，阿布贾联邦首都直辖区伊斯兰教上诉法院首席法官大卡迪、法官卡迪，习惯法上诉法院院长、法官，阿布贾联邦首都直辖区习惯法上诉法院院长、法官，州伊斯兰教上诉法院首席法官大卡迪、法官卡迪；

"州法律"是指由州议会制定的法律；

"议会"是指参议院、众议院或州议会；

"地方行政区"或"地方政府理事会"，包括地区委员会；

"州公共服务"是指州政府事务的任何服务形式，包括：

（a）州议会的秘书及其他工作人员；

（b）高等法院、伊斯兰教上诉法院、习惯法上诉法院成员或职员，以及本宪法或其他法律设立的所有州法院成员或职员；

（c）本宪法或其他法律设立的所有委员会，或所有机关成员或职员；

（d）所有地方政府理事会职员；

（e）议会法律设立的所有合法机构职员；

（f）州政府设立或主要资助的所有教育机构职员；

（g）州政府及其代理机构控股或分红的所有公司或企业的职员；

"毕业证书或同等学历"是指：

（a）中等教育证书或同等学历，或二级教师证书、城市行业协会证书；

（b）中等教育水平以上证书；

（c）小学六年级毕业证书或同等学历；或者

（i）在所有公共或私营部门的工作经验，可以以任何形式证明，但至少须有十年的工作经验并得到国家独立选举委员会的认可；以及

（ii）参加国家独立选举委员会承认的课程和训练，参加时间合计一年

以上；以及

（iii）英语的读、写、理解和沟通能力达到国家独立选举委员会的要求；

（d）国家独立选举委员会认可的其他任何资格；

"秘密社团"包括所有具有以下特征的学会、协会、团体法人（无论注册与否）：

（a）使用秘密徽章、誓词、仪式或符号；为了某项事业而组建；其目的或部分目的是争取社员利益，在任何情况下相互帮助，但并未充分考虑到其他非社团成员的合法权益，公平竞争和优秀成绩；

（b）其成员资格有悖于本宪法中公共职务的职能或职位，其成员宣誓遵守保密；

（c）其社团活动总体上不为公众所知，其社员名单严格保密，其集会和其他活动均秘密进行。

"州"的含义不仅指联邦国家的构成部分，还包括政府。

（2）任何对机关或个人的任命、推荐或批准的权力须包括解释其升职或降职的相关条例。

（3）在本宪法中提到的某人担任某个职位应包括其依据该职位的要求履行。

（4）"解释"旨在解释本宪法条款的适用范围。

第319条 引用

本法被引用时应称之为尼日利亚联邦共和国1999年宪法。

第320条 生效

本宪法自1999年5月29日开始施行。

附件一（略）

附件二

第一部分 专属立法权事项

1. 联邦、官员、法院、政府机关的账户及审计。
2. 武器、弹药和炸药。
3. 航空,包括机场、飞机安全、旅客运输和货物空运。
4. 授予国家荣誉称号、奖励和其他的奖励。
5. 破产和不能清偿债务的。
6. 银行、金融、汇票和本票。
7. 在尼日利亚境内或境外的联邦和州的借贷。
8. 人口普查制度,包括在尼日利亚境内设立持续的和全部出生与死亡登记机制。
9. 公民、归化移民、外国人。
10. 商业和工业的垄断,联合信托。
11. 由国民议会决定的联邦主干道路的建设,包括道路的改造和维护。
12. 资本控制。
13. 著作权。
14. 州的增加。
15. 流通货币、硬币、法定货币。
16. 税。
17. 国防。
18. 驱逐出境。
19. 规定信托基金可投资的证券。
20. 外交和贸易代表、领事。
21. 药物和毒品。
22. 选举总统、副总统、州长、副州长,以及其他根据本法选举的职位，其包括地方政府理事会的选举。

23. 证据。

24. 交易管理。

25. 出口关税。

26. 对外事务。

27. 引渡。

28. 指纹识别和犯罪记录。

29. 在尼日利亚境内的河流、池塘、湖泊和其他内陆水域的渔业和渔业以外的捕鱼。

30. 移民。

31. 执行与本清单列举的相关的条约。

32. 法人的调整、合并、清算，不包括由州议会立法规制的合作社、地方政府理事会以及其他法人。

33. 保险。

34. 劳工，包括工会、劳动关系、劳动条件、安全和福利、劳资纠纷、规定联邦和州的最低工资、工业仲裁。

35. 各州政府之间、联邦政府和州政府与其他机构或个人之间的诉讼。

36. 海运和航海，包括：

（1）航运及潮汐水域；

（2）航运及由国民议会指定为国际水道或是一个国际航道的尼日尔河及其支流和任何其他内河航道；

（3）灯塔、灯塔船、信标和其他规定的船舶安全导航；

（4）由国民议会指定的联邦港口（包括州和联邦港口的章程和机关的权力）。

37. 气象。

38. 军队（陆军、海军和空军），包括任何其他联邦的军种。

39. 矿山及其矿产品领域，包括石油、石油开采、地质调查和天然气。

40. 州政府或经国民议会规定的国家公园。

41. 核能源。

42. 护照和签证。

43. 专利、商标或商业名称、贸易、工业设计和商业标志。

44. 由公共基金或其他公共基金支付的养老金、薪酬和其他的开支。

45. 警察和其他依法设立的政府安全部门。

46. 邮政和电报、电话。

47. 国民议会的权力及议员的特权、豁免权。

48. 监狱。

49. 国民议会规定的职业。

50. 联邦的公共债务。

51. 公共休假。

52. 联邦的公共关系。

53. 包括解决联邦与公职人员之间争议在内的公共性服务。

54. 检疫。

55. 铁路。

56. 政党规制。

57. 除由州议会设立的尼日利亚境内外法院的民事和刑事诉讼裁判、法令、命令和其他决定的履行和执行。

58. 印花税。

59. 所得税，除本法另有规定。

60. 设立和管理联邦和州执行下述职责的机构：

61. 促进和执行本宪法规定的基本目标和指导原则；

（1）确定、收集、保存或管理国民议会确定的具有国家意义的历史古迹、记录和考古遗址；

（2）管理除州政府设立以外的博物馆和图书馆；

（3）规范旅游交通；

（4）制定各层次教育的最低标准。

形成和解除、撤销按伊斯兰法律和习惯法以外的婚姻。

62. 商业贸易，特别是指：

（1）包括尼日利亚与其他国家之间的进出口商品贸易以及州际间的贸易；

（2）进出口机关的设立，负责由国民议会规定的农产品国际贸易业务；

（3）按出口产品等级与质量的标准，对出口产品进行检查；

（4）设立机构来执行和规定交易商品的标准；

（5）对国民议会规定的必需品进行价格控制；

（6）经营组织名称的注册。

63. 联邦主干道交通。

64. 由国民议会规定的州际水域。

65. 度量衡。

66. 除州管理的无线、有线广播、电视；无线波长的分配；广播电视传输。

67. 其他根据本宪法由国民议会有权立法的事项。

68. 其他与本项列举的相关的事项。

第二部分　共同立法事项

1. 联邦和州立法权范围

（1）依据本宪法规定，国民议会可以就以下事项立法：

（a）以下的公共收入的分配：

（b）联邦与州之间的；

（c）各州之间的；

（d）州与地方政府理事会之间的；

（e）各州的地方政府理事会之间。

（2）与联邦公共基金或其他公共基金相关的贷款和赠与事项。

2. 依据本宪法规定，任何州议会有权就国民议会本无权立法、但与州公共基金或其他公共基金相关的贷款和赠与事项立法。

3. 国民议会，在不损害州议会相关立法权的情况下，可在经相关州的同意后，对联邦或任何州的文物古迹管理进行立法，确定国家文物、国家纪念碑。

4. 国民议会可就联邦的档案或公共记录立法。

5. 州议会可就州的档案或公共记录立法。

6. 在本部分第4条和第5条不应被解释为可以通过立法不保存本法生效之日以后的应由联邦和州政府机关保存档案和记录。

7. 在行使征收以下项目的税款和关税方面的立法权时：

（1）资本收益、个人而非公司的利润和所得；

（2）印花税的文件交易。

国民议会可依据宪法的规定，制定由州政府或其他机构实行的税务、关税的征收和管理方面的法律。

8. 在制定有关以土地条款内容的法律时，国民议会须保证同一个人不能被不同的州重复征税。

9. 州议会可制定由地方政府理事会负责征收的费和税率。

10. 州议会在行使上述立法权时，须保证同一个人不被不同的州重复征税。

11. 国民议会可以制定有关联邦的选民登记和地方政府理事会选举程序的法律。

12. 第11条的规定州议会在不违背国民议会法律时制定地方政府理事会选举方面的法律。

13. 国民议会可就以下事项为联邦或各州制定法律：

（1）电力和设立发电站；

（2）联邦的任何地方，以及州际间的发电和电力传输；

（3）改变联邦任何地方的水系；

（4）联邦参与其他国家的发电、输电、配电。

14. 州议会可就以下事项制定法律：

（1）州电力和设立发电站；

（2）不通过国家电网的发电、电力传输、配电；

（3）设立机构促进和管理由州设立的电站。

15. 前述条款，除上下文需要以外，应作如下理解：

分配：是指从配电站到用户的过程；

管理：包括维持、维修和代替；

电站：是指发电的工厂；

输电：是指从电厂到配电站，或者从一个配电站到另一个配电站；

配电站：是指分配电的工厂和电站。

16. 国民议会可通过法律设立机构进行电影审查；禁止或限制电影展览。但：

（1）不得妨碍州议会行使同样的权力；

（2）不得在州审查机构未制裁审查的情况下授权展览电影胶片。

17. 国民议会可就以下联邦和州事项制定法律：

（1）在工厂、办公室、州运输、商业贸易过程及其他场所从业人员的健康、安全、福利，以及他们的培训、监督和资格审查；

（2）规制所有权和管理商业，促进、鼓励由尼日利亚全体公民享有和控制；

（3）设立农业研发中心；

（d）设立机构促进金融、商业和农业。

18. 州议会可就州发展工业、商业、农业立法。

19. 上述条款的术语不得被解释为阻止州议会就上述事项立法。

20. 上文的农业包括渔业。

21. 国民议会可通过制定法律促进科学技术的合作研究。

22. 州议会也有制定法律促进科学技术的合作研究的权力。

23. 国民议会可就以下统计事项制定法律：

（1）国民议会两院都有权制定法律的事项；

（2）联邦或任何地方的统计工作的组织、协调。

24. 州议会可就该州的上述23条提及的事项进行立法。

25. 国民议会可就联邦任何地方的土地调查立法。

26. 州议会可就该州的土地调查立法。

27. 国民议会可就联邦或任何地方的高等教育、技术教育，以及由其建立的职业教育立法。

28. 第27条授予国民议会的权力须包括其有权设立相关机构。

29. 州议会可就该州的高等教育、技术教育，以及由其设立的职业教育立法。

30. 前述条款不得解释为阻碍任何州议会就高等教育、技术教育，以及由其设立的职业教育立法，包括设立相关机构的立法权。

第三部分　补充与解释

1. 凡本表中要求由国民会议规定的，是指由国民议会通过法令或由两院一起通过决定的方式。

2. 本表中的参考附带和补充事项，在不与一般原则相冲突时，它包括：

（1）犯罪；

（2）法院的管辖权、权力及运作程序；

（3）购置和租赁土地。

附件三

第一部分　联邦行政机构

A. 纪律检察署（根据宪法第153条）

1. 纪律检察署由以下成员组成：

（1）主席；

（2）其他九名成员，每人不应小于五十周岁，并根据宪法第157条规定，七十周岁时应离职。

2. 纪律检察署根据行使职权的需要，可在各州设立必要的职位。

3. 纪律检察署拥有以下权力：

（1）接受公职人权依据附件五第一部分第 12 条规定做出的声明；

（2）检查依据守则或其他法律做出的声明；

（3）保留、保管这些声明，便于尼日利亚公民根据国民议会法律规定的方式进行查阅；

（4）确保相关守则及法律得到遵守和执行；

（5）接受对不遵守或违背相关准则的投诉、进行调查，并可以提交纪律裁判庭；

（6）依据国民议会相关法律的规定，委任、促进、解散以及对检察署的成员进行纪律制裁；

（7）国民议会授予的其他权力。

4. 纪律检察署成员的任期、条件与联邦其他公务员的一致。

B. 国务院

5. 国务院由以下人员组成：

（1）总统，担任主席；

（2）副总统，担任副主席；

（3）所有联邦前任总统和政府的领导人；

（4）前任首席大法官；

（5）众议院议长；

（6）各州州长；

（7）联邦检察总长。

6. 国务院有以下职权：

（1）对总统处理以下事项时，有权提出建议：

（a）全国人口普查和汇编、出版和保留的相关的记录和其他资料；

（b）赦免权；

（c）获得国家荣誉；

（d）国家独立选举委员会（包括对该委员会成员的任命）；

(e) 国家司法委员会（包括对其成员的任命，不包括其当然的成员）；

(f) 国家人口委员会（包括对其成员的任命）。

(2) 对总统为保持联邦和地方的公共秩序等其他事项发布命令时提出建议。

C. 联邦委员会

7. 联邦委员会由以下人员组成：

(1) 主席；

(2) 每州及阿布贾首都直辖区的一位代表；

(3) 主席及成员，由总统任命并经参议院同意。

8. (1) 为实施本法的第 14 条第（3）款及第（4）款，联邦委员会有权：

(a) 根据国民议会的法律，确定一个合适的公式，便于联邦和州、联邦武装部队、尼日利亚警察部队和其他政府安全机构、国有企业和州有企业干部职位的分配；

(b) 促进、监督、加强公职人员、新闻媒体、政治性职位由各级政府按比例设置；

(c) 采取法律措施，包括起诉没有遵守联邦委员会制定的上述规定及其他联邦特性的政府机构的领导；

(d) 其他由国民议会授予的权力。

(2) 上述第（1）款第（a）项和第（b）项提及的职位须包括特设部门、国有企业常任秘书、总干事、各部主任、特设部门的主任、高级军官、高级外交官和联邦和州的国营企业、团体机构中的管理干部。

(3) 除上述规定外，联邦委员会须确保公司董事、高级管理人员任命体现联邦特性。

9. 每个州立公司董事会都应在公司所有权和公司管理结构中承认并促进其联邦特性。

D. 联邦公务员委员会

10. 联邦公务员委员会应由以下成员组成：

（1）主席；

（2）总统认为的正直、具有敏锐的政治判断能力的成员不少于十五人。

11.（1）委员会须不损害总统、国家司法委员会、联邦司法人员委员会、国家人口委员会和警察服务委员会行使权力，该权力包括如下：

（a）任命联邦公务员委员会成员；

（b）免除上述成员职务及对上述成员进行纪律制裁。

（2）联邦公务员委员会对各部的部门领导不能行使上述权力，而只能由总统和联邦公务员委员会协商决定。

E. 联邦司法人员委员会

12. 联邦司法人员委员会须由以下成员组成：

（1）首席大法官担任主席；

（2）上诉法院的院长；

（3）联邦总检察长；

（4）联邦高等法院的院长；

（5）两名成员，在尼日利亚有十五年以上的法律从业资历，并在尼日利亚律师协会提名的不少于四名人员名单中选择；

（6）其他两名总统认为正直的、非法律职业从业者。

13. 国家司法人员委员会的职权

（1）在国家司法理事会任命以下职位时，提供建议：

（a）尼日利亚首席大法官；

（b）最高法院的大法官；

（c）上诉法院的院长；

（d）上诉法院的大法官；

（e）联邦高等法院的首席法官；

（f）纪律裁判庭的院长及成员。

（2）建议国家司法委员会罢免上述第（1）款提及的司法职位；

对联邦最高法院、上诉法院、联邦高等法院的首席书记员和其他司法人员的任命、免职、执行纪律处罚。宪法与联邦司法人员委员会另有规定的除外。

F. 国家独立选举委员会

14. （1）国家独立选举委员会由以下成员组成：

（a）首席选举专员担任主席；

（b）十二名国家选举专员，具有正直品格，以及年龄分别不小于五十周岁及四十周岁。

（2）每个州和联邦首都阿布贾直辖区都设一名驻地选举专员：

（a）由总统任命；

（b）具有正直的品格的；

（c）不小于四十周岁。

15. 委员会有权：

（1）组织、承担、监督总统、副总统、州长、副州长，及参议员、众议员和州议员的选举；

（2）按宪法和国民议会规定注册政党；

（3）监督政党的组织、活动及资金运作；

（4）对政党资金进行年度审计，并对公众公开；

（5）安排本宪法规定的选举注册登记、保留、修改等；

（6）监督政党的活动，制定政党活动的规则；

（7）保证选举专员、选举主持人按法律规定进行宣誓；

（8）授权驻地选举专员；

（9）其他由国民议会授权的权力。

G. 国防委员会

16. 国防委员会由以下成员组成：

（1）总统担任主席；

（2）副总统，担任副主席；

（3）联邦国防部长；

（4）国防参谋长；

（5）陆军参谋长；

（6）海军参谋长；

（7）空军参谋长；

（8）总统任命的其他成员。

17. 委员会对主权和领土完整的防御事项有权向总统提出建议。

H. 国家经济委员会

18. 国家经济委员会由以下成员组成：

（1）副总统担任主任；

（2）各州州长；

（3）根据1991年尼日利亚中央银行条例或其他替代条例设立的尼日利亚中央银行行长。

19. 国家经济委员会有权建议总统，处理联邦经济事务，特别是采取必要的措施，保证联邦各级政府经济规划和方案的协调。

I. 国家司法委员会

20. 国家司法委员会由以下成员组成：

（1）尼日利亚首席大法官担任主席；

（2）最高法院的次高级大法官担任副主席；

（3）上诉法院的院长；

（4）联邦最高法院和上诉法院退休的五名首席大法官；

（5）联邦高等法院的大法官；

（6）由首席大法官从州法官和联邦首都阿布贾直辖区高等法院法官中任命的两名州大法官，任期两年；

（7）由首席大法官从伊斯兰教上诉法院大卡迪法官中任命一名大卡迪法官，任期两年；

（8）由首席大法官从习惯法上诉法院院长中选出任何的一名习惯法上诉法院院长一名，任期两年；

（9）由首席大法官，根据尼日利亚律师协会执行委员会推荐任命的具有至少十五年法律职业经历的律师五名，至少一人为高级资深大律师，任期两年，可重复任命；

（10）两名由尼日利亚首席大法官任命的正直的、非法律从业人员。

21．国家司法委员会有权：

（1）向总统任命以下人员时，提交建议：

（a）联邦司法人员委员会提交的对首席大法官、最高法院大法官、上诉法院的院长及大法官、联邦高等法院的院长及法官的任命；

（b）联邦首都阿布贾直辖区司法人员委员会关于阿布贾地区高等法院的首席法官和法官、阿布贾地区伊斯兰教上诉法院的大卡迪和卡迪，以及阿布贾地区习惯法上诉法院的院长及法官任命的建议书。

（2）对上述第（1）款提及的司法官员的任免、纪律惩戒的建议书须提交总统；

（3）向由州司法委员会提交各州长任命的关于州首席法官、州高等法院的法官、州伊斯兰教上诉法院大卡迪及卡迪，以及州习惯法上诉法院的院长及法官任命建议书；

（4）对上述第（3）款提及的司法官员的任免、纪律惩戒的建议书须提交州长；

（5）收集、管理、分配所有向司法机关提供的资金；

（6）任何由总统或州长提交委员会的其他事项；

（7）对委员会成员的任命、免职及纪律惩戒；

（8）管理、分配委员会的资金；

（9）其他的政策和管理的相关问题。

22．委员会的秘书由国家司法委员会依据联邦司法人员委员会提名任命，其应当是法律从业人员。

J．国家人口委员会

23．国家人口委员会由以下成员组成：

（1）主席；

(2) 每个州和阿布贾直辖区一位成员；

委员会有以下权力：

(1) 通过采集样本，普查或其他方式进行周期性的人口普查；

(2) 建立联邦的可持续的出生、死亡人口登记工作；

(3) 就人口问题向总统提出建议；

(4) 为经济发展规划提供人口信息数据；

(5) 对委员会工作人员的任命及进行培训。

K. 国家安全委员会

国家安全委员会由以下成员组成：

(1) 总统担任主席；

(2) 副总统，担任副主席；

(3) 国防参谋长；

(4) 内务部长；

(5) 国防部长；

(6) 联邦外交部长；

(7) 国家安全顾问；

(8) 警察总长；

(9) 总统任命的其他人员。

委员会有权就公共安全事务，包括由法律规定为保证联邦安全设立的机构和组织向总统提出建议。

L. 联邦警察委员会

27. 联邦警察委员会由下列成员组成：

(1) 总统担任主席；

(2) 各州州长；

(3) 警察人员委员会主席；

(4) 警察总长。

28. 联邦警察委员会的职能包括：

（1）组织和管理警察部队和其他相关事项（由武装部队负责的除外）；

（2）监督警察部队；

（3）对总统任命警察总长提供建议。

M. **警察人员委员会**

29. 警察人员委员会由以下成员组成：

（1）主席；

（2）不少于七名、不多于九名的其他成员，具体由国民议会规定。

30. 委员会有权：

（1）任命除警察总长以外的其他任何成员；

（2）对上述人员进行免职，执行纪律惩戒。

N. **收入分配和财政委员会**

31. 收入分配和财政委员会由以下成员组成：

（1）主席；

（2）来自每州和阿布贾直辖区各一名，且总统认为其正直、具备相关条件和资历。

32. 委员会有权：

（1）对联邦账户的收入与支出进行监督；

（2）根据实际情况，定期审查分配的公式和原则；如果分配公式被国民议会接受须保持至少五年的有效期，从法令生效起计算；

（3）向联邦和州政府建议提供收入增长的效率；

（4）确定总统、副总统、州长、副州长、部长、专员、特别顾问、议会，以及本法第84条及第124条规定人员的适当薪酬；

（5）宪法及国民议会授予的其他功能。

第二部分　州行政机关（根据宪法第197条）

A. **州公务员委员会**

1. 州公务员委员会由以下成员组成：

(1) 主席；

(2) 不少于两人，不多于四人，州长认为其具有正直和良好的政治判断力的成员。

2. 委员会在不损害州长和州司法人员委员会的权利时应行使以下权力：

(1) 任命司法人员委员会成员；

(2) 对上述官员进行免职和纪律制裁；

(3) 委员会对各州的部门领导不能行使上述权利，且只能在州长和该州的公务员委员会协商后决定。

B. 州独立选举委员会

3. 州独立选举委员会应由以下人员组成：

(1) 主席；

(2) 不少于五名，不多于七名的其他成员。

4. 委员会有权：

(1) 组织、进行州地方政府理事会的选举事宜；

(2) 向国家独立选举委员会提交认为适用于地方政府选举的选民登记注册事宜。

C. 州司法人员委员会

5. 州司法人员委员会由以下成员构成：

(1) 州首席法官担任主席；

(2) 州总检察长；

(3) 州伊斯兰教上诉法院大卡迪；

(4) 州习惯法上诉法院院长；

(5) 两名在尼日利亚拥有十年以上法律从业资历者；

(6) 两名非法律职业者，州长认为其具有正直的品格的。

6. 委员会有权：

(1) 向国家司法委员会建议合适人选，便于其提名下述职位：

（a）州首席法官；

（b）州伊斯兰教上诉法院大卡迪；

（c）州习惯法上诉法院院长；

（d）州高等法院院长；

（e）州伊斯兰教上诉法院卡迪；

（f）州习惯法上诉法院法官。

（2）依据宪法规定，向国家司法委员会建议免除上述职位。

（3）对州高等法院的首席书记员、副首席书记员、州伊斯兰教上诉法院和习惯法上诉法院的首席书记员、地区法院和习惯法法院和其他非由宪法规定的州的司法人员进行任命、免除、实施纪律惩戒。

第三部分　联邦首都阿布贾直辖区行政机构

（根据宪法第 304 条）

联邦首都阿布贾直辖区司法人员委员会

1. 联邦首都阿布贾直辖区司法人员委员会由以下成员组成：

（1）联邦首都阿布贾直辖区首席法官担任主席；

（2）联邦检察总长；

（3）联邦首都阿布贾直辖区伊斯兰教上诉法院大卡迪；

（4）联邦首都阿布贾直辖区习惯法上诉法院院长；

（5）一名在尼日利亚从业不少于十二年的法律职业人员；

（6）一名非法律职业者，州长认为其具有正直的品格的。

2. 委员会有权：

（1）向国家司法委员会建议合适人选，便于其提名以下职位：

（a）联邦首都阿布贾直辖区首席法官；

（b）联邦首都阿布贾直辖区高等法院的法官；

（c）联邦首都阿布贾直辖区伊斯兰教上诉法院院长；

（d）联邦首都阿布贾直辖区习惯法上诉法院院长；

(e) 联邦首都阿布贾直辖区伊斯兰教上诉法院卡迪;

(f) 联邦首都阿布贾直辖区习惯法上诉法院院官。

(2) 根据宪法规定,向国家司法委员会建议免除上述职务。

(3) 对联邦首都阿布贾直辖区高等法院的首席书记员、副首席书记员、联邦首都阿布贾直辖区伊斯兰教上诉法院和习惯法上诉法院的首席书记员、联邦首都阿布贾直辖区地区法院和习惯法法院和其他非由宪法规定的联邦首都阿布贾直辖区的司法人员进行任命、免除、实施纪律惩戒。

附件四 地方政府理事会职能

1. 地方政府理事会主要职能如下:

(1) 审议并向州经济计划委员会或类似的机构提出有关经济发展规划的建议;

(2) 负责收取电视许可费用;

(3) 负责设立和维护墓地和为贫困或体弱者设立养老中心;

(4) 负责发放自行车、卡车、独木舟、手推车的牌照;

(5) 负责制定、修改和调整屠宰、市场、汽车旅馆和公共设施的规定;

(6) 负责建设和维护道路、街道、路灯、下水道和公共高速路、公园、公共空间,以及其他由州议会规定的公共设施;

(7) 负责给道路、街道、房屋命名;

(8) 负责提供和维护公共设施,污水和垃圾处理;

(9) 负责人口出生、死亡、结婚的登记;

(10) 对私人房屋价值和租金进行评估,便于按州议会规定收取费用;

(11) 负责管理和控制:

(a) 户外的广告板;

(b) 规定允许饲养的宠物;

(c) 商店及售货亭;

(d) 餐馆、面包店和其他向公众销售食品的地方;

（e）洗衣店。

2. 地方政府理事会的职责包括参与州政府下述事务的权力：

（1）提供和维护初级、成人和职业教育；

（2）发展农业和勘探自然资源；

（3）提供和维护健康设施；

（4）其他可由州议会授予的职责。

附件五

第一部分　政府官员的行为准则

一般规定

1. 公务人员不得在与其个人利益相关的职位任职。

2. 在不损害前述条款规定时，公务人员：

（1）不得担任其他有薪酬的公职；

（2）总统、副总统、州长、副州长、联邦各部部长及州政府专员、国民议会及州议会议员，及其他由国民议会设立的机构官员不能拥有境外的银行账户。

3. （1）公共官员在其退休后领取养老金的，不能在以下单位担任一个以上有薪酬的职务，如主席、董事或雇员：

（a）政府所有或控股的公司；

（b）其他公共机构。

（2）政府雇员退休后，除了领取养老金外，不得从公共资金中获取其他的薪酬。

4. （1）下款提及的退休公职人员不得为外国企业服务；

（2）这些官员包括：总统、副总统、首席大法官、州长、副州长。

5. （1）公职人员不得基于其职权接受和索取他人财物；

（2）上述款提及的"接受"是指若无相反证据，一个官员接受了商业公司或其他与政府利益相关的人的礼物或好处；

（3）公职人员只能从其亲戚朋友处接受公认为礼物的物品。但在公务场合赠送或提供给公职人员礼物的，则不算违反本规定。

6. 总统、副总统、州长、副州长、联邦各部部长、州政府专员、其他公职人员如常任秘书或其他公共公司、大学、其他国有组织的领导，不得接受：

（1）贷款，但从政府或其附属机构、银行抵押贷款机构或其法律认可的其他金融机构的除外；

（2）任何公司、承包商或商人、其被指定人或代理人的任何性质的任何利益，但公共企业，或大学，或其他非国有组织的领导根据规则和规章的规定接受贷款的除外。

7. 任何人都不得给公共官员提供任何财产，礼物或任何形式的利益作为引诱或贿赂，以使公职人员放弃职责。

8. 公职人员不得滥用其职权，直接或间接地做出损害他人权利或违反法律和公共政策的行为。

9. 公职人员不得担任或参与和其职位要求不符的组织。

10.（1）根据本宪法的规定，每个公职人员在本行为准则生效后三个月内或者就职后，

（a）每四年时；或

（b）任期期满时，向守则局提交其本人及其十八周岁以下的未婚子女的财产、资产、债务状况的书面报告；

（2）报告中若有虚假的叙述则视为违反该报告；

（3）按宪法规定申报后获得的不符合守则规定的收入、礼物、贷款的收益，除非有相反的证据的，则认定为违反本守则。

11. 凡关于公职人员违反或未遵守本守则规定的指控须交纪律检察署。

12. 公职人员的代理人、受托人等违反了本守则，则视为其本人违反了本规定。

13. 适用于公职人员时：

(2）本守则第（4）款不适用于立法机关的人员；

(3）国民议会认为本守则第（4）款和第（11）款不适用于某些低级的公职人员的，可通过法律排除这些条款对其的适用。

纪律裁判庭

14.（1）纪律裁判庭，由主席和其他两名成员组成；

(2）由一个有资格担任案卷记录法院法官的人担任主席，其薪酬由法律规定；

(3）纪律裁判庭的主席及成员由总统根据联邦司法委员会的建议任命；

(4）国民议会可通过法律授权纪律裁判庭必要的权力，使其更有效地执行本规定的职责。

15.（1）纪律裁判庭成员的任期与其他公职人员相同；

(2）纪律裁判庭成员的任命和纪律制裁的权力授予纪律裁判庭，依据国民议会的规定实施。

16.（1）依据本宪法的规定，主席或成员年龄达到七十周岁时，必须离职；

(2）在纪律裁判庭任何超过十年的主席或其他成员，如果其在七十周岁时退休的，有权领取相当于其在职的最后一年的薪酬的终身养老金，以及其他福利；

(3）纪律裁判庭的成员不得被总统撤销职务或任命，除非国民议会两院分别以三分之二多数认为其不能胜任该职务（无论是身体还是精神方面的），或其因行为不端违反本准则；

(2）依据本准则，纪律裁判庭的成员在达到退休年龄前不得被撤职。

17.（1）如果纪律裁判庭认为公职人员违背本守则的，则按本条第(2）款规定或国民议会的其他规定对其进行处罚；

(2）处罚可以包括：

(a）根据情况免除任何立法院成员的职位；

(b）限制其担任立法院成员或其他公职人员的资格，该措施有效期不超过十年；

（c）没收和扣押滥用职权获得的财产。

（3）第（2）款提及的制裁不妨碍对犯罪行为的法律惩罚；

（4）当纪律裁判庭就公职人员是否违背本守则做出裁决时，当事人可向上诉法院提出上诉；

（5）上诉权的行使依据国民议会的规定和上诉法院的法庭议事规则进行；

（6）本款不限制和排除对一个被认为是犯罪的公职官员的起诉；

（7）依据本条款做出的处罚不适用本宪法规定的赦免权。

第二部分

遵守本行为准则的公共官员，包括：

1. 总统；

2. 副总统；

3. 参议院的正、副议长，众议院的正、副议长，州议会的正、副议长及所有议员；

4. 正、副州长；

5. 联邦检察总长、州检察总长；

6. 联邦各部部长、州政府专员；

7. 尼日利亚首席大法官、最高法院大法官、上诉法院的院长及大法官、其他所有司法公职人员；

8. 国防参谋长、陆军参谋长、海军参谋长、空军参谋长及其他所有军队工作人员；

9. 警察总长、副总长以及所有国家警察部队成员和其他依法设立的政府安全机构成员；

10. 联邦政府秘书、公务员的领导、常任秘书、常务主任和其他联邦和州的公务员；

11. 大使、高级专员和代表尼日利亚的其他官员；

12. 纪律检察署和纪律裁判庭的主席、成员和其他工作人员；

13. 地方政府理事会的主席、成员和其他工作人员；

14. 其他政府机构、国有企业的主席、成员和其他工作人员；

15. 国有大学、研究所的工作人员；

16. 各委员会、理事会的常任专员、主席及其他专职工作人员。

附件六 选举裁判庭

A. 国民议会选举裁判庭

1. （1）国民议会选举裁判庭由主席和其他四名成员组成。

（2）高等法院的法官须由主席担任，其他四名成员须从高等法院法官、习惯法上诉法院、伊斯兰教上诉法院法官卡迪或其他不低于地区法官的司法人员中任命。

（3）上诉法院的院长与州法院法官、州伊斯兰教上诉法院的大卡迪、习惯法上诉法院院长协调后任命主席和其他成员。

B. 政府和立法机关的选举裁判庭

2. （1）政府和立法机关的选举裁判庭由主席和其他四名成员组成。

（2）高等法院的法官须由主席担任，其他四名成员应当从高等法院法官、习惯法上诉法院、伊斯兰教上诉法院法官卡迪或其他不低于地区法官的司法人员中任命。

（3）上诉法院的院长与州法官、州伊斯兰教上诉法院的大卡迪、习惯法上诉法院院长协调后任命主席和其他成员。

附件七 誓 词

宣誓效忠

我……庄严宣誓：我将忠实效忠尼日利亚联邦共和国，我将维护、保护和捍卫尼日利亚共和国宪法，愿上帝保佑我。

总统就职誓词

我……庄严宣誓：我将忠实效忠尼日利亚联邦共和国；作为尼日利亚联邦共和国总统，我会履行我的职责，我将尽我所能，忠诚地依照尼日利亚共和国宪法和法律，并将始终为主权、统一、团结、幸福和繁荣的尼日利亚联邦共和国的利益而奋斗；我会努力维护尼日利亚共和国宪法的基本目标和指导原则；我不会允许我的个人兴趣影响我的职务行为或官方的决定；我将尽我所能，维护、保护和捍卫尼日利亚共和国宪法；我会遵守载于尼日利亚宪法附件五的守则；在所有的情况下，我会以正确的方式对待所有人，依据法律，没有恐惧或赞成，感情或敌意；我将不会向任何人直接或间接地透露作为尼日利亚总统知道的或将知道的任何事情，除了出于适当地履行我作为总统的职责的需要外；我会致力于尼日利亚人民的福祉。愿上帝保佑我。

州长的誓词

我……庄严宣誓：我将忠实效忠于尼日利亚联邦共和国；作为州长——我将履行我的职责，我将尽我所能，忠诚地依照尼日利亚共和国宪法和法律，并将始终为主权、统一、团结、幸福和繁荣的尼日利亚联邦共和国的利益而奋斗；我会努力维护尼日利亚共和国宪法的基本目标和指导原则；我将在不阻碍或妨碍依法归属于尼日利亚联邦共和国总统权力的情形下行使授予我作为州长的权力，以免危害联邦政府；我不会允许我的个人兴趣影响我的职务行为或官方的决定；我将尽我所能来维护、保护和捍卫尼日利亚共和国宪法；我会遵守载于尼日利亚宪法附件五的守则；在所有的情况下，我会以正确的方式对待所有人，依据法律，没有恐惧或赞成，感情或敌意；我将不会向任何人直接或间接地透露作为尼日利亚州长知道的或将知道的任何事情，除了出于适当地履行我作为州长的职责的需要外；我会致力于尼日利亚人民的福祉。愿上帝保佑我。

副总统、副州长、部长及特别顾问专员誓词

我……庄严宣誓：我将忠实效忠尼日利亚联邦共和国；作为尼日利

第一部分　宪法、全国性涉党法律

亚联邦共和国副总统……州副州长……州政府部长……特别顾问专员，我会履行我的职责，我将尽我所能，忠诚地依照尼日利亚共和国宪法和法律，并始终为主权、统一、团结、幸福和繁荣的尼日利亚联邦共和国的利益而奋斗；我会努力维护尼日利亚共和国宪法确立的基本目标和作为指导原则；我不会允许我的个人兴趣影响我的职务行为或官方的决定；我将尽我所能，维护、保护和捍卫尼日利亚共和国宪法；我会遵守载于尼日利亚宪法附件五的守则；在所有的情况下，我会以正确的方式对待所有人，依据法律，没有恐惧或赞成，感情或敌意；我将不会向任何人直接或间接地透露作为尼日利亚副总统、副州长、部长及特别顾问专员知道的或将知道的任何事情，除了出于适当地履行我作为副总统、副州长、部长及特别顾问专员职责的需要外；我会致力于尼日利亚人民的福祉。愿上帝保佑我。

国会议员誓词

我……庄严宣誓：我将忠实效忠尼日利亚联邦共和国；作为一名议员，我会尽我的职责，以我最大的能力，忠诚地依照尼日利亚共和国宪法和法律，和参议院、众议院、州议院的规定，为尼日利亚的主权、统一、团结、幸福和繁荣而努力；我会努力维护尼日利亚共和国宪法确立的基本目标和指导原则；我将维护、保护和捍卫尼日利亚共和国宪法。愿上帝保佑我。

法官誓词

我……庄严宣誓：我将忠实效忠尼日利亚联邦共和国；作为一名法官，我将履行我的义务，我将尽我所能，忠诚地依照尼日利亚共和国宪法和法律，我会遵守载于尼日利亚宪法附件五的守则，我将不允许我的个人利益影响我的职务行为或官方的决定；我将维护、保护和捍卫尼日利亚共和国宪法。愿上帝保佑我。

尼日利亚宪法第一修正案（2010 年）

（2010 年 7 月 6 日由国民议会制定通过）

1. 1999 年联邦宪法的修改

1999 年尼日利亚联邦共和国宪法修订如本法案所列。

2. 第 66 条修改

第 66 条删除。

3. 第 69 条修改

将第 69 条的（a）项的"联名请愿书"更改为"联名请愿书由国家独立选举委员会确认"。

4. 第 75 条修改

第 75 条更改为：

（1）删除"1991 年人口普查"。

（2）删除"在本款生效后的制定的法令"。

5. 第 76 条修改

第 76 条更改为：

（1）第（1）款在"全国独立选举委员会"后加入"根据选举法"；

（2）第（2）款中：

（a）将"不得早于上一届议院解散前六十日，也不得迟于其解散后六十日"更改为"一百五十日，但不得早于上一届议院解散前一百二十日"；

（b）"三个月"更改为"九十日"；

（c）"一个月"更改为"三十日"。

6. 第 81 条修改

第 81 条第（3）款更改为："（3）以下机构（a）国家独立选举委员会；（b）国民议会；（c）司法机关"的在联邦综合收入基金中支出款项，均应直接支付给该机构。至于司法机构的款项，均应直接支付给全国司法委员会，由它统一支付给依据本宪法第六条而设立的联邦和州法院。

7. 第 84 条修改

第 84 条第（7）款后添加一个第（8）款："国家独立委员会的日常开支以及主席和成员的薪酬由联邦公共基金中支出。"

8. 第 107 条修改

第 107 条第（1）款（a）项删除。

9. 第 110 条修改

第 110 条（a）项"联名请愿书"更改为"联名请愿书由国家独立选举委员会确认"。

10. 第 116 条修改

第 116 条更改为：

(1) 第（1）款在"全国独立选举委员会"后加入"根据选举法"。

(2) 第（2）款中：

(a) 将"不得早于上一届议院解散前六十日，也不得迟于其解散后六十日"更改为"一百五十日，但不得早于上一届议院解散前一百二十日"。

(b) "三个月"更改为"九十日"。

(c) "一个月"更改为"三十日"。

11. 第 132 条修改

第 132 条更改为：

(1) 第（1）款在"国家独立选举委员会"后添加"根据选举法"。

(2) "六十日，不少于三十日"更改为"一百五十日，也不少一百二十日"。

12. 第 135 条修改

第 135 条第（2）款后插入 2A 款："2A：在确定四年任期时，应考虑在选举无效确定之日前重新选举，以及某人的宣誓和再次的赢得选举。"

13. 第 137 条修改

第 137 条第（1）款（a）项删除。

14. 第 145 条修改

第 145 条更改为：

"第 145 条：（1）当总统职位空缺，或总统不能胜任职位时，其须向参议长和众议长提交一个书面声明。直到总统提交一个相反的书面声明之前，由副总统代行总统职权。

（2）当总统在二十一日内不能按第一款提交书面声明的，国民议会的每一个院应按简单多数的方式决议副总统代行总统之职，直到总统提交书面声明其能够行使总统之职。"

15. 第 156 条修改

第 156 条第（1）款，在"成员"之后添加："如果这些成员不被要求参加某一政党，则该成员不属于某政党。"

16. 第 160 条修改

第 160 条第（1）款后添加："国家独立选举委员会有权确定自己的议事规则和程序，不受总统制约。"

17. 第 178 条修改

第 178 条更改为：

（1）第（1）款在"全国独立选举委员会"后加入"依据选举法"。

（2）"六十日，不少于三十日"，更改为"一百五十日，也不少于一百二十日"。

18. 第 180 条修改

第 180 条第（2）款后插入 2A 款："2A：在确定四年任期时，应考虑在选举无效确定之日前的重新选举，以及某人的宣誓和再次的赢得选举。"

19. 第 182 条修改

第 182 条删除。

20. 第 190 条修改

第 190 条更改为以下内容：

"第190条：

(1) 当州长职位空缺，或州长不能胜任职位时，其须向州议长提交一个书面声明。直到州长提交一个相反的书面声明之前，由副州长代行州长之职。

(2) 当州长在二十一日内不能按第(1)款提交书面声明的，州议会的每一个院应按简单多数的方式决议副州长代行州长之职，直到州长提交书面声明其能够行使州长之职。"

21. 第200条修改

第200条第(1)款(a)项的"成员"后添加："如果这些成员不被要求参加某一政党，则该成员不属于某政党。"

22. 第228条(a)、(b)项的替代

第228条的(a)项和(b)项更改为：

(a) 制定规则，确保政党民主，包括政党的基层、各级大会和代表大会的民主进行。

(b) 授予国家独立选举委员会必要的权力，确保其有效监督政党，包括政党的基层、各级大会和代表大会的民主进行。

23. 第229条修改（略）

24. 第233条修改

第233条第2款(e)项更改为

(1) (e)中"或"改为"和"。

(2) (e)中添加"州长和副州长"。

25. 第239条修改

第239条更改为：

(1) (a)、(b)和(c)项中"或"改为"和"。

(2) (a)、(b)和(c)项中添加"州长和副州长"。

26. 第246条修改

第246条更改为：

(1) 在第(1)款(b)中：

（a）"国民议会议员选举法庭和州长以及州议会选举法庭"替换为"国民议会和州议会选举法庭"。

（b）删除（ii）。

（c）重新安排本项的序号。

（2）第（3）款在"最终判决"后添加："如果法官做出的判决被确认。"

27．第251条修改

第251条第（3）款后添加第（4）款：

"（4）联邦高等法院对参议院或众议院议员的任期是否已过或职位是否应当停止拥有司法管辖权。"

28．第272条修改

第272条第（2）款后添加第（3）款：

"（3）除第251条及本法其他条款规定外，联邦高等法院有权审理和决定州议会议员、州长、副州长的职位是否应当停止和空缺。"

29．第285条修改

第285条修改如下：

（1）第（1）款更改为："各州和阿布贾联邦首都直辖区设立一个或多个国民议会或州议会选举法庭，对以下事项拥有排他的司法管辖权：

（a）当选国民议会议员是否有效；

（b）当选州议员是否有效。"

（2）删除第（2）款。

（3）第（3）款中，"国民议会选举法庭和州长及州议会选举法庭"更改为"国民议会及州议会选举法庭"。

（4）第（4）款中的"两名"更改为"一名"。

（5）添加第（5）至（8）款：

（6）关于选举的诉求须在选举结果公布后的二十一日内受理。

（7）选举法庭须在受理后的一百八十日内做出判决；

（8）对选举法庭判决的上诉的审理和判决须在选举法庭做出判决后的

六十日内进行；

（9）受理上诉的法院可以先给出决定，稍后再给出理由。

30．引用

本法案在被引用时，可被称为"尼日利亚共和国联邦宪法第一修正案（2010年）"。

附件二

第一部分第56款中"规制"之前添加"运作方式"。

附件三

F款更改为：

（1）国家独立选举委员会应由以下成员构成：

（a）主席，担任首席选举专员；

（b）十二名其他成员，作为选举专员。

（2）专员应：

（a）超越党派和正直；

（b）主席的年龄应不低于四十周岁；专员的年龄不低于三十五周岁。

（2）各州和阿布贾联邦首都直辖区设立一个总统选举专员，其——

（a）经参议院同意后由总统任命；

（b）正直，超越党派；

（c）不低于三十五周岁；以及第15项（c）中添加"对政党基层组织、大会、代表大会的监督"。

附件六

附件六更改为：

（1）在 A 款的"国民议会"后添加"及州议会"；

（2）在第（1）项的"国民议会"后添加"及州议会"；

（3）第（2）项的"四名"更改为"两名"；

删除：

（1）B 款；

（2）第二项的（1）、（2）、（3）。

尼日利亚宪法第二修正案（2010 年）

（2010 年 11 月 29 日）

修改说明

本次修正案进一步修改了 1999 年宪法以及尼日利亚共和国联邦宪法第一修正案（2010），设置了由国家独立选举委员会确定的国民选举时间限制。

1. 1999 年宪法以及第一修正案（2010 年）的修改

1999 年宪法以及其第一修正案修订如本法案所列。

2. 第一修正案第 5 条的修改

第一修正案第 5 条第（2）项"一百五十日，不少于一百二十日前"替换为"一百五十日，不少于三十日前"。

3. 第一修正案第 10 条的修改

第一修正案第 10 条第（2）项"一百五十日，不少于一百二十日前"替换为"一百五十日，不少于三十日前"。

4. 第一修正案第 11 条的修改

一般规定：第一修正案第 11 条第（2）项"一百五十日，不少于一百二十日前"替换为"一百五十日，不少于三十日前"。

5. 第一修正案第 17 条的修改

第一修正案第 17 条第（2）项"一百五十日，不少于一百二十日前"替换为"一百五十日，不少于三十日前"。

6. 宪法第 233 条以及第一修正案第 24 条的替代案

宪法第 233 条以及第一修正案第 24 条替换为：

"（1）最高法院拥有排他的对上诉法院的上诉司法管辖权；

（2）对上诉法院的裁判上诉至最高法院的：

（a）上诉问题仅涉及法律问题，以及对上诉法院审理的民事或刑事的任何程序问题；

（b）对上诉法院审理的民事或刑事的任何程序问题的解释涉及宪法问题的决定；

（c）涉及宪法第四章中民事或刑事的任何程序问题的决定有可能与个人相冲突的；

（d）上诉做出或确认关于死刑判决的任何程序性问题；

（e）以下问题：

（i）某人是否有效地依据宪法的规定当选为总统或副总统；

（ii）总统或副总统的任期是否已结束；

（iii）总统或副总统的职位是否空缺；

（iv）某人是否有效地依据宪法的规定当选为州长或副州长；

（v）州长或副州长的任期是否已结束；

（vi）州长或副州长的职位是否空缺。"

7. 宪法第239条以及第一修正案第25条替代案

宪法第239条以及第二修正案第25条替换为：

"（1）除本宪法规定外，上诉法院对以下问题享有排他的司法管辖权：

（a）某人是否有效地根据宪法的规定当选为总统或副总统；

（b）总统或副总统的任期是否已结束；

（c）总统或副总统的职位是否空缺。

（2）在审理和裁判根据第1条（a）项的选举诉求时，上诉法庭须由不少于三名大法官构成。"

8. 宪法第246条以及第一修正案第26条的替代案

宪法第246条以及第一修正案第26条替换为：

"（1）对下述情况，向上诉法院上诉是一项权利：

（a）对依据附表五设立的纪律裁判庭做出的决定；

（b）选举法庭做出的决定；

（c）对州长选举法庭就以下问题做出的决定：

（i）是否有效当选国民议员或州议员；

（ii）是否有效当选州长和副州长；

（iii）职务是否已停止，以及职位是否已空缺。

（2）国民议会须授予上诉法院足够的司法权力，使其有权审理针对任何由国民议会法律设立的法院或裁判庭的上诉。

（3）上诉法院对关于国民议会议员和州议员的裁判为最终判决。"

9. 宪法第285条以及第一修正案第29条的替代案

宪法第285条以及第一修正案第29条替换为：

"（1）每个州和阿布贾首都直辖区应设立一个或多个国民议会议员和州议员选举法庭，对以下案件拥有排他的司法管辖权：

（a）是否有效当选国民议会议员；

（b）是否有效当选州议员。

（2）每个州须设立一个州长选举法庭，对是否当选州长或副州长问题拥有排他的司法管辖权。

（3）国民议会议员和州议员选举法庭、州长选举法庭的构成分别由附件六列出。

（4）选举法庭的法定人数为主席和一名其他的成员。

（5）选举的诉求须在选举结果公布后的二十一日内受理。

（6）选举法庭须在受理后的一百八十日内做出决定。

（7）针对选举法庭和上诉法院的选举案件的上诉应在选举法庭和上诉法院做出判决的六十日内做出决定。

（8）受理上诉的法院可以先给出决定，稍后再给出理由。"

10. 附件六和第一修正案附件六修正案的替代案

1999年宪法附件六替换为：

附件六

A. 国民议会及州议会选举法庭

1. （1）国民议会及州议会选举法庭由主席和其他两名成员构成。

（2）主席应当是高等法院的法官，其他两名成员应当从高等法院法官、伊斯兰卡上诉法院卡迪法官、习惯法上诉法院法官，或其他不低于首席裁判官的司法官员中任命。

（3）主席和其他成员应由上诉法院院长同州首席法官、伊斯兰卡上诉法院大卡迪法官、习惯法上诉法院院长协商后任命。

B. 州长选举法庭

2. （1）州长选举法庭须由主席和其他两名成员构成；

（a）主席应当是高等法院的法官，其他两名成员应当从高等法院法官、伊斯兰卡上诉法院卡迪法官、习惯法上诉法院法官，或其他不低于首席裁判官的司法官员中任命。

（b）主席和其他成员应由上诉法院院长同州首席法官、伊斯兰卡上诉法院大卡迪法官、习惯法上诉法院院长协商后任命。

11. 引用

本法案被引用时可被称为"尼日利亚共和国联邦宪法第二修正案（2010年）"。

尼日利亚宪法第三修正案（2011年）

(2011年2月22日)

修改说明

本修正案修改了2004年尼日利亚联邦宪法，在宪法中设立了国家工业法院。

1. 对2004年尼日利亚联邦宪法的修改

2. 对第6条的修改

第6条第（5）款的（c）项后添加一项（cc）：

"（cc）国家工业法院"。

3. 对第84条的修改

第84条第（4）款的"联邦高等法院法官"后添加"国家工业法院的院长、法官"。

4. 对第240条的修改

第240条的"联邦高等法院"后添加"国家工业法院"。

5. 对第243条的修改

第243条的修改：

（1）"联邦高等法院"后添加"国家工业法院"；

（2）第243条后添加（2）至（4）项；

"（2）有权将关于国家工业法院有司法管辖权并审理的有关宪法第五章规定的基本权利的案件上诉至上诉法院。

（3）有权将关于国家工业法院审理的案件上诉至上诉法院的应由国民议会法律规定；如果向上诉法院上诉的，必须经上诉法院的同意；

（4）在违背第254第C款（5）项的前提下，上诉法院针对工业法院的上诉案件的审理是最终判决。"

（3）原第243条变为第243条第（1）款。

6. 增加新条款254A—254F

宪法第七章第一节在第254条后添加一款第254条第（cc）款，以及第254A项—254F项。

cc——尼日利亚工业法院

254A——（1）设立尼日利亚工业法院

（2）尼日利亚工业法院的构成：

（a）院长；

（b）国民议会法律规定数量的法官。

254B——（1）院长须由总统在国家司法委员会建议并经参议院的同意后任命。

（2）工业法院法官须由总统在国家司法委员会建议后任命。

（3）院长必须在尼日利亚拥有法律执业资格、十年以上法律从业资历，以及相当的工业法律领域的知识。

（4）工业法院法官的必须在尼日利亚拥有法律执业资格、十年以法律从业资历，以及相当的工业法律领域知识。

（5）如果院长职位空缺，或不能胜任该职位，在获得重新任命之前，总统须指定最资深法官承担相关职能。

（6）除国家司法委员会的推荐外，按上述第（5）款做出自任命在三个月后应停止生效，总统不得重新指定同一个人担任。

254C——（1）除宪法第251、257、272条以及其他的规定外，国民议会须通过法律授权工业法院对以下问题行使排他的司法管辖权：

（a）涉及任何劳动、就业、工会，以及工作、服务环境产生的劳资关系，包括健康、安全、劳动福利、员工、工人事故等相关问题。

（b）涉及工厂法、贸易纠纷法、工会法、劳动法、雇员补偿法或其他任何有关劳动、就业、劳动关系、工作场所的法律或任何其他成文替代法律的相关问题。

（c）涉及授予任何命令禁止任何个人或机构参加任何罢工或停工，或任何行为促进罢工或停工的相关事务。

（d）涉及本宪法第四章的解释与应用的争议，涉及任何就业、劳资关系、工会、雇主协会或任何法院具有管辖权的事项。

（e）涉及联邦最低工资，以及其他任何与此相关的事务。

（f）涉及就业公平，以及就业和工业相关的国际最佳做法。

（g）涉及任何争端所引起的歧视和在工作场所的性骚扰。

（h）涉及国际劳工标准的解释和运用。

（i）涉及虐待儿童、人口贩运或任何与其有关事项。

（j）涉及以下问题的解释和运用：

（i）集体合同；

（ii）由仲裁庭办理贸易争端或工会纠纷的裁定或命令；

（iii）法院的判决和裁决；

（iv）解决争端术语；

（v）工会劳动争议纠纷或有记录的雇工纠纷；

（vi）工会章程、雇主协会章程或任何与就业、劳资关系或工作场所有关的协议；

（vii）与在联邦或任何州的任何自由贸易区有关的争议或任何人事关系所引起的争议；

（j）涉及联邦或任何州的雇员、工人、政治或公职人员、司法人员或任何公职人员工资、养老金、小费、津贴、福利和任何其他权利的支付争议事项。

（k）涉及：

（i）工会注册事项的上诉；

（ii）就任何行政机构或调查委员会对就业、劳动、工会或产业关系做出的决定的上诉；

（iii）就是否拥有国民议会立法授予的排他的民事或刑事管辖权争议；

（1）集体合同的登记。

（2）除非本宪法另有规定，国家工业法院对尼日利亚已批准劳工、就业、工作场所、工业关系或与此相关事务的国际公约、条约或协议的任何事项拥有管辖权。

（3）国家工业法院须在院内设立替代性争议解决中心，对宪法或法律授予法院的司法管辖权的事项提供不同的替代手段。

但本款不排除全国工业法院对依据国民大会或任何现行法律，以及联邦的任何州法案规定有权受理的对仲裁庭或委员会、行政机构或任何问题调查委员会的上诉和监督管辖。

（4）国家工业法院有权受理其有管辖权的对任何仲裁庭或委员会、行政机构或任何问题调查委员会，或与之相关的任何问题申请执行的裁决、决定、裁定。

（5）国家工业法院依据国民议会由本条或任何其他法律赋予的管辖权，有权受理对任何犯罪原因和事项引起的诉讼。

（6）除非宪法另有规定，对国家工业法院的裁判可以上诉。

254A——（1）为履行宪法与法律授予国家工业法院的司法权，国家工业法院应当拥有高等法院所拥有的权力。

（2）除第（1）款外，为使其有效行使司法权，国民议会还须授予国家工业法院必要的权力。

254E——（1）国家工业法院须由一名法官或不超过三名法官组成，成员由院长指定。

（2）对于刑事案件，国家工业法院院长须亲自或指定一名法官审理。

（3）为更好地行使司法管辖权，国家工业法院可依据法律、法院规则指定一名或多名具有专业资格的人参与全部或部分的审理活动。

（4）上述专业资格的人须在该领域中有十年以上的工作资历。

254F——（1）国家工业法院院长可经国民议会批准，制定国家工业法院的议事规则。

（2）审理刑事案件时，须适用刑法、刑事诉讼法和证据法的规定。

7. 对第 287 条的修改

"联邦高等法院"后添加"国家工业法院"。

8. 对第 289 条的修改

"联邦高等法院法官"后添加"国家工业法院法官"。

9. 对第 292 条的修改

第 292 条的第（1）款第（a）项的（i）目中在"联邦高等法院"后添加"国家工业法院的院长"。

10. 对第 294 条的修改

第 294 条的第（4）款中添加"国家工业法院"。

11. 对第 295 条的修改

第 295 条的更改为

（1）在第（1）款中添加"国家工业法院"。

（2）在第（1）款的第（b）项中添加"国家工业法院"。

（3）在第（2）款中添加"国家工业法院"。

12. 对第 316 条的修改

在第 316 条中添加第（5）款：

"（5）除本条规定外，依据国家工业法院 2006 年法案，设立的国家工业法院职位和权力须能够切实履行宪法以及相关立法规定的职责。"

13. 对第 318 条的修改

在第 318 条中添加：

（1）在"联邦高等法院"后添加"国家工业法院院长或法官"。

（2）在解释国家公务员委员会的条款中，在"联邦高等法院"后添加"国家工业法院"。

14. 对附件三的修改

（1）在第 12 款后第（d）项后添加（dd）项：

"（dd）国家工业法院的院长。"

（2）在第 13 款第（1）项（vi）后，添加（via）和（vib）：

"（via）国家工业法院的院长。

(vib) 国家工业法院法官。"

（3）在第 13 款第（3）项后添加"国家工业法院"。

（4）在第 20 款的第（e）项后添加（ee）。

"（ee）国家工业法院的院长。"

（5）在第 21 款的第（1）项（i）中，在"联邦高等法院"后添加"国家工业法院院长或法官"。

15．对附件七的修改

司法誓言中，在"联邦高等法院"后添加"国家工业法院院长或法官"。

16．引用

本法案在被引用时可称之为尼日利亚共和国宪法第三修正案（2011）。

选举法（2010 版）

此法案将废除 2006 年第二号选举法、尼日利亚联邦法律（2004 版），同时颁布选举法案（2010 版），以规范尼日利亚联邦、州及区域性的议会选举及相关事宜。

此法案由尼日利亚联邦共和国国民大会颁布。

第一章 独立国家选举委员会的成立及职责

1. 根据宪法规定，独立国家选举委员会
（1）是拥有永久继承权的法人团体；
（2）以法人团体名义诉讼和被诉。
2. 除宪法赋予的职责外，该委员会还有以下权力：
（1）管理选民及公民教育问题；
（2）宣传健全、民主的选举程序内容；
（3）遵守1999 版宪法及国民大会的其他法律法案的相关规定。
3. （1）该委员会的资金，称作独立国家选举委员会资金；
（2）独立国家选举委员会资金来源如下：
（a）交付给委员会的资金及其他财产，随时计入委员会资金，用于履行宪法及此法案规定的职责；
（b）用该资金投资后所获得的利润也随时计入资金总额；
（c）各种援助、补贴等，也随时计入该资金，以保证委员会行使职责；
（3）独立国家选举委员会资金支出情况需符合委员会制定的相关

规定。

4.（1）委员会可以在以下方面使用独立国家选举委员会资金：

（a）支付委员会管理方面的费用；

（b）在得到委员会明确授权的支出款项上，为其委员及其分支委员会委员花费报销；

（c）委员会官员及工作人员的工资、酬金、补贴、退休金、养老补贴、奖金等；

（d）委员会财产维护方面的费用；

（e）履行本法案所规定的职责所需费用。

（2）能从联邦政府或州政府领到酬金的人，将不能领取第 4 条第（1）（c）中提到的款项（经明确授权的款项除外）。

5.（1）委员会需在每个财政年度 8 月 31 日前向财政部递交下一年度开销与收入的评估报告（包括支付给独立国家选举委员会的费用）；

（2）委员会须如实记录、保管每个财政年度的账目，在每个财政年年底，由联邦总审计员审计。

6.（1）每个州及联邦首都直辖区，都应设立委员会办公室，以完成委员会随时分配的任务；

（2）被任命为居民选举委员会委员后须：

（a）对委员会负责；

（b）任职五年；

（3）根据宪法任命的居民选举委员会委员只有经过总统提议，参议院三分之二成员认为该委员没有能力履行其职责（大脑或身体存在缺陷或其他原因）或行为不端，才可以被撤职。

7. 根据本法案，委员会可以任命一个或多个分支委员会以履行职责。

第二章 委员会工作人员

8.（1）委员会秘书长：

（a）由委员会任命；

(b) 有资格有经验，经委员会考虑，适合该职位，能够按本法案要求履行其职责；

（2）根据委员会基本纲领，秘书长须：

(a) 负责完整记录委员会的活动程序；

(b) 担任委员会秘书处负责人，负责秘书处管理工作；

(c) 在委员会许可范围内，负责引导和管理委员会其他雇员；

（3）委员会有权任命、解雇其工作人员，并且可以根据此法案及其他法律法规，对其员工进行纪律要求；

（4）委员会任命的所有雇员，（临时雇佣领取临时报酬的人除外）有权享受并履行退休金改革法案中规定的权利及义务。

第三章　全国选民登记簿及选民的注册

9.（1）委员会须持续不断地编辑、保存并更新全国选民登记簿，本法案称其为"选民登记簿"，包括有权在所有联邦、州、地方政府及区域议会选举中投选票的所有人的姓名；

（2）委员会需为联邦政府的每个州及联邦首都直辖区保存一个选民登记簿，这些登记簿组成了全国选民登记簿；

（3）委员会需为联邦政府的每个州及联邦首都直辖区的地方政府及区域议会保存一个选民登记簿，这些登记簿分别组成州登记簿及联邦首都直辖区登记簿；

（4）选民登记簿内应包含委员会所需的每个人的信息；

（5）选民登记簿的更新及修正工作须在本法案所涵盖的选举开始六十天前完成；

（6）选民的登记工作需要在委员会为此设立并已通知公众的登记中心进行。

10.（1）根据第 10 条第（5）款规定，符合条件的选民，可以持续不断地登记。

（2）每个申请随时登记的人，需要本人前往登记地点，并携带以下任一文件：

（a）出生证明或洗礼证明；

（b）国家护照、身份证或驾照；

（c）其他可以证明申请人身份、年龄及国籍的文件。

（3）委员会须在第二年前六十天内向每个政党公布所有当年登记人员的姓名和住址。

（4）当委员会根据本法案31条公布普选后，经委员会认定的正式注册的选民即成为那些选举的正式选民。

（5）在本法案规定的递补选举中，正式选民的注册和现存的参议院选区或选民选区相关。

（6）一旦要求或反对的内容已经得到解决，或提出要求或反对的期限已经截止，补充名单须包含在修订版登记簿中，并且该修订版登记簿会被委员会认证为正式选民登记簿，用于本法案包含的所有选举，曾经的登记簿都以此版本为准。

11.（1）为保存及更新选民登记簿，委员会特别任命负责登记、修订及更新的官员，但这些官员不能属于任何政党成员。

（2）在登记及更新工作中，所有人都可以提出异议反对任何官员，如果未提出异议，那么则不能使登记无效。

（3）第11条（1）款中被任命的官员需要根据本法案的各项规定，完成委员会指定任务，在完成任务过程中，不受制于委员会以外的个人或权力机关的引导和管理。

12.（1）符合以下要求的个人有资格登记成为选民：

（a）是尼日利亚公民；

（b）已满十八岁；

（c）在登记中心所辖范围内的地方政府区或大区内居住、工作或出生；

（d）作为选民，亲自前往委员会登记办公室登记；

（e）有能力遵守尼日利亚法律法规进行投票。

（2）每个人只能在一个登记中心登记，并且只能登记一次。

（3）若违反第 12 条第（2）款规定，将有可能被判罚金不超过十万奈拉，或监禁不超过一年，抑或两种惩罚同时使用。

13.（1）如果一个人在登记时和选举前所居住的选区不同，可以向现在所居住州的居民选举委员会申请，将其名字列在选区移民选民名单。

（2）在进行第 13 条第（1）款申请时，需携带申请人选票证，并且在居住地所在选区的选举开始前三十天进行。

（3）居民选举委员会委员接到符合规定的申请后，如果能够确认申请人居住在其选区内，而在另一个选举进行了登记，需将申请人姓名列入移民选民名单。

（4）若居民选举委员会委员将申请人姓名列到移民选民名单，选举办公室官员需要相应地完成以下工作：

（a）将申请人分配到所在选区的一个投票站，并且在投票站名单上显示该申请人；

（b）向该申请人发放新的选民证，并将旧证回收；

（c）向申请人原来登记的选区的选举官员发送通知，告知其更改选区一事，以便将其从原选区选民名单上删除。

14. 在完成本法案规定的任务时，负责登记的官员及更新的官员需要：

（a）向申请人索要必需信息，以根据本法案规定判断该申请人是否符合登记成为选民的要求；

（b）要求选民或申请人完成登记表格，若该申请人不识字或是残疾人，登记官员须在其要求下帮助其完成。

15. 委员会须将每个州的选民登记簿打印出来，任何个人或政党在付费后，都可以从委员会获得一份经认证的州、地方政府或区域议会的复印版选民登记簿。

16.（1）委员会负责设计、印刷选民证，并且将其发到注册的选民手中。

（2）每个人最多持一张有效选民证。

(3）若违反第 16 条第（2）款规定，将有可能被判罚金不超过十万奈拉，或监禁不超过一年，抑或两种惩罚同时使用。

（4）委员会在任何必要时刻，可以替换所有或任何选民手中的选民证。

17. 在居民选举委员会委员监督下，每个选举官员负责保管地方政府区选民登记簿。

18.（1）若选民证丢失、损毁、损坏等，该选民需要在投票之日三十天前，亲自到选举官员处或其他经选举委员会委员授权的官员处说明丢失、损毁、损坏情况。

（2）若选举官员或其他相应官员确认选民证丢失、损毁、损坏后，将给其发一张原始选民证的复印证，并且复印证上有清晰的标记"复印"二字和发放日期。

（3）任何人不得在投票当天或投票前三十天内发放选民证的复印证。

（4）若违反第 18 条第（3）款规定，将有可能被判罚金不超过二十万奈拉，或监禁不超过两年，抑或两种惩罚同时使用。

19.（1）根据本法案 16 条第（1）款规定，委员会须将每个地方政府区、区域议会行政区的选民登记簿复印版公示五至十四天，在此期间，公众若对登记簿名单有任何异议或不满，都可以提出。

（2）在选民名单按照法案要求进行公示期间，所有人都有以下权利：

（a）若发现选民登记簿增补名单中的人没有资格登记为州、地方政府、区域议会、行政区的选民，或名单中有人已经去世，可以通过填写委员会指定的表格以提出异议；

（b）若发现已登记的选民在登记簿中被遗漏，可以通过填写委员会指定的表格提出要求。

（3）第 19 条第（2）款中提到的异议及要求都需要由负责地方政府或区域议会的选举官员传达给居民选举委员会委员。

20. 选民增补名单要和选民登记簿合并，并于普选开始三十天前进行印刷出版。

21. (1) 委员会可以任命任何人作为修订官员，以听取关于选民名单的增补或遗漏的声明，还可以任命所需数量的人辅助修订官员的工作。

(2) 如果对修订官员或其辅助人员关于第 21 条第（1）款的处理决定不满，可以在七天内，向所在州的居民选举委员会委员申诉，该委员的决定为最终决定。

22. 所有发放到选民手中的选民证的所有权由委员会授予。

23. (1) 若有以下违法行为，将会被判罚款不超过五十万奈拉，或监禁不超过两年，抑或两种惩罚同时使用。

(a) 非法占有选民证，无论是否是发放给其他选民的；

(b) 贩卖、试图贩卖或给贩卖者提供选民证，无论是否是发放给其他选民的；

(c) 购买或替人购买选民证，无论是替自己或他人。

24. (1) 若有以下违法行为，将会被判罚款不超过十万奈拉，或监禁不超过一年，抑或两种惩罚同时使用。

(a) 在申请注册选民时，明知所发表声明是虚假的，但仍发表；

(b) 根据本法案被要求提供信息时，在没有正当理由情况下，拒绝提供所掌握的信息，或没在规定时间内提供信息；

(c) 以他人名义，无论是在世的、去世的，或是虚构的，填写选民登记表，将其登记为选民；

(d) 在明知是虚假信息的情况下，依然传播或参与传播关于登记的信息；

(e) 在明知某人没有资格登记为选民或某人已经在其他登记簿上登记为选民的情况下，通过自己或他人将其登记在州选民登记簿上；

(f) 通过自己或他人将虚构人物登记在选民登记簿上。

(2) 若有以下违法行为，将会被判罚款不超过五十万奈拉，或监禁不超过五年：

(a) 强迫、威胁或引诱他人以致不能登记为选民；

(b) 用其他方式阻止他人登记为选民。

第四章 选举程序

25.（1）总统和副总统，州长及代理州长，参议院议员，众议院议员，联邦的各州议会的选举顺序如下：

（a）参议院和众议院选举；

（b）总统选举；

（c）州议会选举和州长、代理州长选举。

（2）主席和副主席及区域议会选举日期由独立国家选举委员会指定。

26.（1）选举日期指定后，如果按照原计划日期选举会严重扰乱和平，或由于自然灾害等其他紧急事件不能选举，委员会需要根据各地区情况，推迟选举，并指定可行的日期。

（2）当选举活动按照本法案要求推迟后，在提交提名文件的当天或最后一天，要计算出提名候选人各自的票数，在新指定的选举日期当天，选举官员须继续进行选举工作，计算出候选人各自的票数。

（3）根据第26条第（1）（2）款，委员会指定新的选举日期，直到相关地区计算票数时，选举才算重新开始。

（4）尽管有第26条第（3）款的要求，但是如果各地区分别在新制定的选举日期进行票数统计并不影响选举结果，那么委员会可以宣布选举继续进行。

（5）委员会根据第26条第（4）款做出的决定有可能受到竞选者在法庭的挑衅，如果出现此类情况，委员会要在解决完争议后再做决定。

27.（1）所有的选举结果要由以下人员在以下地点宣布：

（a）负责官员在票数统计站宣布；

（b）行政区校对官员在行政区校对中心宣布；

（c）地方政府或区域议会校对官员在地方政府或区域议会校对中心宣布；

（d）州校对官员在州校对中心宣布。

（2）选举主任在以下地点宣布下列竞选的结果及获胜者：

（a）在行政区校对中心宣布联邦首都市辖区议会议员选举结果；

（b）在区域议会校对中心宣布联邦首都直辖区主席及副主席的选举结果；

（c）在州选区校对中心宣布州议会选举结果；

（d）在联邦选区校对中心宣布众议院选举结果；

（e）在参议院校对中心宣布参议院选举结果；

（f）在州校对中心宣布州长选举结果；

（g）在全国校对中心宣布总统竞选结果；

（h）首席选举委员担任总统选举的选举主任。

28.（1）所有由委员会任命参与本次选举的工作人员都须根据本法案的附录二在最高法院进行保持公正的宣誓。

（2）所有的选举官员、主持官员、选举主任及由委员会任命的所有参与本次选举的工作人员都要承诺：绝对忠诚、公正，不收受任何人的贿赂，为了尼日利亚联邦共和国的利益，不偏不倚地履行自己的职责和义务。

29.（1）按照本法案对选举及选民登记的规定，委员会须根据需要任命符合以下要求的官员：不属于任何政党，没有公开表达支持某一个候选人。

（2）根据第29条第（1）款任命的官员须根据本法案要求完成委员会指定的任务，在完成任务过程中，除委员会外，不受任何个人或权力单位的指导及控制。

30.（1）根据本法案要求，委员会须在指定的选举日期九十天前，向联邦的每个州及联邦首都直辖区发布以下通知：

（a）说明选举日期；

（b）指定提交提名文件的地点；

（2）通知需要在每个举行选举的选区进行公示。

（3）如果需要递补选举，委员会须在指定的选举日期十四天前发布通知并公布选举日期。

31.（1）根据本法案要求，每个政党须在指定的选举日期六十天前，用规定的表格向委员会提交该党推荐的候选人名单。

（2）提交候选人名单和信息时，须附带每个候选人在州最高法院的宣誓书，以证明该候选人完全符合宪法规定的选举要求。

（3）委员会收到候选人个人信息七天内，须在该候选人参加竞选的选区内公示其信息。

（4）申请人可以向委员会申请提名表格、宣誓书及其他需要参加竞选的候选人提交的文件的复印版。委员会需要在十四天内，将这些文件的经过认证的复印版发放给申请人，并按要求收取一定费用。

（5）如果有人有正当理由认为某候选人提交的宣誓书或其他文件中存在虚假信息，可以向州或联邦最高法院起诉该候选人，并要求其承认文件中存在虚假信息。

（6）如果法庭判定该候选人提交的宣誓书或其他文件中存在虚假信息，将废除该候选人参加选举的资格。

（7）参加选举的候选人在提交表格时，要向委员会提供其即将参加竞选的所在州的可证实的地址，然后委员会或其他人把文件或法庭通知等寄送到这个地址。

（8）若政党向委员会推荐的候选人不符合本条款的相关规定，将面临最高五千万的罚款。

32.（1）参加选举的候选人须以委员会规定的选区的选民登记簿上的人以书面形式提名。

（2）每个人对于相同职位最多提名一个人。

（3）若违反第32第（2）款规定，将会被判罚款不超过十万奈拉，或监禁不超过三个月，或两个刑罚同时使用，但是提名仍然有效。

（4）若候选人去世、退出选举或提名材料无效，那么登记簿上则不包含此候选人的签名。

（5）若已经被提名的候选人退出提名，那么之前的提名无效。

33.任何政党一旦根据本章程32条规定提交了候选人，就不允许更改候选人，除非提交的候选人去世或退出选举。

34. 委员会须在选举开始三十天前在相关部门及委员会网页上公布所有提名候选人的全名及地址。

35. 候选人若要退出选举，须以书面形式告知提名其参加选举的政党，并亲自上交材料，材料上须有亲笔签名。该政党须在选举开始四十五天前告知委员会。

36. （1）如果提名候选人在递交提名材料后、投票开始前去世，首席国家选举委员会委员或居民选举委员会委员在确认该事实后，须下令取消有该候选人参加的投票选举，并且重新指定一个十四天内的合适的选举日期。

（2）被推迟的选举的选民名单和原定选举的选民名单相同，都是官方选民登记簿。

37. 如果候选人故意使得自己被一个以上政党提名或在一个以上选区提名，那么其提名全部无效。

38. 若在提名截止日期到来时，没有有效的提名候选人，那么委员会须延长提名时间，并制定新的选举日期。

39. 根据本章程的各项规定，在提交提名候选人材料截止日期及候选人申请退出选举截止日期时，若有效提名人多于一个，就可以开始投票。

40. 在进行以下选举中，符合下列相应条件，就可以根据本章程规定进行投票：

（1）在选举总统或州长时，无论是否只有一个有效提名人。

（2）在选举其他任何官员时，提交提名候选人材料截止后，有效提名人多于一个。

41. （1）如果在提交提名候选人材料截止日期、候选人申请退出活动截止日期、按照规定延长提名期限后，仍然只有一个有效提名人，如果不是选举总统或州长，那么该提名人就可直接获得其竞选的职位。

（2）如果一个人在第41条第（1）款的情形中获得竞选职位，最终聘用材料的复印件将由选举主任发给竞选者，而原件则和在有竞争的选举中一样，返还给委员会。

42. 委员会须在每个登记区设立足量的投票站，并将选民分配到各个投票站。

43. （1）委员会须提供合适的投票箱。

（2）本章程提到的选举中用到的表格及诉讼所需表格都由委员会指定。

（3）在办公室向投票站发放选举材料时，选票代理人有资格出现在现场。

（4）在发放选举材料、投票、唱票及校对选举结果时，选票代理人有资格出现在现场。

（5）委员会须在每个选举开始前，向投票站发放相应的选举材料。

44. （1）选票的样式由委员会规定，应包含候选人所属政党的党徽及其他必要信息。

（2）选票须装订成册，并按序编号，每个职位的选票颜色不同。

45. （1）每个政党须以书面形式告知地方政府或区域议会的选举官员该政党在有候选人参加竞选的选票站及校对中心所任命的选票代理人，书面材料中须包括选举代理人的姓名及地址，并且在选举日期七天前递交给选举官员。

如果，目前没有人担任地方政府区域议员主席或成员、州委员会委员、代理州长或其他任何级别政府的官员，那么在选举三个月前尚未辞职的人担任任何一个政党的投票代理人，无论是投票站还是选举结果的校对中心。

（2）尽管有第45条第（1）款的规定，候选人任命选票代理人代表其履行的职责，候选人自己也可以履行，不会受到任何阻止。

（3）根据本法案要求，如果选票代理人被要求或授权亲自做一件事，或需有其在场时完成一件事，当该选票代理人拒绝执行，或没有在指定的时间地点出现在现场，即使该任务很好地完成了，也是无效的。

46. 委员会须在选举日期十四天前以合适的方式发布通知，以明确以下内容。

（a）投票的日期及时刻；

（b）有投票资格的选民名字；

（c）投票站的地点。

47. 本章程内的任一选举的投票时间和时刻在全国范围内都是相同的。

48. （1）在规定的开始投票的时刻，投票站主任须在投票前打开空的投票箱，向依法出现在投票站的人们展示，然后闭封投票箱，以防止被未经授权打开。

（2）投票箱须整体展现在所有在场人面前，一直到投票结束。

49. （1）即将凭选民证投票的人，须亲自向投票站的投票站主任出示选民证，以证明其已经在所属选区的登记簿上登记。

（2）投票站主任在确认该选民已在选民登记簿上登记后，向其发放选票，并在登记簿上标注出该选民已经投过票。

50. 候选人和投票代理人可以基于某些证据，按照本章程规定的法律程序质疑某选民是否有权获得选票。

51. 如果在某个地区的文化中，不允许男女同队，那么投票站主任须将男性和女性分开排队。

52. （1）本章程包含的选举都是公开的匿名选举。

（2）禁止使用电子投票器。

（3）获得选票的选民须用委员会规定的方式做出标记。

（4）本章程包含的所有选举的在各个投票站的选票都须在公共视线内投进投票箱。

53. （1）在所有选举中，每个选民只能投票支持一个候选人，并且只能登记一张选票。

（2）如果投票站统计的总票数，超过在该投票站登记的选民的总数，那么委员会将宣布该选票站的此次选举无效。如果该投票站的结果将影响所在选区的选举结果，委员会须重新指定再次选举日期。

（3）如果某地区的选举结果根据第53条第（2）款规定被宣布作废，那么该地区的选举活动直到再次大选才算重新开始。

（4）尽管有第53条第（2）（3）款的规定，但是如果委员会确认投票作废的地区的投票结果并不在很大程度上影响选举结果，那么选举就可以继续进行。

54.（1）如果选民在选票上书写或做任何表明选民身份的标记，那么该选票在投票时将遭到拒绝，但如果是选民的拇指在选票上按下的手印，就不算作是上述表明身份的标记。

（2）委员会须使用不褪色的墨水，让选民用拇指在选票上按手印。

55. 如果选民在无意中使得选票不便投票，须将该选票送交投票站主任，当投票站主任确认该选票已被损坏后，须在此选票上做出作废的标记，并向该选民发放另一张选票。

56.（1）如果选民是盲人，或者因为身体方面的残疾不能识别符号，那么须由此人自己找一个人陪同自己进入投票站，在陪同人员向投票站主任说明残疾情况后，可以得到许可，陪同此人进入投票站，并按委员会要求的程序，协助其做标记等。

（2）委员会须采取合理措施，提供相应的沟通工具，以确保投票能力欠缺的选民在选票站得到帮助，例如：盲文印（其上有盲文浮雕）、电子工具、符号标记或在相应情况下的场外投票。

57. 只有选民本人才可以以委员会规定的方式在选票上做标记。

58. 所有选民只可以在其被分配的投票站投票。

59.（1）如果某人申请了选票，但在离开投票站之前，被投票代理人、投票站官员或安全代理人发现其不满十八岁或伪装成其他人递交指定表格，并告知投票站主任，那么投票站主任将有充足的权力命令警察将其逮捕。

（2）某人被投票代理人、投票站官员或安全代理人发现第59条第（1）款中提到的情况时，不会被剥夺投票权利，但是投票站主任将会在选民登记簿复印版上此人名字旁边做出标记"反对乔装"。

（3）但是如果某人被标记出第59条第（2）款提到的字样，并且向投票站主任承认其装扮成他人，那么此人将不被允许投票，并且被移送警察机关。

（4）根据第59条第（3）款逮捕的人，将被警察拘留。

60.（1）如果一个有资格投票的人在申请选票时，发现另一个有着相同名字的人已经符合各种程序的投过票，那么此人将会以同样方式得到选票，但是颜色和一般选票不同（此章程中称作"重复选票"）。

（2）投票站主任将要求该选民将重复选票交给投票站主任，而不允许将其投入投票箱，并且要求其在选票背面签署名字及选民登记簿上的编号。

（3）投票站主任须公开地将该选票放在旁边专为重复选票准备的口袋里，然后由选举主任数票。

（4）投票站主任须将持有重复选票的选民的名字及在选民登记簿上的编号列在"重复选民"名单上，该名单将会在有关选举的诉讼上发挥法律作用。

61.（1）投票站主任须有效控制选民进入投票站，拒绝候选人、投票代理人、投票办事员、根据法律有资格观看的人员等以外的人员进入。投票站主任负责维持秩序并且遵守该章程的各项有关投票站的要求。

（2）投票站主任有权要求不遵守法律秩序的人离开投票站。

（3）根据第61条第（2）款被逐出选票站的人在没有支持官员许可的情况下，在选举当天不允许再次进去投票站。如果被委员会控告，将会被移送警察局拘留。

（4）第61条第（3）款的处理决定不能对在投票站有投票资格的选民强行实施，以免剥夺其投票的机会。

（5）当投票站主任不在场时，由投票办事员代理投票站主任履行官员投票站的职责。

62.（1）当距离规定的投票结束时间一小时的时候，投票站主任宣布投票结束，任何选民都不得进入投票站，只有已经进入投票站的选民可以继续投票。

（2）当宣布投票结束后，已经进入投票站的选民不得继续停留在投票站，除非根据本章程经过授权。

63．（1）投票站主任在统计完该统计站的投票数后，须在委员会指定的表格上填写每个候选人的总票数。

（2）表格须由投票站主任和票数统计员签字并盖章，由候选人或其投票代理人签字。

（3）在按照要求完成第63条第（2）款的程序后，投票站主任须将所有完整表格的复印版给投票代理人和警官各发一份。

（4）投票站主任须统计并宣布投票站的投票结果。

64．如果投票站主任只统计一次选票，那么在统计之后，在场的候选人或投票代理人有权要求投票站主任重新统计。

65．在登记完选举结果后，投票站主任须宣布投票结果并将选举材料安全地交给委员会指定的人员手里。

66．（1）根据第66条第（2）款，没有官方标记的选票不能统计在选票内。

（2）如果选举主任确认没有官方标记的选票确实出自选票夹（选票夹是给投票站主任配备，当选举中的选票出现问题时使用的选票）也可将此选票统计在内。

67．（1）投票站主任须在根据第54条第（1）款废弃的选票的背面标注出"作废"，此选票不能统计在内，除非经反对投票站主任的选举主任许可，才可统计在内。

（2）如果投票站作废选票、反对候选人或投票代理人的决定遭到否决，那么，投票站主任须在"作废"字样后添加"但是被否决"。

（3）投票站主任在将选票作废时，须准备一份声明，包含作废选票的数量、原因、序列号，并且允许候选人或投票代理人对该声明进行复制。

68．（1）选举主任关于下列问题的决定须最终接受法庭选举诉讼的审查。

（a）没有标记的选票；

（b）作废选票；

（c）宣布候选人的票数及选举结果。

69. 在无论是否有竞争的总统或州长选举中，及其他有竞争的选举中，最终结果由每个候选人的得票数确定，根据宪法的 133、134 和 179 条规定，得票数最多的候选人当选，并由相应的选举主任宣布。

70. 如果两个或多个候选人的得票数最高，并且相同，选举主任不能宣布选举结果，须在委员会指定的日期对所涉及的候选人进行重新选举。

71. 委员会须在布告栏、网站上公示选举候选人所得票数及最终赢得选举的人。

72. 首席选举委员会委员或者经其授权的其他官员负责保管由选举主任交给委员会的所有文件，包括选举结果声明、相关选票等。

73. 根据本章程要求，委员会须在卫报上发表选举的指导方针，为选举各项事宜做出明确要求，例如填写选举表格的步骤，从投票站直到宣布最终结果的行政区或选区的校对中心。

74. 行政区、地方政府、州及国家级别根据本法案要求填写的所有选举结果的表格及委员会发行的指导方针都须盖章及相关官员和相应级别的投票代理人的联合签名，并将其复印版交给警察和投票代理人。

75. （1）指定的盖有印章的选举结果证书须在七天内发给每个在本法案规定的选举中获胜的候选人。

如果申诉法庭或最高法院在对选举请愿的最终决定是取消某个候选人的选举结果证书，那么委员会须在收到法庭通知后的四十八小时内，向获胜的候选人发放有效的选举结果证书。

（2）如果委员会拒绝或因为忽视而没有发放选举结果证书，司法机构经认证的证明的复印版可以有效宣布某个候选人为选举的获胜者。

76. 选举中根据本法案要求使用的表格由委员会决定。

77. （1）居民选举委员会委员在收到所在州的任何党派提交的选举诉讼后，须在七天内向该党发放第 75 条第（2）款中提到的证明复印版。

（2）如果任何一个居民选举委员会委员故意不遵守第 77 条第（1）款规定，将面临最高二百万奈拉的罚款或最多十二个月监禁，或两种刑罚同时使用。

第五章 政 党

78.（1）一个遵守宪法及该法案各项要求的政治协会可以注册为政党。注册为政党的申请需要在普选开始六个月前按要求递交给委员会。

（2）委员会在收到申请并且确认文件完全符合宪法的规定后，须立即向申请者发送确认信，以说明所有必要的文件都已上交到委员会。

（3）如果该政治协会未能完全符合本条款规定的要求，委员会须在自收到申请之日起三十天内以书面形式通知该协会未能登记注册的原因。

（4）委员会须在自收到申请之日起三十天内，将完全符合宪法和本法案各项要求的政治协会登记注册为政党，如果在三十天后，该协会未被委员会注册，也未从委员会收到相关负面通知，那么该协会也成功注册为政党。

（5）如果某个政治协会通过递交虚假信息获得注册证书，该证书应依照此法案规定作废。

（6）政治协会在申请注册为政党时，需要出示按时上交管理费的证据，才能得到委员会的受理。

（7）若申请注册为政党的政治协会有下列情况，委员会有权拒绝其申请：

（a）违反任何注册要求；

（b）在全国或州议会选举中未能赢得席位。

79. 自接到委员会拒绝注册的通知之日起三十天内可以采取合法行动，通过法庭质疑委员会的决定。

80. 根据本章程注册的政党是拥有永久继承权及公民印章的法人团体，须以法人团体名义诉讼和被诉。

81.（1）违反宪法 227 条规定的政党或政治协会将面临以下惩罚：

(a) 第一次违反，罚款五千万奈拉。

(b) 连续违反，罚款七千万奈拉。

(c) 每天连续违反，每天罚款五万奈拉。

(2) 协助或支持政党违反宪法 227 条规定的个人或团体，将面临五十万奈拉罚款或三年的监禁，或两种刑罚同时使用。

82. (1) 委员会须将所有标志整理到登记簿中，以在选举中使用。

(2) 委员会只有在确认下列情况后才可注册政党的标志：

(a) 有着相同设计的标志尚未注册；

(b) 和已经注册的标志都不同；

(c) 该标志的使用不会造成冒犯或引起异议。

(3) 如果出现下列情况，委员会有权将某个标志从登记簿中删除：

(a) 注册该标志的政党要求将其删除；

(b) 委员会确定注册该标志的政党或候选人个人已经不存在，或已经停止使用该标志。

(4) 如果某标志符合下列条件，那么在任何选举的分配和注册中都得不到使用该标志或材料的授权：

(a) 尼日利亚联邦国徽；

(b) 其他国家的国徽；

(c) 经委员会确认，和以下情况有关：

(i) 政府官方法案；

(ii) 联邦军队、尼日利亚警局或其他统一的组织；

(iii) 首领的纹章；

(iv) 部落或种族群体；

(v) 宗教或信徒；

(vi) 在世或去世的人的肖像；

(d) 其他政党按照本法案要求注册的标志或其一部分。

(5) 根据本条款要求，指定给某政党的标志在受本法案约束以前，可以不上交费用，但可立即使用。

83. 当政党按照本法案要求注册了标志后，委员会可以在任何选举中将该标志指定给该党支持的任何候选人。

84. （1）两个或多个注册政党可以向委员会递交正式申请，以求合并。

（2）政党如果计划合并，所涉及的每个政党须在普选九十天前告知委员会。

（3）请求合并的书面申请须提交的委员会主席，并由国家主席、当时的不同政党的秘书长、财政部长联合签名同意其合并，而且须附上以下材料：

（a）国民大会针对支持其合并通过的特别决议；

（b）关于合并后的政党的全称、缩写、章程、宣言、标志、口号、发言人的议案；

（c）缴纳十万奈拉管理费的证据，或根据国民议会定期缴纳管理费的证据。

（4）委员会收到政党申请合并的材料后，须考虑该申请，若政党满足宪法和此章程的要求，那么可以同意其合并，并在自收到正式申请之日起三十天内，将决定告知所涉及的政党。

如果委员会在三十天内没有通知相关政党，其同意政党合并的决定也是生效的。

（5）当委员会同意政党合并后，须将所涉及的政党的注册证书作废，并用合并后的政党的注册证书取而代之。

（6）尽管有第84条第（2）款的要求，但如果委员会在距普选日期九十天内收到关于申请合并政党的材料，将不予考虑。

85. （1）注册政党须召开大会、代表大会、协商会议以选举本法案规定的行政委员会成员、其他行政机构成员及提名候选人等，并在距召开日期二十一天前通知委员会。

（2）委员会可以有选择性他参加并监督注册政党有关下列内容的大会、代表大会、协商会议：

（a）选举行政委员会及其他行政机构成员；

（b）为任一级别的选举提名候选人；

（c）批准同意和其他注册政党合并。

（3）选举注册政党的行政委员会及其他行政机构成员，包括弥补这些机构空缺职位的选举在内，都要以民主方式，允许所有党员和代表团为所支持的候选人投票。

86.（1）委员会须监督并记录所有注册政党的活动。

（2）委员会须搜寻各注册政党违背宪法、其他法律法规及指导方针的要求的信息，并要求其做出澄清。

（3）为达到第86条第（2）款要求，在必要情况下，委员会有权直接询问政党在国家、州、地方政府、区域议会及行政区级别的主席或秘书长。

（4）如果政党没有提供第86条第（2）款所要求的信息或澄清，也没有按委员会要求采取合法行动，那么将面临至少五千万奈拉的罚款。

87.（1）政党在根据本法案要求提名选举候选人之前须对所有职位的申请人进行预选。

（2）政党对所有职位提名候选人的程序中都必须有直接或间接的预选。

（3）政党采取直接预选方式时，须确保所有的参选人被该党成员投票的机会均等。

（4）政党采取间接预选方式时选举候选人时，需按照下列程序：

（a）在提名总统候选人时，政党须：

（i）在联邦的三十六个州及联邦首都直辖区召开特别大会，由代表队在指定日期和地点对每个参选人进行投票；

（ii）召开国民大会并批准得票最多的候选人作为选举获胜者；

（iii）将在联邦三十六个州及联邦首都直辖区得票最多的参选人作为该党总统预选的获胜者，在经全民大会批准后，即可将此人的名字作为该党的候选人告知委员会。

(b) 在提名州长候选人时，政党须：

(i) 在该州的地方政府区召开特殊代表大会，由代表队在指定日期和地点对每个参选人进行投票；

(ii) 将得票最多的参选人作为该党预选的获胜者，此人的名字将作为该党某个州的候选人告知委员会。

(c) 在提名参议院候选人、众议院候选人及州议会候选人时，政党须：

(i) 在联邦选区、州议会选区分别召开特殊会议，由代表队在指定日期和地点对每个参选人进行投票；

(ii) 将得票最多的参选人作为该党预选的获胜者，此人的名字将作为该党候选人告知委员会。

(d) 在提名选举区域议会主席候选人时，政党须：

(i) 在区域议会召开特殊代表大会，由代表队在指定日期和地点对每个参选人进行投票；

(ii) 将得票最多的参选人作为该党预选的获胜者，此人将作为该党某个州的候选人告知委员会。

(5) 在提名议员候选人时，须在行政区内采取直接预选的方式，得票最多的参选人的名字将作为该党候选人告知委员会。

(6) 如果在（4）款（a）、（b）、（c）、（d）项提到的选举中，政党只有一个参选人，那么该党须在指定时间和地点召开特殊大会或代表大会，以确定将此参选人的名字作为该党候选人告知委员会。

(7) 如果政党采取间接预选方式，须在该党章程中清晰地说明代表团在大会、代表大会民主投票选举的程序及规则。

(8) 政务官不得在大会或代表大会上作为代表团为提名候选人投票。

(9) 如果政党没有遵守该章程关于预选的规定，那么其提名的候选人不能包含在某个职位的参选人名单里。

(10) 尽管第87条这样规定，但是如果参选人抱怨在选举候选人过程中，没有遵守本章程规定或政党的指导方针，可向联邦最高法院或州高等法院申请赔偿。

（11）法庭没有任何权利因为诉讼而阻止此章程中关于预选或普选。

88.（1）政党

（a）若违反此章程第91条（3）（a）要求，在尼日利亚以外的地区拥有资金，那么委员会将没收其资金，或由该资金购买的财产，并且罚款最少五千万奈拉。

（b）若违反此章程第91条（3）（b）要求，从尼日利亚以外地区汇款或运送财产，那么委员会将没收其资金，或由该资金购买的财产，并且罚款最少五千万奈拉。

89.（1）政党须向委员会提交详细的财产及债务报告，资金及财产的来源明细，及按照委员会要求的日常支出明细。

（2）第89条第（1）款提到的财产及债务报告指从每年的1月1日到12月31日，或者从该党注册之日起，到下一年的12月31日。

（3）根据本章程各条款要求，政党须允许经委员会以书面形式授权的官员检查并审计该党的账目，并且向官员提供所需的有关该党收支的信息。

（4）委员会须将审计结果在三种全国报纸上刊登。

90. 委员会有权限制个人或团体向政党捐赠的资金及其他财产的金额。

91.（1）选举的支出费用不得超过第91条第（2）至（7）款的要求。

（2）候选人参加总统选举中的支出金额不得超过十亿奈拉。

（3）候选人参加州长选举中的支出金额不得超过二亿奈拉。

（4）候选人参加参议院席位及国家议会选举中的支出金额不得超过四千万奈拉，参加众议院选举的支出金额不得超过二千万奈拉。

（5）候选人参加州议会选举中的支出金额不得超过一千万奈拉。

（6）候选人参加区域议会主席选举中的支出金额不得超过一千万奈拉。

（7）候选人参加区域议会议员选举中的支出金额不得超一百万奈拉。

（8）候选人参加选举的支出的最大金额不包含以下费用：

(a) 候选人根据法律上交的提名保证金；

(b) 在公示确切的选举日期前，服务及材料方面的费用；

(c) 在某个特别选举中，政党为支持其候选人所支出的费用。

(9) 每个人或团体为候选人的捐款不得超过一百万奈拉。

(10) 在以下选举中，对故意违反此条款规定的候选人的惩罚如下：

(a) 在总统选举中，最高罚款一亿奈拉，或监禁十二个月，或两个刑罚同时使用。

(b) 在州长选举中，最高罚款八千万奈拉，或监禁九个月，或两个刑罚同时使用。

(c) 在国家议会的参议院选举中，最高罚款六千万奈拉，或监禁六个月，或两个刑罚同时使用。

(d) 在国家议会的众议院选举中，最高罚款五千万奈拉，或监禁五个月，或两个刑罚同时使用。

(e) 在州议会选举中，最高罚款三百万奈拉，或监禁三个月，或两个刑罚同时使用。

(f) 在主席选举中，最高罚款三千万奈拉，或监禁三个月，或两个刑罚同时使用。

(g) 在议员选举中，最高罚款一千万奈拉，或监禁一个月，或两个刑罚同时使用。

(11) 任何个人故意违反第91条第（9）款规定，最高罚款五千万奈拉，或监禁九个月，或两个刑罚同时使用。

(12) 如果会计人员伪造或协助候选人伪造有关其在选举中的花费、收入或捐赠的文件，违背本法案相关规定，将面临十年的监禁。

92.（1）选举花费是指，自委员会宣布选举开始之日到该选举的投票之日，在此期间政党为选举所花的费用。

(2) 政党管理或实施选举的选举花费由委员会和政党协商决定。

(3) 政党的选举花费经审计后在选举后的六个月内提交给委员会，该审计结果须由该政党的审计员及主席签字，签字人员须宣誓所提交的一切内容属实。

（4）违反第92条第（3）款规定的政党面临最高一百万奈拉的罚款，如果未能在指定日期内提交准确的审计结果，法庭可以在截止日期后每天征收二十万奈拉罚款，直到按要求提交审计结果为止。

（5）第92条第（3）款提到的审计结果须显示出政党或以政党名义在选举中花费的金额，及这些花费的具体用途，选举所用物品或所需服务的商业价值。

（6）政党须将第92条第（5）款提到的上交给委员会的审计明细至少刊登在两种全国报纸上。

（7）政党的选举花费如果超过本章程规定的限额，那么将面临最高一亿奈拉罚款，而且委员会将对其征收超过限额部分的花费的罚金。

（8）在正常营业时间内，委员会须在其总部和州办公厅接受公众针对第92条第（3）款提到的政党审计结果的监察，包括姓名、住址、职业、每个捐赠者捐赠的金额。

93.（1）任何政党不允许接受或占有匿名或来源不明的金钱、礼物或财产。

（2）政党须留存资金和财产的记录，其内容包括：

（a）政党收到的资金及其他形式的捐赠；

（b）捐赠的资金或财产的价值超过一亿奈拉的捐赠者个人或团体的姓名和地址。

（3）如果捐赠的资金或财产价值超过十万奈拉，只有在明确资金的来源后，政党才可以接受。

（4）在宣布选举结果三个月后，支持候选人参加选举的政党须将有关个人及团体的捐赠报告上交给委员会。

94.（1）为了保证政治集会和平有序地进行，联邦政府每个州及联邦首都直辖区阿布贾的警察局委员会委员须提供充足的安全保障。

（2）如果不是依法执行任务，参加政治集会或出现在投票中心的人不得携带攻击性武器，否则将面临最高二百万奈拉罚款，或两年监禁，或两个刑罚同时使用。

（3）如果是依法执行任务的警察或安保人员，经过授权可以携带武器，并在指定地点履行职责。

95.（1）政治运动及口号不能涉及侮辱性语言，直接或间接伤害任何宗教、种族、部落或地区情感。

（2）带有侮辱性、放纵、诽谤或低级语言或容易激起暴力行动或仇恨的语言不能用于政治活动。

（3）宗教圣地、警察局和公众办公厅不能用于以下目的：

（a）宣传或攻击政党、候选人、项目计划或意识形态；

（4）政党或候选人及其他个人组织的政治运动中不得乔装打扮。

（5）任何政党或其成员不得培养、组织、训练个人或团体，以宣传政党目标为目的，雇佣或强制其展示身体力量。

（6）在运动、集会、游行或选举过程中，任何政党、个人或候选人不得以为其提供安全保障、协助政党或候选人等为理由，使用私人安保系统等。

（7）违反此条款规定的政党或个人将面临以下惩罚：

（a）个人，最高罚款一百万奈拉，或监禁十二个月，或两个刑罚同时使用；

（b）政党，第一次罚款二百万奈拉，若再有冒犯，罚款一百万奈拉。

（8）任何协助或教唆政党违反第95条第（5）款规定的个人或团体将面临五十奈拉罚款或三年监禁，或两个刑罚同时使用。

96.（1）在政治活动中，任何候选人、个人或团体不得直接或间接使用武力或暴力威胁别人，以挫败他人，或强迫其支持或禁止其支持某个政党或候选人。

（2）违反此条款规定的个人或政党将面临以下惩罚：

（a）个人，最高罚款一百万奈拉，或十二个月监禁。

（b）政党，第一次罚款二百万奈拉，若再有冒犯，罚款五十万奈拉。

97. 如果根据宪法和此章程，某个政党已经不复存在，但是该政党根据该章程选举产生的候选人仍然有效,并且可以以该政党成员身份履行完任期。

98. 委员会根据其他法律注册的政党,也就符合宪法和本章程依法注册了。

99.（1）根据本法案要求,每个政党的选举活动从投票日期九十天前开始,到投票日期二十四小时前结束。

（2）注册政党须派代表在投票开始前二十四小时内,如果有以下行为,将根据本法案要求,最高罚款五十万奈拉。

（a）通过所有媒体渠道宣传；

（b）在报纸的广告栏获得版面,以宣传或反对某个候选人。

100.（1）候选人及其政党须按照委员会的要求,依法组织选举活动。

（2）在任何选举中,不得动用包括媒体在内的州宣传部门,宣传或诋毁任何政党或候选人。

（3）媒体分配给政党或候选人的时间须均等,并且时间段基本相同。

（4）根据合理的缴费情况,所有公众电子媒体须均等分配给政党及候选人。

（5）所有公众印刷媒体须将版面及篇幅均等分配给所有政党。

（6）第一次违反第100条第（3）、（4）款规定的公众媒体将面临最高五十万奈拉罚款,再次违反,将面临最高一百万奈拉的罚款。

101.（1）如果个人、印刷媒体及电子媒体在投票开始二十四小时前或投票当天,通过收音机、电视、报纸、传单等印刷或电子媒体广播、出版、发行材料以支持或反对某个政党或候选人,将违反此章程规定。

（2）如果法人团体违反了第101条第（1）款规定,那么该团体的每个主要官员都要根据本法案接受同等惩罚。

（3）如果违反了此条规定,那么将面临下列惩罚：

（a）法人团体违反规定,最高罚款一百万奈拉。

（b）个人违反规定,最高罚款五十万奈拉,或监禁十二个月。

102. 候选人、个人或团体参与以支持或反对选举中某个政党或候选人为目的的宗教、部落或区域的宣传活动将面临最高罚款一百万奈拉，或监禁十二个月，或两个刑罚同时使用。

第六章　区域议会的选举程序

103.（1）区域议会主席、副主席及其成员的选举须由委员会根据本章程要求进行指导和监督。

（2）委员会编辑的选民登记簿、建立的投票站、其他的规定、指导方针及发行的手册都将运用到区域议会议员的选举中。

104.（1）联邦首都直辖区的每个区域议会都设有经选举产生的主席和副主席。

（2）在联邦首都直辖区的区域议会的每个选举行政区都有议员。

105.（1）根据本条款要求，委员会须根据区域议会要求，将每个区域议会划分为十至二十个选举行政区。

（2）划分行政区时，要保证每个选举行政区的居民数量和选举行政区人口配额基本相等。

（3）行政区最多每隔十年要重新检查区域议会的行政区的划分情况，并且根据第 105 条第（1）款要求，做适当调整，使其划分情况达到理想状态。

（4）尽管有第 105 条第（3）款的规定，但根据全国人口普查结果或全国议会的章程，对宪法第 3 条修正后，委员会须根据规定随时审视行政区划分情况，并做出必要调整。

106.（1）根据本法案要求，满足下列条件者有资格参加选举：

（a）尼日利亚居民；

（b）已注册的选民；

（c）参选议员需满二十五岁，参选主席和副主席须满三十岁；

（d）教育水平达到大学在读水平或其同等水平；

（e）属于某一个政党的成员，并且得到该政党赞助。

107.（1）符合以下情况的人没有资格参加区域议会的选举：

（a）根据宪法第28条规定，此人已经自愿接受尼日利亚以外的国家的国籍，并且已经发誓效忠该国家。有国民大会的特别说明者除外；

（b）根据尼日利亚法律，已被诊断为精神错乱或头脑不健全；

（c）被尼日利亚权威法庭判处死刑；

（d）在距区域议会选举日期十年内，因为不诚实或者违反行为准则被控告且判刑；

（e）根据尼日利亚相关法律宣布或被宣判破产，仍是未获解除破产的财产人；

（f）在联邦、州或其他区域议会的公共服务部门的非选举职位任职，在距选举日期三十天前尚未辞职或退休；

（g）属于秘密团体成员；

（h）在十年内，曾向委员会提交过伪造证明；

（i）曾被联邦、州、地方政府或区域议会的公众服务部门解雇；

（j）曾两次被选举成为主席。

（2）有下列情况者，根据尼日利亚相关法律及第107条第（1）款规定，所有对法庭判决不满的申诉都属于无效申诉，无论是在提出申诉到申诉被解决期间，还是申诉被忽视或驳回。

（a）被判定为精神错乱；

（b）被宣布为头脑不健全；

（c）被判死刑或监禁；

（d）宣布或被宣判破产。

（3）本法案第107条第（2）款提到的申诉包括：申请禁令、调卷令、命令书、诉讼中止令、人身保护令等。

108.（1）联邦首都直辖区的所有区域议员的选举日期及时间相同。

（2）替补区域议会空缺职位的递补选举须在出现空缺职位三十日内举行。

（3）本法案第108条第（1）款提到的日期距现任官员的任期到期之日不得多于一百五十天，不得少于九十天。

（4）如果在距区域议会选举日期三个月前出现职位空缺，需要在三十天内举行递补选举，填补空缺。

（5）选票须投进公开的密封投票箱内。

109. 区域议会选举的提名及投票、唱票程序应尽可能和本法案其他选举相同。

110.（1）如果在递交提名者文件截止日期及候选人申请退出选举的截止日期到来时，只有一个人按要求被提名，那么此人将被宣布为没有竞争对手的获胜者。

（2）如果在递交提名者文件截止日期及候选人申请退出选举的截止日期到来时，一个以上的候选人被按要求提名，那么须按照本法案要求进行投票。

（3）在主席职位的提名工作结束时，只有一个候选人：

（a）被提名；

（b）被提名，其他候选人不够资格、退出选举、能力欠佳、失踪、去世，委员会须将提名日期延长七天。

如果在延长日期后，仍然只有一个有效提名人，那么将不再延长日期。

111.（1）在主席职位的选举中，被按要求提名的唯一候选人须满足以下条件才能获得选举：

（a）在选举中，支持票占大多数，并且多于反对票；

（b）区域议会的至少三分之二的行政区有三分之一及以上的选民投票。

如果唯一的一个候选人落选，根据此法案要求，须重新提名。

（2）在主席职位的选举中，有两个候选人被按要求提名，那么须满足以下条件才能获得选举：

（a）获得多数选票；

（b）区域议会的至少三分之二的行政区有四分之一及以上的选民投票。

（3）如果根据第 111 条第（2）款，没有候选人赢得选举，那么委员会须在七天内，针对两个候选人再次举行选举，获得多数选票的候选人将赢得选举。

（4）在主席职位的选举中，被按要求提名的候选人多于两人，那么须满足以下条件才能获得选举：

（a）在选举中，所得票数最多；

（b）区域议会的至少三分之二的行政区有四分之一及以上的选民投票。

（5）如果根据第 111 条第（4）款，没有候选人赢得选举，那么须根据第 111 条第（6）款再次举行选举，在新的选举中，唯一的候选人：

（a）在第 111 条第（4）款的选举中，得到票数最多；

（b）在最多的行政区获得多数选票；在这些人中，所得总票数最多的人为第二候选人。

（6）在第 111 条第（5）款规定的选举中，如果有一个候选人缺席，那么委员会须在选举结束后七天内针对这两个候选人再次举行选举，满足下列条件的一个人将获得区域议会主席职位：

（a）获得多数选票；

（b）区域议会的至少三分之二的行政区有四分之一及以上的选民投票。

（7）如果在第 111 条第（6）款提到的选举中，没有候选人按照要求获得选举，那么须在七天内针对这两个候选人再次举行选举，如果其中一个人赢得多数选票，即可获得区域议会主席职位。

112.（1）如果被按要求选举为主席的人在宣誓就职前去世，那么其副主席将作为主席宣誓就职，然后提名新的副主席，经区域立法议会大多数成员同意，即可指定新的副主席。

（2）新任命的副主席来自议员当中，所以委员会须举行递补选举，以弥补行政区因此产生的空缺职位。

（3）如果被按要求选举为主席和副主席的人在宣誓就职前去世，区域议会也尚未举行就职典礼，委员会须在二十一天内举行选举以弥补空缺。

113. （1）区域议会的存在有效期是三年，从下列事件起生效：

（a）其主席宣誓就职；

（b）议会的立法机关举行就职典礼。

（2）在三年的有效期内，如果举行了补选，较早宣布就职的人赢得补选，那么在选举之前的就职的时间不计算在三年内。

114. （1）在下列情况中，区域议会成员须辞掉议会席位：

（a）在递交辞职信的当天；

（b）在其他级别的政府部门或私立部门全职工作并领取全职工资；

（c）成为秘密协会成员或者有其他使其不再有资格担任主席或议员的行为；

（d）如果区域议会立法部门从委员会收到关于根据116条规定取消该成员资格的文件。

（2）区域议会立法部门的领导者保障第114条第（1）款的生效，因此由该领导者向区域议会出示符合某个条款的证据。

115. （1）主席和副主席有可能根据此条款规定被解聘。

（2）如果有书面文件宣称其有恶劣行为，并且区域议会的立法部门的三分之一成员联合签字，宣称主席或副主席在任职期间行为不端，并将具体细节递交给区域议会立法部门的发言人。

（3）区域议会立法部门的领导者须在收到通知的七天内，将此通知的复印版分发给被指控的人及区域议会立法部门每个成员，并且将被指控人对此事件的回应告知给每个区域议会立法部门成员。

（4）在发出通知十四天内（无论被指控人是否对此事件做出回应），区域议会立法部门须采取无疑义的行动解决此问题，无论是否调查该事件。

（5）只有得到区域议会立法部门三分之二以上成员投票支持，区域议会立法部门才可以采取调查该事件的行动。

（6）在决定实施第115条第（4）款提到的行动后的七天内，区域议会立法部门的领导者须通知联邦首都直辖区阿布贾的首席法官，然后由该法官任命七个人组成陪审团，这七个人代表首席法官的观点，绝对正直，但不能以下组织的成员：

（a）公众服务部门；

（b）立法机构；

（c）调查该事件的政党。

（7）被调查者有权亲自为自己辩护或自己选择专业律师在陪审团前辩护。

（8）本条款提到的陪审团：

（a）拥有全国议会法案规定的权力及根据程序要求履行其职责的权利；

（b）在被任命后的三个月内，向区域议会立法部门递交调查结果。

（9）如果陪审团向区域议会立法部门提交的调查结果中显示该控告没有任何证据，那么针对此问题不再做任何调查。

（10）如果报告中显示该控告得到证实，那么在自收到该报告之日起十四天内，区域议会将采取其三分之二以上成员支持的行动。陪审团的报告正式生效，然后在其当天解聘被控告者。

116. 在下列情况中，区域议会成员的席位将被取消：

（a）在该议员所在选区中，二分之一的注册选民在诉讼书中宣称已对该议员失去信心，并联合签名，将诉讼书提交给委员会主席，并得到委员会证实；

（b）在收到诉讼书九十天内，委员会组织公民投票，如果该选区大部分选民支持，诉讼书即可生效。

第七章　选举中的犯罪

117.（1）如果有以下情况，该个人将被处以最高一百万奈拉的罚款，或十二个月监禁，或者两个刑罚同时使用。

（a）在未经授权情况下，销毁、损坏、移动有关注册登记的通知和文件；

（b）在用自己名字申请注册或反对其他选民注册时，故意提供虚假信息或发表虚假声明；

（c）在选区登记选民等活动中，自身不具有资格，却使用他人名字或信息登记；或在一个以上的登记中心登记；

（d）为阻止有资格的选民注册，发表明知是虚假信息或自己不确定的声明；

（e）为了登记为选民，在登记簿等必备文件上填写明知是虚假的信息或自己不确定的信息；

（f）妨碍或阻止注册官员及审查官员履行其职责；

（g）在未经授权的情况下，穿着同注册官员或其助理一样，以装扮成注册官员或其助理；

（h）伪造注册证；

（i）在非委员会指定的地点进行选民注册或审查。

118.（1）如果有以下情况，将处以第118条第（2）款中规定的惩罚。

（a）伪造提名文件或选举结果表格；

（b）故意损坏提名文件或选举结果表格；

（c）向选举事务主任提交明知是伪造的提名文件或选举结果表格；

（d）在相同选举的一个以上的选区提名文件或选举结果表格上签字；

（e）伪造选票或伪造选票及选举结果证书和表格上的官方标记；

（f）故意损毁选票或选票及选举结果证书和表格上的官方标记；

（g）在未经授权情况下，将选票或选举结果表格给予他人；

（h）故意向投票箱中投进未经授权的纸张或选举结果表格；

（i）故意调换选票站自己及他人的选票及选举结果表格；

（j）在未经授权情况下，损毁或以其他方式破坏选举中使用的投票箱、选票或者选举结果表格等；

（k）在明知自己没有资格担任候选人的情况下，仍然在提名候选人同意书上签字。

（2）有第118条第（1）款情况者，将面临最长二年监禁的惩罚。

（3）如果有以下情况，将处以第118条第（4）款中规定的惩罚。

（a）在未经合理授权的情况下，印刷能作为选票及选举结果表格使用的选举材料；

（b）经过授权印刷选票及选举结果表格，但所印刷的数量多于所授权数量；

（c）根据要求，选举所需的选票和选举结果表格的制作尚未完成，但在未经授权的情况下，已经拥有选票和选举结果表格；

（d）私自或协助他人生产、设计、向尼日利亚进口、自占有或向选举部门提供选票箱（包括选举所需器材等）、秘密存放选票及选举结果表格的容器，或者在投票期间，私自转移或操控相关器材。

（4）有第118条第（3）款所列情况者，将面临最高五千万奈拉罚款，或最长十年监禁，或者两种刑罚同时使用。

（5）任何尝试违反本条款规定的人将受到和违反此条款规定的人相同惩罚。

119. 选举后，在政党召开的会议上，如果出现以下情况，将面临最高五十万奈拉的罚款，或监禁十二个月，或两种刑罚同时实施。

（a）为阻止会议准备方面的事务，本人或煽动他人行为不端；

（b）拥有攻击性武器。

120.（1）任何人如有下列行为，将面临最高一百万奈拉的罚款，或监禁十二个月，或两种刑罚同时实施。

（a）有资格获得选民证，却将其转交给其他人，用于官员规定的选举以外的选举，并让他人代表其行使此法案规定的职责；

（b）不是选举官员，却行使本法案授予选举官员的权力，以他人名义收集选民证，在选举中非法使用；

（c）在没有合法理由的情况下，拥有一张以上选民证；

（d）购买、出售、生产选民证。

121.（1）任何人不得为了他人目的而向登记办公室或投票站提供政府车辆或船只，除非此人有权在紧急情况下向选举事务主任提供车辆或船只。

（2）任何人如违反第121条第（1）款规定，将面临最高五十万奈拉的罚款，或监禁六个月，或两种刑罚同时实施。

122.（1）任何人如有下列行为，将面临最高五十万奈拉的罚款，或监禁十二个月，或两种刑罚同时实施。

（a）以他人名义申请加入选民名单，无论那个人在世还是已经去世，或是虚构人物；

（b）明知自己已经依照本法案要求加入选民名单，却依然申请加入其他选区的选民名单，经本法案授权的情况除外；

（c）以他人名义申请选票，无论那个人在世还是已经去世，或是虚构人物；

（d）已经投过选票，却再次申请同一个选举的选票；

（e）在明知自己没有资格投票的情况下，仍然投票或试图投票；

（f）在明知他人没有资格投票的情况下，仍然劝诱此人投票。

（2）自己乔装成他人，或协助、建议、劝诱他人乔装，将面临最高五十万奈拉罚款或十二个月监禁，或两种刑罚同时使用。

（3）如果要控告某人乔装，必须至少有两名目击证人。

123.（1）根据此法案任命的官员，在没有合法理由的情况下，其行为违反或忽略此法案要求，将面临最高五十万奈拉罚款或十二个月监禁，或两种刑罚同时使用。

（2）在没有合法理由的情况下，投票站主任在选举当天没有及时汇报其投票站情况，将被定为玩忽职守，面临最高五十万奈拉罚款或十二个月监禁，或两种刑罚同时使用。

（3）在没有合法理由的情况下，投票站主任没有依法履行其职责，将被定为玩忽职守，面临最高五十万奈拉罚款或十二个月监禁，或两种刑罚同时使用。

（4）在明知其内容虚假，或和有签名的选举结果证明内容不一致的情况下，仍然宣布或发表其选举结果，将面临三十六个月的监禁的惩罚。

（5）选举主任或校对官员在明知选举结果证明是虚假内容的情况下，仍然提交或命令他人提交该选举结果，将面临三年的刑罚，该惩罚不可用上交罚款的形式替代。

（6）在明知选举结果证明是虚假内容的情况下，仍然向新闻媒体公布该选举结果，将面临三年的刑罚。

124.（1）任何人如有下列行为，将面临最高五十万奈拉的罚款，或监禁十二个月，或两种刑罚同时实施：

（a）直接或间接，亲自或让他人代表，给予或借给，提供金钱或其他昂贵的报酬；

（b）直接或间接，亲自或让他人代表，以获得立法部门成员、选举办公室职位或选举中的选票为目的，为他人提供礼物、贷款、承诺、同意书等作为诱饵；

（c）在收到他人提供的礼物、贷款、承诺、同意书等后，设法为他人提供立法部门成员、选举办公室职位或选举中的选票；

（d）以行贿为目的，向他人预付或支付欠款，以在选举中使用；

（e）在选举结束后，直接或间接，亲自或让他人代表，收取金钱或昂贵报酬，作为以下行为的回报：为某人投票、限制某人投票、引诱他人投票或放弃投票，引诱某候选人放弃为自己拉选票。

（2）如果选民直接或间接，亲自或让他人代表，有以下行为，则犯有受贿罪：在选举中，同意为某人投票或放弃投票，并接受或同意接受金钱、礼物、贷款、昂贵报酬、职位、地位、工作等作为回报。

（3）本条款提到的关于选举的金钱都不是依法产生的。

（4）任何犯有行贿、受贿罪的人将面临最高五十万奈拉罚款，或十二个月监禁，或两个刑罚同时使用。

（5）如果为违反此条款要求的人提供帮助，那么将和此人面临同样的惩罚。

（6）根据此法案规定，如果某候选人明知自己在选举中的行为违法，或知道并且同意他人出现违反行为，也属于犯罪。

125.（1）在选举中承担任务的每个官员及其助理，投票代理人、候选人等所有在投票站及校对中心的人员都责任保证投票的秘密性。

（2）根据本条款规定，投票站的任何人不得向他人透露以下信息：登记簿上选民的姓名及编号，无论其已经投票还是尚未投票。经法律特别授权的情况除外。

（3）任何人不得：

（a）干扰选民投票，或以其他方式获取或试图获取投票站的选民为某位候选人投票的信息；

（b）向他人透露选票站的选民为某位候选人投票的信息。

（4）任何违反此条款规定的人将面临最高十万奈拉的罚款，或六个月监禁，或两种刑罚同时使用。

126.（1）任何人如有下列行为，将面临最高十万奈拉的罚款，或监禁六个月，或两种刑罚同时实施。

（a）在明知自己或他人被禁止投票的情况下仍然投票或诱使他人投票；

（b）选举前及选举期间，在明知信息虚假或未经证实的情况下，发布关于候选人退出选举的声明；

（c）选举前及选举期间，在声明内容不属实，没有合理证据的情况下，发布关于某个候选人人品及行为的声明，以减少其赢得选举的几率或提高其他候选人获胜的几率。

127.（1）如果明知自己名字没有包括在选民登记簿上，仍然进行投票或试图投票，将面临最高十万奈拉的罚款，或监禁六个月，或两种刑罚同时实施。

（2）如果故意将他人选民证带到投票站，将面临最高十万奈拉的罚款，或监禁六个月，或两种刑罚同时实施。

128. 在选举期间有扰乱秩序行为或煽动他人扰乱秩序,将面临最高五十万奈拉的罚款,或监禁十二个月,或两种刑罚同时实施。

129. (1) 在选举当天,任何人不得在投票站或距投票站三百米范围内有如下行为:

(a) 拉选票;

(b) 恳求选票为其投票;

(c) 劝阻选民为某个候选人投票;

(d) 说服选民放弃投票;

(e) 呼喊关于选举的口号;

(f) 携带攻击性武器或穿戴可能威胁到选民的衣服或饰品;

(g) 展览、穿戴及提供关于选举的通知、标志、照片或党证;

(h) 以任何方式使用涂有某个政党标志的汽车;

(i) 投票后或被禁止投票后,在没有合法理由的情况下,仍然逗留不走;

(j) 抢夺或摧毁选举材料;

(k) 鸣笛。

(2) 在选举当天,任何人在投票站及校对中心附近有如下行为:

(a) 在委员会指定的投票的时刻召开会议或组织公众集会;

(b) 如果没有经本法案授权,不得发表官方声明、使用扩音设备、公众演讲设备;

(c) 穿戴或携带涉及选举中某个政党的党徽、海报、标语、旗帜或标志的服饰。

(3) 任何违反此条款规定的人每次将面临最高十万奈拉的罚款,或监禁六个月。

(4) 任何抢夺或损毁选举材料的人将面临二十四个月的监禁。

130. 任何人如有下列行为,将面临最高十万奈拉的罚款,或监禁十二个月,或两种刑罚同时实施。

(a) 在宣布选举日期后,自己或通过他人,直接或间接地给予他人或为其提供金钱，以影响此人在选举中的投票情况；

（b）在宣布选举日期后，选民接受他人钱财及引诱。

131.（1）任何人如有下列行为，将面临最高一百万奈拉的罚款，或监禁三年。

（a）直接或间接，亲自或以他人为代表，使用武力、暴力或管制，或以此为威胁；

（b）亲自或通过他人，以轻微或严重的伤害、损失等为威胁，引诱或限制他人为某个候选人投票；

（c）通过绑架、监禁等不正当方式，阻碍选民的自由投票，以引诱或限制该选民为某个候选人投票；

（d）阻碍政党参选人自由使用媒体及指定汽车，自由阻止宣传活动。

132. 如有本法案提到的违法行为，将取消立法机关及区域议会成员的身份。

第八章 针对选举诉讼的处理决定

133.（1）对于本法案中的选举过程及选举结果，只能以诉讼的形式进行质疑（在本法案中被称作"选举诉讼书"）。根据宪法及此法案规定，选举诉讼书须提交给权威法庭，在此情况下，获选人将作为一个整体。

（2）此条款中的"法庭"在以下选举中，分别是指：

（a）在总统及州长的选举中，是指申诉法庭；

（b）在本法案其他选举中，是指根据宪法或本法案成立的选举法庭。

（3）选举法庭：

（a）须在选举日期十四天前成立；

（b）成立后，在距选举七天时，开始受理诉讼等事宜。

134.（1）选举诉讼书须在自宣布选举结果第二天起二十一天内提交。

（2）选举法庭须在自收到选举诉讼书之日起一百八十天内，以书面形式发表其判定结果。

（3）如果对选举法庭的判定结果有异议，那么须在自判定结果发表之日起九十天内申诉。

（4）对于针对选举法庭的申诉，法院首先给出其对申诉的判定，然后第二天给出做出此判定的理由。

135.（1）联邦首都直辖区须成立一个或多个选举法庭（在此法案中指"区域议会选举法庭"），这些选举法庭针对下列问题优于其他法庭，有最高审判权。

（a）在主席、副主席及议员选举中，选举结果是否有效；

（b）经选举产生的主席、副主席及议员的任期是否已经终止；

（c）区域议会成员职位是否出现空缺；

（d）提交到区域议会选举法庭的异议或诉讼书是否合理。

（2）区域议会选举法庭由一名主席及另外两名成员组成。

（3）其中的主席是地方首席法官，另外两名成员从联邦首都直辖区阿布贾的司法部门的地方法官中任命，须满足以下条件：至少十年的职业律师工作经验，或是绝对正直的非职业律师，或者是联邦首都直辖区司法部门其他成员，但职位不能低于地方法官。

136.（1）联邦首都直辖区须成立区域议会选举申诉法庭，在判定区域议会选举诉讼的裁决方面优于其他法庭。

（2）区域议会选举申诉法庭有最高审判权在对区域议会选举的问题上，具有最高判决权。

（3）区域议会选举申诉法庭由一名主席及另外两名成员组成。该主席须是最高法院的法官，另外两名成员可以从以下人员中任命：联邦首都直辖区阿布贾最高法院法官，联邦首都直辖区阿布贾伊斯兰律法申诉法庭卡迪斯，习惯申诉法庭法官，或者联邦首都直辖区阿布贾司法部门成员，但其职位不得低于地方首席法官。

（4）区域议会选举法庭的法定人数为一名主席及另外一名成员。

137.（1）选举诉讼书可以由以下一人或多个人提交：

（a）选举中的候选人；

（b）参加选举的政党。

（2）根据本法案，被质疑的选举获胜者称为辩护者。

（3）如果诉讼者质疑选举事务主任、投票站主任及选举监察主任行为，那么则不需要将这些人联合在一起。在这种情况下，委员会：

（a）将作为辩护者；

（b）为自己或代表其官员辩护。

138.（1）可以基于下列理由质疑选举：

（a）选举结果遭到质疑，因为候选人没有参加竞选的资格；

（b）选举无效，因为在选举过程中出现违背此法案规定的腐败行为；

（c）辩护者没有获得大部分合法选票；

（d）诉讼者或其支持的候选人被有效提名，却被从选举中非法除名。

（2）若某种行为或忽视某种行为违背了委员会或其官员的要求及指示，但不违反该法案的要求，那么将不能作为质疑的理由。

139.（1）即使有人质疑选举没有遵守本法案规定，但如果选举法庭判定该选举大体上符合本法案要求，没有符合要求的部分并不影响选举结果，那么该选举有效。

（2）如果某人有权或经委员会授权举行选举，那么即使其使用的标题有缺陷，或缺少标题，该选举也不应该被质疑。

140.（1）根据第140条第（2）款要求，如果法庭基于某种理由判定某候选人获胜的选举属于无效选举，那么法庭将宣布其选举作废。

（2）如果法庭确认所得票数最多的候选人没有资格参加竞选，并将其选举作废，那么委员会不能宣布所得票数第二多的候选人赢得选举，而是宣布举行新的选举。

（3）如果法庭确认在选举中获胜的候选人并没有获得大多数选票，那么委员会须根据宪法及本法案要求，宣布所得票数最多的候选人赢得选举。

（4）根据本法案附录一第53条第（2）款的规定，如果法庭判定针对某辩护者的选举诉讼没有符合本条款或附录一的要求，那么法庭须申请另一个选举诉讼。

141. 如果某人没有完全参与上述选举的过程，在任何情况下，选举法庭都不得宣布其在选举中获胜。

142. 根据尼日利亚联邦共和国宪法第 294 条第（1）款规定，法庭应优先处理本法案中提到的选举诉讼及申诉。

143.（1）如果选举法庭判定获胜候选人的选举无效，针对本判定的申诉须在自该判定生效之日起二十一天内提出。在申诉尚未解决期间，该候选人须任职于在其在选举中获得的职位。

（2）如果选举法庭判定获胜候选人的选举无效，在提出申诉的二十一天的有效期内，该候选人须任职于在其在选举中获得的职位。

144.（1）在选举诉讼中，如果委员会、选举事务主任、选举监察人及委员会其他官员都成为辩护者，那么将由委员会的法务专员或职业律师代表委员会、选举事务主任、选举监察人出庭。

（2）州首席检察官（本人亲自或通过其法务专员）、联邦首席检察官（本人亲自或通过其法务专员）在经委员会以书面形式授权并许可，在第 144 条第（1）款中提到的情况中，可以代表委员会及其官员。

（3）在第 144 条第（1）、（2）款提到的委员会的私人职业律师或法务专员有资格收到委员会规定的职业工资及报酬。

145.（1）选举诉讼和申诉的相关程序及规定在本法案附录一中有所陈述。

（2）申诉法庭的总统可以向选举法庭下达指令并予以指导。

第九章　其　他

146. 担任经选举产生的职务或属于某政党注册党员的人没有资格担任或被任命为选举主任、选举事务主任、投票站主任或者票数统计办事员，在上述职位任职的人也没有资格被提名为选举候选人。

147.（1）委员会须对以下方面内容做出规定：

（a）根据本法案任命的组织选举的官员的酬劳；

（b）选举主任、选举事务主任、投票站主任在选举方面的最大支出限额，必要时可以重新修订。

（2）除第 147 条第（1）款（a）项规定的酬劳外，在不超过最大支出限额的情况下，选举主任、选举事务主任、投票站主任还可获得其他有关选举的合理报酬。

（3）对于参与组织选举、选举诉讼的官员及其他人员，委员会须按规定给予相应的酬金。

（4）第 147 条第（1）款提到的所有费用及其他酬金来自第 3 条第（2）款的提到的资金，并且遵守委员会要求。

148. 按照法律要求，不得要求任何在选举中投票的选民说出其为谁投票。

149. 委员会须考虑所有由法庭提供的关于对选举诉讼中被检举的人的建议。

150.（1）违反本法案的案件可以在所在地方法庭、州高级法庭或联邦首都直辖区阿布贾审理。

（2）本法案提到的申诉须由委员会法务专员或委员会任命的职业律师受理。

151.（1）在必要情况下，以调查选举诉讼或维护所涉及人员为目的，选举法庭可以下令审查由全国选举委员会首席委员或委员会其他官员保管的投票文件等。

（2）对于第 151 条第（1）款提到的文件之外的由全国选举委员会首席委员或委员会其他官员保管的有关选举的文件，在选举法庭下令审查时，可以打开接受审查，否则不能。

152. 根据本法案条款要求，委员会可以将其权力职责授予任何全国选举委员会委员、居民选举委员会委员、选举事务主任、委员会其他官员，以及委员会在必要条件下任命的其他符合条件的官员，但任何授权都不能限制委员会自身的权力。

153. 根据本法案条款要求，以使本法案条款生效或自身管理为目的，可以制定法规、指导方针及手册等。

154. 为提高自身声望，委员会有权以印刷、电子媒体的方式进行全面教育及启蒙。

155. 如果为遵守宪法及本法案要求，委员会官员在通知、表格及文件方面有所失误，其行为仍然有效，但下面这种情况除外：被权威法庭质疑并宣布无效。

156. 在此法案中：

"任命"包括任命某个职位、批准任命、提拔、调动。

"区域议会"是指根据宪法第3条第（6）款组织并存在的区域议会（在附录一的第二部分有所陈述），及全民议会法案根据宪法附加的区域议会。

"协会"是一些人或法人团体出于共同目的而同意联合行动的组织，包括民族、社会、文化、职业或宗教等目的。

"联邦首席检察官"是指联邦首席法律官员。

"权威部门"是指政府、政府代理部门及法人团体。

"首席选举委员会委员"是指全国独立选举委员会主席。

"公务员"是指受雇在联邦、州或地方政府公众服务部门任职。

"办事员"是指全面议会的办事员、州议会办事员、地方政府区域议会立法部门办事员。

"委员会"是指根据宪法成立的全国独立选举委员会。

"宪法"是指尼日利亚联邦共和国宪法。

"定罪"是指有法庭宣布某人违反此法案或者宪法的相关规定，无论是否对其实施惩罚。广义上还包括某人以书面、口头或行动的方式承认自己亲自或协助他人违反相关规定。

"非法行为"：比如为避免被检举，用通过腐败得到的财务偿还他人。

"判定"是指和法庭相关的决定，包括：判决、法令、定罪、判刑、命令及推荐。

"选举"是指根据本法案举行的包括全名投票在内的所有选举。

"选举事务主任"是指委员会的工作人员，其担任委员会设在地方政府区或区域议会的办公室的主任。

"联邦"是指尼日利亚联邦共和国。

"职责"是指权力及义务。

"普选"是指当上一任官员任期到期后，联邦整个范围内定期举行的选举，包括各个级别。

"政府"包括联邦政府、州、地方政府区、区域议会及代表这些组织履行职责的人或机关。

"部门"或"立法部门"是指参议院、众议院、州议会，其中包括地方政府区立法部门及区域议会。

"协会领导者"指协会中每个拥有行政职位的人，尤其包括其主席、秘书、会计和管理委员会的成员。

"政党领导者"指政党中每个拥有行政职位的人，尤其包括其主席、秘书、会计和管理委员会的成员。

"无权利能力"指根据宪法、本法案或其他法律法规，没有资格注册成为选民或参加竞选。

"地方政府"是指根据宪法第3条第（6）款组织和存在的地方政府（在附录一的第一部分和第二部分有所陈述），及全民议会法案根据宪法第8条第（5）款附加的地方政府。

"国家议会"是指参议院和众议院。

"办事处"或"公共办事处"是指根据本法案选举或任命的职位。

"诉讼"在本法案中指选举诉讼。

"选票代理人"是指在投票站、行政区、地方政府、联邦选区、参议员选区、州及联邦校对中心代理政党或独立候选人的人。

"投票站"是指根据本法案进行投票的地点、围墙内、岗亭、树荫或房屋。

"政党"是指经委员会注册，并根据本法案为支持某个候选人拉票的协会组织。

"权力"包括职责和义务。

"总统"是指尼日利亚联邦共和国总统。

"登记员"包括最高法院、申诉法庭、联邦高级法庭和州高级法庭的首席登记员、代理首席登记员及其他级别登记员。

"登记主任"包括登记主任监督助理和登记主任助理。

"居民选举委员会委员"是指州的委员会委员。

"选举结果"是指选举主任宣布在本法案的选举中获胜的候选人。

"学校证书"参考宪法中对其的定义。

"秘密组织"参考宪法对其的定义。

"州"除非特指尼日利亚联邦共和国的某一个组成部分，否则包含州政府在内。

"州委员会"是指根据宪法第197条成立的州独立选举委员会。

第99条提到的"公众运动"是从第30条提出的选举日期发布开始。

本法案所有提到"州"的地方，都包括联邦首都直辖区在内。

157. 选举法案（2006版）、尼日利亚联邦法律（2004版）将被废除。

158. 此法案将作为选举法案（2010版）引用。

附录一

关于选举诉讼的程序的规定

1. 在本附录中：

"首席检察官"指联邦首席检察官，在经许可情况下，也包括州首席检察官。

"民事诉讼规定"指联邦高级法庭民事诉讼规定。

"选举"本法案提到的所有选举及选举诉讼涉及的选举。

"登记处"指根据宪法或本法案规定为选举法庭成立的登记处或申诉法庭登记处。

"秘书"是指根据宪法或本法案规定建立选举法庭的秘书，包括申诉法庭的登记员及为其工作的官员和办事员。

"法庭"是指根据本法案成立的选举法庭或申诉法庭。

"法庭布告栏"是指登记处的布告栏、张贴选举诉讼通知的布告栏及其他张贴其他通知的地方。

诉讼保证金

2.（1）在递交选举诉状时，起诉者须交付所有诉讼保证金，用于支付给其召集的目击证人。

（2）根据法庭规定，保证金不得少于五十万奈拉，并且存放在法庭。

（3）如果二至三个人联合诉讼时，第2条第（2）款提到的保证金也是充足的。

（4）如果未交保证金，那么选举诉讼将不再进行其他程序。

提交选举诉讼

3.（1）本法案涉及的选举诉讼书须由诉讼者亲自提交，如由其律师提交给秘书，须在诉讼书末尾注明姓名，秘书将给该律师一张收据。

（2）诉讼者在向秘书提交诉讼书时，须给所涉及的每个辩护者发送一份复印版，并给秘书发送十份复印版，以留存。

（3）秘书须将收到的诉讼书的复印版及原版进行对比，以证实复印版属实。

（4）在诉讼者或其律师向秘书提交诉讼书时，还须缴纳服务费、出版费、证实费。如果拖欠上述费用，秘书将不会接收诉讼书，有法庭的特殊命令的情况除外。

选举诉讼书内容

4.（1）本法案提到的选举诉讼书须：

（a）明确选举诉讼针对的党派；

（b）证明诉讼者有权递交选举诉讼书；

（c）说明所涉及的选举、候选人所得票数、被宣布在选举中获胜的人的姓名；

（d）清晰阐明选举诉讼的事实、理由及诉讼者希望达到的目的。

（2）选举请愿书须分为若干个段落，每个段落清晰地说明一个问题，并且对其做连续编号。

（3）针对选举诉讼书，还有如下要求：

（a）以祈祷文结尾，例如，祈祷诉讼者能够被宣布为选举有效获胜者，或在选举中得到最高有效票数，或选举结果被宣布为作废；

（b）在选举诉讼书结尾要有所有诉讼者及律师签字。

（4）在选举诉讼书末尾，还须注明诉讼者的地址及姓名，以寄送相关文件。

（5）选举诉讼书还须附带以下材料：

（a）诉讼者计划传唤的目击证人的名单；

（b）目击证人的书面誓言；

（c）受理诉讼所须文件的复印版及名录。

（6）不符合第4条第（5）款要求的诉讼书将不被秘书接收。

（7）不符合第4条第（7）款要求的诉讼书将不被秘书接收。

（8）不符合第4条要求的选举诉讼书将被视为不完整，被法庭退回。

其他细节

5. 选举诉讼书中不必包含证据，但是法庭出于下列目的，可以要求在诉讼书中阐明相关细节。

（a）防止意料之外及不必要的损失；

（b）确保联邦最高法院的审理及听证公平合理；

（c）法庭规定的其他需要花费的项目。

服务地址

6. 选举诉讼者须向秘书提供辩护者的住所地址，以保证将相关事宜通知到辩护者。

秘书职责

7. （1）在收到选举诉讼书及所需费用后，秘书需要：

（a）通知到每一个辩护者；

（b）在法庭布告栏张贴经验证属实的诉讼书的复印版；

（c）将经验证属实的诉讼书的复印版发给将要对该诉讼依法做出判决的人。

（2）在发出选举诉讼通知后，秘书需确定一个时间（在自发出通知后第二天起五至七天内），每个辩护者都须出庭。

（3）在辩护者出庭的时间内，秘书须考虑：

（a）确保及时听讯的必要；

（b）与登记处的距离及听证的地址须添加到本附录第4条第（4）款中。

辩护者的个人服务

8.（1）根据第8条第（2）款和第（3）款，辩护者的个人服务包括：

（a）第7条第（1）款（a）项提到的文件；

（b）在出庭之前，按要求须送达给辩护者个人的其他文件。

（2）如果按照附录第6条规定中诉讼者提供的辩护者的地址联系不到辩护者，并且有宣誓书证明寻找辩护者的工作已经尽力，但是仍然未果，那么在送达第8条第（1）款提到的文件时，法庭可以下令采取民事诉讼规定中的相关措施，替代相关文件，但和个人服务起到同样效果。

（3）即使出现下列情况，选举诉讼仍然有效：

（a）候选人或其中的某些候选人没有得到个人通知；

（b）虽然第8条第（2）款提到的替代文件没有送达辩护者，但诉讼程序及判定仍然按照辩护者收到相关文件的情况进行。

出庭

9.（1）如果辩护者打算反对选举诉讼，那么此人须：

（a）在接到诉讼通知后；

（b）在本附录第7条第（2）款中秘书指定的时间出庭，并且通过在登记处填写出庭备忘录声明其打算反对选举诉讼，如果有律师，则提供律师的姓名及地址；如果自己辩护，则提供本人地址，以接收相关服务文件。

（2）如果没有提供住址及姓名，那么出庭备忘录将无效，有法庭特别命令的情况除外。

（3）出庭备忘录须由辩护者或其律师签字。

（4）在填写出庭备忘录时，辩护者或其律师须：

（a）将出庭备忘录复印版给选举诉讼涉及的每个政党一份，给秘书三份，以备用；

（b）交纳指定的服务费；如果在填写出庭备忘录时没有留下复印版或没有交纳服务费，那么出庭备忘录将无效，有法庭特别命令的情况除外。

（5）如果辩护者根据相关法律准备拒绝选举诉讼听证，那么须填写假定出庭备忘录。

未填写出庭备忘录

10.（1）如果辩护者没有根据本附录第9条填写出庭备忘录，那么本应送达此人的文件将张贴在法庭布告栏，此行为和送达辩护者具有同等效果。

（2）如果在自收到选举诉讼之日起二十一天内，在登记处填写了针对选举诉讼的答复，那么即使没有填写出庭备忘录，也可以在诉讼中辩护。

出庭通知

11. 秘书须将出庭备忘录的复印版发送给诉讼涉及的每一个政党。

填写答复

12.（1）在自收到选举诉讼书之日起十四天内，辩护者须在登记处填写其答复，详细写出对诉讼内容承认的部分及否认的部分，并且陈述其否认部分的事实。

（2）如果辩护者打算证明抱怨选举结果的诉讼书内容与事实不符，须在其答复中清晰明确地陈述事实及数字。

（3）辩护者或其代理律师须在答复上签字，并且提供律师的姓名及地址，以接收后续的相关文件，并且附上提供证据的文件、目击证人名单、书面誓言的复印版。

（4）在填写答复时，辩护者或其律师须将发送给其他党派的答复复印版留在秘书处，并且再给秘书十份复印版，以备用，同时还要交纳秘书要求的服务费，如果没有留下复印版或没有交纳服务费，那么所填写的答复将无效，有法庭特别命令的情况除外。

关于答复的服务

13. 秘书须将答复的复印版给选举诉讼所涉及的每个政党发送一份。

修改选举诉讼及答复

14. （1）根据第14条第（2）款，民事诉讼规定中涉及申请修正的条款同样适用于选举诉讼及答复，并且其中关于诉讼的任何条款都适用于选举诉讼及答复。

（2）关于截止日期：

（a）在本法案第134条第（1）款关于提交选举诉讼的截止日期后，不能对以下内容进行修改：

（i）向原始选举诉讼中添加本附录第4条第（1）款提到的内容；

（ii）更改证据、祈祷词；

（iii）修改诉讼中陈述事实的内容。但第14条第（2）款（a）项（ii）目内容可以修改。

（b）在本附录中第12条关于填写答复的截止日期后，不能对以下内容进行修改：

（i）宣称诉讼者对职位的陈述与事实不符；

（ii）修改原始答复中关于承认与否认及事实部分的内容，但第14条第（2）款（a）项（ii）目内容可以修改。

关于被拒绝的选票的细节

15. 如果诉讼者宣传其本人在选举中获得最多的有效选票，那么为该选举或其结果辩护的政党须在答复中详细陈述选票详情、否认该诉讼的原因，及如何在听证时证明诉讼者将会败诉。

诉讼者的答复

16. （1）如果诉讼尚未被裁定，那么诉讼者可以在自收到辩护者答复

起五天内,通过到登记处登记,在答复中添加新的问题及事实,以更有效辩护,但下列情况除外:

(a) 添加新事实、证据、祈祷词,修改诉讼内容的截止日期已过;

(b) 诉讼者的答复不在本附录第 14 条第 (1) 款范围内。

(2) 第 16 条第 (1) 款规定的期限不会被延长。

(3) 诉讼者和辩护者都有十四天的时间答复。

其他细节及指示

17. (1) 如果选举诉讼所涉及的政党希望从法庭进一步获得细节及指示,于出庭后、填写答复后的十天内,在动议通知书中向法庭申请希望得到的指示。法庭在听证第一天就下达了指示的情况除外。

(2) 如果政党没有提出第 17 条第 (1) 款中的申请,则在截止日期后不允许再提出这个要求。

(3) 在根据本条款申请进一步的细节时,也不能超过合理的范围,不能违反本附录第 14 条要求,对诉讼及答复做过度的修改。

听证预备期及程序时间安排

18. (1) 在填写及送达诉讼者或辩护者的答复后的七天内,诉讼者须申请通过 TF007 表格,申请送达听证预备期通知。

(2) 在收到诉讼者第 18 条第 (1) 款的申请后,法庭须通过 TF007 表格向政党或职业律师送达听证预备期会议通知,并附带听证前期信息单 TF008,以达到下列目的:

(a) 通过非正式申请处理所有问题;

(b) 列出将要举行的诉讼的各个程序,在处理紧急诉讼时,可以做到公正、及时、经济节约;

(c) 列出目击证人的传唤顺序,如果政党表示需要迅速处理其诉讼,都要提交此文件;

(d) 确定听证的准确日期。

(3) 如果诉讼者没有根据第 18 条第 (1) 款携带申请,那么可以由辩护者携带,或者由诉讼者通过非正式申请(三天内可以退回)取消诉讼。

（4）如果诉讼者和辩护者都没有携带申请，那么法庭将其作为废弃诉讼，予以取消，并且不能再申请延长时间。

（5）第18条第（3）、（4）款中作废申请的决定是法庭的最终决定。

（6）在听证预备期，法庭须公布以下程序的时间：

（a）组织涉及诉讼的其他政党；

（b）修改诉讼或答复及其他程序；

（c）整理所有非正式申请中的地址；

（d）附加的听证预备期；

（e）传唤目击证人及提交文件的顺序，以迅速处理诉讼请求；

（f）其他可以有利于迅速处理诉讼的事宜。

（7）在听证预备期，法庭须针对以下方面，采取必要的合理措施：

（a）修改、变更细节；

（b）政党没有异议的承认的事实、文件及其他证据；

（c）审讯中设想及需要处理的问题；

（d）听取并判定针对法律问题的异议；

（e）控制并安排收集、审查及提交文件的时间；

（f）通过要求目击证人参与听证预备期工作或以其他方式，缩小目击证人之间的分歧，尤其是委员会及选举活动的工作人员；

（g）下达听取交叉诉讼、诉讼中某些特别问题、其他诉讼之间的共性问题的命令或指示；

（h）决定听证预备期命令的形式和主旨；

（i）考虑到选举诉讼的紧迫性，其他有助于公正、快捷处理诉讼的事宜。

（8）在听证预备期，法庭须确保不能因为传唤目击证人及提交文件而延迟听证，根据（b）、（e）：

（a）允许政党接受或排斥某些文件；

（b）要求政党对证词内容与诉讼密切相关且必不可少的目击证人传唤顺序进行合理安排。

（9）听证预备期的工作须在十四天内完成，所涉及的政党及职业律师须按照时间安排表配合法庭工作。另外，听证预备期的工作要尽可能每天连续进行，被首席法官延长的情况除外。

（10）在听证预备期工作结束后，法庭须完成一份工作报告，此报告将对后续的诉讼程序有指导意义。除非法庭对其进行修改。

（11）如果诉讼者或辩护者的政党或其职业律师没有参与听证预备期工作，或没有遵守听证预备期各程序的时间安排，或几乎没对听证预备期工作做准备，或没有真诚的参与听证预备期工作，处理情况如下：

（a）如果是诉讼者，那么将诉讼作废；

（b）如果是辩护者，那么将判定辩护者败诉。

（12）如果在第18条第（11）款的判定结果宣布后的七天内（此期限不可延长），可以通过不少于两万奈拉的金额申请将判定作废。

（13）第18条第（2）款提到的申请须有申请人及其代表申请人的职业律师联合签字，并同意按要求参加听证预备期工作。

在法庭公开进行诉讼听证

19. 所有的选举诉讼听证及宣判都要在法庭公开进行。

诉讼听证的时间及地点

20.（1）根据第20条第（2）款，诉讼听证的时间及地点由法庭确定，并且根据本法案附录二的TF005表格形成通知，由秘书在听证日期五天前通过以下方式公布：

（a）将通知张贴在法庭的布告栏；

（b）将通知的复印版通过注册邮局或信使发送到：

（i）诉讼者地址；

（ii）辩护者地址；

（iii）居民选举委员会委员或委员会。

（2）在指定听证地点时，法庭要考虑到举行选举的地点与听证地点的距离。

听证通知

21. 法庭须将听证通知的复印版张贴在选区内用来发布选举提名文件的地方或其他显著的地方。如果没有按上述要求做，但不影响选举程序的公正性，那么不会因此引起任何党派提起选举诉讼。

张贴在法庭布告栏的通知须是保存完好的通知

22. 张贴在法庭布告栏的通知须是保存完好的通知，根据本附录的第16条规定，不得被损坏，或被其他通知覆盖。

延缓听证

23. （1）如果提交选举诉讼的政党或法庭申请延缓听证，那么法庭须推迟听证，并且在考虑各种因素后，尽快安排新的听证日期，以保证快速处理选举诉讼。

（2）秘书需通过注册邮局或信使将延缓听证的通知的复印版寄送给选举事务主任、居民选举委员会委员、委员会，并由上述人员将其按本附录第20条对听证通知的要求张贴该通知，但是，如果上述人员没有按照要求张贴听证延缓的通知，也并不影响诉讼程序。

（3）秘书须将延缓听证的通知张贴在法庭布告栏。

（4）如果是因为法庭原因而延缓听证，那么秘书须通过注册邮局或信使将延缓通知寄送诉讼者及辩护者接收信件的地址。

（5）本附录第21条规定适用于延缓听证通知及听证通知。

法庭的首席法官未出席

24. 如果在指定的听证时间或延缓后的听证时间，法庭首席法官没有出席，那么听证将因此推迟到第二天，如果在第二天仍未出席，那么继续推迟一天，依此类推，直到首席法官出席为止。

听证每天连续进行

25. （1）如果法庭没有就中止听证做出正式要求，在没有法庭的特殊指令的情况下，听证须每天连续进行，直到结束。

（2）如果最初组织听证的首席法官因为疾病等不能继续组织，那么将由相关权力部门任命的另一名首席法官继续组织,直到结束。

中止听证

26.(1)如果在选举诉讼的听证工作开始后,调查工作不能连续每天进行,或者遇到周日或公共假期,听证工作不会无限期中止,而是由法庭宣布继续听证的日期,并由秘书将此通知张贴在布告栏。

(2)如果条件许可,周六及公共假期继续举行听证。

首席法官处理诉讼问题的权力

27.(1)就像联邦高级法庭的法官一样,在整个诉讼过程中,首席法官有权力听取所有诉讼问题,并对其做出判定。

(2)如果在选举诉讼的听证阶段工作完成前,法庭已经做出判定,但在听证阶段工作完成后,首席法官因为疾病或其他原因不能宣判结果,那么将由法庭中其他成员宣布法庭的判定结果,该成员须向居民选举委员会委员或委员会证实该判定是法庭的法庭。

选举诉讼判定的效果

28.(1)在听证结束时,法庭须对选举结果是否有问题,什么人在选举中获胜,选举是否有效等问题做出判定,并且向居民选举委员会委员或委员会证实其结果的真实性。

(2)如果法庭判定选举结果无效,那么根据本法案138条规定,委员会须重新组织选举,无论申诉本身是否有效。

(3)当需要重新组织选举时,委员会须指定选举日期,此日期须在自判定之日起三个月之内。

撤回诉讼

29.(1)在没有法庭许可的情况下,不得撤回申诉。

(2)当诉讼者多于一人时,如果要申请撤回诉讼,那么须所有诉讼者同意。

(3)申请撤回诉讼须以提议的方式进行,并且在提议之前须通知辩护者。

（4）提议通知要阐明撤回诉讼的原因，并有宣誓书证明内容属实，诉讼者须在秘书面前签字。

（5）在填写提议通知时，诉讼者须给辩护者留有其复印版。

（6）诉讼者需要将第29条第（4）款要求的宣誓书复印版给每个辩护者留有一份，并且交纳秘书要求的服务费。

30.（1）在撤回诉讼的申请得到批准之前，每个提交诉讼的政党须撰写宣誓书，对以下内容做出声明：

（a）在宣誓证人的理解范围内，没有达成任何协议；

（b）未对撤回诉讼做任何担保。如果对撤回诉讼达成某些合法协定，那么宣誓书开头部分须给予说明，然后再做上述声明。

听取申请撤回诉讼的提议的时间

31.（1）听取申请撤回诉讼的提议的时间由法庭规定。

（2）秘书须将法庭规定的听取申请撤回诉讼的提议的时间告知辩护者，并且在法庭布告栏张贴该通知。

向辩护者支付损失费

32. 如果诉讼者撤回诉讼的申请得到批准，那么须向辩护者支付损失费，有法庭特别规定的情况除外。

减少选举诉讼议程

33.（1）如果唯一的诉讼者或者诉讼者中唯一的幸存者去世，那么根据第33条第（2）、（3）款规定，法庭将不再进行选举诉讼的其他程序，并将该诉讼从诉讼单上删除。

（2）即使诉讼者去世，也需要交付之前产生的所有相关的诉讼费用。

（3）关于唯一的诉讼者或者诉讼者中唯一的幸存者去世的通知，须由两名证人的宣誓书证明其真实性，然后将该通知的复印版发给诉讼者所在的每个政党，原版交给秘书，并由秘书上交给法庭。如果法庭下达指令，秘书须：

（a）将该通知发送给诉讼涉及的其他政党；

(b) 将该通知张贴在法庭布告栏；

(c) 按照法庭要求的形式，将该通知张贴在选区的醒目位置。

关于对诉讼无异议的通知

34.（1）如果在选举诉讼听证前，辩护者（如果辩护者不是选举事务主任、选举主任、投票站主任）以书面形式向法庭说明其不准备辩护，并在秘书前签名或由其秘书签名，那么秘书须：

(a) 通知选举诉讼涉及的其他政党；

(b) 将该通知张贴在法庭布告栏。

（2）在听证日期六天前，辩护者须将该通知的复印版发给每个提起诉讼的政党。

（3）如果辩护者已经发出对诉讼无异议的通知，那么不得以任何形式对该诉讼的任何程序提出异议。另外，即使发出这样的通知，其身份仍是"辩护者"。

将听证通知作废

35.（1）如有以下情况，那么须由秘书将听证通知作废：

(a) 诉讼者申请撤回申诉；

(b) 唯一的诉讼者或诉讼者中唯一的幸存者去世；

(c) 在收到听证通知后，辩护者对该诉讼无任何异议。

（2）发布取消听证的通知须和发布听证通知的方式相同，并且尽可能使张贴位置相邻。

在没有答复的情况下，法庭具有自由裁量权

36. 如果辩护者没有出庭，或没有按照法庭规定时间填写答复，也没有发出对诉讼无异议的通知，那么在下列情况中，法庭可以根据相关证据，对该诉讼做出全面合理的判定。

(a) 只有一个候选人，但却没有获得决定的选票；

(b) 诉讼者中没有人希望宣布选举作废；

(c) 在选举诉讼书和答复及相关详情的文件中，并没有相关事实或证据，可以宣布选举无效；

（d）选举诉讼是针对选举结果不公平而提起的，辩护者对诉讼者提供的证据没有任何异议。

费用

37.（1）提交选举诉讼申请的费用不得少于十万奈拉。

（2）听证的费用是每天四十奈拉，总听证费用不得超过二千奈拉，但法庭有权对某天收取不同的费用做出规定。

（3）为了满足第37条第（2）款要求，诉讼者在提交诉讼时，需要交纳二千奈拉及以上的押金。

（4）根据本条款规定，和选举诉讼相关的费用同联邦最高法院对民事诉讼规定的相应费用相同。

（5）根据本法案规定，联邦首席检察官（本人或通过他人），作为辩护者的委员会或其任命的官员，不用交纳诉讼中的相关费用。

（6）传唤目击证人不需要付费。

诉讼费的分配

38.（1）提交选举诉讼及后续诉讼程序所需的诉讼费及相关的附加费用须由诉讼者政党按照法庭要求的比例支付。但是下列情况需注意：

（a）法庭不接受因为诉讼者或者辩护者行为不当或没有合理理由的声明及异议而产生的费用；

（b）法庭不鼓励向政党收取不必要的费用。

（2）如果法庭宣判某选举无效，并基于事实确定选举无效全部或部分由于某官员的失职导致，那么将宣布偿还给诉讼者全部或部分费用由该官员支付。

退还保证金

39.当无需再为诉讼费等相关费用担保时，当法庭确认已经理清诉讼程序中所有证据或确认无需再花费其他费用时，那么须由法庭通过议案将保证金退还给相应的人。

出自保证金的诉讼费

40.（1）当有需要交付诉讼费及相关费用的人申请时，法庭可同意其用保证金支付其费用，但须首先通知其政党或政党代理人，并要求该政党在规定时间内发表声明，表明是否同意该做法，如果不同意，需要说明理由。

（2）如果关于第40条第（1）款的申请有争议，那么法庭须给予每个所涉及的人陈述理由的机会，然后再据此做相应决议。

（3）虽然所涉及的人在处理上述争议时没有在场，但也应该被给予陈述理由的机会。

（4）上述处理争议的通知须由秘书递交或通过注册邮局等经法庭授予的其他方式寄送给下列个人及组织：

（a）根据服务地址，寄送给所涉及的政党；

（b）根据申请中的地址，寄送给申请人。

（5）执行该通知内容的通知也须以上述方式通知到上述个人及组织。

听证会的证据

41.（1）根据所有法令条款对于证据的规定，所有须在公开法庭选举诉讼听证会上陈述的事实都需要目击证人书面及口头的证据。

（2）政党在听证预备期同意的文件都要由辩护律师或政党职业律师提交。

（3）在证人首次申述证据期间，无须接受口头询问。除非需要其提交相关的书面证据。

（4）在听证会上须提交真实证据。

（5）法庭有权在听证期间及听证前对提交事实或细节证据的方式做出规定。

（6）本条款第41条第（5）款授予的对提供证据的方式做出规定的权力包括：

（a）宣誓所述内容属实；

（b）形成文件或写入书籍；

（c）无论是所述事实是普遍性常识还是某一特定地区的情况，都要在规定的报纸上发表该声明。

（7）法庭有权在听证期间及听证前对传唤的证人的数量做出要求。

（8）在申请者向法庭说明特殊情况（即相关证据已经附加在诉讼者提供的诉讼书中或辩护者的答复中）后，经法庭批准，无需在听证期间出示证件、平面图、照片、模型等证据。

（9）上述申请须交纳法庭所要求的费用。

传唤证人

42.（1）在选举诉讼听证期间，法庭有权传唤选举所涉及的证人。

（2）虽然某证人未经由诉讼者政党传唤或审查，但法庭有权传唤、审查该证人，因此诉讼者或辩护者及其代理人也可审查该证人。

（3）法庭传唤证人的费用出自选举诉讼费，除非法庭做出特别要求。如果法庭要求该费用出自诉讼费，那么须由秘书按照州传唤证人费用的方式上交。

（4）如果法庭根据本条款要求传唤证人，那么根据民事诉讼法，对被要求参加听证的人的费用同样适用于被条款。

（5）法庭须：

（a）发出并执行制作及审查选举所用文件的命令；

（b）审查制作或即将制作文件的证人，以确保选民投票情况保密。

证人特权

43.（1）法庭根据诉讼程序传唤的证人无权因为特权或某问题暗示其有罪而拒绝回答该问题。

（2）在法庭上如实回答所有提问的证人将收到一份由首席法官手写的证明书。

（3）除非属于刑事诉讼中的伪证罪，否则在法庭民事或刑事诉讼程序中回答的问题必须属实。

（4）当收到由法官手写的证明书后，如果有任何法律诉讼控告其违反本法案规定，在颁发证明书之前，在选举方面有犯罪情况，法庭将考虑到该证明书的存在，从而暂不审理并且退还其所交纳的有关诉讼的费用。

辩护者的证据

44. 在质疑选举结果的选举诉讼听证会上，辩护者可以根据本附录第 12 条第（2）款规定，用证据证明诉讼者参加的选举同样不符合规定。

延长和缩短时间

45.（1）根据本法案第 134 条规定和本附录第 11 条规定，法庭为了维护正义，有权延长相关程序的时间，除非本附录中明确规定其时间不得延长。

（2）即使在指定日期结束后没有提出延长日期的申请，法庭仍然可以延长其时间。

（3）如果本法案某些条款或法庭的指令对提交申诉、文件、宣誓书、答复等相关程序的时间做出规定及限制，那么申请延长时间所需的费用需由申请方交纳，除非法庭有特别要求。

（4）所有关于延长或缩短时间的申请都要附带宣誓书。

（5）因为关于延长或缩短时间的申请都是单方面要求的，所以法庭须将该申请的内容告知选举诉讼所涉及的其他党派。

（6）在告知选举诉讼所涉及的其他党派后，需要以请求议案的方式申请延长时间，但法庭可能出于宣誓书的某个原因，忽略该申请。

（7）关于延长或缩短时间的命令的复印版须和其他相关文件一起传送。

诉讼听证会

46.（1）当举行诉讼听证会时，没有任何政党出庭，那么法庭将撤销该诉讼，并且不接受该诉讼的第二次申请，特殊情况除外。

（2）当举行诉讼听证会时，诉讼者出庭，但辩护者没有出庭，那么在诉讼者陈述自己的证据后，法庭即可做出最终判决。

（3）当举行诉讼听证会时，辩护者出庭，但诉讼者没有出庭，那么法庭将做出最终判决，撤销该诉讼。

（4）书面证据须在各方同意后，被当庭阅读。

（5）当诉讼者或辩护者举证完毕后，须以口头申请方式，申请其政党结案。

（6）尽管有第46条第（5）款的规定，但如果法庭判定某政党在规定时间内没有结案，那么法庭将宣布其结案。

（7）诉讼听证会期间展示的所有文件和物品都由秘书负责，并且用字母标注其所属政党或证人，用数字给每个政党展示的文件和物品连续编号。

（8）秘书须将诉讼中展示的物品列出清单，并将该清单作为诉讼程序的一部分。

（9）在第46条第（8）款提到的程序中，一卷文件算作一个展品。

（10）当首先举证的政党举证完毕后，另一个政党不打算举证，那么第一个政党须在举证完毕十天内以书面形式整理出服务地址。另一个政党须在接到对方文件后的七天内整理出其服务地址。

（11）如果另一个政党举证，那么须在举证完毕十天内以书面形式整理出服务地址。

（12）在接到对方文件后，首先举证的政党须在七天内整理出其服务地址。

（13）首先整理出地址的政党有权对相关的法律问题做出答复，并且在接到对方服务地址五天内将答复整理成文档。

请求和申请

47.（1）所有的请求都须在听证预备期形成，并且不得被否定，经法庭许可的特殊情况除外。

（2）根据相关规定，经法庭授权的申请可以以请求方式提出，并且附带宣誓书，说明该申请依据的法律或规定，然后将其送到辩护者地址。

（3）每个类似的申请都要附带手写的致辞。

（4）如果接到该请求的辩护者对申请有异议，那么须在自接到申请之日起七天内，附带上自己的手写致辞及反对宣誓书整理成文件。

（5）申请者须在自收到辩护者文件之日起三天内做出回复，并附有另一个关于答复的宣誓书。

服务的通知

48. （1）如果某传唤、通知或文件没在本附录规定范围内，当被要求送达选举诉讼所涉及的人时，可以交于此人手中，或寄往此人最后使用的选区内的地址，收件人是十八岁及以上的居民。

（2）当政党公布服务地址后，如果不能亲自将文件交到收件人手中，那么可以采取以下方式：

（a）如果收件人不在办公室，则交给最后一次代表此人接收文件的律师；

（b）如果在所给地址处找不到收件人，则按下列情况处理：

（ⅰ）如果该地址是个单位或公司，则交给其负责人；

（ⅱ）在该地址居住的十八岁及以上的居民，但不能是仆人。

（3）如果政党变更服务地址，那么须将新地址告知秘书及诉讼涉及的其他政党。但是在秘书接到新地址通知之前，仍然沿用旧地址。

（4）如果本条款中规定的服务不可操作，那么法庭在通过宣誓书确认提供服务的人已经竭尽全力后，采取以下措施：

（a）根据民事诉讼规定中关于替代服务的要求，采取其他形式使该服务生效。

（b）必要情况下，忽略该服务。

两个或多个候选人作为辩护者

49. 在同一个诉讼中，可能会涉及两个或多个诉讼者，为了方便起见，可能同时举行听证。但出于其他原因（比如，安全），针对不同辩护者的诉讼将分开举行。

合并诉讼

50. 当提交的两个或多个诉讼都和同一个选举或其结果相关，那么这些诉讼将合并成为一个进行处理。但法庭特殊有规定，或对一个以上的诉讼有异议的情况除外。

选举事务主任等作为辩护者

51.（1）如果诉讼选举质疑对象是选举事务主任、选举主任及投票站主任等委员会其他官员，这些人则形成辩护者团体，但是上述官员在没有联邦首席检察官书面同意下，没有权利拒绝在诉讼中辩护。

（2）如果选举事务主任、选举主任及投票站主任等委员会其他官员得到第 51 条第（1）款中提到的联邦首席检察官的同意，那么联邦政府需要为上述人员提供法庭要求的相关费用。

（3）选举事务主任、选举主任及投票站主任等委员会其他官员形成辩护团体后，委员会的法律事务专员，或委员会职业律师，或相关的州首席检察官（亲自或通过其法律事务专员），或联邦首席检察官（亲自或通过其法律事务专员）将在法庭上代表上述官员辩护。

（4）第 51 条第（3）款中提到的委员会雇用的私人职业律师有权利得到委员会批准的职业报酬，法律事务专员也将得到委员会批准的报酬。

文件的复印版

52. 在本附录没有做出明确规定的地方，政党在整理任何和选举诉讼程序相关的文件时，都要在秘书那里留有其复印版，以发给每个政党，另外，还要交给秘书三份，以备用。秘书有特殊要求的情况除外。

违反规定等

53.（1）如果违反本附录各条款规定，或者相关操作的准则，不会导致诉讼失效，有法庭特别指示的情况除外。但是全部或部分诉讼程序有可能因此被认定为不合法或者被修订，或者按照法庭指定的其他方式处理。

（2）当意识到选举诉讼不合法或者无效后，如果尚未进入任何一个诉讼程序，那么在合理的期限内，可以申请将该诉讼撤销，否则不可以。

（3）如果申请将选举诉讼或诉讼程序撤销，需要出示清晰合法的证据。

（4）如果提出异议以通过修订或法庭指定的其他方式弥补选举诉讼的不足，该诉讼也不会因此失败。

(5) 在辩护环节结束后，才会对针对选举诉讼合法性及权威性的质疑进行听证和判定。

法庭关于申请的规定

54. 根据本法案要求，法庭对选举诉讼的处理和程序须尽可能和联邦高级法庭对民事诉讼的审判类似。在做出必要修改后，民事诉讼规定同样适用，诉讼者和辩护者在一般的民事诉讼中分别称为原告和被告。

申诉法庭及最高法院的执行及程序

55. 根据本法案要求，提交到申诉法庭及最高法院的申诉请求须按照民事诉讼的程序执行，当作紧急的选举事务处理。

附录二（略）

附　则

过渡性条款

（1）根据选举法案（2006版）成立的全国独立选举委员会的法定职责、权利、利益、义务、责任，及在本法案生效前的合同、指南或相应的法律规定的内容，同样适用于本法案成立的全国独立选举委员会。

（2）在（1）中提到的合同和指南与本法案成立的全国独立选举委员会具有同等效力，在本法案生效前，上述合同和指南可以完全有效地代替全国独立选举委员会。"全国独立选举委员会"在上述合同和指南中被命名，或属于其中一个团体。

（3）本法案成立的全国独立选举委员会要履行在本法案生效前存在的全国独立选举委员会的义务和责任。有权质疑本法案生效前存在的全国独立选举委员会的人们同样有权质疑本法案成立的全国独立选举委员会。

（4）在本法案生效前，针对权利、利益、义务和责任，支持或质疑本法案生效前存在的全国独立选举委员会的未解决的诉讼，在本法案生效后，可以继续或开始进行，法庭及权威机构或个人做出的判定仍然同等有效。

（5）本法案生效前存在的全国独立选举委员会的所有资产、资金、资源及可移动财产和不可移动财产，在本法案生效后，毫无疑问地全部属于本法案成立的全国独立选举委员会。

（6）担任本法案生效前存在的全国独立选举委员会中职位的官员，根据宪法要求，在本法案生效后，仍然拥有其原职位，但须由本法案成立的全国独立选举委员会任命，相关部分终止其任命的情况除外。

根据尼日利亚联邦宪法（2004版），我担保此文件的确是国民议会的参议院和众议院通过的法案的复印版。

国民议会办事员签字：

2010年8月____日

选举法案（2010版）工作安排表

（1）法案简称

选举法案（2010版）

（2）法案全称

用于废除2006年第二选举法，颁布选举法案（2010版），以规范尼日利亚联邦、州及区域性的议会选举及相关事宜的法案。

（3）法案内容概述

本法案目的是废除2006年第二选举法，颁布选举法案（2010版），以规范尼日利亚联邦、州及区域性的议会选举及相关事宜。

（4）经参议院通过日期

2010年7月29日

（5）经众议院通过日期

2010年7月29日

根据尼日利亚联邦宪法（2004版），我担保我已将此法案和国民议会通过的法案进行仔细对比，并且确定此法案和议会通过的翻案完全一致。

国民议会办事员签字：

日期：2010年8月____日

尼日利亚联邦共和国总统签字：

日期：2010年8月____日

选举法（2010 修正案）

说明书

除了别的之外，此法案修正 2010 年选举法，给予国家独立选举委员会充足的时间发布通知，获得政党的候选人提名单，确保政党的适当行为。

1. 2010 年第六选举法（此修正案中称为主法案）修正详情载列于此法案。

2. 对主法案第 3 条第（2）款（c）项的修改为，将第一行的"aids"和"a coma"字样改为"aid and"。

3. 对主法案第 4 条第（1）款内容做出如下修改：

（a）删去（c）段第三行"so however that"字样；

（b）删去（e）段段首位置的"and in connection with"字样。

4. 对主法案第 10 条内容做出如下修改：

（a）将第（1）款第一行"10（5）"改为"9（5）"；

（b）将第（4）款第二行"31"改为"30"；

（c）将第（5）款第一行"by-election"改为"bye-election"。

5. 主法案第 15 条内容做出如下修改：

委员会须记录选民登记的所在州，任何人或政党都可以通过交纳委员会制定的费用获得有保证的选民登记所在州，或者当地政府、地区委员会及其登记注册区的信息。

6. 对主法案第 9 条的修改为，将第一行的"16（1）"改为"9（5）"。

7. 对主法案第 23 条第（c）项的修改为，在第 2 行 "person" 后面加上 "；"。

8. 对主法案第 25 条内容做出如下修改：

（1）凡两院议员选举之日期，皆须由国家独立选举委员会根据宪法及本法案拟定。

（2）本条中第（1）款中提及之选举日期，不应早于现议会解散日期之前一百五十日，亦不应晚于现议会解散日期之后三十日，议席补选日期不应早于现议会解散日期之前九十日，亦不应晚于现议会解散日期之后三十日。

（3）各州议会的议员之选举日期，须由国家独立选举委员会根据宪法及本法案拟定。

（4）本条中第（3）款提及之选举日期，不应早于现议会解散日期之前一百五十日，亦不应晚于现议会解散日期之后三十日，议席补选日期不应早于现议会解散日期之前九十日，亦不应晚于现议会解散日期之后三十日。

（5）总统选举之日期，须由国家独立选举委员会根据宪法及本法案拟定。

（6）前款所述之总统选举日期，不应早于现任总统任期期满之前一百五十日，亦不应晚于现任总统任期期满之后三十日。

（7）州长选举之日期，须由国家独立选举委员会根据宪法及本法案拟定。

（8）前款所述之州长选举日期，不应早于现任州长任期期满之前一百五十日，亦不应晚于现任州长任期期满之后三十日。

9. 对主法案第 27 条内容做出如下修改：

（a）删去第（2）款（h）项中第 1 行的 "who" 一词；

（b）添加第（3）款；

（c）将第（2）款（h）项的编号改为 "（3）"；

即"(3)总统选举期间,由选举委员会主席担任选举监察人"。

10. 对主法案第 31 条内容做出如下修改:

(a) 将其中第(1)款变更为

"(1)每个政党皆须按照规定格式,向选举委员会递交本党候选人名单,截止日期为按照本议案条款所拟定的普选日期之前六十日,选举委员会有权对名单上的人员进行核准与筛选。"

(b) 在第(2)款第 2 行中的"the"字后,添加:

(i)"联邦高等法院";并且

(ii) 在"State"词后,添加"或联邦首都特区";

(c) 将原第(5)款变更为以下内容:

即"(5)任何人若掌握了确凿证据,能够证明某位候选人的宣誓书或其他资料中存在不实信息,皆可向联邦高等法院、州立高等法院或首都特区高等法院提起诉讼,要求涉案候选人澄清其宣誓书中的不实信息。"

11. 主法案第 33 条内容更新为:

"33. 候选人名单按照本法案第 31 条之规定提交后,若非发生候选人死亡或自动弃权等情形,任何政党都不许随意对其进行变更或替换。"

12. 主法案第 43 条第(4)款变更为:

"(4)分发选举材料、投票、计票、核对票数和宣布竞选结果时,监票代理人有权在场进行监督。"

13. 主法案第 47 条内容变更为:

"47. 所有按照本法案之规定进行的选举,其选举日期和时间须由联邦各地的选举委员会拟定。"

14. 删去主法案第 77 条第(2)款第 4 行中的"Access to election documents"字样。

15. 在主法案第 78 条的第(6)款后添加第(7a)款。

即"(7a)出现以下情形时,选举委员会有权注销该政党:

(i) 该政党未满足某项登记要求,以及

（ii）该政党未在总统竞选、州长竞选中获胜，或未在国民议会或各州议会竞选中赢得席位。"

16. 主法案第82条第（3）款（b）项中，删去第1行与第2行中的"or independent candidate"字样。

17. 主法案第85条中第（2）款变更为：

"（2）出于以下目的，委员会可以在事先通知或者不通知某政党的前提下参加或观摩由该政党组织召开的各项会议、议会、集会、会晤：

（a）各执行委员会或其他政府机构进行人员选举；

（b）任何级别选举活动的候选人提名以及；

（c）批准注册政党间的合并。"

18. 小字部分：对主法案第86条的修改：

第86条第一小节修改后内容更新为：

"（1）委员会将保存所由注册政党的活动记录"

小字部分：对主法案第87条的修改。

19. 左边小字部分：党内选举提名

主法案第87条内容更新为：

"87.（1）任何遵循该法案的政党须在提名选举候选人之前就各选举职位进行预选。

（2）各政党可通过直接或间接预选为各选举职位提名候选人。

（3）通过直接预选方式进行提名的政党需保证初选候选人享有相同的被投票权利。

（4）通过间接预选系统选拔候选人的政党须遵循下列程序：

（a）在进行总统候选人提名时，该政党应：

（i）在联邦首都特区，或在联邦管辖区内任一地点（该辖区须获得隶属该政党的全国执行委员会的承认），召开特别总统预选会议。会期期间与会代表们需对各预选候选人进行投票；

（ii）投票结束后，获得最多票数的候选人将赢得预选，其姓名将作为该政党最终提名的总统候选人被上报至国家独立选举委员会。

（b）在进行州长候选人提名时，该政党应为资助其候选人：

（i）为州政府召开特殊议会，该会议应在特定日期举行，召开日期由隶属该政党的全国执行委员会决定。会议中各代表将对预选候选人进行投票；

（ii）投票结束后，获得最多票数的候选人将赢得预选，其姓名将作为该政党最终提名的州长候选人被上报至选举委员会。

（c）在进行参议院、众议院及州国民议会候选人提名时，该政党应资助其候选人：

（i）在参议员选举区、联邦选区及州议会选区分别召开特殊议会，议会应在指定日期召开，各与会代表对各候选人进行投票；

（ii）投票结束后，获得最多票数的候选人将赢得预选，其姓名将作为该政党最终的提名候选人被上报至选举委员会。

（d）在进行地区委员会主席候选人提名时，该政党应资助其候选人：

（i）在地区委员会召开特殊议会，会议应在指定日期召开，各与会代表对各候选人进行投票；

（ii）投票结束后，获得最多票数的候选人将赢得预选，其姓名将作为该政党最终的提名候选人被上报至选举委员会。

（5）在参议员候选人的选举中，候选人的提名应由选区的直接初选结果决定，获得票数最多的候选人将被提名至委员会作为党派候选人。

（6）当政党中仅有一人对第（4）段中（a）、（b）、（c）和（d）中的选举职位有意向时，党派应在特定日期于指定中心召开一次特别会议或代表大会，以确认此人意向并将其姓名提交至委员会作为党派候选人。

（7）若一政党对选举其候选人采用非直接性的初选程序，该政党应在其章程和条例中明确指出会议代表投票的民主选举程序，此外，会议代表应符合政党章程规定。

（8）任何级别的被任命者都不能在任何党派的任何会议或代表大会上

自动成为投票代表，为任何选举的候选人提名，除非该被任命者也是一名政党内任职官员。

（9）尽管此法案的条款和政党规则已定，但是任何认为此法案和政党规则与政党候选人的选举与提名不一致的人都可以向联邦法院上诉。

（10）此条中所述内容不能够使法院阻止初选、普选或者与此法案有关的悬而未决的诉讼的举行。

20. 主法案第88条内容更新为：

"第88条　任何国家政党：

（a）持有或拥有任何违反宪法第225条（3）款（a）项规定的尼日利亚境外资金，将被视为违法，或将定罪，依据宪法没收该资金以及以该资金购买的资产。并有可能处以不少于五十万奈拉的罚金。

（b）持有任何违反第225条（3）款（a）项规定的尼日利亚境外汇款或资产，将被视为犯罪，依据宪法没收该资金以及以该资金购买的资产。并有可能处以不少于五十万奈拉的罚金。"

21. 对主法案第90条的修改为删去第一行的"（1）"。

22. 对主法案第91条的修改为：

（a）将第（4）款更新为：

"（4）参议院和众议院竞选人所承担的竞选经费最高额分别为四千万奈拉和两千万奈拉"。

（b）对第（10）条（c）的修改为删去第一行的"国会竞选"字样；

（c）对第（10）条（d）的修改为删去第一行的"国会竞选"字样。

23. 对主法案第94条的修改为，第（3）款，删去第五行的"进行政治集会、游行等"字样。

24. 对主法案第99条的修改为，将第（2）款（b）段中的第三行"竞选人"后的逗号"，"改为分号"；"。

25. 对主法案第102条的修改为，将第（3）款，第六行的"基于宗教、民族等的竞选"字样删去。

26. 对主法案第 108 条的修改为：

(a) 将第（2）款第一行"bye election"字样改为"by election"。

(b) 将第（3）款第二行数字"九十"改为"三十"。

27. 对主法案第 121 条的修改为：

(a) 在第（1）款第一行"conveying"字样后添加"of"字样；

(b) 在第（2）款第二行"section"字样后添加分号"；"。

28. 对主法案第 122 条第（2）款的修改为内容更新为：

"（2）任何假扮他人，或是协助、煽动、建议、咨询相关信息者被视为违法，将被处以最高五十万奈拉罚金，或一年监禁，或两项并罚。"

29. 对主法案第 124 条第（1）款的修改为，删去（a）段，并按顺序对各段从新编号。

30. 对主法案第 131 条的修改为：

(a) 删去第一行"（1）"字样。

(b) 将（d）段第一行"by preventing"字样改为"prevents"字样。

(c) 在（d）段第三行"election"字样后添加分号"；"。

31. 对主法案第 133 条第（2）款（a）项的修改为删去第一行"or Governorship"字样。

32. 删去主法案第 134 条。

33. 对主法案第 140 条的修改为：

(a) 将边注中的"Notification"字样改为"Nullification"。

(b) 第（2）款的内容更新为：

"（2）如果在竞选中持最高选票数的竞选人不符合竞选资格；在竞选中严重犯规；或是违反竞选法案条款，竞选审裁处或法院视该竞选结果无效；获得第二高票数的竞选人或任何其他竞选人不继续竞选，而是重新组织竞选。"

(c) 删去第（4）款

34. 对主法案第 144 条的修改为：

(a) 第（1）款内容更新为：

"（1）如果竞选委员会在竞选中被提出诉讼，委员会中的法律官员或是由委员会委任的职业律师将代表委员会出庭。"

(b) 删去第（3）款第四行"Legal representation of Commission, ect."字样。

35. 对主法案第151条第（2）款的修改为，删去第六行"but shall not otherwise be open for inspection"字样。

36. 在主法案第156条，按字母顺序添加如下内容：

"初选"，即由政党根据各党内的章程和规定向选举办公室提名候选人。

"直接初选"即直接由政党成员票选出的候选人，而非根据大会或议会代表票选出的候选人。

"间接初选"即由政党内大会或议会的代表票选出的政党候选人。

"独立候选人"即有渴望参加政党竞选并积极争取的个人。

37. 对主法案第157条更新为如下内容：

"废除2006年竞选法案"。

38. 对2010年竞选法案第一附表的修改为：

(a) 删去第四段（7）和（8）；

(b) 删去第9段第（5）分段；

(c) 在第12段添加新的第（5）分段。

"（5）被诉讼人如果对诉讼的听审有异议，应提交答辩书并阐明理由，实际诉讼时会处理其异议。"

(d) 对第18段的修改为：

(i) 添加第（8）段（c）分段：

"（c）根据证人数量分配证人交叉问询时间"；

(e) 将第22段第3行的数字"二十"改为数字"十六"。

(f) 将第25段（2）第3行的"recommended"字样改为"recommenced"。

（g）将第 27 段标题第 2 行的字样"on"改为"of"。

（h）将第 28 段（2）第 2 行的数字"一百三十八"改为"一百四十"。

（i）删去第 34 段（1）中第 1、2 行的"other than the Electoral Officer, the Returning Officer or Presiding Officer"字样。

（j）删去第 37 段（5）第 2 行的"or by a respondent who was"字样。

（k）对第 41 段的修改为：

（i）将标题和段落中的"of"字样改为"at";

（ii）将第（8）分段第 1、2 行"court"字样后的"after an applicant has shown exceptional circumstances"字样;

（iii）添加第（10）分段：

"（10）诉讼人举证时间不得超过十四天；每个被诉讼人准备答辩时间不得超过十天。"

（l）对第 45 段的修改为，将第（1）分段更新为：

"（1）审裁处及法院有权根据第 16 段的议程表，为维护公平，在必要情况下延长活动或议程所需时间，但是不得和议程表中其他项有所冲突。"

（m）将第 49 段标题中的"of"字样改为"or"。

（n）将第 51 段中第（1）分段的内容更改为：

"（1）：

（a）如果有竞选诉讼书中对竞选事务官员、投票站官员、监察官员或是任何竞选委员会的官员提出投诉，无论被投诉事件性质如何，该官员或个人不得参加该诉讼所涉及的必要工作;

（b）竞选委员会须指定一名代表，代表其官员或该委员会为第（1）分段中提到的事件作辩护。"

该法案或被引用为 2012 年竞选法案（修正案）。

我证明，依据 2004 尼日利亚联邦声明法案第 2 部分第（1）之规定，该文件为经国民议会两院通过法案的真实副本。

国民议会职员：Salisu Abubakar Maikasuwa

2010 年 12 月 29 日

2010 年竞选法案（修正案）附表

(1) 法案名称缩写	(2) 法案名称全称	(3) 法案内容摘要	(4) 参议院通过日期	(5) 众议院通过日期
2010 年竞选法案(修正案)	修正2010年第六部选举法案及为独立选举委员会发布通告,获取政党选举提名,规范各政党正当行为安排充足时间的法案	该法案旨在修正2010年第六部选举法案及为独立选举委员会发布通告,获取政党选举提名,规范各政党正当行为安排充足时间	2010 年 12 月 21 日	2010 年 12 月 21 日

我证明，该法案经过我与国民议会的决议的认真比较，是两院真实准确的决议，并且符合2004年尼日利亚联邦声明法案的相关规定。

国民议会职员：Salisu Abubakar Maikasuwa

2010 年 12 月 29 日

我同意。

尼日利亚联邦共和国总统：Dr. Goodluckebele Jonathan

2010 年 12 月 29 日

选举法（2011 修正案）

（一）

选举法案（第二版修正）2011

此修正法案修订的是 2010 年第六版的选举法案。在法案指导下所有大型选举中，国家独立选举委员规定的选举人登记截止时间从六十天删减到三十天。

（二）

选举法案（第二版修正）2011

段落安排

段落：

1. 委托人法案 9（5）部分的修订；
2. 引用。

（三）

选举法案第二版修订法案 2011

起诉书

修订 2010 年第六版的选举法案

由尼日利亚联邦共和国的国民大会颁布

2010 年第六版选举法案（委托人法案）的修订将第 9 部分第 6 条第 2

行的六十天替换成三十天。

此法案会在 2011 年选举法（修订法案）第二项中引证。

（四）

证明符合证据法的第二部分第一条，尼日利亚联邦共和国宪法（2004）。这是法案的真实副本，经议会和国民大会共同通过。

Salisu Abubakar Maikasuwa

国民大会职员

2010 年 1 月 27 日

（五）

2011 年第二版选举法案（修订版）一览表

法案的缩减标题	法案的完整标题	法案内容小结	参议院通过时间	众议院通过时间
2011 年第二版选举法案（修订版）	2010 年第六版选举法案的修订法案	此修正法案将 2010 年第六版的选举法案中，在法案指导下所有大型选举国家独立选举委员规定的选举人登记截止时间从六十天删减到三十天。	2011 年 1 月 26 日	2011 年 1 月 25 日

我证明此法案经过我与国民大会的决议的严密比照而找出的议会真实准确的决议，并且符合证据法的第二部分第一条，尼日利亚联邦共和国宪法（2004）。

Salisu Abubakar Maikasuwa

国民大会职员

2010 年 1 月 27 日

我同意。

Dr. Goodlu Ebele Jonathan
国民大会主席
2010 年 1 月 27 日

政党管理法案（2011年）

一项用来建立政党登记和监督委员会及处理其他相关事务的法案。
它是由尼日利亚联邦共和国的国民大会制定，条例如下。

第一章

1. 建立一个被称为政党登记和监督管理委员会（在这部法案中称为"委员会"）的团体，该团体可永久继承，并且能用该团体名称起诉他人和被他人起诉。

2. 委员会应：

（1）按照1999年宪法和2006年选举法的规定注册政党；

（2）监督政党的组织运作，包括他们的聚会；

（3）安排检查和审计政党的资金和账户；

（4）监视政治选举活动并提供政党活动的规章制度；

（5）委任国内民间社会团体和组织从事选举工作并为他们提供监督选举的规章制度；

（6）委任国际选举观察员并规范其选举行为及对选举的监督；

（7）委任国内国际媒体组织对选举进行监督，并规定该组织所要遵守的规章制度；

（8）执行所有列在2006年选举法案中46、78—105下的所有功能；

（9）设定政党筹款活动全程指南；和

（10）确保政党大会，国会和会议的召开符合法律要求；

（11）进行任何其他附属于此法案功能的活动。

3.（1）为委员会建立管理董事会（以下简称"董事会"）包括以下内容：

（a）主席，他必须毋庸置疑地正直；

（b）副主席，他必须毋庸置疑地正直；

（c）六人要毋庸置疑地正直，六人来自六个地缘政治区；

（d）总负责人。

（2）委员会成员由总统任命。

（3）董事会成员任期为五年，其可能有资格再度委任为下一任期，但最多任两期。

4. 正在担任或已经担任委员会成员的人，无论是谁，一经违反法规或法律条款，五年之内都无权在任何的选举办公室任职。

5. 尽管此法案第3条规定，总统可在任何时候解聘董事会成员，如果总统的意见不符合董事会利益，此成员将继续在董事会工作，总统应当以书面形式通知该成员。

第二章

6.（1）委员会的总负责人应被总统任命且任期五年并可能被重新任命为下一个五年任期。

（2）总负责人应毋庸置疑地正直，知识面广，有政党行政管理经验。

（3）总负责人应负责：

（a）委员会的日常管理；

（b）有效管理组织的形成和发展；

（c）人员的组织、控制、管理和纪律；

（d）在主席的指示下执行委员会的决定；

（e）委员会所有收入和支出；

（f）委员会所有资产和负债；

（g）正确积极地执行委员会的部署计划。

（4）总负责人应在履行其职责以效力于董事长和董事会。

7. 委员会应：

（1）依照本法案，当必须有效履行委员会的职能时，委员会可任命秘书长或法律顾问等人员。

（2）秘书/法律顾问应当：

（a）任职董事会秘书；

（b）保持委员会的所有记录；

（c）管理所有信件；

（d）担任秘书长；及

（f）完成其他任何由董事会和/或总负责人分配的任务。

8.（1）委员会应制定并提交给总统合适的福利提案，并征求总统的同意。该福利主要包括额外补贴、养老金和其他福利。该福利可以促进吸引和保留高素质人才。

（2）根据养老金改革法案条例，委员会的福利应该是征得总统同意后的福利从而达到本法案的目的。相应地，在委员会工作的人员应该尊重他们的福利，有权享受养老金和其他的福利，享受跟同等级的联邦服务人员相同的待遇，除此之外，本法案不能阻止人员在任期内的任命，侵犯其享受养老金的权利。

第三章

9. 委员会应该建立

（1）基金，用来支付费用——

（a）这些钱将由联邦政府提供；

（b）由委员会接收帮助、捐赠或资助；

（c）委员会接收其在执行功能时所得资金或任何他人赋予的财产；

（d）这样的有利于委员会的利率可能从它的投资产生。

（2）委员会的资金将用于——

（a）因为委员会所履行的职能和所行使的权力，支付收取的费用，享有的义务和责任，均由委员会承担；

（b）委员会履行的职能和权能包括支付日常开销，履行责任和义务；

（c）本法案所提供的报酬和津贴的花费。

10.（1）该委员会在每年 1 月 1 日当天或之前，把准备好的为期十二个月（截止到 12 月 31 日）的诉讼程序和操作报告提交给总统，而此报告应附有一份同期认证且经审计的委员会的账目。

（2）经总统批准，主席应在联邦执行委员会审议之前，与审议过得账目一同做出报告。

（3）委员会应不迟于每年 8 月 1 日，尽快在适当的情况下，提交给总统该委员会下一年从 1 月 1 日起的收入和支出预算。

11. 委员会应保持适当的账目与公认的收据，应当提交每年指定的审计清单，由联邦总会计师批准审核。

12.（1）该委员会可能会签订这样的合同，当有必要或在适当的情况下可赋予本法案条例的效力。

（2）受董事会的批准，当有必要或在适当的情况下，委员会可赋予本法案条例的效力即委员会可以获得动产或者不动产，也可以出于相同目的，委员会可以出售、出租、抵押或以其他方式转让或处置任何收购和财产。

（3）委员会可以以这种方式投资其盈余资金，以其认为需要或适宜程度。

13.（1）在为期三十天的期限内，不应该有任何反对委员会的诉讼。
书面通知后展开诉讼。所有的诉讼应该上交委员会及原告或其代理人，通知应该清楚和明确。

（a）行动的原因；

（b）请求事项；

（c）原告的姓名和住所；

（d）它所要求的救济。

（2）本条的目的：

"诉讼"是指以传票或其他方式引起的民事诉讼，其有合法的程序，法院制定相应的规则并实施行动，而不是指刑事诉讼。

（3）本法案提到的通知和任何传票，规定或授权送达委员会和管理委员会通知或其他文件都可支持或反对委员会，该通知和文件可以：

（a）交付给总负责人；或

（b）寄挂号邮寄给委员会办公室主任。

14. 根据本法的规定，"总统或代表其利益的其他任何人，可就与其相关的一般事宜或与之有联系的事项上给予董事会指导，但不针对任何特定的个人或案件。董事会须负责本法案能正常实施其职能"。

15. 董事会应该在主席或代表其利益的人的同意下，制定法规，本着执行本条例的目的。

16. "成员"指的是董事会成员，包括主席。

17. 该法案可引称为政党登记和监督管理委员会法案（设立），2009。

第二部分
主要政党内部规章制度

人民民主党党章

序　言

1. 尼日利亚由于多年实行军事独裁，导致人民基本权利遭到侵犯，法律法规遭到侵蚀。所以现在有必要提升人民道德及文化素质，改革国内政治体制，团结各民族人民，增进情谊，解决社会衰败问题，惩治国内道德、社会、政治方面的犯罪，增强建立一个繁荣持久的民主国家的意识。

2. 面对这些挑战，性质类似的政治团体的领导人，增强了民族责任感，于1998年7月28日在联邦首都直辖区阿布贾集会，决心做到以下事情：

（1）号召所有热爱祖国、志同道合的尼日利亚人组成一个强大的政党，能够很好地组织人们生产生活，充分实现个人价值。

（2）在政党的保护下，团结一致，加快民主党复兴，实现民族和平，完成经济、社会重建工作，尊重人民权利和遵守法律法规。

（3）通过确保资源和机会分配合理公平，创造一个有益于和平、团结的社会政治环境。遵守权利轮换制度，通过不同民族的主要政党的轮流执政，分享权利，发扬联邦精神，促进联邦、州和地方政府间权力平等。

（4）根据尼日利亚联邦共和国宪法建立一个良好的道德社会秩序，以重振民族精神。通过严格要求党员及官员遵守行为准则，维护民主政治的纯洁性。

（5）在党的领导下，调动有共同意志的尼日利亚人，建立一个可以实现人民意愿、满足黑人合理要求、充满自信的国家。

因此，我们这些民主党党员，为了有效管理，实现党的理想和目标，制定并颁布以下章程：

第一章　党的名称

党的名称为人民民主党（在以下章程中用"党"或"民主党"代替）。

第二章　党章至上

根据尼日利亚联邦共和国宪法规定，此党章以及各项条款对所有党员及民主党机构均有至高无上的约束力。

第三章　格言及口号

民主党格言是：正义、团结、向上。口号是：民主党权利属于人民。标志是一个紧握并高举的右拳。

第四章　党旗及党徽

民主党党旗是一个横向三色旗，从上到下的颜色依次是绿色、白色和红色，且每个颜色高度相同。党徽是和党旗颜色相同的雨伞。

第五章　注册办事处

民主党最高注册结构设在联邦首都直辖区：阿布贾。今后，办事处的其他分支机构也会逐渐建立。

第六章　民主党的性质及道德标准

1. 民主党是一个民主的组织，目标是追求无种族、信仰、民族、性别和年龄等方面的歧视。

2. 党员决定民主党的政策及工作，民主党最高领导人对民主党负责。

3. 为赢得社会各方面支持，民主党需要参与尼日利亚所有竞选活动。

4. 为争取最大限度的团结，民主党需要尊重党员的语言、文化及宗教多样性。

5. 民主党支持妇女解放及参与社会建设，鼓励女性出任各阶层代表。

6. 在不损害党的威信及正直的情况下，民主党尊重表达自由及思想信息交流自由。

7. 在任命民主党官员时，女性至少占到百分之十五。

第七章　民主党目标

1. 民主党将需要：

（1）发表宣言。

（2）根据尼日利亚联邦共和国宪法规定，民主党及所选举的政府各层机关单位都要贯彻落实民主党宣言。

（3）努力做到以下几点：

（a）促进可持续发展。制定合理的教育制度，基本卫生保健，食品安全，快速工业增长，人有所居，百分之百就业率，提高基础设施建设及基本服务。

（b）促进联邦制及公平的税收分成制建设。

（c）提高生命及财产安全度，增进家庭价值观念。

（d）提升自尊、自信及人格尊严。

（e）作为一个团结不可分割的政治实体，保证尼日利亚联邦共和国完整及主权完整。

（f）保证国家完整性，并促进国家多样性社区和平相处共存。

（g）进社会公平，保证自由、平等正义。

（h）确保尼日利亚联邦共和国宪法所规定的司法系统独立性和基本权力。

（i）鼓励科学、技术和艺术方面的学习和研究。

（j）坚持公正合理地解决地方和国际争端问题。

（k）坚持为儿童及残疾人争取权利。

（l）提升党员的政治、社会、教育及经济利益，发挥促进党员、政府及其他政治党派团体的交流的作用。

2. 民主党需要通过以下方式实现这些目标：

（1）确保宣言中的民主党政策符合尼日利亚联邦共和国宪法所规定的基本目标和国家政策的直接原则。

（2）促进尼日利亚多样宗教及文化之间的相互尊重及交流。

（3）在追求公平、正义和平等的过程中，民主党各级相应的行政委员会需要坚持政党轮流制、分区制、公共选举办公室制。

（4）努力促进非洲人民的团结，培养非洲后裔间的理解与凝聚力。

（5）与非洲及其他民族主义运动组织合作，消灭帝国主义、新殖民主义和种族主义。

（6）和成员国一起努力，实现以下组织的目标：西非国家经济共同体，非洲联盟，英联邦，联合国组织，以及其他国际性、地区性组织。

（7）以民主党名义开展各种各样的活动，协助实现民主党目标。

第八章 党　员

党员资格

1. 所有尼日利亚人，凡是符合以下条件者，都可成为民主党党员：

（1）无论宗教、民族、性别、社会或经济地位如何，只要年满十八岁；

（2）认同民主党制度、政策及规划；

（3）承诺遵守民主党章程。

2. 注册党员在民主党行政区秘书处备案，并且备案不会被撤销。

3. 党证和登记册会被归为民主党安全类文件。

4. 潜在党员需要：

（1）在原始所在区登记，或者在原始居住区、工作区登记；

（2）在获准加入民主党之前需要交纳注册费，及其他所规定的费用，否则将会丧失加入权。

5. 行政区行政委员会需要审核党员的申请文件，有权接受或拒绝任何人的申请。审核结果需要接受更高层民主党机关重新审核。

6. 党员注册表须保存在行政区，由行政区主席和行政区秘书长签字后通过验证。

7. 已注册党员会收到一个党证，上面有党员的照片。

8. 党证由全国行政委员会制作，由全国主席和部长验证。

9. 离开民主党后又有意愿重新加入民主党的人，需要延缓至少一年。被国家工作委员会开除的情况除外。

10. 民主党党员居住在与尼日利亚有外交关系的国家，及时在其所在行政区注册，并且充分履行相关义务，如果不少于五个人，经过全国行政委员会批准，可以制定民主党党员居住地章程，但是有权享有党员资格。

11. 根据民主党全国秘书长处要求，国外协调办公室官员须负责协调党在国外的活动，并对民主党全国秘书长处负责。

第九章　行为准则

1. 行为准则

民主党党员必须：

（1）隶属于所在行政区，并可以积极参加其活动；

（2）付出必要的努力，宣传并执行民主党的目标与计划；

（3）努力熟悉了解国家的社会、文化、政治及经济问题；

（4）制止对民主党有害的宣传，维护民主党的政策及工作；

（5）反对种族、宗教、及其他任何形式的歧视；

（6）遵守党的纪律，诚信做人，忠诚服党内上级的决策；

（7）未经正当授权，禁止出版或通过媒体发布有关民主党的任何部门的观点及政策倾向的信息；

（8）确保在居住区注册成为选民；

（9）按照规定，交付国民大会或其他经授权的党内机构随时要求的费用、税费及党费等；

（10）根据此章程规定，在民主党会议或选举中，有选举权及被选举权；

（11）对党忠诚，不做任何违背党章的事情；

（12）未经明确授权，任何级别的任何民主党党员不得泄露党的会议记录及决策；

（13）所有经选举或任命的官员必须遵守党的宣言、制度及决策；

（14）未经明确授权，任何民主党党员不得将党内分歧和冲突公布于众；

（15）任何民主党党员不得对民主党实施的政策及经民主党选出任何政府发表批评性评论；

（16）任何民主党党员不得与其他党派或组织结盟以破坏民主党或经民主党选出的政府；

（17）任何民主党党员不得在任何集会中参与或煽动暴力行为。

2. 民主党对其党员应尽的义务包括：

（1）民主党需要为其党员创造服务的机会；

（2）民主党需要采取有效措施鼓励志愿服务；

（3）民主党需要采取有效措施使党员通过服务坚定入党意愿；

（4）民主党需要鼓励党员组织并参加日常的增进党员间情谊的聚会和活动。

第十章 党员注册

1.（1）党员注册

（a）党员须每月交纳党费，并且在党证上予以显示，如果连续六个月没有按时交纳党费，那么党员资格就将失效；所有关于交费的事宜都由行政区一级负责；

（b）党员的注册工作需要录入计算机系统，以方便管理，并防止欺诈；

（c）登记党员的程序及过程需要标准化，并且和民主党各级部门记录并保存这些资料的方式保持一致；

（d）党证及注册材料归为民主党安全类文件；

（e）所有行政区注册工作需要按月向国会汇报；

（f）在行政区注册工作结束前，党员要确保已核查姓名；由行政区主席及秘书处负责的验证及换发新证的工作需要在提名工作开始前完成。

（2）丧失党员身份

（a）在没有违反此章程第九章情况下，任何党员如果在每年交纳党费日期截止后六个月内，仍未通过交费更新党员身份，将不再享受党员所享有的各项权利和特权，如果欠费超过十二个月，就将丧失党员身份；

（b）任何党员，如果因为拖欠党费或未能履行其他经济方面的义务而丧失党员身份，在补齐所欠党费并且交纳所有罚款后，可以恢复党员身份；

（c）如果不是因为拖欠党费而丧失党员身份的党员，可以通过所在行政区负责人向全国工作委员会推荐，经全国委员会批准后，重新获得党员身份。

（3）恢复后的党员身份

丧失党员身份后又重新获得党员身份的人，会失去原来其授予的资历和特权。

第十一章 民主党组织

1．民主党由下列各级单位组织并管理：

（1）行政区；

（2）地方政府区；

（3）议员选区；

（4）州；

（5）大区；

（6）全国。

2．为了选举，还设有一些非正式的机动组织：

（1）州议院选区；

（2）联邦选区；

（3）参议院选区。

3．民主党的各级单位都要设立秘书处。

4．为了便于民主党组织，联邦首都直辖区阿布贾被看成是一个州。

第十二章 机 构

1．民主党应该包括下列机构：

（1）行政区行政委员会；

（2）行政区代表大会；

（3）地方政府行政委员会；

（4）地方政府区代表大会；

（5）参议院选区工作委员会；

（6）参议院干部会议；

（7）州工作委员会；

（8）州干部会议；

（9）州行政委员会；

（10）州代表大会；

（11）大区工作委员会；

（12）大区行政委员会；

（13）大区代表大会；

（14）全国工作委员会；

（15）全国干部会议；

（16）全国理事会；

（17）全国行政委员会；

（18）全国代表大会。

行政区行政委员会

2. 行政区委员会应该包括：

（1）主席；

（2）代理主席；

（3）经选举产生的地方政府委员会主席、地方委员会代理主席、行政区顾问都必须是民主党党员；

（4）秘书长；

（5）秘书长助理；

（6）会计；

（7）财政秘书；

（8）组织部门秘书；

（9）宣传部门秘书；

（10）妇女领袖；

（11）青年人领袖；

（12）行政区选举产生的五名成员，其中应包括两名女性；

（13）全国、大区、州及地方政府行政委员会成员都须来自行政区；

（14）全国理事会成员须来自行政区；

（15）全国议会和州议会成员须来自行政区，并且是民主党党员；

（16）法律顾问应该是一个职业律师；

（17）审计员；

（18）来自行政区的政府办公室官员是民主党党员，还可以担任：

(a) 尼日利亚联邦共和国总统；

(b) 尼日利亚联邦共和国副总统；

(c) 联邦部长；

(d) 联邦政府秘书长；

(e) 总统或副总统的特别顾问或特别助理；

(f) 州长或代理州长；

(g) 州委员或州特别顾问；

(h) 州政府秘书长。

3. 地方行政委员会职责：

（1）从事行政区级别的民主党管理工作；

（2）为民主党行政区级别的管理筹措资金；

（3）发展民主党党员；

（4）为政治活动进行策划；

（5）动员选民支持民主党；

（6）贯彻执行行政区代表大会及其他部门的决策；

（7）接收审计报告；

（8）准备行政区代表大会议程；

（9）发挥其他有益于民主党的作用。

行政区行政委员会会议

4. 行政区委员会会议至少每月召开一次。

5. 行政区行政委员会会议由行政区主席组织召开，如果三分之二的行政区行政委员会成员要求或三分之一行政区党员要求，就须在要求提出之日起七日内召开例会以外的会议。

6. 行政区行政委员会会议法定人数为党员人数的三分之一，只要大多数支持，就可以通过所有行政区行政委员会提案。

行政区代表大会

7. 行政区代表大会应包含所有经选举产生的政府办公室官员、民主党注册党员。

8. 行政区代表大会职责包括：

（1）接收行政区官员报告；

（2）接收审计报告；

（3）批准行政区预算；

（4）选举行政区行政委员会成员；

（5）选举行政区代表参加民主党代表大会；

（6）组织行政区选举的初选工作；

（7）发挥其他有益于民主党利益的作用。

9. 行政区代表大会由行政区行政委员会主席组织召开，每年至少召开一次，行政区协商会议每年召开两次，两个会议交替进行。

10. 行政区代表大会的法定人数是行政区注册民主党人数的三分之一，只要大部分人同意，即可通过行政区代表大会所有提案。

11. 如果三分之二行政区代表大会成员提出要求，须在要求提出之日起七日内召开特别会议。

地方政府行政委员会

12. 地方政府行政委员会组成如下：

（1）主席；

（2）代理主席；

（3）所有行政区主席；

（4）经选举产生的地方政府议会主席及代理主席（必须是民主党党员）；

（5）会计；

（6）秘书长；

（7）秘书长助理；

（8）财政部门秘书；

（9）宣传部门秘书；

（10）宣传部门秘书助理；

（11）负责组织工作的秘书；

（12）审计员；

（13）法律顾问（必须是职业律师）；

（14）五个其他成员，其中至少包括两名女性；

（15）妇女领导者；

（16）青年人领导者；

（17）来自地方政府区的全国、大区及州行政委员会委员；

（18）来自地方政府区的全国理事会成员；

（19）来自地方政府区的民主党党员，也是全国和州议会成员；

（20）所有地方政府区的官员（都是民主党党员），还可以担任：

（a）尼日利亚联邦共和国总统；

（b）尼日利亚联邦共和国副总统；

（c）联邦部长；

（d）联邦政府秘书长；

（e）尼日利亚联邦共和国总统或副总统的特别顾问；

（f）州长或代理州长；

（g）州委员会委员；

（h）州长特别顾问；

（i）州长秘书。

13. 地方政府行政委员会职责包括：

（1）发现并解决地方政府的政治、社会及经济问题。

（2）接收辖区内行政区关于以下几方面的报告：

（a）党员；

（b）筹集资金；

（c）政治活动及成功获选的策划；

（d）流动选民。

（3）为辖区内行政区与地方政府区之间的有效交流提供策略。

（4）在地方政府区范围内从事民主党日常管理工作。

（5）贯彻并执行地方政府代表大会及由民主党授权的其他机构的决策。

（6）为所有民主党地方政府分支机构雇用秘书，并且对他们的工作环境做出规定。

（7）准备地方政府代表大会议程。

14．地方政府行政委员会会议每月至少召开两次。

15．地方政府行政委员会会议由其主席组织召开，如果三分之二的地方政府行政委员会委员提出要求，须在要求提出之日起七日内召开例会以外的地方政府行政委员会会议。

16．地方政府行政委员会法定人数为其民主党党员总数的三分之一，并且这些人数至少要占其辖区内行政区的三分之二，经大部分人同意后，可以通过所在地方政府行政委员会议案。

地方政府区代表大会

17．地方政府区代表大会组成如下：

（1）民主党地方政府主席及地方政府行政委员会其他成员。

（2）来自地方政府区的所有全国、大区及州行政委员会委员。

（3）经选举产生的地方政府议会主席、代理主席、监察人及评议员（这些人都是民主党党员）。

（4）来自地方政府区的所有全国及州议会成员（这些人都是民主党党员）。

（5）来自地方政府区的理事会成员。

（6）来自地方政府区的所有行政区行政委员成员。

（7）在地方政府区每个行政区代表大会上选举产生三名代表，其中至少有一名是女性，并且三人必须终止在曾经被选举过的代表大会工作。

（8）来自地方政府区的所有其他政府办公室官员（这些人都是民族党党员），可以担任：

(a) 尼日利亚联邦共和国总统；

(b) 尼日利亚联邦共和国副总统；

(c) 联邦部长、联邦大使或联邦理事会主席（这些人都是党员）；

(d) 联邦政府秘书长；

(e) 尼日利亚联邦共和国总统或副总统的特别顾问或特别助理；

(f) 州长或代理州长；

(g) 州委员会委员；

(h) 州长的特别顾问；

(i) 州政府秘书长；

(g) 仍然是民主党党员的前地方政府民主党主席或秘书长；

(k) 仍是民主党党员的经民主党选出的前地方政府议会主席或副主席；

(l) 仍是民主党党员的经民主党选出的前议会领导人（发言人）。

18. 地方政府区代表大会职责包括：

(1) 选举民主党地方行政委员会委员；

(2) 选举民主党国家和州议会候选人；

(3) 在民主党地方政府中选区代表参加全国代表大会；

(4) 批准地方政府级别的用于民主党管理的预算；

(5) 接收审计员的报告。

19. 地方政府区代表大会每年至少召开一次，地方政府区协商会每年召开两次，这两个会议须间隔交叉进行。

20. 地方政府区代表大会法定人数为该代表大会代表人数的三分之一。如果行政区中不少于三分之二的人属于地方政府区代表大会的代表，那么经大多数人同意，就可以通过地方政府区的所有议案。

21. 地方政府区代表大会由地方政府委员会主席组织召开，如果不少于三分之二的地方政府区内的行政区主席要求，则须召开地方政府区代表大会例会以外的会议。

议员选区行政委员会

22. 议员选区行政委员会组成如下：

（1）主席是议员选区的州副主席；

（2）尼日利亚联邦共和国总统及副总统，是所在议员选区的民主党党员；

（3）尼日利亚联邦共和国总统和副总统的特别顾问，是民主党党员；

（4）联邦部长，是所在议员选区的民主党党员；

（5）大使，是所在议员选区的民主党党员；

（6）联邦国企董事会主席，是所在议员选区的民主党党员；

（7）州长及代理州长，是所在议员选区的民主党党员；

（8）所在议员选区州委员会委员及州长特别顾问；

（9）所在议员选区的董事会成员；

（10）所在选区民主党全国、大区及州行政委员会成员；

（11）所在议员选区的地方政府区民主党主席；

（12）所在议员选区的秘书和财政部长；

（13）所在议员选区的经地方政府议会选举产生的主席和副主席（这些人是民主党党员）；

（14）议员选区行政委员会选出的妇女领导人的秘书；

（15）议员选区行政委员会选出的青年领导人的秘书；

（16）所在议员选区的民主党州秘书助理；

（17）所在议员选区的民主党州组织部门秘书助理；

（18）经议员选区行政委员会选出的五名前任官员，其中至少有两名女性；

（19）所在议员选区国民议会和州议会的成员（这些人都是民主党党员）；

（20）所在议员选区经选举产生的地方政府议会议员（这些人都是民主党党员）。

23. 议员选区行政委员会职责包括：

（1）发现并解决所在议会选区的社会、政治和经济问题；

（2）协助配合议员选区内民主党政策、项目策划及管理等；

（3）负责保持议员选区内地方政府区与州总部间的联系；

（4）在议员选区从事民主党日常管理工作，贯彻落实议员选区行政委员会决策；

（5）负责准备所在议员选区民主党的年度预算；

（6）接收审计员报告。

24. 议员选区行政委员会每月召开，并且在向州行政委员会汇报之前，先向州工作委员会汇报。

25. 当州行政委员会与议员选区行政委员会的决策发生冲突时，以州行政委员会决策为准。

26. 议员所在选区的州秘书助理是议员选区行政委员会秘书，而所在选区州组织部门秘书助理是议员选区组织部门秘书。

27. 议员选区行政委员会法定人数是：委员总数的三分之一占所在议员选区的地方政府区的三分之二。多数同意就可通过议员选区行政委员会议案。

州工作委员会

28. 州工作委员会组成如下：

（1）州长；

（2）代理州长；

（3）州秘书；

（4）州财政部长；

（5）州法律顾问，须为职业律师；

（6）州金融部秘书；

（7）州宣传部秘书；

（8）州审计员；

（9）州组织部秘书；

（10）州妇女领导者；

（11）州青年领导者；

（12）州议院主席。

29. 州工作委员会职责包括：

（1）负责州内民主党日常管理工作，对州行政委员会负责；

（2）执行州行政委员会分配的任务。

30. 州工作委员会由委员长组织召开，每月至少两次，如果三分之二委员提出要求，则在要求提出之日起七日内召开例会以外的会议。

31. 州工作委员会的法定人数为：三分之一的委员来自所在州的议会选区，多数人同意后，可以通过州工作委员会议案。

州干部会议

32. 联邦每个州都有州干部会议，组成人员如下：

（1）民主党州长，也是主席；

（2）代理州长；

（3）尼日利亚联邦共和国总统和副总统（为民主党党员）；

（4）州长和代理州长（为民主党党员）；

（5）联邦政府秘书长和州政府秘书（为民主党党员）；

（6）尼日利亚联邦共和国总统和副总统特别顾问（为民主党党员）；

（7）州议员的发言人、代理发言人、民主党领导和总督导、副督导；

（8）参议院主席及代理主席、参议院领袖及代理领袖、联邦众议院发言人及代理发言人、多数党领袖及代理领袖，均为民主党党员；

（9）所在州全国及大区行政委员会委员；

（10）所在州董事会成员；

（11）州秘书及州民主党财政部部长；

（12）州青年人领导人；

（13）所在州的联邦部长，均为民主党党员；

（14）州法律顾问；

（15）州长任命的三名委员，均为民主党党员，其中一人为司法部长；

（16）国民大会成员，均为所在州的民主党党员；

（17）州妇女领导者。

33．州干部会议由其主席组织召开，每个季度至少召开一次，如果三分之二成员提出要求，则在要求提出之日起七日内召开例会以外的会议。

35．州干部会议的法定人数：其三分之一成员来自所在州的三个议员选区，大部分同意，即可通过州干部会议议案。

州行政委员会

36．州行政委员会组成如下：

（1）州主席；

（2）尼日利亚联邦共和国总统和副总统，均为民主的党员；

（3）联邦部长，均为民主党党员；

（4）尼日利亚联邦共和国总统的特别顾问和特别助理，均为民主党党党员；

（5）大使，为民主党党员；

（6）联邦国企董事会主席，为民主党党员；

（7）州议院发言人、代理发言人、民族党领袖、民主党总督，均为民主党党员；

（8）国民大会成员，为所在州的民主党党员；

（9）州长及代理州长，为民主党党员；

（10）所在州民主党的所有全国及大区行政委员会委员；

（11）所在州董事会成员；

（12）州代理主席；

（13）三个副主席；

（14）所有经选举产生的地方政府的民主党主席；

（15）州秘书；

（16）三个州秘书的助理；

（17）州财政部秘书；

（18）州财政部部长；

（19）州财政部秘书助理；

(20) 州宣传部秘书；

(21) 州宣传部秘书助理；

(22) 州组织部秘书；

(23) 三个州组织部秘书助理；

(24) 州法律顾问和州法律顾问助理，均为职业律师；

(25) 州审计员；

(26) 所有经选举产生的地方政府议会主席及其代理，均为民主党党员：

(a) 两个成员，其中一个是女性，经州代表大会区选出；

(b) 州妇女领导者；

(c) 州青年人领导者。

37. 州行政委员会职责包括：

(1) 发现并解决所在州的政治、社会及经济问题；

(2) 从事所在州的民主党日常管理工作，贯彻落实州国民大会、全国委员会及国民大会的决策；

(3) 进行州级别的民主党每年预算；

(4) 准备州代表大会议程。

38. 州行政委员会由其主席组织召开，每个季度至少召开一次，如果其三分之二委员提出要求，则州行政委员会须召开例会以外的会议。

39. 州行政委员会的法定人数：三分之一的委员来自所在州的三个议员选区，经大部分人同意，即可通过议案。

州代表大会

40. 州代表大会组成如下：

(1) 州主席；

(2) 尼日利亚联邦共和国总统和副总统，均为民主党党员；

(3) 州长、代理州长及州长候选人；

(4) 联邦部长、联邦国企董事会主席、均为民主党党员；

(5) 大使，均为民主党党员；

（6）尼日利亚联邦共和国总统和副总统特别顾问和特别助理，均为所在州的民主党党员；

（7）所在州董事会成员；

（8）州行政委员会委员；

（9）所在州全国和大区行政委员会委员；

（10）所在州国民议会成员和州议院成员，均为民主党党员；

（11）十名州委员和十名州长特别顾问，均为民主党党员；

（12）所有经选举产生的地方政府议会主席及副主席，均为民主党党员；

（13）所有地方政府民主党秘书及财政部长；

（14）所有地方政府妇女和青年领袖；

（15）经区代表大会选举产生的三名代表中，至少有一名女性，并且三个人终止在被选举的代表大会中工作；

（16）曾是州工作委员会成员的人，其仍为民主党党员；

（17）民主党产生的前州长及副州长，其仍为民主党党员；

（18）民主党产生的州议院的前发言人及代理发言人。

41．州代表大会职责如下：

（1）批准所在州民主党其他部门的预算；

（2）选举州行政委员会官员；

（3）选举民主党州长候选人；

（4）接收民主党官员报告；

（5）接收审计员报告。

42．州代表大会至少每两年召开一次，具体时间和地点由州行政委员会确定，且须在国民大会前举行。

43．州代表大会法定人数为：三分之二成员来自所在州的三个议员选区，多数人同意，就可通过所有提案。

44．州议会代表大会

州议会代表大会的要求和标准都和地方政府代表大会相同。

45. 州议会代表大会的职责

选举出民主党州议院候选人。

大区工作委员会

46. 大区工作委员会组成如下：

（1）大区主席；

（2）大区秘书；

（3）大区财政部部长；

（4）大区金融部部长；

（5）大区组织部部长；

（6）大区法律顾问，须为职业律师；

（7）大区宣传部部长；

（8）大区审计员；

（9）大区妇女领袖；

（10）大区青年领袖。

47. 大区工作委员会职责如下：

（1）从事民主党在大区一级的管理工作，并且对大区行政委员会负责；

（2）负责和全国秘书长处协商所在大区党的规章；

（3）准备并递交大区行政委员会的工作报告；

（4）执行全国行政委员会分配的其他任务；

48. 大区工作委员会会议至少每两周召开一次，法定人数是：三分之二的成员来自所在州的至少三分之二的州委员会委员，多数同意，即可通过大区工作委员会会议议案。

大区行政委员会

49. 大区行政委员会组成如下：

（1）大区主席；

（2）尼日利亚联邦共和国总统和副总统，均为民主党党员；

（3）所在大区的国民大会成员，均为民主党党员；

（4）所在大区的州长及代理州长，均为民主党党员；

（5）所在大区的全国行政委员会委员；

（6）所在大区的民主党董事会成员；

（7）所在大区州议会的发言人、代理发言人、民主党领袖及总都督，均为民主党党员；

（8）大区秘书，即为委员会秘书；

（9）所在大区民主党州主席、州秘书和州财政部部长；

（10）大区财政部部长；

（11）大区金融部部长；

（12）大区宣传部部长；

（13）大区法律顾问，须为职业律师；

（14）大区妇女领袖；

（15）大区青年人领袖；

（16）大区组织部部长；

（17）大区审计员；

（18）所在大区的每个州一名前任官员。

50．大区行政委员会职责如下：

（1）负责大区内民主党所有活动的协调、监督和评价工作；

（2）在大区内成立民主党专门委员会；

（3）负责大区代表大会的准备及召开工作；

（4）准备大区代表大会的报告及预算；

（5）执行全国行政委员会布置的其他任务。

51．大区行政委员会会议至少每季度召开一次，由全国副主席组织，如果三分之二委员提出要求，则委员会有权召开例会之外的会议。

52．大区行政委员会法定人数是：三分之一成员来自所在大区的至少三分之二的州委员会，经大部分人同意后，可通过大区行政委员会议案。

大区代表大会

53．大区代表大会组成如下：大区工作委员会、大区行政委员会、州行政委员会、仍是民主党党员的曾经的大区工作委员会委员、所在大区和所在州的所有国民大会代表。

54. 大区代表大会职责如下：

（1）批准所在大区的民主党预算；

（2）选举大区工作委员会成员；

（3）接收所在大区的民主党成员报告；

（4）接收审计员报告。

55. 大区代表大会由所在区的全国副主席组织，至少每两年召开一次，如果三分之二的州行政委员会委员提出要求，则须召开例会以外的会议。

56. 大区代表大会法定人数是：所在大区的州委员会委员的三分之二，经大部分同意，即可通过大区代表大会议案。

全国工作委员会

57. 民主党全国工作委员会组成如下：

（1）全国主席；

（2）一名国家代理主席；

（3）全国秘书长；

（4）全国代理秘书长；

（5）全国财政部部长；

（6）全国金融部部长；

（7）全国组织部秘书；

（8）全国宣传部秘书；

（9）全国审计长；

（10）全国法律顾问；

（11）全国妇女领袖；

（12）全国青年领袖。

58. 全国工作委员会职责如下：

（1）负责民主党日常管理工作，并且对全国行政委员会负责；

（2）在紧急情况下，经全国行政委员会授权，可代理其采取措施；

（3）执行全国行政委员会分配的其他任务。

全国工作委员会会议

59. 全国工作委员会由主席或其三分之二委员组织，至少每两周召开一次。

60. 全国工作委员会法定人数：三分之二委员来自全国各大区三分之二的委员，经大部分人同意后，即可通过议案。

61. 全国副主席须每两个月参加一次全国工作委员会会议，以简要了解大区的运作管理。

全国干部会议

62. 民主党全国干部会议组成如下：

（1）全国主席，也就是干部会议主席；

（2）尼日利亚联邦共和国总统和副总统，均为民主党党员；

（3）三个联邦部长，他们是民主党党员，经尼日利亚联邦共和国总统任命，其中一个人任司法部长；

（4）联邦政府秘书长，这个人是民主党党员；

（5）总统官员政治和国家会议方面的特别顾问，他们是民主党党员；

（6）参议院总统及参议院代理总统，领袖及代理领袖，总都督及代理总都督，他们是民主党党员；

（7）众议院发言人及代理发言人，领袖及副领袖，总都督及代理总都督，他们是民主党党员；

（8）受托管理董事会主席及秘书，他们每一个人分别来自六个大区（根据地理和政治划分的）；

（9）代理全国主席；

（10）民主党全国秘书长，也是全国干部会议秘书；

（11）全国法律顾问及全国财政部部长；

（12）全国妇女领袖及青年人领袖；

（13）全国安全顾问，这个人是民主党党员。

第二部分 主要政党内部规章制度

63. 全国干部会议职责：

（1）全国干部会议负责协调行政部门及立法部门的工作，并协助其开展民主党各项活动；

（2）对政府的决策和项目给予审议、评价并提供建议意见。

64. 全国干部会议法定人数是其总人数的三分之二。

65. 如果有成员组织召开全国干部会议，全国主席须和尼日利亚联邦共和国总统协商考虑影响党和国家的重大问题。如果三分之二的成员提出要求，那么就需要召开例会以外的会议。经大部分人同意后，即可通过议案。

全国行政委员会

66. 全国行政委员会组成如下：

（1）全国主席；

（2）尼日利亚联邦共和国总统及副总统，他们是民主党党员；

（3）委托董事会主席及秘书；

（4）受托董事会所有其他成员，但这些人没有表决权；

（5）参议院总统，参议院代理总统，参议院领袖及代理领袖，参议院总都督及代理总都督，每个大区的两名参议员，这些人民主党党员；

（6）众议院发言人及代理发言人，众议院领袖及代理领袖，众议院总都督及代理总都督，每个大区的三名众议院议员，他们是民主党党员；

（7）所有州长，他们是民主党党员；

（8）代理主席；

（9）全国副主席；

（10）全国秘书长及代理全国秘书长；

（11）全国财政部部长及代理部长；

（12）全国金融部部长秘书及代理秘书；

（13）全国组织部秘书及代理秘书；

（14）全国宣传部秘书及代理秘书；

（15）全国法律顾问及代理顾问；

（16）全国审计员及代理审计员；

（17）全国妇女领袖及代理领袖；

（18）州民主党主席；

（19）全国青年领袖及代理领袖；

（20）四个民主党曾经的党员官员，其中至少两个是女性，是从六个大区中选出来的；

（21）仍然是民主党党员的所有曾经的代理全国主席，和受托董事会主席及秘书。

67．全国行政委员会职责包括：

（1）召集国民大会，并且任命一个国民大会组织委员会，该委员会负责提前发布国民大会信息，以确保每个成员所关心的问题都能在议程上得以体现；

（2）出台国民大会决策及指令；

（3）监督并指导民主党及其下属单位的各项工作，包括：国家、大区、州、地方政府；

（4）确保民主党所有的部门都能民主有效地开展工作；

（5）如果有必要，暂停甚至解除州行政委员会工作，但是不能超过三个月；

（6）准备报告及预算并且向国民大会递交，请求批准；

（7）起草新的政策或新项目向国民大会递交，请求批准；

（8）考虑联邦各大区及州的上诉等事宜；

（9）制定党章，约束民主党所有机关及所有党员；

（10）制定民主党选举条例，以管理民主党各级机关选举工作，并规范选举办公室候选人的选举程序；

（11）保证民主党雇员的工作环境符合工人条例要求；

（12）制定现行法令，并递交国民大会，请求批准；

（13）解决国民大会或受托董事会提出的其他问题；

（14）成立各部门单位并组建专门或现行的民主党委员会；

（15）管理并控制民主党所有资产；

（16）经和受托董事会协商，任命杰出的民主党领袖作为名誉退休干部成员，得此任命的人有权利参加民主党各机关的所有会议；

（17）监察联邦政府及州政府的组织提出的各项活动、决策及法规的落实情况。根据民主党公开的条例、项目及目标，针对相关问题，采取恰当措施，提出必要合理建议；

（18）为民主党的管理及日常开销筹集充足资金；

（19）批准民主党党员最低党费及其他税费金额；

（20）授予有助于实现民主党目标的各种荣誉。

68. 全国行政委员会的决策适用于民主党所有机关及党员。

69. 全国行政委员会至少每季度一次，在其委员会主席提议或应其三分之二的委员要求召开，这些委员须在会议召开前至少七天通知主席。全国主席召开紧急会议的条件要满足议程提出的各种要求。

70. 全国行政委员会法定人数为：三分之二的委员来自联邦三分之二的大区，经大部分人同意后，可通过全国行政委员会各种议案。

受托管理董事会

71. 受托管理董事会成员资格

满足下列条件的人有资格被任命为受托管理董事会成员：

（1）连续四年以上注册为民主党党员；

（2）每年按时上交党费；

（3）年龄在五十岁及以上；

（4）正直的男性或女性。

72. 受托管理董事会组成

（1）所有曾经及现任的尼日利亚联邦共和国总统及副总统，曾经作为民主党党员工作，现在仍是民主党党员；

（2）曾经及现任的全国主席、代理全国主席、全国秘书长，现在仍是民主党党员；

（3）所有过去的及现任的参议院总统及众议院发言人，现在仍是民主党党员；

（4）所有民主党的建立者；

（5）六个大区中，每个大区选出的两名妇女；

（6）六个大区中，每个大区选出的三个成员，其中至少有一名女性；

（7）为民主党发展做出杰出贡献的人，最多六个，并且经董事会认可；

（8）受托管理董事会成员制反映了尼日利亚联邦制的特点。

73．受托管理董事会负责

（1）从董事会成员中选出一个董事长和秘书，董事长及秘书也是全国行政委员会的成员；

（2）严格根据宪法的各项条例，确保选出的董事长及秘书是正直的，并且为民主党发展做出杰出贡献；

（3）确保受托管理董事会的董事长及秘书根据此章程，服务一个任期，五年；

（4）严格要求自己行为。

根据此章程81条款，在第76条第（1）、（5）至（7）款中详细说明的，所有的受托管理董事会成员的服务期都是一个任期，五年。要分别符合各自的详细规定。

74．受托管理董事会会议由董事长或应其二分之一成员要求召开，如果董事会或全国行政委员会提出要求，也须召开。

75．受托管理董事会法定人数为：三分之二的成员来自联邦中至少三分之二的州。经大多数人同意，即可通过受托管理董事会议案。

76．受托管理董事会会议须遵守此章程的各项条例：

（1）确保将最高道德标准作为民主党所有活动的道德准则，有权要求行为不满足道德标准的民主党所有官员遵守要求；

（2）确保民主党党员士气高涨，在尼日利亚人民面前树立一个良好、完善的形象；

（3）在全国范围内，协调、指导并评价民主党各项政策及活动；

(4) 保证民主党经济来源；

(5) 经授权管理民主党资产，是这些资产的保管人；

(6) 调节政府行政部门及立法部门之间的分歧和矛盾；

(7) 在民主党问题上，向民主党全国行政委员会提供建议；

(8) 除全国干部会议外，需要参加民主党其他机关部门的所有会议；

(9) 完成全国行政委员会及国民大会布置的所有任务。

77. 受托管理董事会成员遇到以下情况，处理方式如下：

(1) 如果经全国行政委员会证实，某成员为人不正、行为不端，此人将会被国民大会开除。

(2) 若要辞掉受托管理董事会成员身份，需要向民主党主席递交辞职信。

(3) 根据此章程各项条例，如果某成员有如下情况，将会失去受托管理董事会成员身份：

(a) 被逐出民主党；

(b) 辞职离开办公职位（虽然曾经是经过任命或选举获得此职位时，根据此章程各项条例自动成为受托董事会成员的）。

78. 如果受托管理董事会出现职位空缺情况，须进行新的选举以填补空缺职位。

79. 受托管理董事会须起草新的条例，以规范管理，约束其成员行为。

国民大会

80. 民主党国民大会组成包括：

(1) 民主党全国主席全国行政委员会其他成员；

(2) 尼日利亚联邦共和国总统和副总统，他们是民主党党员；

(3) 民主党党员的所有联邦部长；

(4) 民主党党员的尼日利亚联邦共和国总统和副总统的特别顾问和特别助理；

(5) 民主党党员的所有国民议会成员；

(6) 民主党党员的大使；

（7）民主党党员的所有州长及代理州长；

（8）所有民主党州长候选人都自动成为国民大会代表；

（9）民主党党员的十个州委员和十个州长的特别顾问；

（10）是民主党党员的所有州议院的成员；

（11）受托管理董事会成员；

（12）大区工作委员会及成员、各州包括联邦首都辖区阿布贾在内的民主党主席和秘书；

（13）包括联邦首都辖区阿布贾在内的所有妇女领袖及青年人领袖；

（14）所有地方政府区的民主党主席；

（15）从地方政府区代表大会选出来的全国代表；

（16）民主党党员的经选举产生的所有地方政府议会主席；

（17）民主党主席的联邦国企董事会主席；

（18）仍是民主党党员的全国工作委员会的前委员们；

（19）仍是民主党党员的参议院前代理总统，众议院前代理发言人。

国民大会职责

81．国民大会在民主党中享有最高权力及控制力，在此章程允许范围内，是民主党最具代表性、最高政策制定及日常管理结构。除此章程赋予其他机构的特别职责外，国民大会在处理民主党事务方面，有最高权力。所有民主党党员、机构都要按照国民大会要求履行各自职责。

82．国民大会制定的各项民主党政策只能由国民大会进一步增订或取消。

83．国民大会有权：

（1）为民主党制定政策和方案计划；

（2）选举或开除民主党全国官员；

（3）选举民主党总统候选人；

（4）要求并向全国行政委员会及民主党其他各委员会、机关收取报告，并对其做适当处理；

（5）任命成立必要、合适的委员会，并赋予与之相应的权利及职责；

（6）监察所辖范围内的措施的落实及法规的制定等，包括联邦、州、或地方政府议会级别的，以确保其符合民主党各项规定；

（7）在所有选举中，采取符合法律要求的措施，尽可能多地争取民主党候选人；

（8）审议州及地方政府级别的报告，并采取必要、恰当措施以维护民主党各项利益，巩固其现有成果；

（9）为民主党日常管理筹集充足资金；

（10）控制并用法律要求民主党所有官员和党员；

（11）对需要全国行政委员会承认的现行委员会的类型及成员做出决定；

（12）根据需要，随时审议并修改民主党章程，并且国民大会永远不能将其修改党章的权利授权其他组织；

（13）除修改党章的权利不能授予外，可以将其任何权利授予全国行政委员会或其他民主党任何单位；

（14）采取各种措施以促进民主党目标的实现；

（15）任命旁听审计员审计民主党账目；

（16）规定民主党党员每年的最低党费金额，以及这笔收入用于民主党全国秘书长处的份额；

（17）评价、修改及撤销民主党任何选区、单位及机关的决策；

（18）践行其他符合此章程各项条款规定的权利，以促进民主党目标的实现。

84. 国民大会的法定人数为其成员总数的三分之二，经大部分同意后，即可通过国民大会议案。

85. 国民大会每四年召开一次，民主党全国会议每两年召开一次，两个会议交替进行。

86. 全国性会议每两年召开一次，目的是评价民主党各级政府的表现。

87. 国民大会根据民主原则，自主决定其程序。

88. 应全国行政委员会或州代表大会三分之二成员要求，可以随时召开国民大会特别会议，该会议只讨论一些在大会通知中做了详细说明的特殊问题。

89. 国民大会对关键问题实行无记名投票。

第十三章　官员的权利和职责

全国官员

全国官员须是正直且有可证明的能力的男性和女性。

全国主席

1. 全国主席也就是民主党最高行政长官，其职责如下：

（1）组织并主持民主党国民大会会议、全国行政委员会会议、全国干部会议和全国工作委员会会议；

（2）在全国行政委员会监督下，对民主党活动提供强有力的、有效的支持和领导；

（3）促进并维护民主党政策及计划的公平、正直。代表全国行政委员会宣布民主党决策、工作计划及各项活动的大纲；

（4）授予民主党其他成员、官员具体的职责；

（5）将其权利授予代理全国主席或任何一个全国副主席；

（6）有必要时，进行投票；

（7）向国民大会呈现一个全面的民主党声明及概况性的执政汇报；

（8）确保严格遵守该章程的各项条例，履行任何促进并有益于民主党发展的职责。

代理全国主席

2. 代理全国主席不能和全国主席来自同一大区，要么偏北，要么偏南。

3. 代理全国主席要履行全国主席分配的具体任务，并且还要履行民主党赋予的其他职责。

全国秘书长长

4. 全国秘书长长也是民主党首席行政会计主管，其职责如下：

（1）在全国主席的指导下，监督民主党日常活动。

（2）在全国主席指导下，管理指导民主党相应工作，解决国民大会会议、全国行政委员会会议、全国干部会议和全国工作委员会会议提出的问题。

（3）保存所有国民大会会议、全国行政委员会会议、全国干部会议和全国工作委员会会议的会议记录及民主党其他活动记录。

（4）向全国行政委员会及国民大会递交年度活动报告。

（5）确保贯彻落实国民大会、全国行政委员会、全国干部会议和全国工作委员会的各项决策和指示，并确保民主党所有部门及时有效地履行各自职责。

（6）在履行职责问题上，与全国主席协商。

（7）完成国民大会、全国干部会议、全国行政委员会、全国工作委员会及全国主席随时分配的任务。

（8）民主党全国秘书长长是民主党公章的管理人。

5. 代理全国秘书长长

代理全国秘书长长在履行职责方面协助秘书长工作，当秘书长不在时，按要求代理秘书长工作。

6. 全国财政部部长

全国财政部部长是一名会计师，业绩谨慎，其职责如下：

（1）接收所有资金，并将其及时纳入民主党账户。代表民主党保存所有支票本及其他所有民主党银行文件。

（2）确保谨慎地管理民主党资金。

（3）确保民主党收到的所有资金都及时纳入民主党账户，如遇特殊情况，也要在资金到账后四十八小时内将其纳入民主党账户。

（4）准备并向全国行政委员会递交年度对账定期报告。

7. 全国财政部代理部长

全国财政部代理部长代理全国财政部部长履行职责。

全国金融部秘书

8. 全国金融部秘书职责如下：

（1）收集并保存民主党党费、税费及募集的各种款项。

（2）准备并向全国行政委员会递交为民主党筹集资金的策划，并请求批准。

（3）严格监督预算、预算控制及经济报告。

（4）通过内部控制，保护民主党资产，制定操作程序；建立协调投资机制，为民主党产生更多经济收益。

9. 全国金融部代理秘书

全国金融部代理秘书代理金融部秘书履行职责。

全国组织部秘书

10. 全国组织部秘书职责如下：

（1）为民主党党员调动及新党员的招募策划活动。

（2）评估民主党所存在的问题，并为其提供解决方案。

（3）协调所有信息，为赢得选举制定合理策略。

（4）协调民主党各部门工作。

（5）为实现民主党目标，组织研讨会、集会、竞赛等活动。

（6）为使民主党赢得选举，和全国妇女领袖及青年人领袖保持沟通，并协调各项工作。

全国组织部代理秘书

11. 全国组织部代理秘书代理组织部秘书行使各项权利。

全国宣传部秘书

12. 全国宣传部秘书职责如下：

（1）协调民主党所有信息及公共关系。

（2）是民主党首席代言人。

（3）宣传符合民主党目标的民主党政策及工作。

全国宣传部代理秘书

13. 全国宣传部代理秘书代理宣传部秘书履行职责。

全国审计员

14. 民主党全国审计员是一名会计师,其职责如下:

(1) 审计民主党年度账目,并向全国行政委员会汇报。

(2) 向国民大会呈现民主党经审计的账目。

(3) 履行全国行政委员会赋予的其他职责。

全国代理审计员

15. 全国代理审计员代理国家审计员行使各项权利。

全国法律顾问

(1) 在法律方面的事宜,向民主党提供意见;

(2) 只要诉讼影响到民主党利益,就可代表民主党及其各级机关、所有官员进行起诉或辩护;

(3) 在出现任何模糊不清的状况时,有权解释法律及民主党章程的各项条款。

全国代理法律顾问

17. 全国代理法律顾问是一名有十年及以上经验的律师,可代理全国法律顾问履行职责。

全国妇女领袖

18. 全国妇女领袖职责如下:

(1) 动员、组织妇女;

(2) 落实相关政策,开展相关活动以拉近民主党与尼日利亚女性的距离;

(3) 协调大区及州的妇女领袖的工作。

全国妇女领袖代理

19. 全国妇女领袖代理可代理妇女领袖履行职责。

全国青年人领袖

20. 全国青年人领袖的职责如下：

（1）为实现民主党目标，动员青年人；

（2）落实相关政策，开展相关活动以拉近民主党与尼日利亚青年人的距离；

（3）协调大区及州的青年人领袖的工作。

全国青年人领袖代理

21. 全国青年人领袖代理可代理全国青年人领袖履行职责。

其他级别的官员

22. 根据此章程的各项条款规定，大区、州、地方政府及个行政区的相应部门的官员享有相同的权利，履行相同的职责，除非此章程做出特殊说明。

23. 各级别的行政委员会都有权利成立必要的、适当的临时委员会，并且授予其合理的权力及职责。

机会均等

24. 根据此章程各项条款规定，联邦政府的理念要在民主党各级别行政委员会的选举及任命中得以体现。

全国官员的解雇及辞职

25. 如果民主党全国官员被解雇或主动辞职，须及时向全国秘书长长上交其所拥有的民主党的一切记录、文件和其他财产，以便秘书长再上交给全国主席。此条规定，根据实际情况，适用于民主党的任一级别。

第十四章 任 期

1. 民主党所有全国、大区、州、地方政府区及行政区的官员的服务期都是一个任期，四年。如果资格允许，可以通过国民大会或相应的代表大会选举，进行第二任期服务，但最多是两个任期。

2. 可以向任一级别的行政委员会、国民大会或代表大会的任一成员投赞成票，以将其任期延长两年，如果没有通过，该行政委员会成员就会在国民大会或代表大会被替代。类似议案的通知要提前两个月交给相应级别的秘书，再由该秘书于国民大会或代表大会召开前一个月增加到相应章节中。

3. 如果民主党国民大会或代表大会的成员反对该赞成票，那么该赞成票不能通过。

4. 民主党各级别的行政委员会经选举产生的官员，如若辞职，须提前三十天将其辞职报告以书面形式递交给相应级别的行政委员会。以下情况除外：辞职原因是为了竞选选举办公室的职位，而根据民主党全国行政委员会要求，该职位在竞选期间就生效。

5. 民主党任何职位出现空缺时，委员会须从所在大区选一名代理官员代理其履行职责，直到选举产生新的人员填补该空缺。

第十五章　禁止担任双重职务

1. 根据此章程各项条款规定，民主党任一级别官员如担任以下职务，须辞掉其原来的工作：

（1）尼日利亚联邦共和国总统。

（2）尼日利亚联邦共和国副总统。

（3）联邦部长。

（4）总统或副总统的特别顾问或特别助理。

（5）全国和州议会成员。

（6）大使。

（7）州长或代理州长。

（8）委员会成员、州长或代理州长的特别顾问或特别助理。

（9）地方政府主席、代理主席或议员。

（10）在联邦、州或地方政府公共服务领域的全职雇用或任命的职员。

第十六章　民主党官员选举方式

1. 国民大会、大区、州、地方政府区及行政区的代表大会在选举民主党官员时须召开相应级别的大会，联邦首都特区除外，因为其民主党官员是根据政治、地理划分的行政区选举产生。

2. 只要满足此章程、尼日利亚联邦共和国宪法及其他法律法规官员提名选举的要求，所有注册民主党党员都有资格参加民主党任一职位的竞选。民主党的官员只要满足民主党章程的要求，也有资格重新竞选任一职位。

3. 所有民主党职位的选举要求都已经通过民主党行政委员会根据此章程各条规定予以批准。

4. 只有注册成为民主党党员满十八个月，并且有良好的财务记录，才可以有资格参加民主党各职位的提名、竞选或任命，除非有相应行政委员会的特别许可。

第十七章　公共机关单位选举的候选人提名

1. 根据此章程相关条款，全国行政委员会须为各级别的公共机关职位选举的候选人提名工作制定相关法规，并且最终负责解决民主党选举中关于选择候选人的争议，及确定民主党联邦公共机关候选人名单。

2. 无论本章程第十二章如何规定，全国行政委员会须采取以下措施，以规范公共机关选举民主党候选人的程序：

（1）选择尼日利亚联邦共和国总统民主党候选人时，要特别召开民主党国民大会，并在其大会上进行初选；

（2）选择州长民主党候选人时，须召开民主党州代表大会，并且在该会议上进行初选；

（3）在选择地方政府议会主席及议员时，须在地方政府主选民区进行初选；

（4）在选择众议院成员候选人时，须在主选民区进行初选；

（5）在选择参议院民主党候选人时，初选须在主参议员选区进行；

（6）行政区官员、地方议院候选人及二十五个代表的选举工作在代表大会中进行，并且经初选一次性完成，行政区内所有持有党证的民主党党员都可以参加；

（7）注册成为民主党党员两年及以上才有资格参加民主党公共机关职位的竞选，除非相应的行政委员会做出特别说明，但该委员会的相关政策须经上一级直属委员会批准，并且全国行政委员会享有最高权威；

（8）注册成为民主党党员一年及以上才有资格接受政治方面的任命，但要尊重相关权威部门的规定；

（9）民主党职位候选人参加竞选时，最低要拥有中学或其等同学历，除非相关行政委员会做出特别说明。在行政区级别，不必要求学历。

第十八章　民主党资金

1. 民主党的持续的资金来源包括：

（1）民主党党员上交的党费、注册费及税费等；

（2）民主党投资的收益；

（3）津贴及捐助款；

（4）经法律认可的个人及集体的赠予及补助；

（5）经全国行政委员会批准的贷款；

（6）民主党其他合法收入。

2. 民主党党员的党费和税费

（1）每年一次的党费

民主党每年的党费是六百奈拉左右，这是全国行政委员会依据全国工作委员会的意见而制定的，所有民主党党员须按时上交党费并且在党证上予以盖章以作为标记。

(2) 税费及公职人员

为了增加民主党收入，所有经选举或任命产生的公职人员都须额外上交以下税费：

(a) 在各级立法部门（包括三个行政级别）的经选举产生的官员上交每年基本工资的百分之五；

(b) 经任命的（包括三个行政级别）官员须上交每年基本工资的百分之五；

(c) 大使上交每年基本工资的百分之五；

(d) 联邦级别的董事会主席，基本津贴或报酬的百分之五。

(3) 补助及捐助

民主党鼓励那些享受民主党全国、州、地方政府级别惠顾的个人和友好人士每年向民主党提供捐款，该捐款须符合现行法律法规。

(4) 来自销售提名表格方面的收益

销售提名表格所获得的收益也是民主党自己的一部分。

(5) 全国主席每年一度的筹集资金晚宴

全国财政委员会按要求每年必须举办一次全国主席筹集资金晚宴。参加者（包括民主党朋友及民主党党员）根据座位的安排等一些其他标准为晚宴买单，这些标准由负责组织该晚宴的委员会负责制定。

(6) 企业

全国财政部委员会可以在尼日利亚联邦共和国宪法许可范围内开办以维持民主党的企业。

(7) 投资收益

为确保民主党有广泛且持续的资金来源，全国财政部委员会在合资企业中进行长期投资，包括股票、工业及房地产方面的企业。

(8) 借款

民主党在十分必要的情况下，通过借款来周转资金。借款这种行为必须经相应的行政委员会授权，手续必须严格符合相关规定。

3. 民主党资金管理的透明度及责任

为保证民主党对资金的管理做到透明并负责：

（a）全国行政委员会须指定标准的财政法规，以管理民主党各级别的资金；

（b）各级别财政委员会必须包括财政主管、财政部秘书及审计员，这些人参与到民主党资金的实际管理工作中（例如：委员会须制定预算，审议支出，确保做到负责）。

4. 在全国级别，由总统负责确保关于党费调整符合此章程的相关规定。参议院由参议院发言人负责，众议院由众议院发言人负责，确保国民议会内所有成员遵守此章程的各项条款。

5. 适用于全国级别的条款也适用于人区级别。

6. 在州级别，由州长负责确保关于党费调整符合此章程的相关规定。州议院由州众议院发言人负责，确保州议院内所有成员遵守此章程的各项条款。

7. 在地方政府级别，由地方政府议会主席负责确保关于党费调整符合此章程的相关规定。地方政府立法机构由其领导人负责，确保地方政府立法机构所有成员遵守此章程的各项条款。

第十九章 银行账户

1. 民主党须在其总部所在城市开设银行账户，如果当地没有银行，须在最近的城市的银行开户。

2. 民主党各级别的行政委员会负责决定在哪一个银行开户。

3. 某一级别，经授权哪些人可以签署银行账户或进行相关金融交易，规定如下：

（1）在大区、州、地方政府及行政区级别，其主席或其同等职位的人；

（2）在大区、州、地方政府及行政区级别，其秘书或其同等职位的人；

(3) 在大区、州、地方政府及行政区级别，其财务主管或其同等职位的人。

只有经主席或其同等职位的人、秘书或财务主管及其同等职位的人授权，所进行的取款、借记等程序才有效。

第二十章 账目审计员

1. 全国行政委员会须任命一个有能力胜任的会计公司对每年民主党账目进行审计，并将审计报告递交给国民大会。

2. 大区、州、地方政府行政委员会也会任命类似的会计公司每年对其账目进行审计，并将审计报告呈交给相应的代表大会。

第二十一章 违规和惩罚

违规

1. 根据此章程相关条款规定，民主党有权对违反下列规定者进行惩罚：

（1）违反民主党党章或声明；

（2）其言论或行为对民主党名誉造成伤害，引起公众憎恨或谴责；

（3）不服从或蔑视民主党机关或官员的合法指示；

（4）行为不端，欺诈民主党及其党员或官员；

（5）经常性不出席相关会议，不履行其职责；

（6）参加反民主党活动；

（7）在民主党任一部门的会议或集会上，行为不检；

（8）其行为煽动党员欺骗民主党，或扰乱和平有序的民主党工作；

（9）在未经授权情况下，宣扬民主党内部的争议或在任一级别内组建类似党派；

（10）以民主党名义或其他本章程所不允许的名义拉拢党派或附属其他团体；

(11) 组织、维持、培训及鼓励共产党员使用暴力或强制等危险手段；

(12) 在和民主党党员关于权利、义务和责任等问题产生争议时，直接诉诸法律或进行起诉，而不是通过民主党根据此章程的相关规定进行解决；

(13) 拒绝、忽视或未能及时处理情愿、抱怨及起诉等问题。

2. 附则

(1) 如果民主党任何党员受到侵害，须向相应的权威部门报告；

(2) 如果对处理结果不满意，可以起诉到更高级别的部门；

(3) 所有的上诉须在两周内及时予以解决；

(4) 民主党全国行政委员会享有最终裁定权。

纪律处分程序

3. 根据此章程各条款要求，民主党所有级别都要设立纪律委员会，这些委员会各由七名诚信的党员组成，其中至少有一人有相应级别的法律专业背景，经相应级别的行政委员会任命。

4. 经初步调查后，民主党任一级别的工作委员会有权暂停民主党党员工作，但时间不能超过一个月，在此期间，该党员仍享有参与竞选的权利，但要告知相应级别的纪律委员会。

5. 经核实，如该民主党党员的确存在问题，纪律委员会须以书面形式通知该党员接受审理的时间和地点。

6. 接受纪律委员会审理的党员有权亲自或通过代理人进行口头或书面形式的辩护，也有权请目击者。如果该党员没有接到被控告的通知，或没有为自己辩护的机会，那么审理的最终结果将无效。

惩罚

7. 民主党任一党员违反此章程第二十一章规定的任一条款，将会面临下列一个或多个惩罚：

(1) 批评；

(2) 谴责；

(3) 罚金；

（4）暂时停职并交罚金；

（5）丧失所有民主党职位；

（6）工作解聘；

（7）开除党籍。

8. 根据第二十一章规定，民主党任一级别的行政委员会有权对该级别的民主党党员的任何违纪行为做出任一惩罚决定。

9. 无论此章程其他条款对纪律问题做出的要求如何，除全国行政委员会外，没有任何一个级别的委员会有权受理如下人员的纪律问题：全国行政委员会委员、公共机关人员，例如：部长、大使、特别顾问、代理州长及所有立法机构成员。

10. 除全国纪律委员会外，其他级别的纪律委员会没有权利对此章程的第21章第7条所列人员的纪律问题做出处理决定。此条款对全国工作委员会对任何人的处理结果不造成任何干扰。

11. 针对其他类别的行政委员会成员、公共机关人员或其他民主党党员，相应级别的行政委员会对其纪律问题做处理决定。

12. 无论此章程其他条款要求如何，全国行政委员会有权开除任何其行为有损民主党名誉的民主党党员。

上诉

13. 所有民主党党员如若对民主党各机关办公室针对自己的处理结果不满，在处理决定公布后的十四天内，有权向上一级的相关部门申诉。

14. 相应级别的行政委员会须在接到上诉通知之日起，二十一天内做出裁决。

第二十二章 人民民主研究所

1. 人民民主研究所是人民民主党文化资源部门。

（1）人民民主研究所设有联邦储备委员会，其主席由全国行政委员会任命；

（2）人民民主研究所负责组织研讨会和工作坊等，以培训执政、组织及管理方面的能力；

（3）人民民主研究所所有活动和工作须符合其各项规定；

（4）人民民主研究所总所长职责是管理该研究所；

（5）人民民主研究所所长的服务期是一个任期，五年；

（6）人民民主党的财政管理规定同样适用于人民民主研究所。

第二十三章　合同责任

1. 为实现民主党目标，保护民主党党员财产及名誉，民主党永远有权控告法人团体，有权获得、持有或放弃财产、签署协议等采取一切必要措施。

2. 只有全国级别的民主党官员才有权和其他组织建立约束民主党的法律关系。

第二十四章　公　章

1. 民主党公章由民主党全国秘书长保管。

第二十五章　就职誓言

1. 民主党所有经选举或任命产生的官员，都须在此章程附录一的就职誓言上用其能够理解的语言签字，并且须有誓言公证人公正。

第二十六章　修正案

1. 民主党有权修正此章程，但只有经国民大会上三分之二的出席人员投票通过后，修正案议案才可以生效。

2. 对此章程的修正建议通知须在国民大会召开前两周以书面形式提交给全国秘书长,其中要包含明确的修正内容及修正原因。

3. 全国秘书长在收到该通知后,须在国民大会召开前至少一个月将其印发给民主党州级别部门。

第二十七章 阐 释

1. 全国行政委员会有对此章程各项条款及其附录的最终解释权。
2. 在此章程中:
(1)"资金"包括宝贵物品;
(2)"民主党"的意思是"人民民主党";
(3)"月"指公历月;
(4)在估算此章程中小数时,须和其整数部分尽可能地接近;
(5)"青年人"指十八至四十岁之间的成员;
(6)"代表大会"是指一个大型的会议或一系列会议,在该会议上,民主党不同级别的代表讨论问题、做出决定、通过议案并选举表决;
(7)"国民大会"是指民主党全国级别的最大规模、最高级别的会议,该会议可以批准决策、选举总统及全国官员等;
(8)"代表"是指民主党任一级别经选举或提名产生的代表;
(9)"国家的"是指联邦级别,是 1999 年尼日利亚联邦共和国宪法提出的;
(10)"大区"是指根据地理和政治划分的区域,即:东北、中北、西北、东南、西南、南南;
(11)"州"指地理划分的区域,是 1999 年尼日利亚联邦共和国宪法定义的;
(12)"地方政府区"是地方政府范围,是 1999 年尼日利亚联邦共和国宪法,特别是附录二定义的;
(13)"行政区"指全国独立选举委员会对地方政府轮廓的描述。

第二部分　主要政党内部规章制度

附录一

效忠誓言

本人＿＿＿＿＿＿＿，在此庄严承诺，我将效忠人民民主党，效忠尼日利亚联邦共和国，维护人民民主党党章，维护尼日利亚联邦共和国宪法。上帝保佑我。

附录二

就职誓言

本人＿＿＿＿＿＿＿，在此庄严承诺，我将效忠人民民主党，遵守党章、竭尽全力，为人民民主党及尼日利亚联邦共和国的完整、稳定、先进及繁荣努力奋斗，追求并实现人民民主党党章及宣言中提出的民主党目标。我将克己为公，无论在任何情况下，依法公正对待所有党员及人民。除必要情况下，我绝不会以任何方式对任何人公开自己民主党官员身份，以获取特权。我将全身心投入到为尼日利亚人民的服务中去。上帝保佑我。

附录三

会议记录

1. 会议使用的语言

民主党各级别会议须使用英语，或各级别中大部分人能够理解的尼日利亚语言。

2. 民主党各级别会议须由其主席主持，若主席不在，由代理主席主持，若两人都不在，则由该会议成员选出一个代表，临时负责主持会议。

3. 民主党会议的程序及规定须得到民主党全国行政委员会批准。

附录四

职员守则

1. 民主党职员在纪律诉讼及日常管理方面,须接受全国、大区、州、地方政府及行政区相应级别的秘书的直接管理和纪律要求。

民主党所有职员都须遵守此章程各项条款要求,遵守民主党全国行政委员会及其他授权单位的决策纪律。

2. 民主党党员有权在民主党寻求职位或接受雇用。

3. 任何民主党职员如有轻视或嘲笑民主党及其官员行为,参加反对民主党及其官员的反动活动,经发现后,立即解除及工作。

4. 在做出纪律处分决定之前,所有违规的职员都有充足的机会为自己辩护。

5. 如果不在选举前一个月辞掉任命的职位,民主党党员没有资格获得竞选人提名。

6. 民主党职员的报酬及其他待遇的决定方式如下:

(1) 全国级别的职员,由国民大会依据全国行政委员会的意见决定;

(2) 州级别的官员,由州代表大会根据州行政委员会的意见决定;

(3) 行政区级别的官员,由地方政府区代表大会根据地方政府行政委员会的意见决定。

声明

特此声明:此人民民主党党章经 2009 年 4 月 20 日于阿布贾举行的民主党国民大会修正并批准。

2009 年 4 月 22 日
全国主席 Prince Vincent Eze Ogbulafor, OFR
全国秘书长 Alhaji Abubakar kawu Baraje

人民民主党宣言

我们尼日利亚人民民主党意识到要在公正平等和公平竞争的基础上将尼日利亚建设为现代化的民主国家的历史使命。

(一) 意识到

（1）为了发挥国家的最佳潜力要彻底摆脱过往的错误；

（2）在法治的前提下基于民主、人权和社会公正的原则须建立性质上更好的社会。

(二) 致力于

（1）为了实现社会的公正平等，本着真正的联邦主义精神重构尼日利亚层级结构政府；

（2）解决诸如三级政府间的权力下放等的基本问题。

(三) 盟约如下

1. 尼日利亚政体的不可分割

（1）我们捍卫联邦制政府领导下尼日利亚的统一性。因此我们将不断促进政治宽容、和解和妥协，宗教和谐，种族间和种族内的包容合作；

（2）我党也将促进地缘政治平衡作为权力分配的一项基本原则，这与联邦制原则一致；

（3）我党将会支持在政体各个级别实行轮流执政的原则。

2. 宪法至高无上

我们捍卫尼日利亚联邦共和国宪法的至高无上性和国家及其人民的主权。据此我们承诺严格守法执法。作为一个政党，我们将遵照尼日利亚联邦共和国宪法和人民民主党章程的精神和条文。

3. 司法独立

我们捍卫尼日利亚宪法、国际协议和公约规定的基本人权。我们反对任何基于性别、宗教、出身、种族、信仰等的歧视行为。我们人民民主党将为保护包括妇女、儿童、老年人、残疾人士和少数族裔在内的社会弱势群体的权利不懈努力。

（四）指导原则

我们将坚决忠于：

（1）民主和良好治理；

（2）自由，人权和人格尊严；

（3）公正、平等、民众参与、包容性和法治；

（4）处理公共事务保持廉正、透明和责任感；

（5）为私营部门引导经济发展创造有利环境以实现经济可持续发展。

（五）政策取向和措施

1. 政治目的

人民民主党的政治目标是：

（1）谋求政权保证尼日利亚领土完整，促进尼日利亚人民的安全保障和福祉；

（2）促进政治稳定、国家统一、民族团结、捍卫民族文化和价值观念；

（3）善政廉政，确保参与性的民主制度；

（4）保证人权和所有公民以及在尼日利亚境内居住的人的基本自由；

（5）持续培育和弘扬民主理想和传统；

（6）为私营公司和企业带动国民经济发展提供有利的政治环境；

（7）向全体尼日利亚公民提供平等机会担任国家最高政治、军事、官僚和司法职位，捍卫包括少数团体在内的所有公民的利益。

2. 治理

我党将坚守：

（1）强调人民福祉的参与性民主制原则；

（2）面向全体公民的社会公正和机遇平等原则；

（3）促进和捍卫尼日利亚联邦制政府；

（4）问责和透明度原则，目的在于重建民众对政府、纪律和领导力的信心并以此作为公众生活的基础，而个人诚信作为处理公众事务的重要的道德观念。

（5）在我们人民中培养同一性，无论社会、政治或经济地位，公正平等地对待他人；

（6）在保证宗教自由和良好的道德心的同时维持尼日利亚是多宗教国家的现状。

3. 经济

尼日利亚的政治和社会问题的根源是贫困和经济机会难以获得。人民民主党的经济政策的最终目标是改善尼日利亚人民的生活质量，使所有人都能满足基本的生活需要。这一宗旨必将催生出由中小型企业推动发展和经改革后的国营部门调控的市场经济。

上述目标的根本在于发展强劲、多样化的经济，通过投资现代化农业方法推动乡村城市人口迁移。

人民民主党的经济政策以人为本，致力于实现千年发展目标的同时：

（1）发展以可以获得贷款的小型企业主和专业人士阶层为动力的中产阶级；

（2）使在城乡地区容易获得可转让的产权；

（3）采取措施将弱势和穷困群体纳入经济发展体制中以此来保护他们的利益；

（4）提高在物质和社会基础设施建设方面的投资。

人民民主党的总体目标是在2020年之前将尼日利亚建立为非洲领先的经济体和世界二十大领先的经济体之一，并且每年以不低于百分之十的增长率增长。

4. 司法和司法行政

我党将：

（1）任何时候都坚持和维护尼日利亚联邦共和国宪法；

（2）拥护宪法规定的三权分立原则；

（3）坚持司法独立；

（4）保证尼日利亚人民的生命财产安全。

行动大会（党）党章

第一条　党章的主导地位

在不影响尼日利亚联邦共和国宪法或其他尼日利亚联邦共和国目前已生效的任何其他法律的前提下，当有关规则和党的规定违反了党章的有关条款时，此章程中的条款和规定将会优先于这些规则或党的规定。

第二条　党的命名和描述

1. 序言

意识到下列必要性，包括：

（1）保护和促进尼日利亚联邦共和国的主权完整、团结和进步；

（2）促进尼日利亚联邦共和国人民的福祉和幸福；

（3）在社会正义、自由、平等、全国人民和平与进步的基础上促进尼日利亚实现真正的联邦主义；

（4）推进繁荣、透明性、启蒙思想和社会正义；

（5）创建宽容与和平共处的社会环境。建立一个保证机会均等的新的国家。在这样的国家里，人们彼此相互尊敬和理解，各种形式的歧视在人们之间得到消除；

（6）提倡人们无私奉献，点燃所有尼日利亚人民心中深藏的爱国主义和民族主义热情。

我们，作为行动大会的成员，在这里庄严宣誓。

今天，我们宣誓自愿遵守此章程的有关规定，自愿接受我们应遵守的此章程中所规定的一切行为规范和指导。本章程的条款具有至高无上的法律效力和权利，任何违反这些条款的党派的其他规则和规定，在达到一定严重程度时，应该视为无效。

2．命名

应该有一个政党，用来调用和处理有关事务，并作为行动大会的政党，以下简称"政党"。

3．宣言

党的宣言为：正义、和平和进步。

4．口号

党的口号为：民主永存。

5．党徽

党徽为：金雀花图标。

6．党旗

党旗由绿色、白色、黑色三色构成，党旗上印有党徽的标记。

第三条　秘书处

党的注册办事处将设在尼日利亚联邦首都阿布贾。州的首府、当地政府总部和行政区均设有办事处。

第四条　党员身份

党员组成和要求

不论血统、宗教、民族身份的差异，任何公民都可以成为党员。接受和被认可成为党员的人必须符合以下条件：

（1）尼日利亚公民，年满十八周岁；

（2）自愿选择注册为党员；

（3）依法拥有填写真实名字的党员证；

（4）按照规定支付注册费；

（5）不是其他任何政党的成员。

第五条　党的宗旨和目标

党的宗旨和目标应包括以下几方面：

（1）支持和维护尼日利亚联邦共和国宪法和其他联邦法律；

(2) 通过合法的、民主的和与宪法相符合的方式获得政治权力，目的是在平等、自由和社会公正的基础上建立一个平等的社会；

(3) 为尼日利亚人民提供坚强有力和充满正义的领导集体；

(4) 通过全民参与权力阶层和公共办公室的监督来促进团结和政治稳定；

(5) 创造条件和调整结构来确保社会正义、机会均等，人们在社会、经济和政治上的自由，并使尼日利亚所有民众的公共福利得以实现；

(6) 捍卫人民的主权以及确保在党、政府和国家的各个机构能够进行公开的民主的进程；

(7) 将我们社会中存在的贫穷状况、物质的缺乏、愚昧意识、各种形式的歧视、腐败、剥削降低到最小限度；

(8) 维护和促进尼日利亚多宗教发展趋势以及提倡宗教宽容与和谐；

(9) 鼓励发展农业、商业和工业；

(10) 为了创造经济发展的有利环境，积极动员尼日利亚全国人民的创造力和利用有限资源，使所有尼日利亚人民都有追求生存和幸福权利的机会，使尼日利亚成为一个在公平和平等基础上进行财富分配的国家；

(11) 鼓励尼日利亚人民积极投入到经济发展的战略性行业；

(12) 创造有利环境，使所有能够并愿意工作的人们能享受充分的就业，并保护劳动者的所有劳动成果；

(13) 为人民提供基本的生活必需品。例如：食物，饮用水，道路，安全，娱乐设施，环境保护等；

(14) 普及各个层次水平的（无论何时何地可行的）全民义务教育和人人享有卫生保健的体制；

(15) 维护尼日利亚和尼日利亚人民的利益，尽最大努力使他们的劳动获得最大可能的回报；

(16) 走农村综合发展道路，旨在提高农村居民的生活质量和水平；

(17) 与工会组织密切合作，为尼日利亚的经济发展和进步共同做出努力；

（18）为培养青年成为栋梁之才，提高他们的领导能力而创造条件，使他们能够有效管理国家机构和资源；

（19）为尼日利亚妇女创造机会并鼓励他们充分挖掘在政治、社会、文化和经济方面的发展潜力；

（20）保护和促进儿童获得最优发展的权利；

（21）实行动态灵活的外交政策，旨在：

（a）与各国建立友好互惠的关系；

（b）推动尼日利亚人民，特别是非洲裔的人民以及世界上所有受压迫的民族政治和经济进步；

（c）在全球范围内弘扬尼日利亚以及非洲人民的文化价值观；

（d）推动国际和平、和谐和合作。

（22）通过联邦，候选人赞助商为选举办公室的选举进行组织和策划；

（23）促进和捍卫新闻出版的自由以及所有尼日利亚人民的基本自由和人权；

（24）与任何机构或协会组织进行合作，旨在实现党的目标；

（25）确保党的政策和项目与尼日利亚联邦共和国宪法的有关规定一致。相应地，党必须始终追求政治、经济、社会、教育和其他方面的目标，以及尼日利亚联邦共和国宪法中所规定的国家政策的指导原则；

（26）推动科学技术的发展；

（27）通过推行任何活动和采取任何措施和政策来提高所有尼日利亚人民的生活状况和福祉。

第六条　党员应履行的权利和义务

（1）党赋予党员以下的权利和义务：

（a）党员有权在党的平台上参加竞选，不受到任何歧视；

（b）党员有权享有一个民主选举进程以及自由和公平的选举；

（c）公平聆讯的权利；

（d）良好的治理和问责权；

（f）党员享有尼日利亚宪法，此章程和党的其他规定赋予的权利或特权。

（2）关于注册人数，党员应该：

（a）党员要按理支付全国、州、地方政府和党的内部机关规定的一切税费；

（b）党员被视为已接受遵守党章的有关规定及其政策和程序；

（c）党员被视为已接受遵守党及其从属机关的合法指令和决策。

（4）党员被视为已接受抑制一切有碍党的目标和宗旨实现的行为。

第七条　组织结构

（一）

1. 党的运作程序和层面

为了便于组织，党必须有步骤、按顺序地进行操作，具体遵循以下几个级别：

（1）行政区；

（2）地方政府区域；

（3）州；

（4）全国。

2. 州层面的组织结构还应适应联邦首都阿布贾领土地域要求对其进行必要的调整或修改。

3. 在不违背本条第1款的规定时，党的任何级别的机构可以实施分区政治安排，以服务于其特定的政治环境。

4. 当党的分区结构符合本条第3款的规定时，这样的分区结构应该享有和操作级别的执行委员会同样的权利和职能。

（二）党的机关

党的机关的组织章程

以下是党的机关的构成部分：

（1）国民大会；

（2）代理董事会；

（3）全国执行委员会；

（4）全国工作委员会；

（5）各州代表大会；

（6）各州老年人论坛；

（7）各州执行委员会；

（8）各州工作委员会；

（9）当地政府区域大会；

（10）当地政府区域执行委员会；

（11）行政区大会；

（12）行政区执行委员会。

（三）党的机关构成

行政区执行委员会：

（1）主席；

（2）副主席；

（3）秘书长；

（4）助理秘书长；

（5）司库；

（6）助理司库；

（7）财政部长；

（8）助理财政部长；

（9）组织秘书；

（10）助理组织秘书；

（11）宣传部长；

（12）助理宣传部长；

（13）法律顾问；

（14）助理法律顾问；

（15）福利办公室主任；

（16）助理福利员；

（17）审计员；

（18）助理审计员；

（19）青年领导；

（20）妇女领导；

（21）两名当然委员；

（22）来自行政区的全国代表大会委员；

（23）议员。

1．行政区执行委员会必须每月至少召开一次例会。

2．权力和职能：

（1）行政区执行委员会

党的行政区执行委员会必须是所在行政区的主要执行机关，须完成下列任务：

（a）召开行政区代表大会，筹备大会议程；

（b）向行政区代表大会就政策和发展规划问题建言献策；

（c）依照第9条规定约束其成员的行为；

（d）实施地方政府大会的有关决议；

（e）处理地方政府行政机关所提及的所有事物。

3．行政区代表大会

行政区代表大会应该包含行政区的所有登记注册的成员。

（1）行政区代表大会：权力和职能。

每个行政区的代表大会所持有的权力和职能应包括以下方面：

（a）提出政策和指导规划，充分实现所在行政区的党的目标和宗旨；

（b）在其管辖的范围内行使和地方政府区域代表大会一样的一切权力、权威和职能；

（c）根据党的指导方针，为地方政府议会选举提名议员候选人；

（d）为了给当地政府、州以及国民议会选举提名候选人，须充当所在选区的选举单位；

（e）执行地方政府代表大会的指令。

4．地方政府区域执行委员会

每个地方政府区域必须有一个党的执行委员会,并由以下人员构成:

(1) 主席;

(2) 副主席;

(3) 秘书;

(4) 助理秘书;

(5) 司库;

(6) 助理司库;

(7) 财政部部长;

(8) 助理财政部长;

(9) 组织秘书;

(10) 助理组织秘书;

(11) 宣传部长;

(12) 助理宣传部长;

(13) 福利办公室主任;

(14) 助理福利员;

(15) 法律顾问;

(16) 助理法律顾问;

(17) 审计员;

(18) 助理审计员;

(19) 青年领导;

(20) 妇女领导;

(21) 党的行政区主席;

(22) 当地政府委员会主席和副主席,同时也是党员;

(23) 地方政府区域的每个行政区的一名当然委员;

(24) 地方政府委员会每月至少召开一次例会。

5. 地方政府执行委员会:权力和职能

党的地方政府区域执行委员会必须是地方政府区域代表大会的主要行政机关,包含以下权力:

（1）在地方政府区域执行委员会的建议下召开地方政府代表大会，在特殊情况下，可以执行全国或州执行委员会的指令，召开大会；

（2）向地方政府代表大会就政策和发展规划问题建言献策；

（3）实施代表大会的有关决议。

6. 地方政府区域代表大会

地方政府区域代表大会必须包括：

（1）地方政府区域主席；

（2）副主席；

（3）党的地方政府区域执行委员会成员；

（4）地方政府区域中党的全国和各州代表大会成员；

（5）党员中的议员或党提名的议员候选人；

（6）地方政府区域内的行政区主席和党的行政区执行成员。

7. 地方政府区域代表大会：权力和职能

每个地方政府区域中代表大会的权力和职能应包含以下内容：

（1）提出政策和规划，在地方政府区域中充分实现党的目标和宗旨；

（2）如果各州职能由地方职能所取代，在其管辖的范围内，行使和各州国会类似的一切权力、权威和职能；

（3）在不违背此章程的有关规定的前提下，在一个特别大会中根据党的全国执行委员会的指导原则批准候选人名单；

（4）当地方政府被纳入到各州和联邦选区的情况下，当地政府选区必须负责向各州和联邦选区提名候选人名单；

（5）接受和确保州代表大会的指令能够得到实施。

8. 州执行委员会

州执行委员会应包含以下组成部分：

（1）主席；

（2）副主席；

（3）三名副主席，每个参议院选区一名；

（4）州秘书；

（5）州助理秘书；

（6）司库；

（7）助理司库；

（8）州财政部长助理；

（9）州宣传部长；

（10）州宣传部长助理；

（11）州法律顾问；

（12）州法律顾问助理；

（13）州福利主任；

（14）州福利主任援助；

（15）州组织秘书；

（16）州组织秘书援助；

（17）州审计员；

（18）州审计员协助；

（19）青年和妇女领导者；

（20）来自各州的党的全国执行委员会成员；

（21）已是党员身份的州长和副州长；

（22）在州议院大会中已成为党员的议长、副议长、多数党领袖、党干事及其副手；

（23）州各个地方政府区域里的主任和党组书记；

（24）已是党员身份的当地议会主席及他们的代表；

（25）州各个地方政府区域的一名当然委员；

（26）州执行委员会必须至少每三个月召开一次例会。

9. 州执行委员会：权利和职能

党的州执行委员会必须是州代表大会的主要行政机关，有以下权力：

（1）在州执行委员会的建议下召开州代表大会，在特殊情况下，可以在全国执行委员会的指令下召开州代表大会；

（2）根据党的全国执行机关通过的指导原则为地方政府议会选举、州以及全国议会选举组织和监督候选人提名；

（3）依照此章程的有关规定，在州的范围内，组织、管理、监督当地政府的政党主席选举以及政党行政委员会成员的选举；

（4）向州代表大会就政策和发展规划问题建言献策；

（5）实施州代表大会的有关决议；

（6）党执政时期，必须对政府进行指导和建议，并为忠实履行党的计划提供援助；

（7）为实现党的任务和目标筹集资金；

（8）依照第9条规定，对所有党员的行为实行约束。

（9）州执行委员会根据其不同时期的需求可以任命小组委员会或临时委员会来执行一些职能。

10.（一）州工作委员会：构成

（1）州主席；

（2）州副主席；

（3）同时作为委员会秘书的州秘书；

（4）州副秘书；

（5）州司库；

（6）州副司库；

（7）州财政部长；

（8）州副财政部长；

（9）州宣传部长；

（10）州宣传部副部长；

（11）州组织秘书；

（12）州副组织秘书；

（13）州福利主任；

（14）州副福利主任；

（15）州法律顾问；

（16）州副法律顾问；

（17）州审计员；

（18）州副审计员；

（19）州青年领导者；

（20）州妇女领导者；

（二）州工作委员会

全国工作委员会的职能可以由州工作委员会作必要的细节上的修改。

（三）州工作委员会每月至少召开一次例会

11. 州代表大会

（1）主席；

（2）代理主席；

（3）三名副主席，各个参议院选区一名；

（4）已是党员的州长和代理州长；

（5）已是党员的国民大会的成员；

（6）州范围内党的全国执行委员会委员；

（7）州范围内党的全国代表大会委员；

（8）党的州执行委员会委员；

（9）已是党员的州众议员大会委员；

（10）地方政府区域中的主席或党的书记；

（11）已是党员的地方政府议会主席以及他们的代表；

（12）所有的行政区主席；

（13）各州的每个行政区五名代表，至少有一名妇女代表；

（14）从地方政府中挑选出的青年和妇女领导者。

12. 州代表大会：权力和职能

州代表大会应该拥有以下权力和职能

（1）选举党的官员，构成党的州行政机关的组成部分；

（2）选举党员作为州长选举的候选人；

（3）在其管辖的范围内，行使和全国代表大会同样的权力、权威和职能；

(4) 在不违背此章程的前提下，在特别会议上根据党的全国执行委员会的指导原则批准候选人；

(5) 确保实施全国代表的大会的指令。

13. 此章程中提到的条款和参照，涉及行政区、地方政府以及党的州层级的组织时，可以在行政区、地方议会、党组织的联邦领土基础上实施必要的修改或变更。

14. 全国执行委员会

全国执行委员会应包括以下组成部分：

(1) 全国主席；

(2) 全国代理主席；

(3) 全国秘书长长；

(4) 全国代理秘书长；

(5) 全国司库；

(6) 全国副司库；

(7) 全国财政部长；

(8) 副全国财政部长；

(9) 全国组织秘书；

(10) 全国副组织秘书；

(11) 全国宣传部长；

(12) 全国副宣传部长；

(13) 全国法律顾问；

(14) 全国副法律顾问；

(15) 全国福利主任；

(16) 全国福利主任代理；

(17) 全国审计员；

(18) 全国审计员代理；

(19) 全国妇女领导者；

(20) 全国青年领导者；

（21）党的各州委员长；

（22）在联邦首都阿布贾领土区域内党的主席；

（23）该国国家的总统和副总统，同样也是党员；

（24）已是党员的各州州长；

（25）已是党员的参议院主席和副主席，众议院主席和副主席；

（26）在国民大会中已是党员的多数或少数党领袖、党干事以及他们的代表；

（27）联邦内的每个州和联邦首都领土阿布贾区域内的一名当然成员。

15. 全国执行委员会的权力和职能

党的全国执行委员会应该是全国代表大会的主要行政机关，拥有以下职能：

（1）在必要的时候，召开全国代表大会，可以随时任命一个委员会来组织和召开党的代表大会；

（2）规定指导原则和形式，为各个级别的民选职位和办事处选出候选人；

（3）实施国民代表大会的决议；

（4）一党执政时期，必须对政府进行指导和给出建议，为了忠实地完成党的计划提供一般性的支持；

（5）在任何政府级别，该党为在野党时，应该批判性地检查和审视政府的政策和计划，适当建议或批评政府行为，旨在确保不同级别的政府能够实施良好的管理，维护国家的利益；

（6）为了实现党的目标和宗旨而筹资；

（7）对任何党员来说，所有纪律事宜，必须要进行最后的上诉才能决定；

（8）审批党的年度预算，并建议向国民代表大会递交审计报告。

16. 全国工作委员会

全国工作委员会应包含以下组成部分：

（1）委员会全国主席；

（2）全国代理主席；

（3）全国秘书长长；

（4）全国代理秘书长；

（5）全国司库；

（6）全国副司库；

（7）全国财政部长；

（8）副全国财政部长；

（9）全国组织秘书；

（10）全国副组织秘书；

（11）全国宣传部长；

（12）全国副宣传部长；

（13）全国福利主任；

（14）全国福利主任代理；

（15）全国法律顾问；

（16）全国副法律顾问；

（17）全国审计员；

（18）全国审计员代理；

（19）全国青年领导者；

（20）全国妇女领导者。

17．全国工作委员会应该行使以下职责：

（1）作为党的核心会议，行使其职责，并对党的全国执行委员会负责；

（2）介入争端，在处理问题时确保正义和公平；

（3）在全国范围内监督党的有关活动，使其与党的宗旨和原则保持一致；

（4）根据此章程第9条规定，向党的全国执行委员会就针对任何党员、官员以及党的机关的纪律事宜进行考量并提出相关建议。

18．全国代表大会

全国代表大会应包括以下组成部分：

（1）全国主席；

（2）全国主席代理；

（3）党的全国执行委员会所有成员；

（4）党的各州主席；

（5）党的州秘书；

（6）党的州司库；

（7）已是党员的总统和副总统；

（8）已是党员的州长和副州长；

（9）已是党员的国民大会的成员；

（10）地方政府区域的党主席；

（11）地方政府区域的党书记；

（12）地方政府区域中党的司库；

（13）已是党员的所有州的立法者；

（14）已是党员的地方政府议会主席和副主席；

（15）从每个地方政府区域选举五名全国代表处理有关事务；

（16）董事会代理成员；

（17）已是党员的联邦和州执行议会的成员。

19．全国代表大会：权力和职能

全国代表大会应该成为党的最高权力机构，拥有以下权力：

（1）选举党的全国干事；

（2）对党的宪法的审议和修订进行考量并批准所有的建议；

（3）对党的其他附属的机关的报告进行接收、考量和决定；

（4）对党的规划和项目进行考量和批准建议；

（5）采取一切必要的和合法的措施保护和促进党在全国任何范围内的总体利益；

（6）根据党制定的指导方针，提名党的总统和副总统候选人；

（7）采取的一切有效措施，必须要符合党的最佳利益，并维护国家的整体利益。

20. 官员的权力和职能

党的全国官员必须要履行下列权利和职责

（一）全国主席必须：

（1）是党的领袖，为党提供良好有效的领导力并指导其方向；

（2）推进和实施党的政策；

（3）在全国执行委员会和全国工作委员会各自同意的前提下，任命和组织常务委员会和特别委员会的成员；

（4）授权国家开支；

（5）分配责任和义务，将合法指令传递给所有的官员、机关、党的所有级别的成员和干部，并在必要时行使具有决定性一票的权利；

（6）确保严格遵守党的宪法的有关规定；

（7）行使此章程、全国代表大会、全国执行委员会和全国工作委员会所赋予的一切权力和职能。

（二）全国副主席必须：

（1）在主席缺席时行使主席的职责；

（2）执行主席、全国代表大会或执行委员会赋予其的一切职能。

（三）全国秘书长长必须：

（1）监督党的日常管理；

（2）监督和指导政党的所有官员；

（3）确保全国代表大会、全国执行委员会和全国工作委员会的决议和指令能得到实施；

（4）在全国工作委员的指令下，对全国代表大会、全国执行委员会和全国工作委员的会议发布通告并进行有效的安排；

（5）对全国代表大会、全国执行委员会和全国工作委员会的所有会议程序进行准确的记录；

（6）为党的活动策划一份年度书面报告；

（7）监管和保护党的所有文件和资料；

（8）执行党在任何时候赋予的其他所有职能。

（四）全国代理秘书长必须：

（1）协助全国秘书长长履行其职责；

（2）全国秘书长长缺席时，履行全国秘书长长应有的职能；

（3）执行全国秘书长长赋予其的所有其他职责。

（五）全国司库必须：

（1）确保党的所有支出和收入能够记录在册；

（2）关于财务事项，与全国执行委员会和全国工作委员会进行商量、提供建议；

（3）确保党所有的支出能够适时地签收收据，经批准的银行账户汇入党的签收收据不晚于二十四小时，遇到周末特殊情况时，可以延长到四十八小时；

（4）实施一个定额备用金账户限制，限制额必须由全国执行委员会决定；

（5）要适时支付由全国主席批准签字的有关款项；

（6）向全国执行委员会准备和提交一个党的季度财政支出状况表；

（7）监护和保管好党的所有财政和安全类的文件。

（六）全国副司库应该：

（1）协助全国司库履行好职责；

（2）当全国司库缺席时，履行全国司库的职能；

（3）执行全国司库赋予的一切其他职能。

（七）全国财政部长应该：

（1）收集和记录党的一切应付款项、课税、捐献和其他任何费用；

（2）在二十四小时内，向党的司库支付所有款项；

（3）考虑到全国执行委员会和全国工作委员会的需要（视情况而定），准备和提交为党筹集资金的建议。

（八）全国财政司副部长应该：

（1）协助全国财政部长履行其职责；

（2）全国财政部长缺席时，履行全国财政部长的职能；

（3）执行全国财政部长赋予的其他一切职能。

（九）全国组织秘书应该：

（1）与各州主席和各州执行委员会建立联络，旨在动员党员在所有级别上都能赢得大选；

（2）启动策略，包括为了赢得选举的预算资金；

（3）接受全国主席和全国执行委员会所发布的一切指令；

（4）为党的各种职能的实现安排和准备场地，包括组织全国代表大会。

（十）全国副组织秘书：

（1）协助全国组织秘书长履行其职责；

（2）全国组织秘书缺席时，履行全国组织秘书的职能；

（3）执行全国组织秘书赋予的其他一切职责。

（十一）全国宣传部长应该：

（1）负责公共关系和党的宣传工作；

（2）党的主要形象维护者；

（3）就媒体关系向党提供建议或协商；

（4）宣传党的政策和规划。

（十二）全国副宣传部长：

（1）协助全国宣传部长履行其职责；

（2）全国宣传部长缺席时，履行全国宣传部长的职责；

（3）执行全国宣传部长赋予的其他一切职责。

（十三）全国福利主任：

负责党员的公共福利事务。

（十四）全国福利主任代理：

（1）协助全国福利主任履行其职责；

（2）全国福利主任缺席时，履行全国福利主任的职责；

（3）执行全国福利主任赋予的其他一切职责。

（十五）全国审计员应该：

（1）审计党每季度的账簿，之后向执行委员会提交报告；

（2）对其他可能由全国主席、全国执行委员会或全国代表大会控制的党的财务和资产账目进行检查。

（十六）全国审计员代理应该：

（1）协助全国审计员履行其职责；

（2）全国审计员缺席时，履行全国审计员的职责；

（3）执行全国审计员赋予的其他一切职责。

（十七）法律专业出身的全国法律顾问必须：

（1）负责向党提供法律建议；

（2）负责解释党的宪法和其他相关法律文件；

（3）代表党（包括党的机关、官员、干部）安排诉讼和应诉的法律程序，诉讼的主题要符合党的利益。

（十八）法律专业出身的全国副法律顾问必须：

（1）协助全国法律顾问履行其职责；

（2）全国法律顾问缺席时，履行全国法律顾问的职责；

（3）执行全国法律顾问赋予的其他一切职能。

（十九）全国青年领导者：

（1）主要负责通过研讨会和其他形式的公共启蒙来提高青年的参与意识；

（2）负责动员青年人积极有效地参与到党的有关事务中来；

（3）负责在党内推进和保护青年人等有关问题。

（二十）全国妇女领导者：

（1）负责通过研讨会和其他形式的公共启蒙来提高妇女的参与意识；

（2）负责动员妇女积极有效地参与到党的有关事务中来；

（3）负责在党内推进和保护妇女等有关问题。

第二部分 主要政党内部规章制度

第八条 会议和大会

1. 会议和大会

（1）全国、州和其他级别的党的会议和大会必须至少一年召开一次，日期、场所和时间由相关的执行委员会来决定。

（2）当有对党至关重要的特别议题进行考虑时，就会召开特别会议。

2. 紧急会议

（1）执行委员会可以在任何时候召开全国代表大会或国会的紧急会议，前提是必须给所有将要参加会议的代表至少七天的通知时间；

（2）党的任何级别的执行委员会主席必须要指导机关秘书召开执行委员会的会议，根据具体情况，书面的联合申请至少由三分之一的该机关的成员提出；

（3）假设主席和秘书在七天的有效申请时间没有内召开会议，该会议可由全国性的报纸刊载说明会议的召开，由联合申请的相关方进行签署，以防万一，要在当地政府和行政区的相关党秘书处粘贴有关通知。

3. 法定人数

党的任何机关一半以上的成员构成会议的法定人数，目的是使该机构召开一个有效的会议。

4. 会议的模式

所有的会议必须通过书面或大众媒体的形式召开。

5. 会议的行为规则

（1）党的任何机关会议的召开必须要遵循以下规定的同样的或类似的步骤。不合规则的会议将视为违宪，相应地，会议中达成的任何决议将视为无效；

（2）党的任何机关的主席应该主持召开会议；

（3）党的所有会议的进行和记录工作必须使用英语。然而，会议的主席也可以考虑到需要而允许使用地方语言，这样便于交流和沟通以及有利于会议的顺利举行；

（4）除了下列的请求外，任何请求或修订方案都不得在会议上提出，除非这样的请求已经在七天的时间限制范围内用书面形式提交给了秘书处或主席：

（ⅰ）会议同意对其议题进行延期或提交给某个委员会或某个适当的机构进行处理；

（ⅱ）休会的请求；

（ⅲ）对已经在同一会议上递交的议题提出修订的请求。

（5）所有请求和修订在被讨论之前置于次要地位；

（6）在提议人的要求下可以随时撤销对任何议题的修订；

（7）在不违背第8条第（5）款有关紧急条件的规定下，会议的主席应该有权省略给予请求通知的相关要求；

（8）会议的审议意见应该严格按照会议程序中列出的规定来执行，条件是一般问题可以在会议的最后主要议程中呈现或进行讨论；

（9）对议题的审议时间做出及时通知；

（10）只有当主席同意了之后，提议人才能通过举手，站起来说话来表达意见；

（11）任何违背这些规则或蔑视会议有关议程的人应该由主席立即制止其行为或由另一个成员提出会议规则；

（12）会议主席有权请任何故意违反会议规则和阻止会议和平进行的人离开会场；

（13）没有主席的命令，任何人不得离开会场；

（14）提问题应该遵循正常的议会程序；

（15）会议上对任何议题提出支持必须通过举手示意或秘密投票；

（16）除了此章程中规定以外，党的任何机关的决议必须由在座的大多数人员的票数来决定。

第九条　党员纪律问题

15. 党必须是一个有纪律的组织，所有的党员应该遵纪守法，诚实正直，并始终忠于党。

16. 下列包括了一些党内违法乱纪的行为：不忠诚，扰乱会议秩序，偷窃，诈骗，对党不敬，道德败坏，不能履行财政和其他作为党员的义务，因刑事罪行而被定罪。

17．所有的违法乱纪行为应该受到制裁，制裁措施根据罪行的轻重因人而异。

18．各个级别的执行委员会有权对违法乱纪成员进行纪律惩罚的措施，但是只有全国代表大会才有权开除党员。

19．除了此条规定的条款外，党还可以在必要的时候利用其权力向违法乱纪者要求法律赔偿。

20．各个级别的执行委员会有权暂停违法乱纪党员的身份。

21．被暂停党员身份的成员在暂停期间无法行使其特权并失去党员身份，在暂停期取消之前，应按要求履行相关义务，满足一定条件。

22．暂停身份的党员有权就暂停其身份的当地政府或行政区执行委员会向当地政府老年人论坛提起上诉，就暂停其身份的州执行委员会向州老年人论坛提起上诉，就暂停其身份的全国执行委员会向董事会代理提起上诉。

23．只有全国代表大会有权开除党员。

24．对于纪律处分有关的事宜，所有的党员都有权进行公平聆讯。

第十条　党员注册

1．党必须在各个级别的秘书处设有党员注册和登记。

2．党员注册必须包括党的每个成员的姓名、地址和注册号码。

3．登记在册的党员姓名应该是每个成员进行有效登记的初步凭证。

4．党员身份注册应不断进行更新来容纳新成员，如果党员身份更新要适应国会和人民代表大会的需求，那么至少须在国会或人民代表大会召开前的九十天进行更新。

第十一条　任职期限

1．除了此章程中的规定外，党的所有被选举的和被任命的官员必须在所在机关供职四年，之后仅可以通过连任和重新被任命再供职四年。一个官员可以被选举或被任命去填补由于上级官员死亡、辞职，或其他因素而导致的职位空缺，尽管有资格选举，也可以在同一职位上供职两个任期。

2. 任何党员不得在同一职位上连续任期超过八年，除董事会代理成员或依照本党章规定的第一任期是为了填补上级空缺官员的党员之外。

3. 全国和州级别的官员不得同时在党的州或全国机构中担任另一职务，除了被视为该机构的当然成员外。

4. 必须服从国会或人民代表大会的批准，如果三分之二的党的机构的成员一致向某官员投不信任票，那么应该随时解除这个官员的职务。

5. 根据此章程第四条的规定，当不信任票投给一个官员时，相关的党的机构必须任命另一人来替代其位置，并等待国会或代表大会的审批。

6. 党的任何级别的任何官员想要参加政府官员的竞选必须在该党的提名选举之前的九十天内辞去党内职务。在所有大选中，党必须在选举到来的一百二十天之前发布和公布国会和代表大会的具体日期，在规定的日期内提名候选人。

第十二条 行政机构

1. 党的各个级别机关都应该设有行政管理官员，负责管理日常事务以及通过秘书处向相关执行委员会提交报告。

（1）上述第1款中的主体在党的行政管理理事会中还包括：

（2）组织的理事会应由组织的主任进行领导，并负责各个层级的党的组织；

（3）行政和培训理事会应由行政管理的主任领导，并参加人员和其他行政事务的管理；

（4）财政局应由财政主任进行领导，应参与任何有关财政事务的管理；

（5）理事会的媒体和宣传应由媒体和宣传主任进行领导，并管理公共关系事务；

（6）研究计划和项目理事会应由研究计划和项目主任进行领导，并处理研究、计划、项目和政策有关的事务；

（7）社会福利和协议理事会应由社会福利和协议主任领导，负责福利和协议有关的事务；

（8）安全和情报理事会应由安全和情报主任进行领导，负责安全和情报有关的事务；

（9）法律服务理事会应由法律服务主任进行领导，负责法律方面的有关事务。

2. 党的所有官员必须由相关的执行委员会进行任命。

3. 官员的薪资和享有的其他服务条件应由相关的执行委员会决定，执行委员会有权雇用或开除任何官员。

第十三条　委员会

1. 常务委员会应包括下列组成部分：

（1）筹款集资委员会：由司库作为主席进行领导，至少由七名成员组成，包括财政部长，财政部长应该根据此章程中第十七条的规定为党的集资、财产和投资的方式和方法给予建议；

（2）媒体和宣传委员会：由宣传部主席和其他六名成员组成，媒体和宣传委员会应该就信息管理、交流、宣传、公共关系、教育、大众传媒事务和社区事务对党提供建议；

（3）纪律和仲裁委员会：由法律顾问作为主席进行领导，包含其他六名成员，应该对影响成员及组员的纪律和仲裁事务进行接收、审查、调查、启动和建议，并将有关发现提交给相关的执行委员会进行考量和做出必要的行动；

（4）选举委员会：以全国组织秘书长作为主席进行领导，包含其他六名成员，应该就合法策略、后勤服务、竞选规范的形式向党提供建议，确保选举顺利进行；

（5）制定委员会：在党的相关级别中以党委书记作为主席，就选举任命问题向选举首席执行官提供建议；

2. 在不违背本条第1款的有关规定下，全国执行委员会有权在任何需要的时候设立临时委员会。

第十四条

1．理事

（1）党的受托管理委员会是由全国代表大会在全国执行委员会同意的前提下并在州议会的建议下任命的，任职期为五年；

（2）受托管理委员会由三名成员构成，来自联邦各州，至少有一名是妇女，有一名来自联邦首都直辖区阿布贾。主席由他们根据成员数量进行任命；

（3）如果总统、副总统，参议院议长和众议院议长是党员的话，他们也必须是受托管理委员会的成员；

（4）理事的任命资格与国民大会中参议员的任命资格一样。

2．理事的权利和职能

（1）受托人管理委员会应该是党的道德心所在，应该确保党的活动中的行为规范满足高的道德标准；

（2）在不违背此章程的有关规定下，受托人管理委员会不应该参加党的各个级别的日常事务的管理；

（3）受托人管理委员会成员能够参加党的任何机关组织的任何会议，但是在这些会议中不拥有表决权，除了全国代表大会和受托人管理委员会大会之外；

（4）委员会的主席和秘书都是全国执行委员会的正式成员；

（5）可以通过在年度大会上的决议和委员会因为理事的无能和不当行为进行建议而解除一个理事的职务；

（6）理事可以通过向主席递交信件辞去委员会成员身份；

（7）受托人管理委员会应当对党、行政机关和立法机关中发生的争议和纠纷进行调解；

（8）受托人管理委员会应该在必要的时候对党的政策、规划和活动进行协调、配合、审视和给予建议；

（9）受托人管理委员会应该积极配合党的融资活动；

（10）受托人管理委员会应该监护党的资产；

（11）受托人管理委员会应该执行全国代表大会赋予的其他职能；

（12）受托人管理委员会应该向党的全国执行委员会提供一般性建议，全国执行委员会应该就建议进行适当考虑。

第十五条 州老年人论坛

1. 党必须有一个州老年人论坛，由州议会在州执行委员会的同意下和在当地行政委员会的建议下任命，任期为三年。

2. 州老年人论坛至少有一名成员是来自该州的地方政府区域，应该在他们成员中推选他们的主席。

3. 已是党员的州长、副州长和州众议院议长也应该是州老年人论坛的成员。

4. 州老年人论坛应该在其级别范围内行使受托人管理委员会的职责。

第十六条 选举和任命

1. 此章程中规定的所有的党内职务必须通过民主的选举进行分配，并依照党的全国执行委员会的指导原则进行。

2. 在提名、选举或任命以及参与政府组成之后，全国执行委员会应该在与州执行委员会协商后为推选的候选人制定法律法规。所有这些权利和规则应该予以考虑和支持。

（1）第五条中党的目标和宗旨；

（2）联邦的指导方针和地理分布原理；

（3）公平分配妇女和青少年的席位。

第十七条 宣誓就职

被选举和任命的任何党的官员都必须按照此章程中第二条的规定在监誓员和公证人员面前进行宣誓就职。

第十八条 财政、银行和审计

1. 财政：

党各个级别的资金来源应该从下列条件来源中获得：

（1）党费；

(2) 党拥有的财产产生的收入；

(3) 党所拥有的企业收入利润；

(4) 公共融资，例如，各州的赠款以及法人和自然人的捐献；

(5) 征税、捐赠和赠款。

2. 全国执行委员会有权在不考虑党的任何机关以及服从于全国代表大会通过的指导原则和规定下进行特别拨款、捐款和发放贷款。

3. 党的任何级别的预算应由相关执行委员会批准，任何支出须由相关主席进行授权。

4. 党费应由每个党员递交给党，在全国范围内不同时期统一征收的党费应由党的全国执行委员会进行决定。

5. 党的财务人员应该在此章程的规定下支付一切应付的会费、税费和课税。

6. 银行：

党的各个级别的机关应该在相关执行委员会的批准下经营银行系统，从账户中提款应该由相关的主席作为主要签署人和秘书或司库作为联合签署人。

7. 审计：

（1）会计事务所应该由受托人管理委员会在全国执行委员会的建议下任命，负责审计党的所有的账目，并向全国执行委员会提交相关的审计账目和报告，全国执行委员会将会考量报告，并授权其公布；

（2）党的资产与负债的报表和清单应依照联邦现存的法律并在全国执行委员会授权的前提下进行公布；

（3）在不违背此章程中第 7 条的规定下，应该设有一名内部审计员，负责对党的财务进行内部审计。

第十九条 其他规定

1. 辞职：

（1）党员享有随时辞去党内身份的自由；

（2）一旦辞职，成员必须将所拥有的所有党的财产返还给相关党委办公室，不再享有党员的权利。

2．官员选举：

（1）党的各个级别的官员选举不得迟于现任执行委员会任期到期的前一个月；

（2）在行政区和地方政府级别的选举投票为公开投票，在州议会和全国代表大会的选举中采用不记名投票。选举的获胜者赢得总计投票数的绝大多数。如果选举中出现平局的情况，那么该职位的选举工作应该继续进行，直到有最终获胜者出现。

3．选举资格：

任何成员没有资格参与任何官员或候选人的竞选，除非在政党选举来临之前该成员在党内作为财务人员供职已经达到六个月。这条规定不适用于过渡期或形成期。

4．规章制度：

党的所有机关有权为了党的工作顺利进行而制定规章制度，前提条件是这些规章制度不得与此章程中的条款产生冲突。

5．特殊章节：

依据此章程的有关规定，应该设有党的国外章节，前提是这些章节必须满足以下条件：

（1）它们的存在是为了党的宗旨服务；

（2）同意设立国外章节应该寻求党内已经对这一特殊情况知晓的至少五十名党员的意见，还应在决议之后被他们采纳；

（3）全国执行委员会应该审查所有这些申请的条件并有权对该章节的形成与否给予批准或否决。

第二十条　公职选举的候选人提名

1．总统预选：

（1）为了提名党的总统候选人，整个国家需要形成一个统一的选举区；

（2）一个试图寻求总统候选人的具有潜力的候选人应该在党的全国代

表大会选举的特殊会议中进行自荐，前提是每位具有潜力的候选人的提名必须要得到联邦中每个参议院区的一名党的注册成员的支持；

（3）在党的全国代表大会中具有总统候选人资格的人必须在其所在的州议会中的选举中荣获参与选举的代表们所投票数总数的大多数；

（4）当总统候选人的潜力人选在州议会中没有赢得大多数票时，应该进行第二轮投票，赢得大多数票的潜力人选将有资格参加总统竞选。拥有最多票数的潜力人选将视为获胜者，因而在全国代表大会中视为总统候选人；

（5）为了符合此章程的规定，联邦首都阿布贾领域应视为州；

（6）在全国代表大会选举中，无任何总统的潜力人选获得大多数票时，应该进行第二轮投票，第一轮中票数最高的两位候选人有资格参与竞选，同时第一轮中票数最高的候选人选有资格参与竞选，拥有票数最多的潜力人选将视为获胜者，因此正式得到提名。

第二十一条　国民议会和州议会议员初选

1. 全国执行委员会应该为行政区议会的行为规范和管理制定指导原则，行政区议会的召开主要为了进行州长初选，国民议会、州大会、地方政府和议员初选。

2. 州长初选：

（1）为了提名党的州长候选人，各州应该形成一个统一的选举区，行政区议会应该成为选举团；

（2）一位有潜力的州长候选人应在州行政区议会选举的特别会议上自荐。任何在一半以上的州内行政区选举中获得大多数票的人选将视为获胜者，因而得到正式提名；

（3）如果在第一轮投票中没有出现最终获胜者，那么应该进行第二轮投票，两位在最多行政区拥有最多票数的人选将有资格参加竞选，在第二轮选举中拥有最多票数的人选成为获胜者，因而得到正式提名。

3. 国民议会初选：

（1）为了提名党的国民议会成员，相关的国民议会选区应形成一个统一的选区，行政区议会成为选举团；

（2）任何试图寻求国民会议候选人的人员应该在其所在的选区的行政区议会选举中进行自荐。任何在其选举区一半以上的行政区内获得大多数票的人选将视为获胜者，因而得到正式提名；

（3）在第一轮选举中没有出现获胜者时，应该进行第二轮投票，第一轮选举中得到最多行政区的最多票数的两名人选将有资格参加竞选，在第二轮选举中获得大多数票的人选视为获胜者，因而得到正式提名。

4．州议院初选：

（1）为了提名州议院候选人，被指定为州议院选区的地区应成为一个统一的选区；

（2）任何试图寻求成为州议院候选人的人员应该在其所在的选区的行政区议会选举中进行自荐，在选区内一半以上的行政区获得大多数票的人选将视为获胜者，因而得到正式提名；

（3）在第一轮投票中没有出现最终获胜者时，应该进行第二轮投票，在第一轮投票中获得最多行政区的最多票数的两名人选将有资格参加竞选。在第二轮选举中，获得大多数票的人选将视为获胜者，因而得到正式提名。

5．地方政府主席初选：

（1）为了提名党的地方政府议会主席，地方政府区域应形成一个统一的选举区；

（2）任何试图寻求成为地方政府区域主席候选人的人员应该在行政区议会选举中进行自荐。任何在选区内一半以上的行政区获得大多数票的人选将视为获胜者，因而得到正式提名；

（3）第一轮投票中没有出现最终获胜者时，应该进行第二轮投票，在第一轮投票中获得最多行政区的最多票数的两名人选将有资格参加竞选，在第二轮投票中获得大多数票的人选将视为获胜者，因而得到正式提名。

6．议员初选：

（1）为了提名党的议员，每一个行政区应该形成一个统一的选举区；

（2）任何试图寻求成为议员候选人的人选应该在行政区议会选举中进行自荐，前提是他的提名要得到该行政区的二十名注册党员的支持；

（3）在行政区议会中获得最多票数的候选人视为获胜者；

（4）在第一轮投票中没有任何候选人赢得一半以上的票数的情况下，应该进行第二轮投票，在第一轮投票中获得最多票数的两名候选人将有资格参与竞选，在第二轮投票中获得大多数票的人正式得到提名。

第二十二条

选举委员会

1. 应该设有选举委员会对针对任何候选人的投诉进行裁定。

2. 全国级别的选举委员会应该由全国执行委员会组成，还应包括廉政正直的党员，并反映国家地理分布状况。

3. 州级别的选举委员会应该由州级执行委员会组成，还应包括七名廉政正直的党员，并反映州的地理分布状况。

第二十三条　章程修正案

此章程中的规定可以加以修改，前提是必须由党的现存的至少三分之二的财务人员和全国代表大会来决定。修正案的通知必须要在全国代表大会召开之前的三十天内提交给全国秘书长处，并在全国代表大会召开前的十四天内进行公布。

附件1　条款的解释

为了党的宗旨和在此章程的条件下，下列条款定义解释如下：

（1）"所有级别"，指全国、州、地方政府区域和议会行政区这些级别。

（2）"平等的社会"，指社会中的所有成员在法律上、社会上、道德上和政治上受到平等的对待，不论种族、宗教、出生条件和性别的差异，每个人都享有平等的机会去发掘个人内在的潜力。

（3）"公务员"，指被选举的官员。

(4)"官员",指党雇用和支付的人员。

(5)"初级卫生保健",指全面的卫生保健,包括基本的医疗免疫、健康教育、为指定的健康机构提供基本的药品供应、环境卫生、营养、孕产妇和儿童健康。

(6)"主要的行政机关",指全国级别的全国执行委员会、州级执行委员会、地方政府区域级别和行政区级别的行政区执行委员会。

(7)"过渡时期",指党形成时期和党建立时期的过渡时期。

附件2

A. **宣誓效忠**

我,在此庄严宣誓,我将会忠诚和效忠于行动国会、尼日利亚联邦共和国。我宣誓维持、保护和捍卫行动国会章程以及尼日利亚联邦共和国宪法。愿上帝助我!

B. **宣誓就职**

我,在此庄严宣誓,我将会忠诚和效忠于行动国会。我将发挥我最大的能力忠于我的职责,并依照遵守行动国会章程以及相关法律,以行动国会和尼日利亚联邦共和国的正直、团结、进步、幸福和繁荣作为利益标准;我将会努力追求实施包含在党的宪章和宣言中的党的目标和宗旨,我将不会允许我自己的个人利益影响我的职责决定;在任何条件下,我会做对党员、党的所有机关和群众有益的事。依照法律行事,无所畏惧和偏见,不带私人感情或邪恶之心;我不会直接或间接地向任何人交流和透露在我职权范围内应该考虑或是我作为党的官员应该知道的事情,除了为了履行职责而不得不这样做。我将会全心全意为尼日利亚人民的福祉而服务,愿上帝助我!

行动大会（党）宣言

（一）生命财产安全

如今，生活在尼日利亚有如生活在战场，仅仅是在街上行走或是开车经过都要调动全部生存本能。生命已变成一场赌注，用英国哲学家托马斯·霍布斯的话形容再准确不过："混乱，险恶，残忍，短暂"。职业杀手，持枪劫匪，民族自卫军，小偷小摸，社会异端分子，潜行在人们身边，不知不觉中，生存的家园已被他们变成人间地狱。高调暗杀，疯狂抢劫，民族和政治迫害，无论是在家里还是街上都毫无公正可言，这已变成日常生活的一部分。尼日利亚政府已跑到外太空度假这种说法的确不为过。境况已不堪到无以复加，无论地位高低，在尼日利亚没有人是安全的。即使如此，政府的首要，也是最重要的任务却是不惜一切代价让人民"觉得"自己安全，而不是真正给予他们安全，从中世纪以来便是如此。当然，我们想说的并不是当前境况，而是过去几十年来尼日利亚糟糕的政治管理。糟糕的政治管理，就其本质而言，只会增加社会不满，滋养非法行为、犯罪和强权政治。从高高在上的权威人士到鱼龙混杂的街头混混，这种免罚和无安全感的文化模式不但落了地还可怕地生了根。难怪人们常说："烂鱼头先臭"。

1. 目标

行动大会最首要的任务即保护每一个尼日利亚公民的生命安全。无论是在家里还是在街道上，国内还是国外，白天还是夜晚，他们可以到任何自己想去的地方，不用担心自己的人身安全会受到威胁。

（1）良好治理：提倡纪律严明的政府，以身作则的领导和以民为本的政策。

（2）警务：促进警务系统转型，使之成为更加有效、合理的机制。通过定期培训、加强纪律、不断激励、合理报偿和更新装备促进其更好地维护法律和秩序。应做到以下几点：

（a）提高录取条件，须持有最低或普通国家院校文凭，或同等学力文凭。

（b）警务手段现代化，特别加强发展犯罪预防、犯罪证据的调查和收集。

（c）为警务人员提供充分的现代化通讯、交通和武器装备，以更好地应对精密犯罪。

（d）提高警务人员福利，增加工资，提供住宿。

（e）为警务人员提供充足的国内外培训机会，安排强制性培训，设定培训标准和目标。

（3）罪犯改造：减轻监狱负担，建立有效合理的教化机构，配备设备齐全、卫生条件良好的研讨会、学习中心。

（二）扩大就业

要维持社会安全，必须保证生活必需品的供给，消灭贫穷或是最大限度地控制贫穷，确保各方面向着富裕迈进。党希望通过大规模创造就业机会来达到以上目标。

1. 目标

我们的目标是为有能力且有意愿参加工作的人提供全职带薪工作。我们将每年新建五十万家企业，平均每家企业吸收四名员工。

（三）农业和农村综合发展

过去几十年中，农业生产大幅下降。我们的农产品曾经创收过大量的外汇，但是如今我们却变成了农产品的净进口国，许多我们曾能够出产的食物现在也须大量进口。农业生产下降的原因为：

农村地区被继任的政府忽视，导致大量农村人口流入城市，村庄变得毫无吸引力。

留守农村的其余人口，或是年纪太大，或是人员太少，或是年纪太小，无法进行有效生产，并且生产工具落后，依然是锄头或弯刀。

由于缺少必要的设施，健壮有为的年轻人不愿定居在农村地区，而是希望参与现代化农业。

因此，改善农业将会不可避免地与发展农村和提高农民生活质量联系起来，只有这样农村才能吸引更多人居住和建设。

1. 目标

农村综合发展项目为：

（1）为农村地区提供重要农业基础设施和社会服务。

（2）快速增加粮食产量，出口农作物，并及时为出口寻找市场。

（3）提高农民生活质量及农村地区生活环境，扭转农村人口不断迁往城市的局面。

（四）教 育

当我们有能力实现全体人民的义务教育时，将会对政治、经济、社会方面产生巨大影响。党坚信教育是国家团结和经济发展的关键。教育和经济机会上的不平等是导致巨大贫富差距的首要原因。这种不平等进一步引发社会失调，加剧种族和民族间的紧张及不和谐状态。党决心扭转这种局面。我们相信教育对于发展文明公民性是必不可少的；文明公民接受管理但坚决反对压制。没有受过良好教育的公民，我们为发展所做的努力也只是竹篮打水。我们坚信教育是每个公民的基本权利。如果政府希望每个公民服务国家、绝对忠诚，那么其有义务尽最大能力使每位公民接受教育，只有这样，人民才会尽最大努力服务国家。基于以上原因，党认为在国家能力允许的情况下，应该为每位尼日利亚公民提供义务教育。国家利益决定教育先于一切，因为它是其他项目成功的基石。

1. 目标

关于政府的教育项目,党的目标如下:

(1) 每位公民具有读写能力,能够用母语和世界通用语交流。

(2) 对公民进行各方面培训,包括科学、工程学、经济学、管理学及信息技术,使其领导经济发展和繁荣,深切领悟治国方法。

(3) 持续提高人民收入,扩大中产阶级,发展经济。

(4) 训练公民学习和研究的能力,开阔视野,提高准确性,为尝试新方法、新技术做好准备。

(5) 为国家转型培养各级的人力资源。

(五) 医 疗

好的医疗保健是人类存在的基本要求。国家想要富裕首先应该健康。由于尼日利亚的医疗保健系统总体来说一片混乱,对于一级、二级、三级医疗系统均须加以关注和发展,以确保国家需求。目前来看,要达到以上目的,应该高度重视预防性和一级医疗。

1. 目标

党在医疗方面的主要目标为:

(1) 控制和处理我们日常生活和生活环境中对于身体或精神健康有害的因素。

(2) 提供个人或机构,协助保证社会每位公民都能拥有良好的医疗服务。

(3) 确保所有服务惠及全体人民,无论他们的户籍或经济地位如何。

2. 一级医疗包括:为0—5岁儿童免费接种六大儿童疾病的疫苗;为已到生育年龄女性免费接种破伤风疫苗;为0—5岁儿童及怀孕妇女提供免费微量营养素供给;在黄热病和脑膜炎发病流行期,大量提供免费疫苗;为艾滋病、肺结核和麻风病患者免费治疗;为有效防止传染性疾病,发放相关医疗救助信息和材料。

3. 二级医疗包括:免费挂号;免费咨询;免费简单检查;细胞压紧

容（PCV）积检查；疟原虫检查；尿液检查；免费基本药物；免费简单手术；切开术及引流；小伤口缝合；闭合复位术及小骨折 POP 固定。

4. 怀孕妇女的免费医疗包括：产前检查；自然分娩；外阴缝合；分娩期及产后期的基本药物；母乳喂养妇女的产后检查；定期产后检查和药物发放；

我们将不断为关于传统药物的系统研究筹款，鼓励在各州建立传统医疗机构，通过传统医疗实践，补充国家在医疗方面的缺失。

（六）电　力

1. 目标：

党的目标为：

（1）执政四年内，保证全国百分之八十地区获得稳定的电力供应。

（2）执政中期，保证人均分配到八百瓦电。

（3）合法获取其他形式的电力能源作为民用，用电须符合国际标准和安全。

（4）鼓励政府部门和私人参与电力能源的生产和分配。

（七）交　通

铁路、水路和公路交通对经济的增长和发展至关重要且密切相关。对于一个有着一千三百万人口，经济年均增长百分之三的国家来说更是如此。尼日利亚人民出行、货物运输、服务传达始终很困难，仅仅依靠公路交通不但无法解燃眉之急，而且开销显著。继任政府持续忽视铁路和水路交通的作用实属下策，并且引发了交通系统的危机：高频率的飞机失事和极混乱的道路拥堵。尼日利亚想要真正实现经济可持续增长和发展必须改善这种不利境况。

1. 目标

党在交通方面的目标是建立一个安全、有效、经济、协调的交通系统。党将通过以下措施建立该系统：

(1) 实现现代化；扩建铁路和水路交通，使之成为人民出行、货物运输、服务传达的主要交通方式。

(2) 定期维护和扩建铁路。

(3) 建立有效、监管得当的航空系统，主导跨地区和跨洲交通。

（八）小型企业

出于一些原因，党的综合农村发展计划和增加就业计划需要在小型企业蓬勃发展的协助下进行，尤其是在商业和工业领域。

1. 目标

党在小型企业方面的目标为：

(1) 在小型企业的支持下，增加全国收入，创造财富和繁荣。

(2) 协助并促进小型企业发展，扩大其活动的范围，提高效益，满足经济上不断增长和出现的新需求。

(3) 为小型农场主、商人、经销商、实业家的发展扫清障碍。

（九）住房和城市发展

尼日利亚的可用住房存在着巨大的缺口，尤其是对于中低收入群体来说。和其他发展中国家比起来，尼日利亚的可用住房条件极端艰苦。支持和发展高质量且廉价房源的现代金融政策，特别是按揭政策，仅仅处于初始阶段。除此之外，房屋规划和卫生环境的标准很低，尤其是城市中，杂乱的建筑和肮脏的居住环境占据整个城市，像贫民窟一样。为解决这样的双重困难，私人开发商和政府都应当有所作为。前者实现现代化，扩大住房资源；后者加强法规监管，建立相应机构，提高现有的城市发展水平，确保法规和制度的遵守。

1. 目标

党在住房和城市发展方面的目标为：

(1) 快速增加住宅数量，提高住宅质量，特别关注中低收入群体。

（2）为保证人人有房住，发挥私营企业的重要积极作用，尤其是信贷组织。

（3）快速改善居住环境。

（4）不断升级和改善生活和工业废物处理机制。

（5）保护人类、植物、动物、水源和大气不受任何形式的污染和滥用。

（6）合理借鉴发达国家环境和废物处理政策经验，建立相应制度。

（十）采矿和石油化学产业

1. 目标

党在这一方面的目标为：

（1）确保矿物资源合理、有效的开采。

（2）确保政府对国内矿物活动的唯一权利。

（3）防止采矿行为造成的环境破坏。

钢铁发展

钢铁发展是尼日利亚工业革命的基础。因此党将采取以下措施：

1. 目标

（1）确保阿焦库塔钢铁厂的竣工和发展，由于其在各工业领域的有利条件，特别是在铁路系统。

（2）确保建立切实可行的钢铁产业，并将其作为工业和科技发展的先决条件。

尼日尔三角洲

尼日尔三角洲不堪的境况是整个国家的隐痛，急需特别关注。人们每况愈下的生活环境和不断下降的生活水平使国家蒙羞，与此同时也应受到深切关注。党将彻底解决尼日尔三角洲问题，建设性地指引三角洲地区人民找到温和、长久的解决办法。包括以下方面：环境，基础设施，政治经济参与，衍生产业，与石油公司建立联系。

（十一）经济规划方针

1. 目标

实现经济规划目标的关键是通过公共教育和入股确保全国共识。我们将建立健全的专业技术小组，对国家经济规划进行制定和监测，并呈现详细的分析和实时监控。党的主要目标为：

（1）发展综合农村的同时特别强调发展农业。

（2）制定政策缩小贫富、农村和城市收入差距。

（3）全面增加就业，提高尼日利亚人民生活水平。

（4）加快工业化和技术改革。

（5）发展自由贸易。

（十二）社会发展方针

社会发展是一个动态的进程，能够确保整个团体生活质量的提高。这里所说的社会发展主要指三个方面：社会福利、社区发展和休闲娱乐。社会发展旨在为个人甚至整个社区抵御社会变革带来的意外负面影响。经济发展通常导致的意外负面影响为：移民，过度城市化和失业。这些负面影响又会进一步引发家庭解体，精神紧张，怠工及其他社会问题。因此，社会发展计划对于对抗压力源至关重要，如果采取放任不管的态度，可能会使个人受到打击甚至扰乱社会安定。党意识到以上问题在经历快速经济和社会变革的地区尤为常见。因此，社会发展计划旨在直接应对我国出现快速经济和社会变革地区的现有和预测到的问题。

1. 目标

（1）党对尼日利亚社会发展政策的目标为：

（2）提供设施和服务，协助公民应对快速经济和社会变革带来的负面问题。

（3）以运动和娱乐的方式帮助发展尼日利亚青年的身心健康。

（4）提供设施，确保个人能够幸福快乐地融入集体。

为达到以上目标，党政府将发展以下项目：社会福利；全职带薪就业；婚姻指导和咨询机关；家庭调解服务；收养和寄养服务；弃婴收容所；日托中心；养老院；难民收容所及安置中心；职工及自由职业者社会保障制度。

社区发展

党的综合农村发展计划属于社区发展计划，其本身是关于非城市群体的发展，但同时也是国家发展的一个重要分支。该计划的一个重要特色是农村合作社制度。为了个人在经济和社会方面更好地融入社区，党政府制定了长远的政策，培养和发展协会，将各行业的从业者和相关行业合作联合起来。例如，政府将鼓励建立和开发铸铁协会，棕榈油生产商协会或花生油生产商协会，染坊协会等，并鼓励上述产业在城市地带成立协会。为个人更好地融入社区，还有以下政策：

（1）建立国家青年先锋组织；

（2）与青年密切相关的国家青年服务计划（作为教育机会的一部分）；

（3）男孩女孩俱乐部；

（4）女子俱乐部；

（5）志愿性组织如女生社团、童子军等都会得到支持和认可；

（6）政府将会为社团的自助计划提供执行方面的技术指导和支持。

（7）成人教育支部本身是对社团发展非常有益的一个组织，不但大力发展提升个人思想境界的方法，同时为个人更有意义地参与其所在社团发展提供机会。

体育

我们意识到体育在个人身心发展和在国际舞台上建立国家形象方面起到的作用。党深刻体会到近年来尼日利亚在国际赛事上取得的成功大大地鼓舞了人民的士气，同时也给了我们前所未有的自信。党相信，像尼日利亚这样一个热爱运动的国家，在世界级赛场上取得的杰出成就将会为我们带来全新的灵感和动力，并对我们在这一领域做出的努力产生积极影响。因此，我们决心在体育领域做出合理投资。

1. 目标

为确保在体育事业上取得最大成功,政府将采取以下步骤:

(1) 扩大体育参与范围,为招募年轻运动员增加人力资源。中学义务教育政策应为招募顶级男、女运动员的基础。

(2) 要求教育机构,特别是高等教育机构,适当放宽学术课程和计划,以鼓励处于劣势的男女运动员将体育与学术相结合。需注意的是义务教育政策中的小学、中学和高等院校的奖学金和助学金将用于减轻在校运动员学生在其参加重要赛事期间的经济负担。

(3) 为确保人民更有效地参与体育事业,政府将要求体委在地方政府各级建立办事处,以更好地在学校和男孩女孩俱乐部进行宣传。政府将充分为培训、辅导和赛事提供设施。

(4) 为有竞争力的运动员建立福利协会。任何在国内外赛事中为国家争光的运动员都可享受福利协会的服务。

(5) 为在国内国外赛事中获得奖牌的运动员建立荣誉奖励机制。

(十三) 国 防

1. 目标

党在国防方面的目标与宪章中的相关条款一致。我们的明确目标是:

(1) 建立一支训练有素、自强不息的军队。

(2) 建立并维护一支能够随时随地履行宪法赋予的职责的武装力量。

(3) 利用武装力量支持对外政策目标的实现。

(十四) 对外政策

1. 目标

为履行宪章的相关规定,党将:

(1) 采取友好、互惠的双边和多边政策,特别是在西非分区和整个非洲地区。

（2）遵守尼日利亚作为成员的地区性或国际性组织的条款和义务。

（3）保持并加强尼日利亚在各地区性或国际性组织的成员资格，以促进维护国家利益。

（4）抵制对于尼日利亚和其他国家的任何歧视、控制和侵略行为。

（十五）行政部门

发展爱国、高效率行政部门的首要特征是主动、高质量和忠诚的工作人员，以及它履行宪法赋予职责的速度和熟练程度；采取相应措施消灭腐败、惰性和繁文缛节；司法和行政部门独立。

1. 目标

党在司法行政方面的目标为：

（1）促进司法的绝对独立，不受外部影响和威胁。

（2）巩固司法行政进程。

（3）支持宪章中规定的分权原则。

（4）拥护社会公平、公正、平等和人权原则。

（5）将司法和任何形式的狭隘利益分离，确保国家利益和目标的实现。

人民进步党党章

序 言

我们,作为尼日利亚的进步人士,决心建立一个政党,追寻为所有尼日利亚人民服务的意识形态,特此,制定、实施和遵循以下党章,党章的所有条款对我们具有约束力。在此,我们承诺,效忠于尼日利亚联邦共和国,尼日利亚宪法在任何时候都有比此章程更高的法律效力。

第一条 党的名称

为此,我们必须建立一个进步性的政党,其名称为人民进步党,以下均简称"党"。

第二条 党的座右铭

党的座右铭是:真理,自由和进步。

第三条 党徽

党的党徽是一棵由三片绿叶组成的树枝,面朝蓝天。

第四条 党的思想

党必须遵循进步主义和联邦制的思想。

第五条 党章的崇高地位

在不违反尼日利亚联邦共和国宪法和尼日利亚联邦共和国其他任何生效的法律的有关规定的前提下,当党的其他任何规则和条例与党章发生冲突时,本章程的条款的法律效力应该高于党的其他任何规则和条例。

第六条　全国秘书长处

党的登记办公室应位于联邦首都阿布贾，并在州首府、地方政府区域下设有分支机构，包括联邦地区的阿布贾地区委员会和行政区。

第七条　党的宗旨和目标

1. 党的宗旨是党通过民主手段获得、利用、维持和保全其政治权利，并在弘扬联邦主义和进步主义的思想、原则和实践的基础上全心全意为尼日利亚人民、黑人民众、非洲人民以及整个人类服务。

2. 为了实现以上目标，党必须遵循和完成以下目标：

（1）制定法律和行政结构，确保建立一个庞大、强壮和稳固的党。

（2）支持合适的具有责任感的党员代表党参与大选角逐，获得政府部门职位。

（3）向尼日利亚人民呈现党的宣言，包括党的意识形态、服务规划、项目提议和党的办事方案，以说服和赢得人民在选举、道德价值观和社会方面的支持。

（4）党在管理社会事务方面遵循实用和最佳的原则，也就是为最多人谋求最大程度的幸福。

（5）各级政府应该确保人民现代化生活的基本需要得到满足，包括食物、饮用水、住宿、基本医疗卫生保健、电力供应、公路和水路设施、基础教育（识字、计算和技能）、娱乐/社会设施、信息/公共启蒙教育等等。这些生活必需品必须要以公平和平等的方式为所有的尼日利亚人民所享有。

（6）通过积极有效地鼓励建立小中型企业，发展工艺业和农业来达到自力更生、独立自主的目的。

（7）政府通过积极干预青年失业状况和人员冗余的现象来建立减贫政策。

（8）通过各种推行公平和平等的措施方案来保护、促进和提高妇女的地位，这些措施包括：提供基本义务教育，废除反社会的歧视性文化实践，提供平等就业和选举机会，等等。

（9）为领退休金者、老年人群、残疾人群、寡妇和失业人群提供福利支持和救助。

（10）通过相应的立法措施和福利项目来保护儿童的权益，包括未出生婴儿的权益。

（11）在经济的重要和战略领域代表尼日利亚大多数人民的利益，这些领域包括石油矿产/固体矿产开发、利用和营销，国防产业/航空产业，造船业，电讯业，住房，财政/货币控制，科研和技术发展，等等。

（12）在制造业、进口商业领域创建一个融洽的私营企业氛围，以促进尼日利亚的兴盛和繁荣。

（13）尊重和保护工薪阶层、职业女性、学生、青年、宗教领袖、传统管理者和政治阶层的利益，并为他们提供基本的需要和服务。

（14）为海外的非洲和黑人民众提供领导性的、战略性的和经济上的支持（适当的可能的支持）。

（15）遵守国际条约，支持和促进国际合作，为了维护世界的和平和有序发展，在社会、文化、经济方面奉献自己的力量。

（16）坚决捍卫尼日利亚联邦共和国的领土完整和国家统一。

（17）积极巩固、鼓励和坚守国家的道德价值观和伦理观，特别是，真理、正义、诚实、平等和敬畏上帝。

（18）对于腐败行为，公共和私人生活中的种族歧视和丧失纪律的行为，要在思想、道德观、宪法和法律体制结构下予以坚决地抨击。

（19）组织任何创新活动，消除或减少痛苦和不确定性，弘扬自由，增加信心，灌输爱国主义和民族主义思想，促进国家团结和统一，增强尼日利亚人民的幸福感。

（20）为尼日利亚所有的民众提供免费的基础医疗卫生服务和免费的基本义务教育。

（21）为农业、基因工程、医药业和以工业发展为目的的核能方面的技术发展提供科研支撑。

（22）组织任何活动或规划，为所有尼日利亚民众长久的利益带来积极的改变。

（23）在遵循联邦主义的前提下实现以上提到的所有目标，并不断将有关权力下放至地方。

第八条　党员身份

1．获得党员身份的条件

党员身份向所有的尼日利亚人民开放，不论他们在宗教、种族、出身、性别、社会和经济地位上的差异。需要满足的条件包括：

（1）公民必须为尼日利亚人，并年满十八周岁。

（2）公民不得为其他政党的党员，如果是，且已经辞去党员身份，则须提供相关辞职证据。

（3）公民同意遵守党的党章规定。

（4）公民申请党员身份须以个人为单位。

（5）公民必须在其居住地或出生地的行政区注册登记为党员。

2．党员规则和义务

（1）每个党员必须支付要求的注册费、月党费、税费和罚款费（需要的情况下）。

（2）党员须参加党的活动，例如，选举活动和集会，筹资活动和相关会议（必要的情况下）。

（3）每个党员都拥有一张党员身份卡。

（4）党员每年通过支付相应的党费而激活党员身份。

（5）在选举年的初选前，党员只有支付了规定的三个月的党费才有投票资格或被投票的资格。

（6）每个党员应该努力了解和宣传党的思想、宗旨和目标。

（7）每个党员必须遵纪守法，纪律严明，不得叛党叛国。

（8）一经登记成为党员，党员被视为已经接受并遵守党章，以及党的合法规则条例、指令和决策。

3．党员的权利和特权

每个党员在选举期间都有权进行投票或被投票推选为某职位，前提是必须遵守党各个职位的规定和决策，本章程第八条第 2 款第（5）项中规定的党员的财政状态和该党员已经在大选前的至少六个月内积极活跃于党内。

4. 党员登记册

党的各级秘书处必须保留和持有党员的登记信息，这些级别包括行政区、地方政府区域、州和全国，每个级别的秘书处必须时常更新党员的信息记录，党员必须负责并确保其姓名已经在行政区登记在册。

5. 党员身份终止

（1）党员身份终止的情况包括：辞职，开除党籍或死亡。

（2）一旦辞职或开除党籍，党员必须依法将其所拥有的党的财产进行归还。

（3）党员出现死亡的情况下，其亲属可以代替接任其职务。

第九条　组织

1. 党级别

党组织包括五个级别，分别是：

（1）行政区；

（2）地方政府区域；

（3）州；

（4）地区；

（5）全国。

有关行政区、地方政府区域和州级别的条款可以向作为州的联邦首都阿布贾的行政区和地区委员会申请变动。

第十条　党的主要机关

1. 以下是党的主要机关构成：

（1）行政区执行委员会；

（2）行政区议会；

（3）地方政府区域执行委员会；

（4）地方政府区域议会；

（5）州执行委员会；

（6）州议会；

（7）地区党团会议；

（8）全国执行委员会；

（9）国民大会。

2. 每个执行委员会或代表会议应该落实好相关政策，本着负责任的精神，并向其所在级别的议会或代表会议提交工作报告。

3. 党在各个方面所持有的权利应该超过从行政区到全国各个相应级别机关的权利。

4. 地区党团会议不应该干涉党的日常事务和运行。它们的主要职责已经包含在本章程第十一条第十四款中了。

5. 每个州执行委员会和全国执行委员会应该设有一个常务小组委员会，作为工作委员会，其主要职责已经包含在本章程中了。

6. 以上的党的主要机关有权为了各自的需要和目的设立常务小组委员会和临时委员会。

第十一条　党各个机关的构成、职能和权利

1. 行政区执行委员会的构成

行政区执行委员会由以下官员和当然成员构成：

（1）主席；

（2）两名副主席（男女各一名）；

（3）秘书长；

（4）助理秘书长；

（5）司库；

（6）助理司库；

（7）财政部长；

（8）助理财政部长；

（9）宣传部长；

（10）组织部长；

（11）助理组织部长；

（12）福利主任；

（13）党推选的行政区议员；

（14）党推选的来自行政区的地方政府区域主席；

（15）两名当选且肩负特殊责任的成员（男女各一名）；

（16）来自行政区的党在全国、州、地方政府区域的所有的官员。

2. 行政区执行委员会的职能和权利

行政区执行委员会应该：

（1）组织行政区议会，并负责实施所有的决议。

（2）提出政策意见，供行政区议会审议。

（3）推动扩大党的成员队伍，宣传党的思想和宣言，为党的行政管理和其他活动的举行颁布规则和规定。

（4）为党筹集资金。

（5）监督党在行政区的项目实施情况。

（6）对任何违法乱纪的党员给予纪律处分（开除党籍除外）。

（7）采取其他任何合法行动，实现党的最佳利益。

3. 行政区议会的构成

行政区议会应该由党在该行政区的所有登记的党员组成，参加行政区议会的会议，须展示有效的党员身份卡，行政区第一次议会须由行政区执行委员会的所有成员参加。

4. 行政区议会的职能和权利

行政区议会应该：

（1）为党的地方政府区域议会和州议会选举代表。

（2）选举行政区执行委员会成员。

（3）组织选区为党在行政区的议员候选人举行初选。

（4）批准党在行政区的预算，批准由行政区执行委员会宣布的纪律处分决定。

（5）为党的行政区制定政策。

（6）考量由执行委员会或委员提议的其他任何事项或业务。

（7）采取任何合法措施，实现党在行政区最佳的利益。

5．地方政府区域执行委员会构成：

地方政府区域执行委员会由以下官员和当然成员组成：

（1）主席；

（2）两名代理主席（男女各一名）；

（3）副主席，同时为行政区主席；

（4）秘书；

（5）助理秘书；

（6）司库；

（7）助理司库；

（8）财政部长；

（9）助理财政部长；

（10）组织部长；

（11）助理组织部长；

（12）宣传部长；

（13）助理宣传部长；

（14）法律顾问；

（15）审计师；

（16）三名当选的且肩负特殊责任的成员（男、女、青年各一名）；

（17）来自地方政府区域的所有全国和州的党的官员。

6．地方政府区域执行委员会的职能和权利

地方政府区域执行委员会应该：

（1）组织地方政府区域议会和实施会议政策。

（2）向会议提出政策，供地方政府区域议会审议。

（3）负责扩大党员队伍，宣传党的思想和宣言。

（4）为党的地方政府区域行政管理，颁布法规和规则。

（5）组织和监督党在地方政府区域的管理。

（6）为党筹集资金。

（7）组织地方政府区域的竞选活动、动员选民和党的当选官员。

（8）组织党在地方政府区域的各个项目的实施。

（9）对于违法乱纪的成员给予纪律处分（开除党籍除外）。

（10）承担其他任何活动或采取任何合法措施来实现党在地方政府区域最佳的利益，前提是要获得地方政府区域议会的批准。

7．地方政府区域议会的构成：

地方政府区域议会组成如下：

（1）每个行政区执行委员会的所有成员。

（2）地方政府区域执行委员会的所有成员。

（3）由党推选的地方政府主席、代理主席和议员。

（4）由党推选且来自地方政府区域的州议院的成员。

（5）在政府区域内每个行政区议会选举的十名代表。

（6）由地方政府区域主席从每个行政区选出的十名代表。

8．地方政府区域议会的职能和权利

地方政府区域议会应该：

（1）选举地方政府区域执行委员会成员。

（2）批准由地方政府区域执行委员会采取的纪律措施。

（3）为地方政府区域制定政策。

（4）批准党在地方政府区域的预算。

（5）接收审计师内部和外部的审计报告。

（6）通过不信任票，撤销行为不检的官员的职务。

（7）采取任何其他措施，实现地方政府区域内党的最佳利益。

9．州执行委员会的构成：

州执行委员会构成如下：

（1）州主席；

（2）三名副主席（每个参议员区各一名）；

（3）州秘书；

（4）州助理秘书；

（5）州司库；

（6）州助理司库；

（7）州财政部长；

（8）州助理财政部长；

（9）宣传部长；

（10）州助理宣传部长；

（11）法律顾问；

（12）助理法律顾问；

（13）福利主任；

（14）州组织部长；

（15）州助理组织部长；

（16）审计师；

（17）州中党的国家官员；

（18）来自州的党的全国执行委员会成员；

（19）党推选的党的州长和副州长；

（20）议长、副议长、多数党领袖（党处于执政地位）或少数党领袖和党的主要干事（党不处于执政地位）。

10. 州执行委员会的职能和权利

州执行委员会应该：

（1）宣传党的思想和宣言。

（2）组织党的选举活动。

（3）确保州党组织的有效的管理运行。

（4）贯彻实施州议会、地区顾问委员会和国民大会的决议和指令。

（5）识别和对州中党的州长候选人进行授权。

（6）准备党在州内的年度预算。

（7）雇用和决定州中所有职工的服务条件。

（8）对于违法乱纪的成员采取纪律处分措施。

(9) 行使本章程规定的其他权利和职责。

11. 州议会的构成

州议会组成如下：

(1) 州执行委员会；

(2) 由党推选的州长和副州长；

(3) 联邦执行委员会、部长委员会的所有成员，同时也是党来自行政区的成员；

(4) 由党推选的州议院的议长和副议长；

(5) 由党推选的所有联邦立法议员；

(6) 由党推选的所有州立法议员；

(7) 由党推选的所有地方政府立法议员；

(8) 州执行委员会（州内阁）的所有成员，同时也是党员；

(9) 所有州长和副州长的特别助手，同时也为党员；

(10) 由党的各个行政区机构推选的三名代表；

(11) 党的每个行政区的主席和秘书；

(12) 由党在州内推选的地方政府区域主席和地方政府区域副主席；

(13) 总统的所有来自州的党内特别顾问和特别助手；

(14) 来自州的地区党团会议的所有成员；

(15) 来自州的党的全国执行委员会所有成员。

第一次州议会应该由州主席和二十名由地方政府区域推选的代表构成。

12. 州议会的职能和权利

州议会应该：

(1) 选举州执行委员会官员；

(2) 根据地缘政治划分，为党的地区党团会议选举三名代表（州参议院选区各一名）；

(3) 对州党员的不法行为采取纪律处分（开除党籍除外），批准由党的地方政府区域机关采纳的纪律处分措施；

（4）组织州中的选举活动；

（5）批准州中地方政府初选结果；

（6）选举党在州中的州长候选人；

（7）接收内部和外部审计报告；

（8）批准州执行委员会的决议和行动；

（9）批准党在州中的预算；

（10）采取其他任何合法措施，来实现党在州中的最佳利益。

13. 地区党团会议的组成和管理

（1）每六个地缘政治地区必须设立一个地区顾问委员会，由三名来自不同区域的成员组成。这些成员（包括男女和青年）都是社会中的知名人士和智慧高尚的人士。并由他们各自的州包括阿布贾，推选出来；

（2）每个地区党团会议应该选举会议的主席、副主席、秘书和司库来管理内部事务；

（3）每个地区党团会议有权在其地区范围内任命行政管理官员，以协助秘书长管理有关事务；

（4）在地区内党的所有州级的机构应该为地区党团会议提供平等的资助（资金或物质资助）；

（5）地区党团会议应该在地区的各州内轮流举行；

（6）党的全国主席应该负责召开每个地区党团会议的第一次会议；

（7）每个地区党团会议应该保留可审计的账户；

（8）每个地区党团会议应该适当地向全国执行委员会提交报告。地区党团会议的成员不得任职于任何级别的执行委员会或执行委员会办事处，除非为当然成员和首先辞去原来的职务。地区党团会议主席应该是党的全国副主席。

14. 地区党团会议的职能和权利

地区党团会议应该：

（1）成为受理上诉的机构，接收、审议和驳回来自认为受到不公正待遇的成员和党的各机关的请求和上诉；

（2）审议和批准驱逐任何党员的有关提议，前提是该提议来自州议会；

（3）监督地区内党的活动，确保所有活动符合党章规定和遵守党的宣言，并定期提交报告；

（4）服从党的利益，向州和全国级别的机关提供建议；

（5）为党筹集资金，以在财政上和物质上给党提供支持；

（6）有权利用持有的权利针对任何成员或地区内更低级别的机关建议任何惩罚性的措施；

（7）在做出财政支出之前，批准和授权地区预算提议。

15. 全国执行委员会的构成

全国执行委员会应由下列官员和当然成员组成：

（1）全国主席；

（2）六名代理主席，每名必须是其所在地区内地区党团会议的主席；

（3）除此之外，全国代理主席还肩负着以下特别的领域内关系着党的利益的责任。包括：

（a）国家关系和侨民；

（b）妇女和少数民族；

（c）残疾人群和老年人群；

（d）专业人士和企业；

（e）民间社会和劳动力；

（f）青年人和学生；

（4）党的州执行委员会和联邦首都领域执行委员会主席；

（5）全国秘书长；

（6）全国助理秘书长；

（7）全国司库；

（8）全国助理司库；

（9）全国宣传部长；

（10）全国助理宣传部长；

（11）全国财政部长；

（12）全国财政部长助理；

（13）全国组织部长；

（14）全国组织部长助理；

（15）七名由国民大会推选的肩负着特别使命的成员，一名来自各地区地缘政治区域，一名来自联邦首都直辖区；

（16）在党的所有机关中，妇女代表的职位不少于百分之三十。

16. 全国执行委员会的职能和权利

全国执行委员会应该：

（1）负责党的所有行政管理。

（2）为国民大会准备议程安排。

（3）准备和提交年度报告和预算提议，供国民大会审议。

（4）提出政策和规划，供国民大会审议。

（5）处理来自党的州级机构、顾问委员会和国民大会提出的议题。

（6）为实施党的纪律措施和遵循忠诚于党的理念制定对所有的党的机关和成员都具有约束力的规章制度。

（7）制定党的选举规则，由国民大会进行批准，管理党各级机关的选举行为，以及负责管理党的选任职位候选人挑选的程序。

（8）按时组织召开国民大会，并实施大会通过的有关决策和指令。

（9）宣传党的思想和宣言，贯彻本章程中规定的党的目标。

（10）有权为党制定长期适用的议事规程。

（11）负责党的全国官员的雇用以及制定他们服务的条件。

（12）有权召开任何协商会议，在实现党的利益的基础上实施有关决议，并受国民大会的批准。

（13）根据需要，创建、选举或任命任何委员会，并授予该委员会权力和职能。

（14）监督、指导和监测党较低级别的机关。

（15）为党筹集资金。

（16）为党组织全国竞选活动和集会游行。

（17）行使本章程规定的其他权利和职能。

17．国民大会的构成：

国民大会应该包括：

（1）主席和全国执行委员会所有委员。

（2）由党选举产生的尼日利亚总统和副总统。

（3）由党选举产生的所有立法委员（国家或州级别）。

（4）地区党团会议的成员。

（5）由党选举产生的部长。

（6）由党选举产生的州长和副州长。

（7）由党选举产生的州委员。

（8）从联邦每个地方政府区域中选举产生的五名代表。

（9）州执行委员会成员。

（10）由党选举产生的来自地方政府区域的所有主席。

（11）地方政府党主席和秘书，第一次国民大会必须由全国执行委员会全体委员参加。

（12）第一次国民大会应该包括五十名来自每个州的代表。

18．国民大会的权利和职能

国民大会应该是党的最高且具有最终决定权的权力机关，它应该：

（1）决定党的全国范围内的政策和规划。

（2）批准全国执行委员会提交的关于纪律处分措施方面的决议。

（3）接收来自全国执行委员会的年度报告和建议，并对这些建议和报告做出决定。

（4）有权将其任何权力和职能下放至全国执行委员会或党的其他任何机关，被下放权力的机关应该服从和履行相关义务。

（5）选举或撤销党的全国官员的职务。

（6）批准党内总统初选结果。

（7）根据需要，审议和修订本章程。

（8）为党的管理工作筹集资金，包括参加大选、批准党的年度预算。

（9）审议或修改党章。

（10）党掌权期间，引导、建议，并在必要情况下规范政府立法机构和行政机构党员的行为，旨在确保全面履行党的宣言和章程。

（11）党在野期间，任何级别的政府应该批判性审查政府的政策和规划，向政府提出适当的建议和批评，以确保政府能够在维护国家利益的基础上进行良好的管理。

（12）行使本章程规定的其他权利和职能。

19. 党的其他机关

（1）工作委员会：

（a）全国、州、地方政府区域和行政区级别的工作委员会应该由以下官员组成：

（i）主席；

（ii）秘书；

（iii）财政部长；

（iv）司库；

（v）审计师；

（vi）宣传部长；

（vii）组织部长；

（viii）法律顾问和其他选举产生的肩负有特别义务的成员。

（b）每个工作委员会应该是执行委员会或其级别范围内的代表委员会的小组委员会，主要协助执行委员会实施一些决议和规划，并提交相关报告，它也负责监督行政管理和履行特别的义务。

（2）常务委员会和临时委员会

（a）国民大会、全国执行委员会、国会、行政委员会和党的党团会议都有权根据各自需要设立常务委员会或临时委员会。

（b）委员会构成、任期、职权范围、任命，应该在与其成员协商后由该机关的主席决定。

(3) 受托管理委员会

（a）党应该设立受托管理委员会，由至少七名品行端正的成员组成，这些成员来自国家六个地缘政治区域和联邦首都直辖区，党的所有动产和不动产应该由受托管理委员会进行管理。受托管理委员会应由全国执行委员会提名，并由国民大会进行任命，只有国民大会批准后，受托管理委员会才能进行就职。

受托管理委员会应该在全国执行委员会的指令下管理党的所有财产，双方都须签署所有的文件，并应依法盖有党的公章。在受托委员会相关成员出现死亡、辞职或被开除职务的情况下，受托管理人或其下任管理人员应该将其所监管的党的所有财产交付给全国秘书长处。党和政府的所有官员和党的所有职工没有资格被任命为受托管理委员会成员。受托管理委员会应该根据1990年公司和联盟事务法案的第三部分的相关规定进行登记注册。党的全国秘书长处应准备对党的所有财产进行库存管理，包括党的动产和不动产、实际财产或个人财产，并对受托管理人提交的财产数目进行存档。受托管理委员会主席应该由全国执行委员会从其委员成员中进行提名，并由国民大会进行职位任命。

第十二条 官员的权利和职能

1. 全国主席

全国主席应为党的行政长官，负责主持召开全国执行委员会会议，监督党的工作，并为党提供有效的领导力，保护和促进党的政策。

（1）召集和主持全国执行委员会和国民大会的会议。

（2）在向全国执行委员会进行协商后任命临时委员会和常务委员会成员。

（3）根据预算认可和批准，授权党的财政支出。

（4）有权下放所持权力，给党的军官、机构、成员和官员下达合法的指令，必要时，行使其决定性票数的权利。

（5）监督和管理党的所有官员。

（6）通过监督，确保党章的相关规定得到严格的遵守。

2．全国代理主席

（1）全国主席不在职期间，全国代理主席应该负责主持召开会议。

（2）全国主席不在职期间，行使全国主席的权利。

（3）全国代理主席应肩负特别的职能。

3．全国副主席

（1）应为地区党团会议主席。

（2）向全国主席提交报告。

4．全国秘书长

全国秘书长，除了本章程赋予的特别使命外，还包括：

（1）全国秘书长应该整理或保留党的一些党册书录，以及国民大会和全国执行委员会的所有会议记录。

（2）按要求负责相关的通讯工作。

（3）在全国主席的批准下，准备党的所有全国机关的会议程序。

（4）在党主席的一般性指导下，监督全国秘书长处的日常活动和事务。

5．全国司库

全国司库应该：

（1）代表党，接收资金和将党收到的资金快速存入党的账户。

（2）在全国执行委员会授权下，保留一个预付账户。

（3）确保保留相应的账户记录并制定账户登记簿。

（4）是党的账户的共同签署人。

6．全国财政部长应该：

（1）为党收集应付款项，在收集后不迟于五天内将款项提交给全国司库。

（2）为党筹资准备和提交提议，供全国执行委员审议。

（3）保留相应的账户和记录，为了对账户进行定期审查，制定账目登记簿。

7．全国宣传部长

全国宣传部长应该负责党的信息传递，推广服务和活动，所有的程序必须符合本章程的规定，遵守党的宣言和政策要求。

8. 全国法律顾问

（1）就法律事务向党提供建议。必要时安排党及其官员的法律辩护事宜。

（2）有效地处理所有影响党或党的官员的相应法律事宜。

9. 全国组织部长

全国组织部长负责党的会场和各个领域的组织活动。

10. 全国审计师

全国审计师应该审计党的账户，向国民大会提交年度审计报告，也可受全国执行委员会召集，不定期对账户进行审计。

11. 其他当选成员

全国执行委员会的其他当选成员应该行使由党的全国主席指定的职能（特别职务）。

12. 全国官员助理

全国官员助理应该协助他们各自的主要官员，行使他们应有的职责，并履行由本章程规定的特别职能。

13. 其他级别的官员

（1）在地区、州、地方政府和行政区各个级别的所有官员应该在他们各自的级别行使与全国官员同等的权利和职能，前提是各个级别的律政官员应在考虑法律从业者法案1975的规定下尽可能地成为法律执业者。

（2）在各级机关中，如果主席不在职期间，应指定代理主席或副主席来代理主席行使其权利。

（3）在被开除或辞职后，党的官员应该立即向主席或党提名的主席候选人提交其所持有的党的所有记录、资料以及党的其他物品。

第十三条　任职期

州和全国的所有官员任期为四年，可以连任同一职位，但不得超过另一届任期也不得被任命为其他职位。

党的地方政府和行政区所有官员任期为三年，可以连任同一职位，但不得超过另一届任期也不得被任命为其他职位。

非党或政府职能部门的地方政府议会、州议会和国民大会代表，在议会或代表大会结束后应该停止其代表权。

任何当选为全国执行委员会或州、地方政府区域或行政区执行委员会的官员，可以在三十天内通过向相应的执行委员会提交书面形式的通知进行辞职。

当官员职位出现空缺时，相关的委员会应该任命代替人员，并在下一届议会上进行批准。

以此任命的官员应该一直到该职位期满为止。

任何官员或军官可以在其任期内由国民大会成员一致通过不信任票而撤销其职位。

第十四条　会议

1. 会议类型及法定人数

（1）代表大会和议会

党在全国、州和其他各个级别的代表大会和议会每年应至少举行一次，会议的地点、时间和日期应由相应的执行委员会在通过协商后进行决定。

（2）紧急会议

在不违反上述有关规定的条件下，执行委员会或代表会议可以召集国民大会或议会的紧急会议，前提是在会议召开之前，至少七天以上，向所有与会人员发布会议通知。党的任何级别的执行委员会或代表会议的主席应该指导相关机关的秘书召集委员会或议会会议，并由该机关至少三分之二的成员以书面形式进行联合申请。

如果主席和秘书在二十一天的申请期限内没有召开会议，那么会议须在报上发布消息并由联合申请人签字之后才能召开。

（3）会议法定人数

为了会议能够有效地召开，党的任何机关的法定人数应由三分之一的成员构成，所有会议的召开必须以书面形式进行公布。

2. 会议的举行

（1）在不违背第十四条第 1 款的规定下，党的任何机关的会议应由该机关的秘书在主席的指令下组织召开，必要情况下，主席亲自负责召开会议。

（2）所有会议必须按照议会议程进行，主席负责主持召开会议。会议成员只有在征得主席同意的条件下发表意见，会议须严格遵守纪律。决议应由一致意见通过，当不能达成一致意见时，则须采用投票方式通过。在这种情况下，获得大多数票的则为赢家。

（3）在任何会议、议会或代表大会的投票上，须遵守该机关的有关规则和程序。

（4）会议中出现诸如破坏会议的违法乱纪的行为时，应给予处罚。

第十五条 权力分享

所有的政治职务、委派的职位和政府或党的职位应该公平地代表国家不同地缘政治实体的特点，党的各个级别的机关必须遵守这一原则。在同种族的州、地方政府区域和行政区内，职位的分布应该考虑不同地区的地理多样性特征。

第十六条 党的行政管理

1. 党的行政管理应该得到官僚机构的支持、促进和加强。

2. 在全国和州级别，应尽可能地设立以下的部门或指挥部，包括：

（1）行政机构

监督秘书处的日常运行，保持党的活动纪律，包括执行委员会、其他委员会和官方交流的会议记录，协助所有的委员会，处理供职人员和福利事务，包括行政纪律行为。

（2）财务和供应

保留党的财务记录，遵循党的指导原则，为党筹资和管理资金，保留党的所有资产清单，处理资本购买和储蓄。

（3）规划、研究和统计

为党的宣言、目标和规划的实现制订实施方案，规划和为赢得大选提供竞选策略方面的建议。保留党的活动和相关事务的资料库，处理统计类的相关工作和管理党的图书馆。

运行

负责组织党的公共运行、议会、集会、代表大会、选举竞选活动，党的内部选举和一般的现场性工作。

公共关系

宣传党的活动，提升党的形象，解释党的政策和规划，开展和管理党的合法宣传，处理党的出版事宜，安排记者招待会。

法律咨询

为党提供所有必要的法律咨询。

安全情报

管理安全事务，包括人员培训、行程安排和安全人员的监督，关注和保护党的财产，为党的官员提供安全保障，处理党的情报服务。

工作和交通运输

处理党的地产和交通工具的维修事宜，管理土地和财产事务，签订合同事项并监督合同工作，确保党的办公地点，包括办事处位置，负责当地通讯服务事务。

其他级别的行政管理机构应该认识到他们的人力资源和运作需要。并尽可能地反映国家和州的结构构成。

各级别的秘书应该负责党的官僚机构的管理。

党的执行机关对党的官僚的履职情况享有直接的干预权。

党的职工不应该在党的选举中参与投票或得到投票，除非该职工是党员，并在大选前的一个月已经辞去职务或任命。

党必须为职工规定其服务条件。

第十七条　党的公章

党的公章应该由全国执行委员会负责设计和批准，并由党的全国秘书长进行保管，必要时，可以交由受托管理委员会或党的其他机关保管。

第十八条　党的纪律

1. 党员纪律

党员纪律应该通过党的各自相应级别的纪律委员会执行，应包括相应的程序和公平的听证，并遵守党的附则规定、党的行为规范以及道德价值观。

党的任何成员当被发现有下列触犯行为时，应该受到惩罚：

（1）违背党章的规定。

（2）开展反党活动，以任何方式毁坏党的名誉，使党陷入遭人仇恨、鄙视、嘲笑和践踏名声的境地。

（3）执行党的或党的官员的合法指令时采取不服从或忽视的态度。

（4）蔑视党的裁决和决议，从事不正当行为，欺骗党，不断缺席会议，开展反党的宣传或其他任何破坏党的和平的、合法的、有效的组织活动，或从事与实现党的宗旨和目标相违背的活动。

（5）操着不被党章认可的头衔，向党的任何机关传递错误信息，在没有授权的情况下，公开宣传党内还没有得到全面解决或公正的有争议的纠纷问题。

2. 惩罚措施

（1）党可以针对任何党员的违纪行为实施纪律处分措施，惩罚的程度视案件的严重程度和相关条件来决定。

（2）实施惩罚措施将采取以下形式：

（a）驱逐出党，前提是将党员驱逐出党的权力只限国民大会所有，并须得到全国执行委员会的提议。

（b）在一段特定时期内暂停职务。

（c）暂停职务和撤销职务。

（d）不得就任该职位。

（e）罚款。

（f）警告（第一次和第二次警告）。

在遵守上述（1）的规定下，党的相关级别的执行委员会有权在上述的附则规定下决定针对任何党员的纪律处分措施。

每个成员有权参加对关系自己的任何事件的公平听证会，包括纪律措施，以及在被控下进行上诉的权利。

党的更高级别的机关应该通知全国总部针对任何党员采取的所有纪律措施，并要求全国秘书长、州、地方政府区域，和行政区秘书对纪律处分行动进行记录。

3．上诉

（1）任何受到党的任何机关决定的纪律处分的党员有权在三十天内向其所在的地区党团会议提交有关决议来进行上诉。对这个级别机关处理的上诉结果不满时，上诉人有权向党的全国执行委员会进行上诉。

（2）在没有对上诉结果，例如开除党籍、暂停职务或采取其他纪律处分措施，进行最终决定之前，被控的党员应该处以停职。当由国民大会批准后，关于驱逐党员的信息才能公之于众。

（3）任何处于停职期间的党员不应该参加党的活动。

4．当选或任命官员的召回或撤销

（1）在一名清正的候选人步入当选或任命职位之前，他必须立即在其相关职位的执行委员会或代表会和一名享有特权的法律职业律师的见证下，签署下面三份文件协议：

（a）第一封警告信：在上任六个月后表现不佳，行为不检，给予警告。

（b）第二封警告信：上任一年后表现不佳，行为不检，给予警告。

（c）第三封信：在就职十八个月后表现仍然不佳，行为仍然不检时，予以撤销职务。

然而，上述的协议文件，特别是第三条，不得在没有事先得到党的更高级别机关的审议和批准下由党的相关权力机关对任命的官员执行。除此之外，对当选的官员而言，如果该任命官员得到其所在选区的来自党员的绝大多数票同意的条件下，上述第三条协议应该得以生效。

第十九条 党的官员的选举模式

（1）党的国民大会、州、地方政府区域和行政区议会应该在本章程的规定下，在其各自的级别组织选举党的官员。

（2）每个登记在册且交纳了规定党费的党员，在满足本章程规定的提名和选举等相关要求下可以有资格参加党职位的竞选。党的登记在册且支付了党费的官员只要在参加竞选的前三个月辞去了其原有职务都可以参加竞选。

第二十条 就职宣誓

每个当选或被任命为党的相关职位的官员应该在宣誓见证人或公证人面前，进行宣誓就职。

第二十一条 党的财务

1. 党的收入：

党的资金来源于以下几个方面：

（1）党费、捐赠费和党员缴纳的税费。

（2）捐献和公共筹集资金。

（3）来自于投资和特别的筹资活动。

（4）个人或群体的资助或赠款。

（5）政府合法和适当的拨款，前提是公共募集的资金和支出要符合国家独立选举委员会的指导原则。

2. 银行账户

（1）党必须保持其在全国总部、州、地方政府和行政区各个级别的银行账户，在当地没有银行设施的条件下，应使用最近的银行。

（2）党的各个级别的执行委员会或代表大会应该决定党的账户银行。

（3）党的账户的有效签署方和负责其他金融业务的人员应该包括：

全国主席和其在地区、州、地方政府或行政区各个级别的主席。

全国司库和其在地区、州、地方政府或行政区各个级别的司库。

在上述提到的官员不在职期间，应由全国秘书长和其在地区、州、地方政府或行政区各个级别的秘书负责。

3. 审计

全国执行委员会应该任命一个能胜任的审计公司每年对党的账户进行审计,并将审计报告呈递给国民大会和国家独立选举委员会,供其审议并做出进一步的部署。

第二十二条 一般性条款

1. 修正案

(1) 本章程和随后的计划表只能由党的国民大会进行修改。

(2) 对于任何修正案进行提议的通知应该在国民大会召开前的至少两个月内告知全国秘书长处,此通知必须以书面形式进行并包含提议修改的明确声明和修改的缘由。

(3) 提议修改的通知应该在审议该修改提议的会议举行前的三十天内通知国民大会的所有与会人员。

(4) 本章程或其他任何有关规定条款在提议应进行修改且受到至少三分之二与会代表成员的投票支持的条件下,应该对条款进行修改。

2. 辞职

党员可以自由地在任何时候进行辞职。

一旦辞职,该成员必须将其持有的党的所有财产和物品交还给党的最近的办事处,辞职立即生效。

3. 章程的解释

全国执行委员会是本章程任何条款的最终解释权力机关,其裁决为最终结果。

当本章程得到修改后,应该设立新产生的职位和头衔、相关的执行委员会,要等到下一届国会或代表大会时,填补该职位和头衔,并进行正式过渡。

一览表

政治官员的选举

1. 提名

政治官员的候选人提名应该建立在紧密直接的初选的基础之上。

2. 提名标准

（1）选举候选人必须是登记党员。

（2）该候选人必须满足本国的宪法和选举法规定的相关选举要求。

（3）任何在职总统、州长、立法人员、委员会主席和议员在参与其他职位角逐时，不需要辞去其原有的职务。

（4）然而，想参加提名竞选的党的官员应在至少提名三十天前空出自己的职位，在不在职期间，他们各自的代表应该行使其权利。如果提名失败，该官员可以恢复原职。

3. 初选

行政区议员

在地方政府区域内的行政区应该开展直接的紧密的初选活动，该行政区的党员应该以公开投票的方式选出候选人代表。

地方政府委员会主席

主席的候选人提名应该在地方政府区域的特别议会上进行。该议会应该满足在本章程规定的地方政府区域议会的构成要求。

州长候选人提名

应该召开特别的州议会，为了提名州长候选人。

州议会应该满足在本章程规定的州议会的构成要求。

全国执行委员会应该批准该提名。在不违背前述规定时，全国执行委员会应该在与国家党团会议协商的前提下，采取任何其他的有利于提名州长候选人的民主措施。

总统候选人提名

应该召开一个特别的国民大会，为了选举党的总统候选人，国民大会应该满足在本章程规定的国民大会的构成要求。

在不违背前述的规定下，全国执行委员会应该在与国家党团会议协商的前提下，采取任何其他的有利于提名党的总统候选人的民主措施。

竞选伙伴

党的总统候选人、州长候选人、地方政府主席候选人，应该在与党的领袖协商的前提下，提名他们各自的竞选伙伴，并向国民大会、州议会、地方政府议会提交名单，等待批准。

州议院、众议院和参议院的候选人提名

州议院、众议院和参议院的候选人提名应该在各自相应的机关，例如，地方政府区域、州议会，举行直接的初选。

4. 过渡性条款

全国独立选举委员会官员的任期为六个月，应从登记之日起开始。他们有资格在第一届国民大会或议会中参加竞选。

引用和生效

本章程应该称为 2006 人民进步党党章，并于 2006 年 5 月 24 日起生效。

人民进步党宣言
——重振尼日利亚目标

（一）序言

我们在国民生活正处于转折与十字路口阶段的特殊时期相遇。经济衰退给予了我们一个迎接持久挑战、正视联邦体制和结构上缺陷的独特机会。在四十年漫无目标的漂泊之后，如今我们的国家必须要肩负起重担，设定更高的目标，勇敢面对令人头疼的事实；必须要修正体制和结构上的不平衡，解除国家对自力更生及经济解放设置的障碍，以工作福利制经济代替不劳而获的福利制经济，因为，没有劳作，经济增长就不可能光临我们这个民族，不可能光临我们这个国家。

人民进步党拥有解决此类问题的卓见与领导能力。我们的纲领是激人奋进的、富有远见性的，它反映了全国无数坚信尼日利亚繁荣昌盛，坚信"尼日利亚重振目标"的尼日利亚人民的心声。

我们的纲领清晰地表明了我党是个富有思想的党，是个言出必行的党，是一个大家可以信任的党。

我党有着一个特殊的口号——高度提倡个体的自由、自主、个体尊严及其价值的原则。这些原则早在 2007 年就已被提上尼日利亚发展的日程，并且成了我们党纲的基础；它们引领我们进行政府改革，重建永恒的价值观，重振我们国家的目标。

我们党完全有能力解决国家所面临的一系列挑战。历经数十年国内政党分裂的痛苦之后，我党将化分裂之物为促进团结、公平竞争和健康发展的强大动力,紧紧地将人们团结在一起,号召全国人民着眼于共同的奋斗目标。我党主张用全新的视角和创造性的思维来分析国内长期存在的问题。

我党郑重承诺,对经济和教育进行深入改革。

教育上,我党计划让每一所学校蜕变为孩子学习和收获的地方;我们将引进公共学校地方管理制,父母通过政府资助决定孩子上哪所学校,建立高标准的问责制。

我党认为尼日利亚在经济上存在三个根本性问题:

(1) 基础设施陈旧;

(2) 政治结构过度集中;

(3) 缺乏法律和秩序。

相应地,我党提出通过整改体制和结构的缺陷来解决这些问题,因为不进行体制和结构的调整,所有的现有解决方案都将行不通。

我们认为现存的体制结构阻碍了创造力,加重了多数获得社会福利人对小部分人的依赖程度;我们认为尼日利亚的经济应采取能创造财富而不是消耗财富的体制结构。

我们将推行一项可信的具有强制性的"全民社会保障计划"。该计划是以"全北美社会保证体系"为模型而制定的。此计划将给年老的工人阶级带来莫大希望,确保全国人民共享基本福利。此项社会保障体系将以公司或个人的纳税支付款项作为计划资源,作为事业保障津贴、退休金、全民医疗费用、医保费用、公民与外籍人的鉴定与分类费用支出的国家资源数据库。

我们将致力于税制改革,使其既保持国家的繁荣又维持国家公正,致力于使人们的思想从共享财富向共创财富转变以减轻所有尼日利亚人民,尤其是那些最贫困人民的负担。

我们将致力于资助和鼓励以信仰为基础成立的非政府慈善机构的工作,他们对克服贫困、解决社会问题、给千千万万人民带来新的希望起着举足轻重的作用。

我们强烈地相信每个尼日利亚人都需要机遇之梯、关爱之网。这是国家与人民之间基本的协定。

我们将致力于推崇深化我国文化、促进民族持续发展的价值观念：家庭、信仰、个体责任感、尊重每个人的人格。

我们不仅提供一个崭新的议题，还提供了独特的方法——我们预见了一个人人安居乐业的共融社会。在此，我们向全体尼日利亚人民，特别是弱势群体、女人、青年和孩子明确传达：我们的党是一个自由进步的党、一个公正的党；一个倡导劳作福利而不是不劳而获的党，这里就是你们的家！

我们欢迎能重塑遵守法律的提案以及本身值得遵守的法律。我们坚信各地方部门是执法首要职责所在，因此，法律执行一定要以地方为基础。我们支持集体决策及其他已有的抵制犯罪的法案，但我们坚决反对联邦政府再次以残暴的方式剥夺上述职权。联邦政府的这一做法已经导致了如今全国人民生命和财产面临威胁的局面。人民进步党的政府人员、立法人员和地方领导者对犯罪活动绝不姑息；在地方执法机构授权下实行地方责任制，各地方机构同时打击犯罪活动，从而大大降低其管辖范围内的犯罪率、暗杀率、谋杀率。

我们承诺重建尼日利亚的军队，使其回归到完全由当局掌控的非政治化的职业军队上来。这是一支素质强大、目标明确，不再过度依赖国外先进技术，而是基于本国科技的传播而建立的进步的军队；一支在国民经济发展和技术目标实现中发挥了重要作用的军队。

我们坚信，民族多样性是建设强大与团结国家的源泉，而不是削弱和分离我们的原因。倘若实行政治、经济、社会保障改革来资助现存的地缘政治实体的话，将会阻碍这些少数民族发展的潜力，因此，应倡导全国范围内跨区域的公平竞争，以增强其活力。

我党纲领中充分反映了民族的多样性。我们欢迎任何认可我党纲领的人的支持和参与。某种意义上，每个民主党员都有可能意见相悖，但是，我们将为国家繁荣发展的伟大事业以及孩子们的未来团结一致，共同奋斗！

我们将设法把权利从阿布贾中央政府手中移交给广大人民群众，我们坚持为大众利益服务的方针。然而，只有共享的利益才是大众的、人民的利益。

我们坚信自由造就机遇，机遇促进经济增长，经济增长会给我们带来进步与繁荣。

我党目标明确，党纪严谨，领导能力卓越出众。

这是一场一分高下的竞选。人民进步党给予尼日利亚面貌焕然一新的机会：为大众重设目标，为挑战供万全之策；我们向广大人民承诺一种充实的生活！一种尼日利亚人全新的生活！

我们秉承对上帝的信仰，对尼日利亚人民的信任及对未来的美好的希望，郑重地向尼日利亚联邦共和国提交了这份对人民的宣言书。

（二）人民进步党的宗旨与目标

我们以联邦国家及我党的规章为准则，以服务于广大尼日利亚人民、广大非洲全体人民为根本宗旨和目标；此宗旨将在全国范围内贯彻实施以保持我党的生机活力。

为达到上述目标，我党将努力实现下述目标：

（1）设立法律和行政体系，建设强大、经得起考验的党；

（2）支持党内合格委员以代表的身份参加大选，竞选政府的各个部门；

（3）向尼日利亚人民提交一份囊括哲学、服务项目、项目企划、党的运作方案的宣言书以赢得竞选，获得人民的支持与信赖；

（4）政府牢固树立追求最著名的功利主义的信条："实现最广大人民的最大程度的幸福"；

（5）建立多层次、全民共享的基础服务体系，以满足现代生活对食物、自来水、避难所、基本医疗服务、电力水力供应、基础教育（读写能力、算数、技能）、公共娱乐设施等需求。

（6）积极引导和鼓励中小型工业、手工业、农业的自主创业，大力推进自力更生；

（7）确立预防贫困政策，政府积极干预青年失业与裁员问题；

（8）通过一系列有意识的促进平等的活动，包括强制性基础教育，来保护、促进和提升妇女地位，废除反社会的歧视性文化习俗，促进妇女平等就业、参加竞选等；

（9）为退休人员、老年人、残疾人、寡妇、失业者提供社会福利；

（10）通过立法及福利性体制来保护儿童，包括未出生的儿童的权利及特殊权益；

（11）参与并控制国民经济中主导和战略性领域以代表最广大人民的利益；这些领域包括石油矿产、重金属开采、勘探与营销、国防工业、飞行制造业、运输业、电信业、住房、财政监控、科学研究与技术开发等；

（12）为制造业和进口业创造适宜的私营企业氛围，使其在尼日利亚蓬勃发展；

（13）保护工人阶级、职业女性、学生、青年、宗教领导者、传统管理者以及政治阶层人员的权利并满足其生活必需；

（14）为离散在犹太人居住区的非裔黑人提供领导力、战略技术、经济的支持（倘若合适又可能的话）；

（15）遵守国际条约，支持并促进与友好国家的国际合作，并在社会、文化、经济上维护世界和平与秩序；

（16）保卫尼日利亚联邦共和国的领土主权与国内团结；

（17）积极深化、鼓励、尊重民族的价值观、道德观，尤其倡导相信真理、公平正义、诚实守信、人人平等、信奉上帝的信条；

（18）向在个人与公共生活中的腐败行为、种族歧视发起一场意识形态、道德和法律上的战争；

（19）采取一切激励措施，消除贫困、痛苦与怀疑，促进自由，增强自信，培养爱国主义与民族主义精神，增进民族团结，提升尼日利亚人民的幸福指数；

（20）为尼日利亚人提供免费的基本医疗服务以及义务教育；

（21）支持为促进农业技术发展的科学研究、基因工程、医药工程以及以发展工业为目的的核动力等项目；

（22）开展多种计划项目，为尼日利亚人民长远的利益带来积极影响；

（23）在联邦政治授权的前提下，不断达到上述目标。

（三）崭新的尼日利亚梦：锁定繁荣

1. 尼日利亚经济亘古不变的真理

尼日利亚人最终的梦想——国家和平稳定、科学技术进步、社会公正和谐——仅仅凭借繁荣是无法实现的，但国家的繁荣又是不可或缺的。但是繁荣并不是终极目标，相反，它只是我们成就大事业、为人民谋福利的手段。我们致力于促进国民经济增长是为了确保国家实现真正的富足：你中有我，我中有你，大家携手并进。这种富足是我们尼日利亚这个国家成立的根基，一个坚不可摧的根基。

昨日的缤纷梦想，变成了今日真切的现实。只要我们的方向是正确的，我们的未来将由我们主宰！当今世界，科学技术突飞猛进，我们比曾经任何时候都更要着眼于未来。憧憬未来，意味着我们将比以往任何时候都更需要传承和保存我们的立国之根基，更不能忽视过去的历程。为了更好地规划我们的未来，首先，我们要反思我们是如何走到今天的，这种做法才是智慧的开端。

如今，国民经济一团糟。保守估计，失业率也在百分之五十以上，通货膨胀率直达数倍；尼日利亚的货币在国内国际几乎毫无价值，货币利率也在百分之二十至百分之三十之间。

新的尼日利亚国民经济体制将给我们带来希望与机遇，但为此，我们必须进行税制改革，重组鼓励全民创造财富的政治体制，废除阻碍自力更生的体制障碍，变革滋生乞丐的体制为一个鼓励捐赠的体制，把权力下发到各地方政府，使其管理地方事务，分配基础设施，自主执法，促进地方持久稳定；以劳工福利制代替具有毁灭性的纯粹福利制国家等。我们在十来年内就可取得这样的结果，这将使经济迅速增长，从而为在尼日利亚实施长久渴望的技术革命奠定资本与环境基础。

2. 税收与预算

尼日利亚的税收体制在联邦与州之间存在着功能紊乱、不协调的问题。实施这种税收简直就是一场噩梦。这主要是由于以石油为基础的单一经济体制及缺乏创造性的财政体制造成的。这种财政体制竟然妄想"不劳而获"，简直是异想天开。现存税收体制缺乏以人口为基准的直接税收概念，而这正是实现持久繁荣的根基，意识不到这一点，实现持久繁荣只能是个遥远的幻想。

现在，却有人有意而为之。他们一味追求可能的经济增长而不断地挫败我们的理想。不幸的是，这些人只不过是通过枪杆子的威慑把规则强加于尼日利亚人民之上以维护自己的统治地位，这与其他为自我满足而使用的腐败手段有何异处？！

他们的做法十分简单：

（1）将自然资源划归中央所有；

（2）由跨国公司来开采和处理这些资源；

（3）安排收受这些公司的佣金；

（4）召集所有政府军团，按某种比例共享此项佣金；

（5）盗取共享的大部分资金并转移到海外；

（6）用所剩寥寥无几的资金，勉强维持国民基础设施、健康、教育、农业、社保等运转，并用于补贴部分石油产品。

此项计划乃欺骗手段中的高明之举。简而言之就是占有默默无闻的少数人的财产用以抚慰其余的人，以供"精英阶层"腐败堕落。而大多数人对此很可能漠不关心，毕竟他们已被成功误导，认为这些资源本来就是属于政府而非人民，因此为什么要关心这个呢？因此，只要自然资源一直被盗取，这些处理不善的浪费的自然资源并不是来源于每个尼日利亚人民的腰包，这个悲剧就会持续上演。然而，一个充满悲剧的社会是无法维持经济持续增长的。

想想那句永恒的忠告吧："你可以一直愚弄一些人，你也可以愚弄所有人一段时间，但是你无法做到一直愚弄所有人。"是时候唤醒尼日利亚人民，面对这残酷的现实了。倘若你期望经济好转，你就必须为之奋斗，因为凡是易得之物，亦最容易失去；让人付出代价的东西反而更珍贵。倘若我们真的重视我们的经济，我们必须乐于为之奋斗。要想政府处于人民的监督之下，人民时刻保持警惕，在政体中必须将税收的公平与平等性制度化。当再次听闻政府大肆挥霍、铺张浪费时，公众再也不会漠不关心了，因为那是他们用血汗钱纳的税啊！直接征税制将促进人民对政府及领导者的关注度。

各个政府部门税收总额不得超过国民净生产总值百分之三十，其余百分之七十应留给私营部门用于发展经济，这样的分配比例才会奏效。政府长期要起的作用就是为经济发展提供一个公平、公正的有利环境。这无论是对工薪阶层还是各个企业都大有裨益。政府不得从事商业性活动。

用最浅显易懂的话来说，政府就是一个负责征税与财政开支的部门。政府一旦越过这个界限，后果往往不堪设想。一个逐步发展的经济体系与其说要依靠政府，不如说要依靠广大私营经济团体。但这并不意味着政府就毫无作用，尤其在经济衰败的时刻。我们致力于建设全方位的经济，改革税制促进自力更生，建设一个让人民有更多储蓄使其向机遇之梯迈进的经济。

因此，在这我们极力推崇一个准则分明的税收制度——用简单明了的以公平、公正、平等为准则的税制替换令人疑惑丛生的税收制度；低收入者到高收入者交税百分之五至百分之三十不等，企业和公司交税依次递增，但最多不超过百分之四十五；税率将通过立法机构设定或由人民公投决定。

我们以促进经济增长为导向的税收体制将为我国经济的持久繁荣提供不竭的动力，同时税收将被用于：

（1）鼓励自主创业，促进私营企业发展；

（2）推广科研与开发；

（3）促进资本投资与储蓄，提升个人储蓄利率。

这不仅仅是促进经济增长、创造工作岗位的经济项目，更描绘了我们想让子子孙孙生活的社会的蓝图。

为了防止增收税务不受欢迎，我们期望在相关立法或政府的会议中获得绝大多数人的支持以增收税务。反馈性的税收将受到阻止，法庭也不是用于征税的场所。因为宗教让人们崇尚博爱、友好的社会，倡导慈善与爱国主义，这一点起了重要作用，因此他们不愿交税。

收入所得税与工资所得税是税收中与政府直接相关的最明显的部分。为了培养公众监督和政府的职责意识，应大力鼓励这类税收；诸如销售税、附加税、操作税、使用税等间接税应极力避免，并且使其在法律上难以执行，以达到逃税的目的。这类税收将政府置身于责任之外并将重压转移到了消费者身上。不受欢迎的政府就用税收的手段将公众的憎恶转移到企业身上，因为他们是被迫才征税的。

3. 住房

每个人都想拥有一套自己的房子。住房问题是经济发展的核心问题。人民进步党力图使每位公民都拥有自己的房子。这要始于创业者要有资金，消费者要有信用。为了保持经济增长，政府必须全力扶助无数低收入家庭，通过补助、政府担保、可支付的低利率的长期抵押贷款等使其摆脱租房，拥有自己的住房。这一系列的机制将带来比任何政府项目都多的住房机会。人民进步党将全力寻找解决住房问题的方案，实现房子的月租足以支付一个家的抵押贷款。

经济适用房关乎全民利益问题。一个均衡的住房政策既要照顾高档的公寓所有者，同时一定要解决所有公民，包括租房者的问题。

为振兴此项工程，人民进步党将鼓励地方团体及大众接管搁置的政府住房工程。我们将提供住房配额、详尽的官方控制，并且鼓励不动产业及住宅工业提前做出举措，以确保人人都能买得起住房。

许多地方，由于腐败和故意抬高建筑消耗费用规章制度的存在，使房价比正常价位要高出很多。当然，有些规章制度必不可少，合理分区规划就是如此。但我们批准各州及地方政府与当地的建筑商及房屋出售者协调合作，以使许多家庭减轻不必要的负担，避免高昂的房价使许多家庭望而却步。我们认为联邦政府无须在住宅建筑方面多加管制，倒认为各州及地方政府在管理阿布贾处置不当的房屋建筑方面将发挥巨大作用。我们支持对现存的反对废置房屋重复居住的条例进行改革。

4．小型生意

我们坚信财富积聚起源于小型生意。小型生意就是那些在超市、街角、群众聚居处开小店的生意。小型生意是充满活力经济的潜在本质。它是普通百姓创造及赚钱的生意。倘若小型生意红红火火，国家整个经济也会随之生机盎然，反之，大型经济也会跟着遭殃。小型经济创造了大部分工作岗位，是衡量一个国家整体工作机遇多少的标准之一。它起源于尼日利亚的小商人，是经济发展进步的首要动力。因此，越多的人涉足这个领域，国民经济就会越成功。

宏观经济与微观经济密不可分。微观经济的总和等同于宏观经济。显然无论到什么时候都是国家的经济随着各个民众的生意的发展而发展的。因此，政府应不遗余力地制定和实施市场经济发展的方针政策，这是促进经济的可持续发展不可或缺的因素。

在一个永久繁荣发展的经济体系中，小型生意创造的财富将占国内生产总值的一半以上，而任何其他的比例都是虚幻的。乐于给予新员工入职培训的机会是小型生意固有的优势，这也是实现劳工经济的前提条件。

鉴于此点，我们将出台诸如低税收、零继承税、最少的官样程序、产品有限责任制等措施，积极为产品和服务开拓海外市场。我们会终结联邦机构频繁滋扰小型生意的局面，成立"小型生意规章执行公证委员会"，与工会及其他组织共同保护小型生意免于堕落和过分热心的联邦机构的烦扰，同时要求各州和各地方政府照例行事。

为小型生意业主提供医疗保险是个重大的挑战。受雇于小型企业的自营业主通常都是没有保险的，这一点应引起政府足够重视。政府应出台政策使全国范围内的私营企业与小型企业联合起来，通过医保公司或直接通过医院、医疗保健中心等使其购买有效的医疗保险。

5. **贸易——经济自由的动力**

恐惧的人建立壁垒，而自信的人拆毁它们。国际贸易成了促进经济发展最强大的动力。它不是创造了世界的统治者，而是为世人创造了一个拆除政府设置的、阻止其向美好未来进军的障碍的机会。其结果就是当今世界各民主国家开放市场的全球经济。全球经济自由化就是为了铲除阻碍经济发展的保护主义的残余。

为了实现经济增长，我们必须摆脱产品出口的单一模式，而这几乎构成了我们经济的全部；而恰恰是纯粹福利制的思想把我们禁锢在这种模式里。尼日利亚矿产资源与农产品丰富，这是我们的优势，凭此，我们定能在国际经济市场占有一席之地。我们呼吁大家行动起来，而不是纸上谈兵。一般而言，出口企业的平均工资比国内其他企业的工资要高很多。对农业而言，打开国际市场正是弥补损失的良机。所有与农业相关的政府机构，如沿河流域当局等，应该以出口为目标，确立各地方优势农产品。数十年地把政府基金花费在以调查研究为借口、却毫无业绩的机构根本毫无意义。应该以这些机构是否有能力完成给定的出口产品配额或本地产品消费配额来衡量其是否称职。对于表现不佳的机构应重新审核，或改组或重新分配，以实现工作的高效性。

我们应重新审视旧时的农业合作社，把它发展成为信息资源库，为当地的农民和合作社提供农收前后工作技术指导和资源帮助。同时应开发低成本的农用机器并把它送到当地农民手中。

6. **科技与新型经济——变革的动力**

政府不能创造财富，而是人民凭借创新、勤劳、勇敢创造了财富。有了信息技术，即便是打着绑带的人也能感受到自由，自由的人又能更安全地与他人交往。过去为他人工作的人也成了独立的企业主。每个人都可以透过政府多重防备，获得信息，进行贸易洽谈。

人民进步党欢迎这种转变，因为它符合我党和国家的核心价值观：精简政府，注重个体解放、经济自由、依靠市场、共同决策。鼓励创新、实干、坚忍不拔、开拓进取的精神在国内是具有革命性之举。

人民进步党认可政府在新经济中营造一个创新精神蓬勃发展的环境所扮演的重要角色。信息技术革命是无数私营企业工作者，而不是政府官僚机构，创新和勤奋工作的成果。同时，我们认为变革的程度与速度要求我们及时抓住机遇，减少可预见的困难。因为我们目前所体验的只是个开端，惊人的发展与变革还在后面。面对此境，让他人瑟瑟发抖去吧，让我们勇敢地抓住机遇吧。

人民进步党郑重承诺与尼日利亚人民达成下列协议：

（1）出台上网免税条例，五年内免交上网税，鼓励支持电子商务。

（2）为信息技术高技能人才颁发出国签证。

（3）出台责任制改革条例以保护新科技革命中的弱势公司。避免巨大责任制威胁资本形成，因为它是信息革命的强大推动力。

（4）实施拓展性研究发展计划，降低税收，鼓励公司自主创新。

（5）坚决从实际上解除对电信的管制，根除垄断，为全国的通信打开大门。

（6）制定商业法律，承认网上合同签订的电子签名与纸质的签名具有同等法律效力。这既能促进公司对公司的电子商务又能减少文书工作的花费，十分便捷。

上述措施是深深植根于我们的允诺之中的——开放市场、管制最小化、减少阻碍创新的税收——这些也是我党和新经济的核心原则。

网络在政府的日常工作中发挥的重要作用是我们改革方案的重要着眼点之一。网络可以使政府及时做出反馈，更关注公民。这项举措将使民主更加繁荣，公民会对政府工作更加了解，包括法律机构成员选举的选票记录、法官的书面意见等，甚至公民都可以对此发表评论，这样的知情权是史无前例的。

我们承诺开拓全球市场，发展自由贸易，永远不对网上贸易、交易收取税费。

我们必须培养高素质的劳动力，那样我们的进步就不再需要依靠外来人员。

我们不会以繁文缛节或狭隘的政府规划来压制学校，而是让他们灵活自主地支配联邦教育技术经费，用于满足具体需要——无论是用于购置计算机、教师培训、软件开发，还是系统整合。

我们必须加大军队的科研创新能力，从而促进科学技术进步。

我们必须保护技术产业不受现代盗贼侵犯，包括那些通过触犯版权及通过诉讼争夺的盗贼。

我们管理政府部门，确保其不阻碍国内网上商务与交流的发展。

我们必须鼓励各阶层政府与私营部门合作，确保人人都可以上网。人民进步党将欣然接受来自个人或公众的、有创造性的、能够解决国家技术问题的方法。人民进步党主席将力所能及地推进高端技术型公益性事业的发展，比如，每年在特定地区创建一所社区技术中心，人们在那里可以享受免费上网、技术培训等服务。

这些措施既适用于网络连接也适用于从生物科技到化学工业等其他科学进步领域。这些领域都要求资本的高度融合，政府在管理上灵活应变。联邦政府必须在集中力量推进前沿基础研究及税制改革中发挥其作用。这些政策在弱化政府直接作用的同时，加强公私合作关系，强调私营企业的作用，势必会加速科学技术飞速发展。此外，人民进步党将推进以商业为导向的太空研究与探索项目。我们将让世人相信，在尼日利亚人民的支持下，我们这个国家可以拓展我们对宇宙的知识，成为有目的探索火星及其他太阳系行星的成员之一。从长远来看，我们将把太空旅行及太空技术纳入国家规划的首要位置，因为它对地球上包括从医药到微型机器在内的众多领域的实际效益是无限的。开发太空技术将为我们创造新的科技发现领域，为我国经济发展提供资源。新科技对尼日利亚发展新型经济的潜在利益是不可估量的；而这一进程只有通过国际自由贸易市场——信息革命的产物——才能得以推进。

7. 技术隐私与安全

信息革命时代人们最关心的问题就是个人隐私问题，因此，政府有责任保护个人隐私。大家应该相信在使用各种信息技术时商家和政府都尊重个人的隐私。个人隐私权是个人自由和家庭生活的基本要素，不应该以牺牲个人隐私来换取发展进步。同时，消费者在采取保护措施合法使用数据时也会从新产品、新服务中获益。

（四）教育与机遇：不让任何尼日利亚人落后

1. 开启责任新时代

有时，陈述下显而易见的事具有重要意义。有段时间，尼日利亚拥有很大的发展潜力，但却没能发挥作用。这是由多方面原因造成的，这点已在本宣言中多次提及，其中的首要原因就是体制结构存在缺陷，是社会保障金和对国家的依赖制度化，致使我国三分之二的州成了国民经济的消耗者而不是贡献者。因此，超过三分之二的人口成了财富的啃噬者而不是创造者一点也不足为奇。这彻底背离了我们一直推崇个人责任的民族传统，忘记了我们严格要求的价值观，忘记了在这个政体中家庭在社会和经济进步中的核心地位。

未来几年，人民进步党将带领尼日利亚人走出这种毫无责任感、具有破坏性的文化传统，我们拥护在专横的践踏者篡夺政权之前她所具有的那些伟大的品质。从承认政治、社会上存在缺陷开始，我们要依次承认过去的失误，改正它们，从中吸取教训，然后向光明的未来迈进。要想信守和人民之间的承诺，要想作为一个政体而存在，我们别无他法。

我们必须清楚，一个良好文明的社会不是政府包装出来的，而是产生于我们每个人的家，每个社区，每个让我们团结一致的个体机制。这就需要我们全体成员有个人责任和社区意识，而这是一个满是压迫与集权的文化无法给予的。只有掌握地方资源和控制权的地方政府才能做到这一点，尤其是在我们这个民族多样的国家里。

我们承诺贯彻那个永恒的原则:满怀热情迎接挑战,把我国建成一个人人自觉遵守规章制度、无一人落后的社会。

2. 真正的教育改革:加强责任与父母授权

在尼日利亚,没有一个孩子是不符合期望的,没有孩子再目不识丁,没有孩子再会自暴自弃,坠入自我怀疑的黑暗之渊。

我们不得不自我反问:"我们的学校比过去的状况好转了吗?"在这样一个大变革的时期,数不胜数的机遇正在向有准备的学生们招手;尼日利亚的各类大学正向他们提供医疗课程;而目前尼日利亚企业无法找到符合条件的工人来满足当地的需求。最糟糕的是,无数尼日利亚的孩子——尼日利亚最宝贵的财富——在学业上表现不佳,这将阻碍他们一生的发展。人民进步党强烈期望更好的结果。我们坚信这片土地上的每个孩子都应接受高质量的、一流的教育,而且我们决心实现这个目标。

教育功效问题的争论由来已久。归根结底就是根深蒂固的官僚和党派只顾贪图利益而忽略了几经各国验证的事实,即发挥教育的功能必须具备:

(1) 父母的强度参与;

(2) 卓越的教师;

(3) 安全而有序的教室;

(4) 高学术标准;

(5) 教授基础知识——从早期的读音到熟练掌握计算机技术。

没能奉行这些准则的联邦政府倘若不及早改正做法,将悲哀地被时代所淘汰。

为了大幅、迅速改善教育质量,人民进步党大力倡导下列准则:

(1) 提升学术标准,增强地方管理和增加父母责任,缩减联邦的大批无用的项目为灵活的补助,换取学生真实、微小的进步。

(2) 帮助各州填平教育与政绩缺口,帮助贫困家庭摆脱持续找不到合适学校的状况,做到联邦政府资金落实到孩子所选的学校。

(3) 拓宽父母的选择,为父母提供孩子学校的相关信息,增加模范学校的数量，设立政府教育储备基金，以使工薪阶层的父母可以用此来支付孩子从幼儿园到大学的费用。

（4）确保每个孩子学会读书，在全国范围内推行面向学前儿童的"早期计划"，实行州立读书方案，进行包括发音在内的科学读书调研。

读书识字重于一切，然而，我们还有许多孩子还无法读书识字。我们必须从根本上解决这一问题。通常情况下，这需要教师与学生和家长共同努力，帮助打破世世代代目不识丁的循环。人民进步党要以丰富的文化底蕴取代那种模式。

我们认为，各州、当地政府及家庭应该承担主要教育责任，而不是联邦政府，因为大笔的公共学校资金来源于各州及地方，而不是源自联邦。显而易见，各州及地方政府在改善学校方面应负主要责任。随着教育控制权回归于父母、教师和当地部门，联邦政府仅会起到有限的作用。

由于前任政府没有做出切实的努力使贫穷的孩子融入到主流教育阶层，致使这些孩子与同龄人在教育与成就上的差距被空前拉大。人民进步党特此承诺永远践行地方政府责任制，尊重家长选择，实现学生真正的发展，挽回财政及我们的莫大损失。为此，联邦政府应承担特殊的经济责任，提升贫困孩子的教育质量。我们不容许，也承担不起，再让一代孩子被毁掉。

高素质的教师是教育改革的先锋人物。他们学科专业能力精湛，学习热情高昂，对学生全身心奉献，他们能成就任何优秀学校。所以我们主张提高教师福利，给予他们更多职业发展的机会。然而时至今日，许多教师生活贫困，职业地位得不到尊重。我们绝不容许学生扰乱课堂秩序，确保学校有权利与义务适当惩治所有寻衅滋事的学生，包括残疾学生在内。为了同样的目标，我们鼓励诚信的社会组织优先发展课外计划项目，培养塑造学生人格，规范其行为。我们提议通过启动"退休教师返聘计划"，提升教师培训及招聘质量，充分发挥和利用退休教师队伍在课堂上的优势人力资源，对解决教师问题的各州给予奖励。我们将为教师和学生提供无利息长期贷款，鼓励合格的教师人选入职，并为他们提供住房补贴以满足其在学校的高消费需求。公平起见,我们将设法对自掏腰包的教师进行补贴,因为很多公立和私立学校的老师,为了学生利益着想,经常自掏腰包。

自学校建立以来,地方学校能否自我管辖附近学校已经成了教育是否成功的关键。我们致力于将教育管理权从联邦政府手里转移到各个地方政府手中。我们强烈支持诸多教育项目和机构融合为具有弹性的奖励机制,将资源作用于学堂,使其直接用于学生成就的提高上。这才是真正的改革。

人民进步党联邦政府将规定全国各个州及地方必须为残疾孩子提供免费和正当的教育,全力开展各个阶段的学习。同样,每个学生平均消费的百分之四十的费用将由联邦制政府来支付。我们将竭力推进对早期学习有障碍情况的鉴定工作;在儿童早期采取预防性措施会减少孩子对特殊教育的需求,帮助许多年轻人摆脱特殊保护的束缚而有更大的发展。

最后,教育仍是家长的权利与责任。我们提倡教育的选择权,这不仅仅当作抽象的理论来说,而是要落实到各个家庭,尤其是低收入家庭上,使他们的孩子免受找不到合适的学校之苦恼,让其走上机遇与成功之路。

3. 高等教育:为所有人增加机会

人民进步党最重要的目标之一就是实现所有人都有机会接受专业教育。各学校机构之间的相互竞争是实现入学的关键,这一点已经在美国和欧洲得到了证明。在联邦政府教育方针的指导下,各个学校自主招生,设定课程、年级及毕业事宜,联邦政府对其监管以免其滥用职权。国家教育的最终目标应是实现国内的每个地方至少有一所由地方、州及联邦政府共同以学生贷款或奖学金形式资助而成立的专业教育学府。

禁止对学校机构乱拨不明或不当的款项。各学校机构应以学生交纳的学费及学杂费为教育资本,反过来,学生通过学校资源、政府教育储蓄基金、学生贷款等资助来完成学业。当今世界,与金钱和社会地位相比,人们更看重学业成就,因此,这是我国跻身于世界一流高等教育水平之列必不可少的元素。倘若要打破"不入流学校出不入流之徒"的诅咒,只能让各高等教育机构为获得生源与雇员而你争我抢。让那些顺应尼日利亚社会与市场需求的学校脱颖而出，让那些顽固不化不愿改革与竞争的学校被淘汰吧。至此，就是解决高等教育的途径。当今在技术革命和全球经济中，我们面临诸多挑战，这要求我们要继续推进高等教育，发挥其优势之处。这就是我们主张增加合格的学生接受高等教育机会的原因。而政府配备的教育储蓄基金——最少繁文缛节和最高消费者选择权的完美结合——是此项计划的核心。

4．新繁荣：欢迎所有人加入

只有尼日利亚人民真正过上美好生活的时候，尼日利亚才算真正取得了成功。那时候，贫穷只是个过渡阶段，而不是一成不变；那时候，每个人的地位都得以提升，摆脱了生育这个枷锁；那时候满是希望。

人民进步党想要扩充机会，而不是扩张政府。我们想给那些人们他们从未幻想过的希望和真实向上的动力。很明显，在不远的将来中央集权建立的新保守主义秩序也将因为其腐败堕落、效率低下、等级分裂而无法为人民大众、贫困百姓服务，最终彻底瓦解。

现在是行动的时刻，是带给人们希望和制造机遇的时刻。我们的目标是改革创新，成功地转变具有依赖性的家庭和政府使其自力更生，创造财富。实现这个目标并不容易，但这值得我们为之奋斗。

通过地方和联邦政府的共同合作，为低收入的工薪家庭提供更多其有能力支付的住房或实现其重返废置住房居住。

对为合格员工提供适合住房的私营企业主进行奖励，降低其公司税收。

与银行合作，设立"个人发展账号"，增加个人储蓄及财产，为低收入者更快实现购房及其他个人目标提供储蓄准备。

对很多人而言，贫困不仅仅是缺少金钱，而是遇到一些金钱无法解决的问题。这些问题十分具有挑战性，连政府的补助也无济于事。然而，这种情形下邻居及社会各团体组织的帮助发挥了最大效力。因此，人民进步党允许各州与社会福利组织保持联络，认可其地位。这对帮助克服恶习、戒掉"毒瘾"、征服绝望十分必要。

人民进步党鼓励个体和企业纳税人慷慨捐赠，允许其捐赠政府保障退休基金或储蓄金，使其享受联邦慈善事业降低税收或免税政策。

振兴整个民族是项神圣的事业，需要我们齐心协力，团结一致。而尼日利亚人民拥有缔造奇迹的巨大潜力。政府部门也要担当重任，它是我们的伙伴而不是我们的竞争对手。这些动力源于他们服务的广大人民群众，对他们的领导而言，受苦受难的不是无关紧要的人，而是他们的家人、邻居、朋友、上帝的道德化身。政府与社会机构组织合作，通过这些途径，支持家庭与孩子，帮助他们获得更多过美好生活的机遇。

5. 处于危险中的儿童

人民进步党承认家庭在孩子成长中的起着至关重要的作用。家庭是塑造孩子稳定性、纪律性、责任感和性格最好的场所。文献表明有前科的父亲的孩子更可能犯罪、辍学、使用暴力、成为少年父母、吸食毒品、受贫困折磨、有精神或行为上的问题。社会各团体组织在处理未婚先孕、滥用毒品两方面问题上的作用尤为突出。减少这些行为是终结儿童贫困问题的必经之路。课外活动项目必须对社会各组织团体开放，因为他们最懂得如何接近孩子们并帮助他们发掘其真正的潜能。

我们将实施节欲教育，教育、鼓励婚后性行为是负责和该有的行为准则。节制性行为是防止未婚先孕及感染其他性传染疾病，包括艾滋病，唯一最有效的方式。我们反对学校提供任何有关避孕或堕胎的咨询及诊断性服务，否则可能造成意想不到的后果，青少年误认为这是不当性行为的合法化。我们极力主张各州加强设立有关强奸罪的法律，它是导致青少年怀孕的罪魁祸首。我们支持成立"第二育儿之家"为未婚先孕的母亲提供发展育儿技巧、完成学业、成功入职的机会，如果其家里没有响应的支持的话。由于许多年轻人因为离婚陷入贫困，因此，我们各州修订离婚法律，支持能够巩固婚姻、增进育儿成功率、促进家庭稳定、保护无辜一方及孩子的经济权利免于损害的法案。

人民进步党承认来自有吸食毒品及日常暴力行为家庭的孩子最受苦。

我们将支持政府与社会志愿组织携手解决这些难题。然而，无论是国际还是国内都没有谁能取代替尼日利亚自主领导权，尤其是在整个尼日利亚家庭强烈要求一个安全、无毒品、高效能的社会之时。人民进步党愿意聆听这些心声，与家长协力保护孩子。

我们全力启动抵制毒品的相关方案，继续推行行之有效的方案，停止资助浪费资源而毫无效果的项目。同样，在人民进步党的执政下，进行毒品交易和吸食毒品都将触犯联邦法律，法院将动用联邦所有司法部门依次处理毒品要犯到街头小贩的毒品交易者，对其进行起诉。

使用非法药品及酗酒成性与儿童受虐关系密切。人民进步党统治下的政府，将首先施行方案，帮助在受虐和缺乏责任感家庭中的孩子及成人，为其提供预防性及后勤服务。我们必须推行有效的保护儿童机制，预见可能的故意或意外事件，包括从身心受虐到对尼日利亚儿童进行商业性的剥削。人民进步党坚信每个适龄儿童都应在校接受教育，不允许任何企业以任何商业营利为目的使用儿童。

我们建议联邦政府、各州及地方政府共同出资成立"保护儿童基金会"，健全儿童保障体系，保障各级资助。这将促进各州及地方政府怀着更大的恻隐之心，更迅速而灵活地解救处于危险中的儿童。我们需要施行严格有效的抵制虐待儿童的法律。

对许多儿童来说，也许领养才是唯一拥有一个充满关爱、稳定的家的途径。各级政府务必与能够提供领养的服务社会的各慈善组织及志愿者团体合作，帮助他们克服领养过程中遇到的障碍，为需要帮助的孩子与需要孩子的家庭建立联系。

我们号召各州及地方政府共同努力，启动学前教育、个人辅导、重组家庭的项目帮助服刑中的孩子。这些孩子往往都是犯罪的无辜受害者。在他们困惑时及早干预是有效减少暴力、拯救孩子的必要手段。我们对待罪犯要严惩不贷，而对待我们的孩子则要饱含怜爱之情。

（五）改善家庭及社区

个人权利与义务是自由社会的根基。为了保护权益，就要履行相应的义务，为了我们共同的利益、共同的目标，尼日利亚人民要紧紧地团结在一起。

我们是个思想开放的党，我们决心加强使我们紧密联系起来的社会、文化、经济、政治的关系，使我国成为非洲乃至世界上一股强大的势力。我们将坚定不移地向我们的理想前进，我们承认党内会有深信不疑的想法及其他不同观点，但思想的多样性正是力量的源泉，而不是脆弱的表现，因此我们热烈欢迎思想标新立异的人加入我们的队伍。我们将秉承文明、信任和相互尊重的原则解决分歧。

1. 家庭问题

家庭是社会活力的中心，因此，竭力巩固和改善家庭生活是提高整个民族生活的必经之路。我们必须依靠家庭来培养使民主能延续下去的品德。

正如环境污染有害我们的身体健康一样，文化污染也会损害我们的健康。当代文化中，有许多值得我们推崇的地方，也有很多我们应该抵制的东西：无论是音乐影视作品还是广告杂志都充斥着崇尚暴力、渲染毒品、虐待妇女儿童的情景。人民进步党支持和鼓励所有尼日利亚的个人和团体运用市民和消费者的基本力量提升文化改革。

信息时代既蕴藏着惊人的利益又给家庭带来巨大的挑战，大家的努力在这个时候至关重要。当有报道人们最经常光顾的就是网上的色情网站时，家中的父母及各社会团体就应该通过各种公共机构有所行动了。我们法律上要求学校图书馆要对联网的计算机防护措施，禁止学生接触网上色情制品。这不是言论自由或结社自由的问题，尼日利亚的孩子不应沦为色情的受害者，禁止色情执迷者使用学校图书馆的设施满足其癖好。尽管尼日利亚将加入信息革命的行列，为时未晚，现在就让我们行动起来吧。

2. 拥护所有人的权利

法律面前人人平等是我党的立党之基。因此我们反对任何以性别、种族、年龄、宗教、信仰、残疾、国籍为由的歧视，我们将大力执行反歧视法律法规。我们正竭力为解决当代重要问题达成全民共识，因此我们号召全体尼日利亚人民摒弃憎恶固执的偏念。相应地，我们抵制实施种族隔离、种族歧视及宗教不宽容政策。

我们坚信每个人，而不是群体，生而平等。我们将秉承人人机会均等，一视同仁。这十分简单：没有人会因为种族、民族、性别、宗教、残疾因素在入职、升迁、合同及接受高等教育中遭到拒绝。提供均等的机会确保每个人凭借各自的潜能和价值进行公平竞争。

容纳和包容残疾人是尊重生命的文化中的重要组成部分。人民进步党倡议为残疾人提供理论和实际的帮助，使其能独立生活、保住工作、参与到社区的日常生活中。我们将以"美国的医疗保障及护理"的成功案例为模型，确立并保护残疾人享有医疗服务。

我们肯定个体自愿参加劳工组织及集体谈判的权利。因此，我们支持各州制定"劳动权利"法案。任何人不得因为某组织领导者的意愿迫使个体参加政治竞选。因此我们强烈反对任何人为政治目的擅自挪用工会会费或将共同缴纳的基金用于支付失业补贴、伤亡保险。

3. 统一的多民族国家

人民进步党认为我国的民族多样性要以共同的独特的国家文化为根基，以超越过去四十年来各民族敌对的分歧局面。要想充分发挥民族多样性的优势，我们必须加强让我们团结一致的联系纽带。

其中最为重要的就是国旗与国歌，它们是我们国家团结统一的标志。我们必须保卫二者不受恶意玷污与蔑视。

另一个标志我们团结统一的就是我们的官方语言——英语。我们想要和他人交流，就必须有个共同的交际语言。在继承我们健康、多样的语言遗产的同时，每个尼日利亚人能够使用共同语言进行交流意义重大。共同语言对来自不同的文化背景想建立一个统一国家的人们来说至关重要。每个尼日利亚人能熟练地讲英语是不必要的目标,然而,我们同样鼓励掌握其他语言以提高我国在国际市场的竞争力。我们倡导在学校开设外国语言培训,培养全社会尊重其他语言与文化意识。

我们坚信民族多样性蕴含着强大的力量。但要充分发挥其力量,我们必须牢牢把握蕴藏于多样性中的有利因素而不是负面因素。多样性可以是公平竞争的汩汩源泉,而不是像现在的社会这样,通常用于破坏性及自我满足的恶性竞争。为了收获多样性的益处,我们将根据已经划定的六个地缘政治区域将国家联邦化。我们将按照六个地域的体制与结构,分配相应的基础设施、创造财富、制定法律的权限;在各联邦区域发展的过程中将促进区域间的健康有益的竞争,我们相信没有哪个区域自甘落后。随着各区域的发展,整个国家也跟着发展,中央政府只需扮演裁判的角色,确保发展差距不要过大。

4. 司法与安全

多数年过四十的尼日利亚人一定还记得那段时光,那时候村村落落、大城小巷、路外街里都十分安全,那时候门没有上锁,窗没有上闩。那时候我们没有被困在高耸的大墙和防盗门内。年长者没有生活在恐慌之中,年幼者没有死于枪击的;绑架的事闻所未闻,邪门歪道也鲜有之,贪污腐败是人人厌恶唾弃的可耻行为。那个时代已经销声匿迹了,被福利制经济带来的动乱一扫而空,它让人滋生了不劳而获的妄想。

我们回不到那个纯真的时代了,但是我们可以一步一步、脚踏实地地前进,创制正确、合理的法律。各州和地方政府在执法过程中负首要的责任,这是公认的,因此要承担起大部分责任。我们支持集体决策及其他已有的抵制犯罪的法案,但我们坚决反对联邦政府再次以残暴的方式剥夺上述职权。联邦政府的这一做法已经导致了如今全国人民生命和财产面临威胁的局面。人民进步党的政府人员、立法人员和地方领导者对犯罪活动绝不姑息;在地方执法机构授权下施行地方责任制,各地方机构同时打击犯罪活动,从而大大降低其管辖范围内的犯罪率、暗杀率、谋杀率。

同时,我们承认总统与国会在重建公共安全中所起的关键领导作用。

中央领导集体以及在前线与犯罪作斗争的各州长及地方官员应密切合作，在联邦法律授权范围内制定有效的有关制约死刑、对受害者及幸存者赔偿、粉碎犯罪联盟、跨州及其他的联邦犯罪的法律；应时刻保持对恐怖主义的警惕，充分协调在与犯罪作斗争过程中的各项服务、人员训练、设备及技术等的分配关系。

尼日利亚种类繁多的政府部门紧紧依靠位于首都阿布贾的警署司令部根本无法保障整个尼日利亚的法纪与秩序。尼日利亚大约有 1.7 亿人口，至少需要人口总数的百分之一的警备力量。这是个如此大的数目，不能将使其掌控在任何单一的机构手中，有两个原因：

（1）这需要庞大的指挥控制机构，可能造成整体效率低下、滥用职权。

（2）国家仅有这么一个巨大安全机构会为独裁和集权主义留下滋生和蔓延的祸根。

这就是国内看似不可战胜的安全问题的根源。由于高度集中的结构，尼日利亚大多数的村庄里都没有警卫执勤，而只有大城市及郡县总部享有立法权。而众所周知，百分之七十五的尼日利亚人居住在农村，也就是说那百分之七十五没有警卫执勤的区域成了犯罪分子隐藏的广阔之地。由于当地缺乏警卫人员，许多村落受到犯罪分子的恐吓威胁，在那里，犯罪分子本身就成了法律，为所欲为。这就是我国内部安全病症的根源所在。

人民进步党认为法纪与秩序是引进外资的关键。没有法纪与秩序，尼日利亚永远不可能实现工业化和经济增长。为了实现我国健康、持久的安全，人民进步党政府将对联邦立法进行根本性变革，具体如下：

（1）联邦警备及尼日利亚情报局负责监管联邦各项规章制度，调查联邦犯罪。

（2）各州警备负责监管各州规章制度，调查州级犯罪。

（3）各郡县警备负责监管本地区域内的规章制度，调查本地犯罪。

（4）各基层警备负责监管各村庄的规章制度，调查当地犯罪。

每个警备中心都应有自己的组织结构，明确定位管理和权利范围，以所管辖区域内的税收为财政来源。

分散执法权是迅速逮捕罪犯、解开犯罪与犯罪分子背后复杂奥秘的关键。这是重振警备及执法信心的第一步。执法权分散将有效地遏制腐败贪污。如有必要，可以成立地方机构预先监督处理当地腐败现象，或者通过申请或直接参与的方式上报给上一级部门。各分散的执法体应受法律及各州的议会的规范约束，接受当地郡县或社区的密切监督和公共检查。

除了上述改组外，人民进步党主席将：

（1）加快实施重建公共安全。

（2）创建高效的监狱工作环境，让罪犯为其恶劣行为造成的危害付出代价，同时为其提供有效的改过自新的项目。

（3）增强对生产、交易、使用非法药品的处罚，增加与其斗争的资源。

（4）赞成对初次、非暴力的触犯者进行说服教育，因为这些触犯者很容易被改造。因此在传统监狱和牢房里需要避免使其与屡次犯罪者接触。

（5）变革那些容许无数罪犯，尤其是白领，以技术性为由而逃脱制裁的特例行为。

（6）刑事司法制度的每个阶段都要保护受害者及受害的幸存者的合法权益。

（7）成立国家审判委员会，批准暴力犯罪的受害者入席旁听。

要着重解决对妇女儿童的犯罪，这也是我们必须要求法律对刚从监狱释放出的性侵犯者进行当地通告，主张对那些侮辱怀孕妇女并造成其本人及未出生孩子伤害的恶徒进行特殊惩罚的原因。必须要大力加强联邦关于淫秽玷污儿童的法律，尤其是涉及互联网的审定与修正。

人民进步党将重新审查整个青少年犯罪司法体系，打算对其进行修正以确保青少年罪犯没有和老练的罪犯拘留在一起。这植根于我们相信每个犯过错或犯过罪的孩子都是可以被拯救的信念之中。无论是联邦还是各州都应对青少年犯罪给予足够的重视。高效的青少年司法系统必须包含对所犯罪行的惩罚，对公众及受害者公开审判过程，提供犯罪记录，增强罪犯、家长及法官的责任感，必要时给予宽大处理。

应立即拘留持枪犯罪的青少年，而不能将其释放留给其他人监管。我们强烈要求各地方政府严厉惩治青少年酗酒、酒后开车等行为，提早干预，以免违法行为发展成为犯罪。家长在培养孩子幸福感中发挥着重要作用，我们必须承认孩子需要家长以身作则，为其树立正面的典范。

关于校园安全，我们鼓励地方学校制定和公布单一的校规校纪，惩治所有犯错误，包括吸食毒品及有校园暴力的学生。

最后，各州及地方执法至关重要。联邦政府应通过调研、授权及联合作业等方式努力促进有效地抵制犯罪。我们尤其倡导保护警署人员的个人安全、增加其进修培训的机会，同时妥善安置因公殉职人员的家属。

5. 什么濒临危险？

法律法规，这个自由社会的根基已经受到犯罪分子彻头彻尾的攻击。一个以借口托辞、腐败、奸诈为生的政府造就了一个名不副实的执法系统。那些现在掌管着国家执法机构的人的信用也悲剧性地被侵蚀了；职业工人、刑事检察官及其下属、警备大大小小的普通士兵的信用与责任感也被腐蚀了。即便是人事案件对此也于事无补。

（六）退休保障和卫生保障质量

1. 我们对尼日利亚的承诺

现在有人说，尼日利亚人民必须在安全和自由之间二者选其一，他们是错误的。安全和自由并不矛盾，如果两者合理平衡一下，它们能共同促成个人的进步。而迄今为止，在尼日利亚，这种平衡从来就没有被实践过，这就是为什么许多人都相信那些企图以出卖我们的自由以换取安全的幻境，从而延长自己执政（或者说是暴政）寿命的少数人。这其实是一个惯用的欺骗手段。美利坚早期的一位总统，本杰明·富兰克林（1759），就曾对这种欺骗做出真理性的应答："……那些放弃最终的自由而换取暂时的安全，将得不到自由和安全……"

人民进步党完全赞同富兰克林总统的洞见：安全不是靠什么换来的。尼日利亚人民几十年来抵押我们的自由，换回的不过是几十年的恐怖暴政。不管是作为个人还是一个民族，我们再也不会接受不安全的独立或者是不独立的安全。不管是作为个人还是一个民族，我们也再不会接受政府出卖尼日利亚人民的自由解放换回的强加于我们的安全。

我们期许的美好社会将会通过维持社会结构来防止不可期的不幸，同时我们鼓励个人抉择和自我掌控，从而恢复尼日利亚人寻求的这种平衡。

2. 社会安全：帮助个人建立财富

社会安全应该是对尼日利亚人民的郑重承诺，应该是检验政府服务人民、恪守诺言、寻求公共利益能力的一项测试。国家社会安全项目就是一块试金石，尼日利亚人民可以以此来衡量任何政府的可靠性、执政能力和公正性。这是一个国家性的老年退休保险项目。政府将需要强制公共或私人部门雇员对项目基金做出和雇主相匹配的贡献，以及私营者的自愿参与。每个公民或者是尼日利亚合法居民都必须在这个项目上注册，从而获得一个社会安全号码。孩子会在出生时自动注册，并给予一个社会安全号码。国家政府采用数据库管理，以用来计划发展，提供社区服务，接收处理个人税款，提供失业、死亡、退休福利，等等。最大的附带好处就是能建立一个国家公共数据银行，供每一个政府和公职机构都使用。

人民进步党政府将会把社会安全项目作为一个国家紧急战略。个人存款账目将是这个项目的基石。每一个现任工人都将自由地把自己个人所得税的一部分作为退休的投资，而且政府必须要提供给个体参与者更多的投资方式和详细信息，以帮助他们判断不同方式的风险和效益，这一点很重要。这是以前的政府领导人不曾遇到的挑战。

3. 尼日利亚老年居民的保障

对于大多数尼日利亚人来说，退休意味着问题，而非希望。人民进步党想改变这一点。当今的经济为老年人拥有更好的经济保障提供更多机会，并且对于学习、教育的支出经费也远远超过以前。国家政策应该要促进，而非阻碍这种趋势。

我们将简化对退休金的法律规定，使之方便更多的企业制定退休金计划，特别是小型企业。

对于长期护理不断增长的需要，要求个人和政府都要有长远的计划。我们鼓励各个政府阶层都要弹性调节，敏锐应对人们对疗养院和相关设施的要求。在这个地区，在尼日利亚人民生活不经意的角落，数以百万的家庭正做出英雄般的贡献照料他们年迈的父母，就像父母照顾过他们那样。这是非常美好的非洲式的传统。在尼日利亚新的经济条件下，我党以百分之百的课税津贴作为长期护理的保险费，承认和鼓励个人责任。我们为每个老年配偶、年迈父母或亲戚自行居住的家庭提供课税津贴。

4. 开始医疗保险

我们国家必须开始实行医疗保险，从而确保每一个年老的居民和有需要的残疾人都能付得起处方药品。老年人和残疾人应该有针对他们需要的更大的保险范围。这个项目应该符合现代医疗科学，促进经济稳定，避免那些经常会扼杀良好提议的官僚主义的陷阱。是时候给那些为国家存亡备受冲击的年迈的尼日利亚人，提供良好的健康保险和医疗救助了。尼日利亚医疗项目必须使建立的医疗储蓄账户和政府资金相一致。为此，我们要发扬光大自由市场经济，让老年居民真正能在提供的保险范围内做出选择，给予参保人灵活自主权，确保刺激私营部门开发便宜的新药品。

从人民进步党对医疗保障长期设想来看，应该有卫生保健的多项选择。参保者可以选择最符合他们医疗需要的医保计划。我们必须避免掉入政府实行固定单一制的陷阱。

我们需要明确制定出能符合项目全部花费的全面支付措施，并且提供我们如何确保未来几十年效益的可靠解读。同时，我们得警觉过分复杂的行政管理、欺骗、浪费、滥用，以防计划在其"断乳期"遭到中断。因而有必要避免无用的医疗卫生服务人员、医院和相关病人。

一个国家医疗项目要想成功，就必须要成为政府、医疗专家、医院共同专注的事业，就必须授权于医疗卫生服务人员，特别是帮助农村或偏远地区人口的卫生服务人员，给他们不同程度的补偿，使他们能继续进行医疗救助，从而让他们对变化多端的医疗条件做出应变。我们必须把这个项目作为药品研发的基础，提供选择和消费者权利保护，将陈旧的系统现代化，使之为所有受益人提供付得起的医疗保障。医疗保险把钱交到参保人手中，让他们自己去选择医院，而不是直接投给医院基金。医院多少是以私营的方式来营业的。

5. 高质量的医疗卫生：对全民的承诺

尼日利亚是今天世界上医疗卫生世界最差的国家之一。医疗保障基本和穷人、残疾人、老年人无关。当西半球国家的医疗卫生工作者正研究人类基因染色体和人体个体基因识别，以帮助进行癌症、心脏病、艾滋病毒和艾滋病、肌肉萎缩症、糖尿病等的防治时，我们的医疗卫生还处于落后几个世纪的水平，难以满足居民最基本的医疗要求。那些有钱人和破坏医疗系统的人常常借口一点小病就跑到其他大陆。我们的总统们、总督、领导人总是跑在最前面。尼日利亚人民今天的平均寿命比二十年前已大大地缩短了，这是完全违背全球趋势的。我们知道一个简单的血检就能检查出早期前列腺癌；我们知道生物化学正对精神健康发生革命性影响；我们知道上百万的手术可以被电子计算机、X射线断层扫描所取代……而我们却放弃对癌症病人治疗。

我们必须重新建立一个卫生系统，这是个全国之要务。一个满是病患的国家是不可能享受经济的增长或者其他发展带来的利益的。我们必须把对药物研发的承诺转变成持续可靠的治疗，而这就不仅仅是钱所能解决的了。这需要一套全新的医疗卫生规定，即人民进步党在2003年大选时竞选提出的规定。

首先要说的是诊断。四十多年来我们国家历届政府的忽视，导致我们的医疗卫生系统基础完全瘫痪。高达百分之九十的尼日利亚人民没有参保，也就是说未参保人民超过了十万。大多数的机构和提供保险的人员停止医疗工作。在贫困地区和偏远地方，可靠的医疗服务系统几乎不存在，取而代之的是庸医和江湖骗子。

作为一个国家，我们没有可靠数据显示死亡率，尽管我们的医院和医疗中心是主要的死亡场所。无数的尼日利亚人死于交通事故、艾滋病和其他本可以避免或治愈的疾病。

医患关系也不存在，虽然这种关系其实是积极有效治疗的基础。

人民进步党旨在找出针对我们瘫痪的医疗系统的全面解决办法，期许建立一个新的医疗系统来满足人们在新世纪的需求。

所有的尼日利亚人都应该享有高质量、付得起的医疗卫生保障，这一点虽然简单却意义重大。他们该有自由选择的权利，选择一种最适合他们自己和家人的形式。国家医疗卫生系统要做到可利用、付得起、高质量、有选择，就要做到以下建议的几点。要达到这个目标，我们就要推进医疗卫生系统支持私营部门，而非取代它们。我们要鼓励个人在医疗卫生选择上的自主性。我们要确保联邦政府尽可能少地角色涉入。

6. 高质量、付得起的医疗

人民进步党不信任国家化医疗卫生垄断。我们承认这是以前系统无用瘫痪的根源。我们提倡个人选择。我们将依靠简单有效的律法、地方健康机构、个体雇工联合保险，以及公共保险来保证穷人、残疾人、工人和老年人能享有高质量的医疗服务。人民进步党相信好工作和大范围保险的紧密联合是使有需要的人民提高健康医疗的最重要因素，也是普通人改变命运的重要途径。这该是一个负责任的政府的首要职责。

人民进步党依然决心要通过联邦法令，该法令将使小型的雇主自由地结合起来，以折扣价为他们的职工购买团体保险，以给他们重要的安全保障。

未参保的尼日利亚人不是只有一重身份。随着家庭地位、年龄、收入、家庭的变化，他们的个人情形也随之改变。因而，有必要让他们决定哪一种保险形式比较适合他们的需要。人民进步党领导的政府将给他们选择不同的以医疗健康为基础的税收计划的权利，从而使数以百计的人和家庭能购买适合的私人健康保险。我们还支持自给自足的营业者通过税收抵免折扣保险金额。

当个人有能力做出个人市场性的判断时，市场真正积极的作用就发生了。因而我们鼓励和支持固定交款计划和医疗储蓄账户这些概念。个人应当可以通过灵活储蓄账户（FSAs）和医疗储蓄账户（MSAs）来自由地安排自己的健康医疗需要，有一些可能会和政府基金相符。这些提议使一个政府接管过时的，如同不打麻药就手术的蹩脚健康医疗系统成为可能。我们将会使这些账户成为医疗卫生界新消费者权益活动的先驱。个人可以在年末延期交纳 FSAs 额外款项，而不用在每个年末把没花的钱投进去。MSAs 应该成为该文件其他地方建议的改革税法的长期执行的部分，而这需要雇主、雇工、政府的紧密合作。

健康保险价格高昂，并且随之授权无效的一个主要原因，就在于税法常常需要所有的保险政策提供福利和治疗，而这是许多家庭不愿意也不需要的。但是你得为所有的这些买单，因而增加了每个人的负担，使得低收入家庭难以进入保险市场，但提高了特殊保险提供者的利益。而在以消费者权益和病患自主选择为中心的医疗卫生系统下，它们将无处存在。

我国医疗卫生常被忽视之处，就是它的主要预防角色。这一点在我们的城市和一些农村社区尤为重要，在那里急救室是唯一救援途径。农村和贫困地区的人们需要一些关键性的基础医疗服务。人民进步党领导下的政府将会提高社区健康中心的基金，在农村和贫困地区建设安全保障提供者和医院之间更强的公私合作关系。每个社区都必须建设可靠的卫生服务设施。

我们致力于国家儿童健康保险计划，使我们的安全健康保险能够惠及上百万的少年儿童。我们想确保孩子们能享有高质量的卫生服务，国家能灵活创新，家庭保险范围扩大而受联邦健康卫生机构的影响，惠及到那些被其他医疗卫生提议忽视的合法家庭。真的，只需要卫生保障！

7. 提高卫生服务质量

为了提高卫生服务质量，我们必须要关注病患者的权利。我们要关注病人，而不是把病人作为一项数据的卫生系统。如果病人能够充分行使自己接受一定治疗的权利，并且当这些权利未能实现时，能有途径保障实施，那么提高卫生服务质量就有一点起色了。管理型医疗保险的增长应该是市场对于竞争系统的反应。这种灵活性带来的一个潜在的好处就是对于流失的成本的控制。没有这种控制，所有的出发点良好的项目将会完全崩溃。但是，也得要小心确保带来的这种利益不是以由于不人性或不完善的卫生服务机制给病人带来的不满为代价。简单说来，就是如果我们建设一个以病患为中心的医疗系统，为他们提供高质量、付得起的医疗服务，那么他们生存得到更多的保障。当孩子生病时，父母应该能就近地寻求医疗急救。当病人需要一个心脏病专家时，应该允许他咨询建议。患有乳腺癌的妇女应该接受临床研究，以增加治愈可能。病人应该有各自的主治医生，必要时该有其他的医疗专家，避免错误耽误治疗。

需要存款资金保证来确保生命急救的流行惯例该视为非法。当紧急病人没有能力付款时，政府为医护服务提供最低成本保证。

医患之间的广泛关系应该推行鼓励。该由医生和病人共同做出医疗决定。当健康计划和治疗不符时，必须要做出迅速处理决定，确保病人不耽误治疗，以免漫长的研讨危及病人的健康。这一点要普及到每一个参保人员。我们相信迅速有效地解决治疗争端比法庭讨论更加有效。但是，我们也支持病人为了必要医治在必要时不得不诉诸法律的权利。为了成千为雇员购买医疗保险的雇主的利益，同时为了那些关心病患的医生的权利，雇主和医生们应该为自己的健康医疗行为负责，不该随便在不必要情况下使用法律手段。我们的主要宗旨是相信我们国家和地方政府是知道如何做才是最符合它们人民的要求的。我们相信联邦政府会尊重国家公认的权力，包括规范健康保险、保健专业人员以及医委会通过的健康执行条令。

我们积极推行这些识别和修正医疗错误、惩治医疗失误的倡议，从而来安全重建我国医疗卫生系统的自信。我们的目标则是减少医疗失误，特别是导致病人死亡的失误。我们应该支持科学研究，为大众和医护工作者提供有效信息。我们应该推进一套有效的同行医院督查系统，推动全国医疗设施实现共享。

另一个关键步骤就是医疗失职法的改革。你将被要求监督该法的实施。人民进步党致力于失职法的改革，不允许卫生工作人员为了避免出庭律师完善的司法控诉而掩瞒错误。我们必须建立关于医疗失误的自由信息流,这样既保护了病人又减少了现代医药成本。因失误而真正受到伤害的病人该得到合理的补偿,但是要避免随意的诉讼。我们对医疗工作人员视之甚高,所以公共政策也应该保护他们的道德良心。不得强迫任何个人和机构去帮助提供违背他们道德或宗教信仰的医疗服务。

女性健康。在人民进步党,我们很重视家庭的健康和活力。而我们建立更健康家庭的努力必须开始于女性健康,即我们的母亲、女儿、祖母、孙女们的健康。这个国家需要更加关注妇女需要,而这事实上一直不被重视,在医学研究上也不予关注。我们决定改变这种状况。

我们的全国各层政府部门都要大力推进发展针对妇女需要的健康卫生活动。我们要加大力度进行新的研发和临床试验,特别针对那些会影响妇女的疾病和健康,以及影响老年人健康的条件,因为大部分老年人都是女性。我们还要努力惠及贫困地区和农村的女性,那些地区人的寿命、新生儿成活率、癌症或其他疾病导致的死亡率和平均水平相差甚远。

我们致力于全面的妇女健康活动,包括使用先进的医疗技术和设备,女性共享的卫生服务,针对女性的医疗研发,适当的具有代表性的妇女临床试验,面对面的妇女健康医护提供者。

我们将越来越关注老年人的健康问题,而大部分老年人为女性。这样将有望使许多疾病治疗取得进步,而不再成为老年人不可避免的病痛。因为营养和健康密切相关,我们将主张推进地方—州—联邦政府集体干预的灵活营养项目,针对的是穷人、残疾人、儿童和老年人,其中大部分都是女性。

各级政府和社区内部的人民进步党领导人共同努力,将会确保妇女得到更多的相关卫生保障、研究和健康教育,这些对她们很重要。

儿童健康。这是运作不力的旧尼日利亚健康系统另一个失职的方面。过去十年里,本可以避免的死于疾病的儿童达到数百万,这是一个令人深省的数据。儿童药物滥用成倍增长。青少年吸烟率迅速增长,甚至年轻的女孩子也不例外,这在十年前是不敢想象的。新生儿死亡率也在增长。这种儿童疾病带来的病痛和死亡本来是可以通过一些方式来避免的，如增加疫苗种植率，增加生物医学实验研究，鼓励廉价的替代药物取代昂贵药品，鼓励医药学进步，真正打击猖獗的违法药品，等等。我们还致力于影响孩子们的情感、行为、精神疾病。同时，以父母的干预作为重要组成部分，我们会帮助我们的孩子们做出健康正确的判断，避免酗酒、吸毒、婚前性行为、抽烟、暴力等危险行为。

我们党将会推行生物医学研究。人民进步党认识到研究的重要性，故而将检查已有的国家健康研究设备，力图改革和大力推进生物医药学研究。这是政府投入能取得可见成效的少有领域之一，而其福利最能惠及的是贫困和农村人口，那些地区人的寿命、新生儿死亡率和心脏病、糖尿病、癌症以及其他疾病导致的死亡率，和平均水平相差甚远。由于持续的高死亡率，我们不但要加大研究，还要增加早期的诊断和防治力度。我们党还将实施良好的针对艾滋病毒和艾滋病的政策，包括增加研发基金和医疗服务。我们还会重点致力于寻求艾滋病毒和艾滋病的治愈方法。随着生物医疗研发的投入大量增加，其有效使用和保持良好道德标准的责任也要考虑到。我们将会平衡治疗所需的胚胎研究与违反道德和人性的人类克隆、非法倒卖胎儿组织器官，以及相应的滥用之间的关系。

我们致力于功能性学术医疗中心。我们认识到政府对于医护机构适当的补偿对于我们国家的全面学术医疗中心至关重要。我们坚信，在人民进步党的带领下，学术医疗中心（教学医院）将会作为我们贫苦大众的基本健康医疗手段，并能提供前沿医学发现，教育培训我们下一代医生。

医疗隐私。信息和医疗技术革命带来了关于谁将接触到个人数据和数据如何使用的问题。病人和他们的家庭可以和医生自由分享治疗信息，但只有能确保这些信息会被保护起来，他们才会感觉安全。随着基因测验成为医疗保健的基本部分，一个相关的顾虑是基因歧视。因而必须实施周全而构思精密的措施，来保护病人不受伤害。人民进步党领导下的政府将会携手病人、医护工作者、研究人员、保险人员，共同建立新规则来应对这些新挑战。

安全的临床试验。确保参加临床试验研究的病人的安全,对医疗卫生创新的未来至关重要。如果政府对临床试验的监督不足,会使病人身处危险,也会破坏重要医疗研究。对病人的保护必须放在临床试验研究的首要位置。

新兴的威胁和生物恐怖主义。我们的公共健康系统甚至没有给予这个问题足够重视,来应对新兴的传染病和生物恐怖主义的威胁。我们保证确保公共健康服务侦查、追踪、预防感染病爆发的能力,不管是自然发生还是人为所致。

健康。我们认识到个人的健康常常是个人日常选择的反映。尽管政府扮演着帮助确保高质量健康卫生系统的角色,但只有个人才能做出健康的选择。

(七) 自然资源的保存、保护及开发

人民进步党致力于负责任地管理和维护国家自然资源。用美国前总统泰迪·罗斯福的话说:"英明的国家将自然资源视为资产对待,到了下一代,资产就会增加。不但没有损失,反而赚了一笔。"

我们愿意相信尼日利亚人民与生俱来的优秀品质,我们将指引人民与政府合作,而不是各自为敌,更不允许剥削人民。我们需要找到正轨,只有这样,人民和政府才能联合起来,集中力量以最有效方式管理和利用自然资源。我们坚信经济繁荣和环境保护可能且必须共同进步。经济繁荣应为促进环境保护提供物质基础,而良好的自然环境反过来可以提高生活质量,同时体现经济繁荣的价值。

我们提倡联邦、国家和地方为自然资源和环境保护共同担责。我们认为政府应在提供市场刺激上起到主要作用,鼓励创新和发展新技术,使尼日利亚人对自然资源进行规范开发,并确保环境水准能够满足以上要求。

我们谴责当前联邦政策霸占自然资源,并且对于任何不满其政策的行为诉诸对抗和暴力的做法。人民进步党认为政府的合法性是人民赋予的,因此在关乎人民生命安全和幸福安康的重大问题上获取共识须寻求人民的

合作。我们应当互相协作，确保我们的自然资源和环境政策反映地理区域、地方和当地居民的特定需要。

　　自然资源和环境政策应把重点放在成果上：更干净的空气、水源、土地管理等，而不是单纯的官僚行为，或是强制分配国家或地方资源。在资源和环境标准被破坏的地区，政府应相应地加强管理。我们意识到资源和环境的本质决定了政府不时介入的必要性。然而我们相信当国家和地方政府有能力运用独特方式管理当地自然资源并在地方一级解决相关的环境问题，并借助赋税、专利税、立法和规范制度成为必要监管的中心时，才可能培养一种经济可持续增长且不断进步的文化模式。为实现创新，联邦政府应给予各州和地方更大的灵活度、更多权威和话语权。各州应制定环境教育计划，颁布自我审计法，鼓励人民控制并治理污染。地方官员、州立法机构和当地官员的强有力领导是解决有效开采、自然资源利用和相关环境问题的关键。这是打破依赖型文化模式和长期贫困局面的关键。例如，联邦政府可以通过安全用水的立法，授权各州和社区进一步采取行动确保该区域的可靠安全用水。将大量安全用水运送至无数村庄和社区的物流需求使联邦政府噩梦连连，这样没有丝毫经济利益。就目前的实施情况来看，这种做法不但效率低下，而且不现实。这也是绝大多数村庄甚至很多城市缺乏安全饮用水的原因。保守地估计，超过百分之七十五的尼日利亚人民无法得到饮用水。这不仅仅是政治失败，还是严重的刑事疏忽。

　　人民进步党始终认可自愿、灵活、全面、低花费的市场型计划，以实现自然资源高效、平均的分配和开采的国家目标。这是唯一经得起时间考验的方案，没有必要一切从头开始。为确保成功，联邦在资源和环境方面的立法需要联邦、州、地方、社区政府和公民的激励性合作。单纯地从社会主义国家到共产主义国家的转变，结局通常是经济崩溃，而经济崩溃通常伴随着不同政体的瓦解。没有必要让我们热爱的尼日利亚重蹈历史覆辙。在这样一个有竞争力、高效的环境下，是时候有效地下放权力、进行整合、分配。我们不能错失良机。

1. 保护产权

我们将个人和公共（地方）财产安全和我们的资源、环境计划联合起来是有充分理由的：众所皆知，财产私有的情况下，资源和环境管理才能得到发展。毕竟，人民在这片土地上生活、工作，只有真正拥有它，才会热爱它、保护它。相反地，世界上最恶劣的资源滥用和环境退化发生在那些政府占用并控制资源和财产的国家。出于宪法及明智的资源和环境理念要求，我们将保卫私有财产权，要求立法，国家利益不得违背人民意愿，当国家需要占用私人财产作为公用时应当给予合理补偿。

2. 公共土地作为公用

人民进步党认为只有合作保护，所谓的"公共土地"才有将来。作为一个由基层发展起来的组织，我们相信各地团体能够为当地的土地资源问题找到解决办法。我们也鼓励这种做法，因为我们为国家自然资源的高效利用和彻底的环境维护做出了坚定承诺。我们将改变当前联邦机构管理公共土地的运营模式，鼓励各州及其政治分区发挥更大作用，和尼日利亚人民之间建立创新的合作关系。

如果有人质疑公共土地所有权和管理权重大变革的迫切性，想想尼日利亚国家警察对巴耶尔萨州奥帝村的屠杀和破坏；"奥尼戈九人"的"合法谋杀"；还有不得安宁的尼日尔三角洲地区问题，如今联邦政府在该地区聘请了国外安全人员，正将尼日利亚人民驱逐出这片传统悠久、世代流传、文化丰富，且具有历史价值的土地。这些不必要的灾害和伤亡是无辜的民众和无助的群体为联邦政府"对资源和环境过度自信"的极端政策所付出的代价。如果不改变这些政策，作为一个民族和国家，更大的悲剧即将来临。人道主义为我们带来迫切需要的福利，如果什么都不做，那么我们每个人，就违反了人道主义精神。人民进步党将采用最先进的森林资源和资源科学技术，实施国家公共资源的管理策略，将当地社区的风险降到最低的同时保护我们的自然遗产。这种做法在经济发展领域已获成功，在公共土地管理领域也可行。

我们的国家公园应成为国家环境遗产领域的一颗明珠，然而就像其他公共事业一样，国家公园也由政府掌控。如今国家公园的处境着实令人担忧，其存在变得可有可无，甚至已经无法维持下去。国家公园属于全体尼日利亚人民，应该对全民开放。人民进步党将推行各项措施，扭转多年来对国家公园忽视及对国家瑰宝的破坏现象，建立健全的公园系统，向全民开放。我们将优先缓解多年积压下来的关于公园维护和运营方面的压力。我们将寻求国民议会以及各州和地方社区在土地收购决策和国家公园管理方面的积极参与，而不是像联邦行政政府一样采取单边行动。

我们提倡以环境和经济可持续发展的方式对公共土地多样化运用。我们致力于保护野生资源和湿地资源，并采取积极措施预防去森林化。我们呼吁对土地使用行为进行全面审查，重新评估国家政府对土地的所有权，制定全面计划将大量土地返还人民使用。在某些情况下，这可能意味着将对这些土地的管理责任移交或分给州或地方政府。各级政府应意识到人们对水资源、矿物资源和牧业资源的共同权利。我们认可州和地方政府对水资源的首要分配权，且承诺保护公共土地的多种用途。

由于大量尼日利亚农村地区的人们需要依靠土地维持生计，人民进步党将促进可持续的土地和森林管理，利用当今最先进科学技术，在全国推行一致政策。在个人或公共用地的所有权和利用方面，国家的每位公民都将受到公正对待。

3. 经济全球化背景下尼日利亚的农业和农村发展

众所周知农业是经济可持续增长的核心。对农业领域的严重疏忽以及对可行的农业问题解决方案的蓄意忽略清晰地体现了过去三十年来历届政府的腐败和失职。我们知道那些方案可行，但问题是为什么在过去的三十年时间里政府的腐败核心拒不实行这些方案呢？答案无疑是他们蓄意的计划，要让人民永远有所求，这是他们维持权力和吸纳社会财富的手段。事实上，贫穷和饥饿的社会群体将大部分时间花费在何以果腹的问题上，而很少或几乎不考虑政府的行动或行为。"人民忙着找面包吃的时候我们抓紧时间敛财"——直到今天，这仍然是继任的独裁统治和军队的最有效计划。如今，尼日利亚的黎明来临了，人民已被逼得走投无路，他们觉醒了，团结起来了，将改变国家的命运和前进道路。

在经济发达、强劲的国家，食品和纤维业占经济产出的百分之十三至百分之二十；以上行业的直接或间接员工占全体人口的百分之十。农业受损，国家安危堪忧；农业在，国家在，农业亡（就像尼日利亚正在经历的那样），国家亡。这是普遍真理，而联邦政府拒绝真理的行为无异于自我毁灭和自杀。

在我们所有农业政策和计划中，人民进步党主要遵循两条原则。首先，对于农民和牲畜饲养者，产量和合理开价最重要。只要他们能够做到真正供应，并且向国内外市场开放，将大大获利，远远比政府能够提供的多。其次，他们应根据自己的私有财产决定生产内容，而不是听任政府摆布。在人民进步党的领导下，政府将会一如既往地与人民和家庭农场合作，重续北方畜牧业和谷物金字塔、中部地带食品堡垒，和南方可可和棕榈树高产的辉煌。

一些毫无意义的单纯官僚或腐败的计划，如"粮食自给行动""扶贫计划"，或是其他类似的贪污、腐败途径，制造了假象的同时也使人民陷入更大困境。不同于以上做法，人民进步党领导下的政府将从根本原因入手，允许尼日利亚人民发挥聪明才智充分利用有利环境。人民进步党将制定"自由农场法案"，取代几十年来各联邦官僚机构的控制权。我们将重新启用 60 年代的计划蓝图，以此为基础，发展创造性举措，通过和各级政府的合作制度赋予农民权利，实现真正机械化的最终目标。不同于要求农民投资资金密集型机械装备和车辆，合作制将鼓励农民和各级政府合作，以向农民提供低成本租赁设备、车辆和必要的人力资源，从而迅速启动农业革命。这项计划还将为低收入农民带来机械化的可能，如今他们可以通过各种补助、延期贷款项目和政府津贴，租赁以上提到的机械化设备。

尼日利亚的农业繁荣不仅取决于国内消费，而且，在很大程度上，取决于打开国际市场。如果象牙海岸能够成为举世闻名的可可出口国，那么尼日利亚也能够因为许多农产品举世闻名。在肥沃的土地和分散的可出口农产品生产方面，我们显然比象牙海岸更具优势。在十年时间内，人民进步党领导下的政府决心将尼日利亚变成南非，乃至全世界的农业强国。我们党将进行双边和全球性的谈判，打开消费国的主要贸易市场。我们将在注重生产满足国内消费需求的同时，尝试向目标市场进行出口。不是我们思想滞后，这早就囊括在我们的最初计划当中。人民进步党领导下的政府将重点打开人口众多的亚洲市场，如中国和印度，但同时也不忽略针对欧洲和美洲大陆的主要生产。

产生效果需要时间，因此，根据2003年农场法案的经验，我们呼吁各方行动，提高认识，加强教育以及地方合作以充分利用有利的农业环境。

4. 协助促进以市场为导向的农场计划

（1）农场收入储蓄计划；通过税务延期账户减缓农场收益波动。

（2）免除农场继承税。

（3）全额提供农民健康保险费用。

（4）免除机械农场装备和车辆税务。

（5）农场出售费用利得税一次性减免。

（6）定期监管救济。

我们重申坚决支持农业研究，包括生物技术研究，以及永久性研发的税收抵押政策。为保护私人土地的土壤、水源和生物资源我们重申坚决支持联邦、各州、当地政府和私人土地拥有者之间的合作制度。联邦政府应与各州合作，制定水资源质量标准，以最先进的科学技术和最高效管理实践为基础，有效解决缺氧和径流问题。

我们呼吁重审或废除阻碍农业适应新世界新需求的过时法律。导致居民消费价格增长和损害农民产量的关于农场、牲畜、奶制品的地方限制条款也将被废除。为确保一个有竞争力的市场，我们将就农场、牲畜、奶制品的准确公开报告进行立法。

除畜牧业、种植业、林业外，尼日利亚的农村地区还有很多领域尚待开发。能够增加家庭可持续就业的经济发展对于小城镇和农村社区来说至关重要。我们意识到他们所面临的特殊挑战：高质量的教育，可及的医疗保障，良好的住房条件，安全的水源，废物处理系统和便利的交通。在实现以上服务的过程中联邦政府应积极配合州和当地政府,特别是在提高尼日利亚农村地区的因特网和现代通信技术方面。联邦政府应成为农业革命的促成者。

5. 能源和基础设施

落后的基础设施是可持续经济增长和自由经济的三大绊脚石之一,其它两大绊脚石分别是中央过度集权的政治结构和法律的缺失。后两者已在本声明的其他部分进行阐述。

经济发展的最低基础设施要求为:

(1) 常规电力能源;

(2) 良好的电话和电信网络;

(3) 良好的铁路建设;

(4) 良好的水资源供应。

这些供应在尼日利亚都是彻底的失败,资源十分短缺。

这是为什么? 在 70 年代和 80 年代初期,我们的国家对能源和其他基础设施还相当自信。当时国内可以自行炼制燃料,能源价格低廉,人民可以负担。如今,燃料价格飞涨,成品油进口量已达历史最高值。外国燃料进口目前占我国总贸易赤字的一个重要部分,而我们是世界上最大原油生产国和出口国。

无论以何标准来看,联邦政府能源和基础设施管理机构在完成维护尼日利亚能源和基础设施安全方面都是彻头彻尾的失败。噩梦是人为造成的,但至少公众正在醒悟,要求改变。然而,当务之急,并不是确保每个人的家里有电灯、暖气、空调,而是建设国家经济,这就要依靠发展基础设施建设所需要的电力,和发展贸易所需的石油。如果我们不认真规划我们的能源和基础设施需求,经济将持续萎靡,无法振兴。人民进步党将解除对电力和基础设施工业的管制,进行权力下放,通过建设有竞争力的市场赋予消费者权利。

尼日利亚面临的能源和基础设施问题源于中央政府的高度集权,这种模式会造成:

（1）效率低下；

（2）缺乏对政府的问责制；

（3）基础建设规划中不顾消费者利益；

（4）缺乏以消费者为中心的制度；

（5）铺张浪费。

以上这些缺陷都将导致失败，如果它们同时出现，则会引发灾难，正如尼日利亚的经历一样。

尼日利亚急需能源和基础设施发展策略，人民进步党将和国民议会联合制定国家能源和基础设施安全法案（NEISA），该策略将：

（1）通过各联邦、州、当地政府和私营部门之间的新型合作制度增加国内消费所需的煤炭、石油和天然气能源的提炼和供应。我们国家的大量能源尚待开发，只是我们还未找到国内能源生产和利用的替代能源。

（2）向社区、政府和私营企业引进小规模能源租赁许可，鼓励规范的小企业在能源产品的开发、提炼和营销领域进行少量投资，以上产品不仅限于传统石油、煤炭和天然气能源，还包括创新型能源如沼气，太阳能和其他可再生能源等。

（3）为生产提供税收优惠。

（4）提倡对环境负责的开采，以及对高风险地区石油和天然气能源的开采。

（5）为保证国内油气小生产商的运营，提供一定程度的价格优惠。

（6）提高清洁煤炭技术。

（7）扩大可再生能源的税收减免政策，推广风能等清洁能源。

（8）为太阳能作居住使用提供税收优惠和政府合作制度。

我们坚信对能源和基础设施产业的权力下放是保证人民获得高效率且有竞争力的相关服务的核心。已经实现的现有地缘政治实体应为国家能源和基础设施安全法案中设想的权力下放基础。

将实现以下收益：

（1）每处基础设施将有6—7个独立服务机构遍布全国。

(2) 更多的设想和交流空间。

(3) 任何机构都没有对国家经济的否决（束缚）权。

(4) 小规模机构将展开有效的地区私人竞争。

(5) 跨区域竞争的长期潜力。

基础设施权力下放计划的最大收益就是通过实际、可持续、可靠的私人竞争，解决中央集权、官僚和效率低下现象引发的问题，从而使各地区迎合并满足其独特的基础设施需要。仅仅将巨头垄断私有化的做法对解决固有的腐败、管理不善和失败丝毫起不到作用。为直接营利的私人竞争创造平台还远远不够。为解决不良的基础设施垄断而单纯地将政府所有权转移到少数个人手中只是刚愎自用的做法，无法解决根本问题。而以上却是过去三十年来继任尼日利亚政府采取的措施。

如果商业是我国经济的血液，那么交通基础设施便是其循环系统。没有安全高效的交通系统，商业将萎靡不振。重要基础设施的维护工作从某种程度上来说是联邦政府的职责。人民进步党是一个充满建设者的党，从跨区域铁路到内陆河道、运河、航空和洲际公路系统，我们将作为交通建设投资的主力军，使交通成为经济的基石，并真正形成国家的生活方式。

人民进步党领导的政府将制定并实施立法，制定21世纪交通行业的交通权益法案和航空投资及改革法案。通过这两项立法，人民进步党将开辟法律丰碑，启动并完成前所未有的对于公路、桥梁、运输系统、机场和空中交通管制系统的联邦投资。这不只是单纯的执政程序或政府拨款，因为以上两种做法会随着执政党或个人的下台或失去兴趣而不复存在。我们是在立法，这是一个至少需要十年时间的全国交通基础设施发展的宏伟计划，需要各级政府的实施。立法就是这样，需要听取绝大多数公民的意见，但可能会偏离人民的意愿，可能会付出更多代价，可能会重新评估代价，也可能最终失败。

我们的国家公路网络系统，本应是我国公共交通系统的重要组成部分，却已经瘫痪了近二十年了。在独立前，公路系统帮助我们建立了国家，而从那之后就无所作为了。我们的国家客运公路网络本该是一个宝贵资源，能够在交通和经济增长方面起到重要作用。人民进步党提倡建设健康的城际客运铁路系统，并且在经济允许的条件下发展国家高速客运铁路系统，作为经济增长和促进经济机动性的手段。在解决运输需求上我们提倡多模态的发展方法。

通过减少授权，废除繁琐规定，促进法规常识，和基础设施权力下放等做法，人民进步党旨在赋予州、地方官员前所未有的灵活度，促进他们建立自己的运输重点，无论公路还是驳运线。这种做法能够改善全国各地的社区发展，还将加强旅游业对创造就业的贡献和促进贸易平衡的重要力量。但是交通政策始终和能源政策密不可分，例如，货运业因当前的石油价格受到了重创，如果不予以关注，将会从此一蹶不振。人民进步党将促使交通政策步入正轨。我们将保证尼日利亚稳步前进以促进经济增长。

（八）执政为民

信任、荣誉、尊重：我们承诺恢复这些品质，让尼日利亚人民知道他们的政府具有这些品质。这是最重要的任务，也反映了我们的公民要求首都政府本质改变的最强烈愿望。

实现以上目标的时机已成熟，有远见的领导能够开创新型联邦制度的局面，执政以民为本，以成果为导向，并在有条件的时候，实现市场化。以上做法将开辟公共资源合理管理的全新局面，带来前所未有的盈余。服务得到改善，浪费得以处理，赋税降至最低。

我们将鼓励联邦、州和地方合作制度以开创电子政务：通过因特网向公众提供信息和服务。公民可以通过上网和政府沟通，不再需要花费大量时间在政府机关排队等候。我们将在各级政府赋予公民权利。我们还将要求联邦政府机构采取明智的网上采购，以节省实体采购带来的巨大花销。

人民进步党领导意识到尼日利亚的公民在政府及其机关的管理下受到了虐待、侵犯和欺凌，这种情况不但持续到今天，还有增无减。因此，我们致力于为政府机关管理下受到虐待、侵犯和欺凌的公民提供制度和宪法方面的保护。我们将限制联邦政府权力，使其无法对州、地方和公共政府滥用职权。

因此，在我们努力将权力从首都阿布贾转移到各州的过程中，我们必须承认一个普遍问题，联邦政府的责任在于通过制定政策建立高标准和要求，然后不得妨碍各州以其最好的方式将上述政策付诸现实。美国政府必须意识到，不是所有国家都适用于同一个标准，且随政策而来的繁琐程序不得妨碍各州实际工作。

在国民议会方面，我们将推行现代化立法，对委员会主席等领导职务进行任期限制，以此作为建立合理立法主体的手段。我们将推动立法，规定国民议会同样须遵守其强加于人民的各种法律和法规。

我们还有许多未竟的事业，但是只有在人民进步党真正执政的情况下这些工作才能完成。我们将通过立法剥夺实行犯罪行为的公共官员领取退休金的权利。我们将确保税务审计永远不被用作一种政治武器，这样无辜的尼日利亚人民才不会受到目前存在的监听、骚扰和恐吓困扰。准确的普查对于代议政府至关重要，因此我们将努力实现国内的人口普查。这是对社会、政治、基础设施、安全和经济合理规划过程中须考虑的关键变量，也是确定立法分区的唯一合理方法。

人民进步党主席将率先提议审查长期忽视的联邦政府预算问题，并为该问题的结构性变革而奋斗。我们的目标是以清晰、简洁和问责制取代现有状况。我们将制定一个具有法律效力的两年期预算。为结束国民议会中的拨款行为我们将：

（1）在宪法规定范围内，赋予总统单项否决权；将已被否决的项目拨款针对性地用于投资经济领域。

（2）为预防可能的政府瘫痪，制定"永久持续决议"，防止利益集团通过阻碍正常拨款秩序侵吞纳税人的数十亿钱款。

（3）立法明确"紧急支出"状况。

在人民进步党的领导下，联邦政府必须接受新世纪的挑战。太多的政府部门和机构以竞争为名目进行各种计划，不但浪费资源，而且一无是处，不必再多言。

我们打算缓解混乱局面，让政府履行其该履行的职责，要达到以上目标，仅须要求各机构遵守政府绩效与成果法案。人民进步党将竭尽全力确保该法案的成功，从而在各政府机构建立问责制。通过在各联邦项目中实行政府绩效与成果法案的规程，我们将停止政府提供各种服务过程中的数十亿奈拉的挪用、侵吞和浪费行为。

我们来举个例子：美国有约 2500 万人口，横跨整个美洲大陆，控制着世界经济，然而整个国家由大约 15 个他们称之为"内阁部长"或"秘书"的人掌管。另一方面，尼日利亚拥有大约 1.7 亿人口，占地约为美国得克萨斯州大小，经济增长占全球经济不到百分之一，却由 44 个内阁部长管理，外加令美国部长都艳羡的伪助手和后勤人员。这是种巨大浪费，如果国家发展想要步入正轨，急需根除这种现象。政府绩效与成果法案将改善这种疯狂的局面。

在人民进步党主席的领导下，政府将变成一个积极回应且高效的组织。官僚主义将自上而下得以控制。如果公共服务可以由私营企业以更高效率和更少成本完成的话，它们将被私有化。如果公共服务还是国家垄断，那么它们会在私有化之前被下放至各个地区组织。这种做法可以将公共服务的规模和束缚减至最小，可以促进私营企业可靠的区域竞争。人民进步党主席将建立问责制、绩效奖励制，使公民和公共服务重新以人民和消费者为重，并重塑总统在人民心目中的威严和道德。

1. 政治改革

尽管有很多不足之处，尼日利亚宪法确保了必要的国民言论、新闻、集会和向政府请命的自由。人民进步党坚信，政治进程的任何规定都不得侵犯人民充分参与政治进程的权利。治疗民主弊病的最佳良药就是鼓励更多公民全面参加政治进程。为此，我们在发展规范竞选方面的法律遵循一个主要原则：该提议对于尼日利亚人民积极参与竞选持鼓励还是抑制态度。

人民进步党将推行更诚恳、开放的政策：

（1）停止政治进程中的资金滥用和腐败行为。

（2）颁布"薪水保护"规定，阻止将工会会费或非政治用税款用于政治捐款的行为，从而确保任何工会成员免于向政党或个人竞选强制捐款。

（3）禁止现任当选者将竞选剩余资金用于其他职务竞选投资，以规范该领域制度。

（4）要求定期通过因特网或其他公共信息媒体公开竞选捐款，以保证新闻媒体和公众第一时间了解捐款人、捐款对象和捐款数额。

（5）个人捐款能力有限的情况下，鼓励公民为自己的投票对象贡献时间和资源。

（6）保障网络政治讲演和辩论资源。

（7）禁止任何通过立法或非立法进程，和政治操纵立法分区的非民主行动在选举前、选举中和选举后对选举进行破坏。

2. 常识性监管

有效的政府在健康、安全和其他方面进行监管。同样的道理，对监管条例也须定期审查，为了高效、经济和基本常识。我们的监管改革模式非常适用于信息时代经济，这将改变效率低下的官僚思维模式。我们将运用先进科学和信息技术：

（1）针对医疗、安全和环境方面的高风险因素，进行资源规范管理，使其更好地服务公众而非服务政治。

（2）以扎实的科学作为规范化基础，而非以心血来潮的意识形态为基础，建立同行监管的风险评估系统和全面对外开放系统。

（3）定期重审现有规范条例，必要时进行添加，并更新过时条例。

（4）要求行政机关向消费者和小企业公开任何拟定规范条例的花销。

（5）通过全新的规范预算解释为满足规范要求所需的可能花销，告知尼日利亚人民他们对建立政府规范投入的全部金钱数额。

（6）以规范条例的成本收益分析代替近年来已过时的"上行下效"观念。

（7）对公务员再培训，使其以规范条例为工作基础，而非单纯执行命令。

过去的几任政府通过行政命令、总统指示和一些可疑的手段一再回避正常的监管过程。全新的人民进步党致力于法治,我们的首要任务便是撤销这些命令和指示。

我们将结束政府资助的宗教和教派活动,反对将尼日利亚纳税人钱款用于支持宗教、性别和种族歧视的各种活动中。

3. 司法改革:公平执法,明智立法

尼日利亚人民应该得到一个值得信任的司法系统,这不是一时之需。尼日利亚的法院系统已经沦为商品,供人竞相投标。富人权利受到法院保护,而穷人任尼日利亚警察宰割,无望得到公正。法院为了一己私利早已漠视尼日利亚贫困群体。超过百分之九十人民的基本人权遭到本应该保护人权的机关践踏时,法院不闻不问。这是多么可悲!

毫无疑问,改革的需要已延伸至政府的司法部门。许多法官不顾守法公民的安全、价值观和自由,他们捏造法律、权利,放走重刑犯,纵容监狱恶霸,这些都要以我们的孩子和家庭为代价。他们随意推翻合理制定的法律,完全无视人民民主进程的权利。法院为满足权贵的要求,不断发出禁令,延误办案,它们的公正已荡然无存,完全不顾政体健全与否。在这个过程中,他们将整个法院系统搞得效率低下,甚至连他们叫嚣着提供服务的权贵在完全控制了法院的同时,心中也充满着彻底的蔑视。人们可以经常读到权贵无视法令但结局却不了了之的报道,我们的法院已堕落到如此地步。

合理的司法审查原则如今也变成了让人无法容忍的司法至上的推论。人民进步党领导下的政府将恢复司法合理的政体,确保真正实现可信的分权,重新建立法治的政府。我们将运用不同方法实现以上目标:例如制定管理联邦法官的条款,或利用适当立法来限制他们的上诉审判权,但最重要的因素是总统的任命权。我们承诺只任命已表明遵守传统法律信条和尊重宪法的法官。

对法律界人士的改革是我们法院改革的必要部分。今天的诉讼行为践踏正义,妨碍国家与腐败斗争,更糟的是,打击了公众对整个司法系统的

信心。贪心的原告律师充斥着民事法庭，彻底将法律操行变成了"法律贪婪"。

联邦机构甚至都被卷入了以上行为。最近，全国独立选举委员会向法院提起诉讼，要求国民议会合理立法，原因仅仅是联邦政府的行政部门表示不愿遵守正式通过的法律。其他机构也持相同意见。我们都知道所谓的"反腐败委员会"在反腐败方面是多么地底气不足，以及如今它已深刻政治化的事实。所有事物的矛盾双方都在不断较量，我们明白这个道理。在所有的案例中，联邦政府部门和审判律师串通一气，以获取他们在政治进程中无法得到的法律利益。我们全力支持法院在维护个人和组织权利方面起到的作用，但是我们要求在联邦司法范围内对审判律师提出更高的标准，并且鼓励各州在其法律允许的情况下采取同样策略。为了实现以上目标，我们将加强联邦民事程序规范，并实施或加大对态度不端正者的处罚力度，对屡教不改的诉讼律师实行"三振出局"政策。我们将通过修正联邦调查法案限制"非法调查"行为，禁止在证词调查中使用伪科学。我们将鼓励各州考虑在民事案件中将非经济性和惩罚性赔偿设置上限。我们也鼓励上述上限设置在联邦相关案件中。我们鼓励各州对通过诉讼推进政策发展的民主进程效果进行审查，这是政治进程无法实现的。

我们将制定教师保护法案，以保护教师在维持教室纪律或是追求更高教育成果方面免受不良联邦诉讼的侵害，这样做也是为了和宪法保护人权的要求保持一致。我们还将类似计划扩展到非盈利性组织，如教堂、清真寺、公民和社会团体以及维持上述团体的志愿者。

为降低医疗成本并维持关键领域如助产科医生的执业，我们将改革联邦一级的医疗过失法案，并敦促州级政府采取相似行动。

为鼓励案件的解决并防止旷日持久的诉讼，我们将推行公平和解法案。该法案要求联邦法庭诉讼双方中拒绝及时、合理以及出于良好意愿提出的审前和解方案，并最终败诉的一方支付对方费用，包括诉讼费。我们也鼓励各州实行相应法案。为促进公正的实施，我们将鼓励联邦法院听取并授予国内案件。

为保护客户免受无德律师欺压，我们将为各联邦法院制定客户权利法案，要求诉讼律师公开收费标准和他们收费范围内应履行的道德义务，并且该收费标准可以接受联邦法院的调查。由于私人律师不应从公共支出中获取利益，我们将禁止联邦机构支付应急费用，并鼓励各州效仿。更重要的是，我们将要求律师将超过各州、市，或社区合同中要求的费用返还给人民。

法律改革的一个重要组成部分是联邦产品责任法，没有它，将导致消费者面临更高的成本，产品无法推向市场，尼日利亚人民失业。这方面也将有所改变。

4. 尼日利亚农村地区

联邦政府肩负着一个特殊职责，一个道德和法律上的职责——使尼日利亚农村地区同样实现新尼日利亚梦。不幸的是，农村地区的资源，在联邦政府的干涉下，被误用和滥用。全国的村庄和社区总体上遭遇着严重的经济崩溃，以及几十年来政府的管理不善。因此，我们提倡以下指导原则：

（1）村庄或社区政府最适合对其社区成员需求进行评估。

（2）政治赋权和经济自给自足是有效农村政策的两大支柱。

（3）和公共救援相比，私人举措更能有效改善农村社区的物质条件。

（4）占用当地资源、高税收和不合理政策将扼杀新产业，妨碍企业扩大规模，以及阻碍创造就业和繁荣的机会。

5. 国家首都

联邦首都特区肩负着联邦政府的特殊使命，应该为全国城市地区起到模范作用。不但没有起到模范作用，如今的联邦首都特区正在走下坡路，面临着城市堕落的悲惨命运。我们的政府将采取行动帮助城市复原。

如今，为了提高城市经济安全，扭转城市不利局面，为人民确保安全健康的居住环境，我们提倡阻止人为拉高城市生活消费的行为，这就牵扯到生活水平下降的问题。人民进步党相信联邦首都特区的高消费水平是在联邦政策带动下人为拉高的：

（1）政府占用的土地大多是免费的，没有给予业主适当的补偿。

（2）政府对于物业的开发大多是通过其房屋发展机构。

（3）然后以超出物业开发成本百分之三百至百分之五百的价格出售给私营部门，从而奠定了私营部门的定价基准。

这是一个蓄意将工人阶级和上流社会分离的行为，这无异于约翰内斯堡和索委托种族隔离的做法。也只有用这种方式才能解释为什么联邦首都特区虽然是一个健全的社区，但是工人阶级却需要每天清晨从卫星城市乘公共汽车赶来工作，在一天结束时又风尘仆仆地赶回去。这也解释了为什么联邦首都特区成为关注的焦点，而卫星城却有如贫民窟般无人问津。人民进步党领导的政府将把工人阶级放在首位，我们将奉行友好型发展政策并鼓励各州和地方议会效仿。

我们将对城市学校教育进行改革，和该声明中其他部分提到的内容保持一致。只有这样，才能做到每一个儿童都不被忽视。我们强烈提倡向有资格申请的贫困儿童提供奖学金。

我们尊重现有宪法的规定，我们国家的首都应占有独特地位，并和其他各州保持独立。然而，我们呼吁首都领导应通过选举产生，反映人民的意志和愿望，我们反对联邦政府通过联邦首都特区总督对首都进行持续的直接管理。这种做法是军事独裁的残留，应被根除。宪法规定的尼日利亚首都阿布贾公民选举自己领导和代议政府的权利应得到尊重。

（九）战略性军事领导

1. 二十一世纪的军事领导

人民进步党是有力的和平政党。一支强大训练有素的尼日利亚军队是睦邻和平的最好保障，是自由、安全和繁荣的盾牌。只有总统，作为军事力量的总指挥官，才能够确保我们的军队随时准备好捍卫尼日利亚的安全，应对并战胜新挑战。

人民进步党谴责所有在和平时期利用尼日利亚武装力量以国内民事或

政治事务为由向尼日利亚人民发动战争的行为，以联邦政府对巴耶尔萨州奥蒂村和贝努埃州白姆海岬镇的破坏和屠杀为代表。我们将这种行为视为政府违反人权罪，他们侵犯的正是其发誓要保护的人民的权利。我们将实行立法措施，将上述行为，特别是在没有国民议会授权的情况下，认定为违反联邦法律的犯罪行为，任何授权或服从上述命令的一方将被追究刑事责任。这种主张与关于侵犯人权和种族灭绝行为的联合国声明一致。总之，我们将实行立法，禁止在国内民事或政治事务方面使用尼日利亚武装力量，无论暴力与否，或是否得到国民议会优先授权的侵略性战争。

我们致力于重建尼日利亚军队，使其成为一个完全由人民授权的非政治性、职业化军队。一支依靠实力和决心的军队，不过度依赖国外技术，但利用其推动国家技术革新和进步的军队。一支在国家经济发展和国家技术改革中起明显作用的军队。

我们将把军队建设成为一支真正的战斗力量，同时拥有高度积极的专业组成部分。专业组成部分将被用作组织和协调的资源，使尼日利亚军队在关键军事技术和相关目标方面实现跨越发展。众所周知，因特网最早是由美国军队创立的，之后才将其的部分功能作为民用。如今，世界上基本上有两套因特网系统，一套作为军用，一套作为其他用途。人民进步党将采取相似手段，鼓励军事私营企业研发部门开发利用新技术，其中一些将被作为民用。这种做法能够使军事成为国家技术发展机构的一部分，而不是长久以来履行责任机关或是实现压迫的工具。我们将使军队积极地进行演习和训练，而不是将其闲置或用作规划政变。

人民进步党主席将采取各种措施，提高尼日利亚军队在信息时代的防御能力，以确保尼日利亚武装力量有效应对新危险。我们将率先提出计划，建立前所未有国防工业，并与之进行合作。这种做法有两个好处：第一是将结束我们过度依赖国外进口军事硬件设施和技术，甚至一些基础军用物品，如军靴的局面。第二是将有助于修复和维持国家经济，因为该计划可以提供大量国内就业机会。人民进步党认为，为了国家取得成功，我们必须将我们的军事力量和社会实力联合起来，反之亦然，发展和分享技能、技术，将快节奏的系统整合到双方的网络系统中去。民事和军事资源应以共享和协调为共同目标。我们再也负担不起完全依赖于社会供养的军事力量了。但是我们也不能忘记，军事力量来源于军队的士兵、水手、飞行员；我们也不能忘记技术是现代战争中具决定性的王牌。这就是我们要建设的尼日利亚新型军事。

总的来说，目前的军事力量无法让尼日利亚人民感到自豪。军队在战备和士气方面面临着日益严重的问题，对于未来的威胁没有人清楚他们是否已经准备好。军事装备基本落后，仅有的可用装备缺乏适当的维护和备件，这主要源于军队中来自于民间的将领管理不善和腐败行为。

再高涨的士气也禁不住低薪，低福利标准，备件和装备短缺，训练缺失，和战备急速下降的重重打击。今天尼日利亚的军队不过是挂着军队名声的贫民罢了。退役士兵在为追讨退休金而上街游行的例子屡见不鲜，他们中的有些人甚至开始乞讨。在地区维和冲突中受伤的尼日利亚士兵被滞留在国外机场已经是公开的事实，有些人甚至公开在外国领土示威。一个典型的例子是在 2002 年开罗机场的受伤士兵静坐示威行动，最终交由军事法庭处理。这是我们耻辱，也体现了我们军队的无能。像在社会其他领域一样，国家再一次没能履行其在道德上、法律上对尼日利亚军队现役或退役荣誉士兵及其家属的医疗保障职能。人民进步党领导下的政府将通过一系列可靠且全面的措施改变这一切。

今天，身穿军装不再是令人骄傲的事情，军队也不再是社会榜样。我们将改变这一切，我们将使军队重回辉煌之路，这是我们的使命。

在人民进步党主席带领下的人民军队将以最艰巨的任务为重而战斗、获胜。有备无患，在如此罕见的紧迫条件下，我们为这个最艰巨使命做准备的同时，军人们将会明白，不再像从前那样，他们的忠诚和自我牺牲精神意义重大。我们将促使尼日利亚军队首领为尼日利亚国防建设设计新的架构，并利用几十年来实现。有了这个架构，我们将在应对信息时代战斗备战和将我们的传统战斗技能保持在世界一流水平之间取得平衡。

尼日利亚军队是灵活的、致命的、易于部署的，对后勤保障要求最低的。他们必须做好充分准备应对拥有大规模杀伤性武器的敌人。要建立这样的军队必须有远见和坚定的决心。我们必须从现在开始行动，为我们的后代提供保护国家的必要力量，这还需要创新精神。人民进步党相信我们的军事领袖将迎接并应对上述挑战。国家机遇已经来临，重要的是能否抓住。这个机遇就是：证明一种国防建设的新方法能够塑造充满新概念、新战略和新决心的未来。

人民进步党将视当地国民警卫队和后备队为重要的国家军事准备力量，并加强其在各州的权力。出于保护国家安全的原因，这些民兵将社区和国家联系在一起。人民进步党将一如既往地尊重支援部队。我们提倡女性军人在部队的提升以及地面作战部队对女性军人的豁免权。通过列举以上政策，我们再次强调鼓励聪明进取的年轻人加入我们的军队。

2. 有原则的领导

在人民进步党的领导下，尼日利亚人民有理由保持乐观心态。我们的政府能够带领尼日利亚在巨大变革中蓬勃发展，无论是经济、基础设施、国内执法、政治结构、技术还是军事变革。

人民进步党采取一种战略，唤起人民对权利和理性的传统观念，并将其运用到网络平台、现代外交和高科技战场中去。人民进步党将合理发挥权力，设置优先制度，给予相关机构透明度和自由度，并着眼未来。人民进步党主席有能力实现长期以来无法实现的国家统一治理。我们看到了一个团结在自由下的自信的尼日利亚，我们能够预见一个以独特尼日利亚民族主义为牢固根基的令人尊敬的领导力量。

人民联盟民主前线（党）宣言

（一）前　言

1. 背景

人民联盟民主前线起源于尼日利亚民主联邦日程的一项活动，现在成员来源于1994—1998年反对阿巴查活动中的尼日利亚国家解放联盟和尼日利亚联合民主联盟。

从静静的监督机构和为了守护民主目标的反法西斯压力集团，到公开质疑尼日利亚权威机构，并且是政治活动的一线领导者，人民联盟民主前线现在决定向转变为政党迈出了坚实的一步，其目标是成为草根阶层的管理层代表，并不断进步成为决定国家命运的具有世界影响力的政党。因此人民联盟民主前线着眼于未来，从现在起参加各级政治活动。

2. 人民联盟民主前线与现阶段政策

上个世纪的政务目标是停滞不前的，阻碍了国家的发展，加重了社会的衰退。显而易见的是，这样腐朽的国家明显地阻碍了人民安居乐业的愿望，人民的教育系统崩塌，各种享有特权的阶级扰乱政治活动，失业率居高不下，实际上是社会各个阶层面临崩溃的情况。

还有一点值得注意的是对外文化的疏远以及盲目的吸收，畸形的消费习惯对政治活动以及人们的生活习惯和自身文化的保护产生十分消极的影响。总而言之，这是从过去遗留下来的军阀习惯中养成的。无论人民联盟民主前线代表的是哪个阶级的政党，我们的目标就是彻底改变这些腐朽的现象，转移现在的社会重心，将未来国家建设成进步的、财政廉洁的、有责任心的国家。

如下值得人们深思的现象应该引起人民的注意：在独裁者阿巴查死后，国家被人操纵，甚至是被胁迫地放弃统一的机会，放弃了决定未来的权力；放弃了不是作为殖民地或者投机分子与军阀们混战的场所，而是作为由人民选举产生代表，人人平等，代表国家大多数人利益的统一的国家，一个能将国家的最高利益放在第一位的团结的国家。

现在，政权是被过渡政府一些其他的与过渡政府联合的势力篡夺的，因此人民联盟民主前线有责任提醒尼日利亚人民1999年的选举是十分诡异的，是一次违背宪法的无耻的欺骗。该选举给生活在阿巴查军阀残酷统治下的人民一记响亮的耳光，让人民认识到黑幕和无耻的手段可以如此地明目张胆。如今掌权的人中很大一部分是由那次臭名昭著的选举产生的。他们因那次选举的胜利任意挥霍他们从独裁者和刽子手下搜刮的国家的宝藏和资源。

我们称他们为既得利益者，他们是后阿巴查时代新的统治者，一群肆意践踏尼日利亚真正选举呼声的恶棍，或者说是毫无良知可言的篡权者。人民联盟民主前线决心打倒他们，还给尼日利亚人民真正的选举意愿，并用民主的武器武装他们。人民联盟民主前线保证消灭执政政党的私有化，以及那些听不进别人意见的自大狂。而人民联盟民主前线自身也会避免不合实际的扩张，绝不会用龌龊的手段控制选举或者是金融政策，任人唯亲。人民联盟民主前线不能够保证根除已经浪费了国家最好资源和人力的腐败，但是会用曝光和惩罚让腐败者如头上悬剑，战战兢兢。人民联盟民主前线决心废除那些浪费国家资源的活动，那些活动已经让政府成为了国家的蛀虫，一点一点蚕食国家的资源。

（二）公众服务和发展建设

社会服务长期失调。仅仅有一两个州除外，医疗只是给那些享有特权的人的专利。教育事业的投入持续低迷，高失业率导致了社会青年频频参加暴力活动。投机主义者只顾自己的利益，却让国家陷入到资源和人力大流失的境地，这种情况是自1966年大屠杀之后绝无仅有的。

关键的税收仍旧由既得利益者操控。中央集权者和既得利益者对联邦的定义简直就是荒谬透顶，他们只知道向中央摇尾乞怜。各级政府官员在各种场合只会奉承总统，这是明显对联邦这个词的曲解。人民联盟民主前线有义务结束这样的政府机构。人民联盟民主前线的口号就是分权。

（三）政府更替的机会

重复的厌倦情绪和枯燥的政治制度在阻碍重生的可能。年轻人幻想破灭，愤世嫉俗，投机者不可救药。没有信誉的黑手党控制着国家的大部分地区，肆意地烧杀抢掠，在政治领域扶植傀儡，让其制定政策并实施。

人民联盟民主前线没有看到任何选举代表对这些问题提出抗议。没错，我们不止看到了他们对现实的妥协，而且看到了他们对现在情形的满足，因为他们能从贫穷的地区获得晋升的优先权。这种趋势必须被制止，这种畸形的社会形态要被我们用双手去推翻。

人民联盟民主前线已经做好与进步势力、工商各界及无政府主义者开展合作，目的就是让尼日利亚从政治形态上彻底改变，用自己的方式与过去的黑暗时代彻底断绝，这种方式前无古人。要用全新的意识、清醒的视角、真正的参与等理念灌输人们的头脑，我们认为创建新国家任务艰巨，我们相信我们人民的能量和资源会被有远见的领导者合理分配，群策群力实现最终的目标。

我们不会从顶端开始救亡活动。相反地，我们会发动基层群众的能量，让他们在革命中占据最重要的位置。我们不会因为取得暂时的成绩就沾沾自喜，保证不会矫枉过正。相反的，我们的计划是周密的，有目的和面向未来的、经得住未来考验的。基于这个目的，我们号召全体民众成为改革的一份子，成为为即将到来的新国家的主人。

（四）任务总结

人民联盟民主前线的任务源于之前提到的事件，我们致力于建立一个由尼日利亚人民领导的自由的联邦政府，赋予人民权利，一切为人民着想，为人民储存资源，加大选举区的政治力度，提高他们个人及作为选举人的修养，在社会各界建立合理合法的制度。

（五）成　员

每个通过行动或集会显示出愿为建立民主国家不懈贡献的市民都能成为组织的一员。无论是在国内还是国外，都可以加入组织。

（六）资　源

人民联盟民主前线拥有零资源，这是说我们不会与过去那些自己富得流油却不愿施舍给人民的政治团体对抗，他们利用职务之便通过抢劫来维护他们的地位。我们不会向任何人行贿。我们拥有的是思想、创意、认知能力，以此吸引国内外的人才，而他们认为自己缺少专业知识。事实上，虽然我们自称零资源，其实是无限资源，因为人力资源是无法计算的。

人民联盟民主前线意图唤起那些昏昏欲睡的、没被开发的人才，他们敢于怀有希望，已经疲于被操纵。因此我们会站到他们面前，对他们说我们需要这个，需要那个，是为了你的利益，是为了成功而打下的基石。我们会向他们声明，做自己的主人，做自己政党未来的领袖。

（七）政策规划与实施途径

1. 研究和选举

我们的组织植根于人民，运用各种机会从选民的视角辩论、阐释、促进尼日利亚的计划。找到社会真正的问题，制订可行的计划。

指出为富不仁的机构，让人民远离他们。

鼓励人们试水，也就是组织地方性的选举，即使没有必要的硬件。寻找结束金钱政治的方法。

通过监督机制严厉地监察选举过程，那些不参与选举的也要被检查。

调查被候选人的经历，经核实后，在适当的时候通报给群众，不论该党候选人是否正在角逐政府要职。将候选人的不诚实行为公之于众，并永远保持其不诚信记录，使其不能继续参选公职。

政治活动远离暴力，预先击败任何阻碍民主进程的活动。

2. **外部推广**

通过与其他民主运动结成同盟，重新复兴和支持民主。

与工人和农民建立密切的关系。

重建国会、税收部门以及冲突解决部门。

拥护真正的联邦，与后面提到的机构组成友好的联盟。

鼓励国家和地方政府来划清领地以及资源地。

通过国家与地方政府的紧密合作，有效地控制资源，建立健康的竞争精神调动人民的积极性。

通过对国家机构的持续调查，不断加强尼日利亚国民大会的积极性。积极地面对重建时阴谋分裂国家的流言。

坚持公共服务和参与国家大事的讨论，求同存异，并由国会解决或达成双边共识。

资源破坏源于有时地区性的冲突演变为国际性的丑闻。人民联盟民主前线会为政府和地方冲突建立常委会上诉制度，以防赔偿协议变质。

重组税收制度的目标是让政府和地方更好地管理自己的税。

3. **基本原理、国民和少数人的权利以及平等**

从国家和社会进化的人类学记述和概括的人权和人人公平的基础上，提升政府和社会的风气。谴责任何性别、宗教、出生地形成的歧视。

保证联邦政府中足够的代表人数。减轻国家和地区人民对掌权者的恐惧。

促进现实生活中的正确行动从而促使全国的女性能参与到各项活动中。

通过救助曾经被抛弃和无视的残疾人，增加他们的自信心和能被开发的潜质，从而有效地增加国家发展所需要的有知识的人才。人民联盟民主前线应追求公众的利益，坚信生理上的缺陷并不能等同于心理上的缺陷。

建立国家级援助中心，基于家庭护理的原则照看社区内的老年人。为老年人提供有益的环境，对现行公共服务机构的退休制度进行不断反思和改进。

建立永久的、完善的自动化检察官办公室，从而对侵犯人身的暴力行为以及反人类的罪进行监督和惩罚，并提出合理的整改方法。

4. 国土安全、社会制度和公民权利

通过调查造成贫穷、饥饿、失业、歧视、就医难和辍学、少年犯罪和随之发生的异化、社会变形，以及宗教种族歧视等问题的深层次原因，研究建立机构性的整体分析策略。

创建的领导计划着重于培养年轻人，无论是小学毕业文化程度还是大学文化程度都可以参加，为的是加强组织的结构和培养后备人才。

通过建立以年轻人为主的国家理事会和青年中心作为培养必备的社会技能的方法，从而增加其参与课外活动的机会。

通过成熟的安全制度，采用系统的和不断发展的方式处理相关的犯罪活动、暴力事件和反社会恶行。人民联盟民主前线的政策就是建立全民预防犯罪的社会机制。

通过激励和联系专业人才，建立海外人员培训机制，通过每年拨款建立有吸引力的，能使背井离乡的人才贡献于家乡建设的项目，从而避免人才的流失。如此便可以拯救我们的国家，那些被放逐的尼日利亚人会在这个过程中起到关键的作用。

建立健全男女平等的社会政策，让公民从出生就成为社会的一员，让他们不再受年龄的制约。

5. 健康计划

将农村地区纳入全民医疗体系，广泛吸收和借鉴适合本国资源和环境发展的国际经验。尤其是古巴实施的社区医疗综合体系特别值得借鉴。

完善一千亿元的医疗设施，在大学开展医疗专业的课程。

建立可行的国家医疗保险机制。

人民联盟民主前线相信每个公民都有在任何时间、任何地点、以任何形式享受医疗服务的权利。

通过建立有效的药品进口监管部门和具有检查未经批准药物权利的内部部门，来制止对有害药物的依赖和沉溺，建立严格的审查制度来监管假药和过期药进口。

通过资助和建立研究中心和研究机构，来推动医疗研究。

6. 教育和人类进步

从公民的幼儿园时代起就对公民建立有保障的教育制度。

对小学和中学进行免费义务教育。

鼓励更多中小学的建立，保证对原学校的拥有者进行有效的补贴。国家应该意识到"贪多嚼不烂"，对私立学校的强制征收只会导致国家的教育制度更加腐败，以及社会价值观的沦丧。

为了更好地发展经济和扩大潜在的资源有必要振兴高等学校，鼓励学校和机构的合并，以达到高效管理和最大化地利用人力资源的目的。

建立持续的检查政策，对公立和私立学校进行有效的监控。

保持并公布政府批准建立的学校数量规模，从而保证教育质量和规模。

7. 农业和食品供应

此项政策的目标是不再有饥饿并保证食品安全。

运用传统工艺和生物技术方法减少化肥的使用，同时保证粮食的产量。

转变传统的生产和种植产业结构。

通过提供社会生活和娱乐实施以及完善的保障，提高青年农民的利益，重建以青年生产者为主的生产体系。

坚持支持种植系统发挥最大化的生产潜力。

通过部门的调研，确定国内自然资源中被忽视的食品资源。

扩大水产品和外国产品如鸵鸟和蜗牛的养殖力度。

8. 房屋

基于审美角度、生态学角度和经济政策角度，通过庄严地的理想和人民能支付得起的条件，建立强大的国家房屋政策。

拆除旧的和不安全的房屋，有计划性、逐步地以旧换新，确保拆迁户能尽早地入住新房。

鼓励个人投资房地产业，确保严格调控的租赁制度。

基于人人有房住的原则，为工人建立房屋租赁制度。

本着制止流血事件和遏制暴力的原则对兵营进行审查。

建立卫星城缓解大城市的压力。

9. 交通和道路安全

确保有效的、有条理的、舒适的、人民能负担的道路系统。

重建濒临倒闭的铁路系统，重建地铁系统。

出台汽车和进口配件的使用标准。

为沿河的村庄和依水而建的城市建立综合水利系统。

为减少交通事故，重建独立的交警体制。

10. 卫生和生态重建

坚决地和现在的石油大亨和矿产大鳄划清界限，建立合理的调查制度，使其对环境的污染负责。

建立科学的生态计划，尤其针对那些受工业废油污染的地区。

对沙漠化和受风沙侵蚀的城市建立绿色生态计划。

有效合理地利用潮汐，以此为能源进行发展。

建立环境保护意识，建立直接由总统领导的环保调查部门。

无论是城市还是农村，重建废弃的垃圾处理和下水道排污系统。利用最新的、便宜的、自给自足的、自然提供的资源模式建立公共厕所。

11. **科技发展**

运用科技兴国战略建立强大的、具有国际影响力的国家。

培养懂得科技的年轻人，所有的学校都要用电脑教学。

通过授予奖励、奖金以及帮助解决困难等方式，来激励科技创新研究。

为年轻的发明者提供专项研究奖金。

通过全民参与的方式发展科技和专利。

建立综合的科技政策来更新、使用、优化传统技能和知识。

激发对21世纪新兴科技的兴趣，如信息网和生命科学。

建立生命科学体系，保护和最大化地应用从森林和农作物中萃取生化元素的专利。建立奖学金机制，资助学生去日本或中国学习生命科学技术。

通过发达国家的帮助调研，建立国家科研机构来确保外来物种的生长趋势不对本国的农作物有害。

12. **工业化**

建立与制造业和商业的私人企业的合作关系。

加强建立小规模的家庭手工业，从印度借鉴经验。

通过合理安排特定地区的资源，以及环境保护，根据各个地区的特点侧重发展不同的工业，从而有效地减轻工业过度集中的负担，缓解农村人口外流以及城市人口过剩的问题。

有目的地建立对外出口的产品检查和标准检测。

减少对能在本国加工的产品的进口，大力推动国内产品的消费。

通过促进原材料加工业的发展以及鼓励大企业掌控原材料加工，建立健康的工业文化。

13. **能源、钢铁**

开发钢铁业的潜能，建立先进的工业和科技产业，拯救落魄国内现状。

研究建立水力发电站的可行性，尤其是在南部地区，来解决过度依赖卡印记大坝而导致的能源短缺以及其他问题。

开发风能，向风能使用的先进国家如荷兰学习技术。

通过大力加强太阳能的研究，扩大村庄使用太阳能的力度。建立太阳能支持的商业和娱乐中心。对太阳能科技的研究开发给予鼓励。

14. 旅游业与娱乐业

建立国家的水利运输，大力发展内陆和沿海的旅游业。

在城市中建立娱乐中心和绿地。

给市民灌输假期旅游的观念。

通过旅游，培养青年人热爱祖国大好山河的情怀。

推动有潜在竞争力的企业的发展，告诉他们旅游意味着外币收入。

15. 文化重建

将本土文化与时代潮流相结合。

让青年人对自己的家乡和出身感到自豪，以此来指导他们美化国家的生态环境和社会蓝图。

大力加强对外的文化宣传，修复自身的文化，旨在反对奴隶制和殖民主义以及世界的不公平。

重点提升当地各级学校对语言的培养，将世界名著翻译成各种尼日利亚语言。

将振兴民族的节日作为加强旅游业和国民荣誉感的手段。

运用本国和世界的节日作为桥梁，来学习和理解不同种族和宗教的世界其他国家地区的风土人情。

学习各种文化的异同联系，建立以本国为主的独立的文化的领域。

16. 国家和信仰

让国家的政治远离宗教，除了保障有关自由和和平的信仰自由。

保护公民自主选择信仰的权利。

尊敬各个宗教的节日。

建立有助宗教朝圣的非营利机构。

17. 传统权威

促进各个社会团体通过集体经验决定自身传统地位的过程。

将传统的领袖与政党政治相区分，将传统领袖的权威和影响力用于加强区域影响，以及推动跨区域的融合。

建立能使传统权威为国家做贡献的组织机构。

让权威协助解决其自身没有利益冲突的边界划分争论。

18. 外交政策

建立有效的、充满活力的外交政策，着力发展非洲大陆内部国家之间的联系。

发展与非洲犹太人联盟的关系，并在国际事件中重拾自信。

制定将尼日利亚置于世界和平运动、建立新的世界秩序运动的领导前沿的政策。

在发展外交关系的过程中，将发展作为首要目标。将科技发达国家作为我开展对外交流的重点。

联合非洲大陆上的民主运动力量，为他们反对统治者的运动提供精神和物质的援助。在非洲大陆还没有全部实现民主和法治时，这些民主力量的安全是得不到保障的。

成为自主经济发展的贡献者，而不是接受国际援助的弱者。

与世界大国建立基于相互尊重和理解的外交关系，而不是单方面的依赖。

人民联盟民主前线最关注的是国家的形象。任何有损国家形象的事件都要被解决，根除的方法可以是内部处理，也可以通过直接的国际对话解决。各驻外使馆将主要负责这一政策的贯彻执行。

19. 内部改革和伦理规范

废除任人唯亲和裙带关系的任命制度，任何非正式的任命都要被废除。

提倡励精图治，始终以公众利益为最高行为准则。

通过系统的方式，彻底根除腐败、行贿和公务员行骗等违法违规行政。建立公开的政府奖罚制度。

减少监狱的规模，用人性化的方式教育和改造犯罪人员。

根除慢性犯罪，将初犯和罪大恶极的人区分开来。

马上建立监狱改革制度，让监狱成为真正让人改过自新的地方。让犯罪者用他们的技术和知识为国家发展做贡献。

通过社会课程的培训，提升军队的国家荣誉感和归属感。加强技术训练，培养士兵们运用头脑风暴来解决国际问题。（例如，可以设置模拟国会的课程。）改进军事院校的课程设置，让士兵们真正意识到是在造福大众，打击犯罪并加入有关处理叛国者的课程。成立情绪疏导委员会，及时解决军民可能出现的紧张关系。避免其恶化为暴力冲突，威胁到国家安全。

20. 法律和公正

现有的国家仲裁机构的报告将会被审阅。被指控的人和法官都有机会为自己辩解，如果罪名不成立，判决将被驳回。

人民联盟民主前线致力于成立真正的透明的司法机构。为此，立法委员会将被重组并赋予独立的权力。

只有在本地出生，警察才能更高效地执法，因为他们更了解当地的风俗、语言，更能与当地民众建立良好的关系。现在，警察大多是外地人，他们难以取得信任，也难以得到民众的配合和支持。我们将加强侦查，在事前防止犯罪的发生。

腐败仍是影响警察办公效率和取得民众支持的主要障碍。要解决这一问题，需要在警察队伍中建立一支秘密部队，主要由市民志愿者组成，来监督警员在执法时的渎职行为，并上报给独立委员会。警察中的黑手党是国家安全的最大威胁，所以必须被根除。只有这样，才能建立高效的警民合作关系，根除违法犯罪。

建立警民委员会，通过联手改革，保障警员的福利。

（八）结束语

我们只能重申开始时候的话，这是一个为我们人民的未来着想的政党，它的使命早就为人们所熟知，那就是为了人类的尊严不断奋斗，为了国家的未来不断努力、不断地牺牲与奋斗。但是，现在它却只能无助地眼看着自由的希望由于少数人的私利而丧失殆尽，而公众的良知也在慢慢丧失。当世界其他国家都在快速向前发展的时候，我们的国家却停滞不前。重新启动发展的进程不会很容易，不会是一帆风顺的，而是艰难的、布满荆棘的。而且对于国家进步的信心却正在逐步丧失。但是，正如中国古训说的那样，千里之行始于足下，让我们一起迈出第一步。

许多社会舆论都指出，我们的国家时钟已经停止转动了，就像一颗被囚禁的心。但是这个被囚禁的心仍能激发很多思想。我们的重要使命就是让时针再次转动起来。

民主变革大会（党）宣言

（一）前　言

众所周知，如果年轻人被充分利用的话，就一定会在国家的经济、政治、社会等方面成为社会无限发展的中坚力量。比如像日本、中国、印度、韩国、马来西亚、新加坡甚至是南非等国家的经济发展就是这些国家的领导人有效管理年轻人的结果。我们都知道中国的经济是如何做到威胁美国经济的。韩国商品在非洲市场独占优势就是很好的证据。印度国内生产总值的增长和计算机领域科技的发展也是一个启示。所有这些都是年轻人努力奋斗的结果。

另一方面，由于一些国家领导人对年轻人利用明显不足，造成了这些国家的经济、政治和社会的衰退。非洲许多国家都是这样，例如：利比里亚、塞拉利昂、刚果民主共和国、安哥拉、卢旺达、布隆迪、乌干达等等。利比里亚和塞拉利昂国家的年轻人被叛乱组织利用为激进分子，导致这些国家被夷为一片废墟。后果是这些国家暴力不断，民不聊生，以及政治和经济的难以驾驭。这些问题导致这些国家的许多公民逃离自己的祖国，这也致使许多孩子成为了无家可归的孤儿。

今天，在尼日利亚，我们大部分的州时不时都经受着年轻人的最轻微的挑衅。这里首要的问题是：是什么使年轻人形成了这种不道德的态度？这个问题使我们进入了政治议题，即政治所扮演的角色以及政治对年轻人发展的影响。根据《牛津高级学习词典》，"政治"这个词指"在公共生活中涉及获得和使用权利，并且能够影响一个国家或社会做决定的活动"。

简单地说，政治就是领导和做决定；这包含政策的制定，财富的分配和公共建设为谁建，怎样建，什么时候建，在哪建，为什么建的问题。

政治就是提供好的领导，包括遵守法制，统治民主；政治就是提供有益的经济、政治、教育和社会环境，这种环境能够促进繁荣、发展和社会自由。

当然，缺乏有效的政府管理，社会一定会遇到很多问题，尤其是年轻人的问题，因为他们是未来的领导人。在任何一个国家或社会，青年发展的最重要的一点就是国家或社会能够在教育上迎合年轻人各种各样的需要。功能教育在塑造年轻人道德态度方面的角色不能被过分强调。例如：在尼日利亚国内或周边所发生的大部分的犯罪都是没有工作的年轻人所为，这些人有的受过教育，有的没有受过教育。我们都知道，政府不可能给每个人都提供工作岗位，但是政府重视鼓励和帮助年轻人建立自助项目和活动也同样必要，因为这些能够使他们维持生活。这些努力应该包含我们社会富人的参与。这些需要通过年轻人的授权项目、技能获得项目和其他创新活动来完成。

（二）愿　景

民主变革大会将确保尼日利亚每个公民个人自由参与、言论自由、机会均等、普及免费教育以及社会保险。

（三）对尼日利亚联邦共和国宪法的态度

民主变革大会承认尼日利亚联邦共和国宪法的至高无上性。因此，我们的宣言代表了尼日利亚党和人民的一致意见，这构成了我们国家所有合法政府之源。

民主变革大会完全致力于自由、民主和宪法管理，并且会一直保护和促进这些管理。

（四）政治目标

为尼日利亚人民制定策略性的长期规划。

维护和保持尼日利亚联邦共和国作为一个不可分割的政治实体的完整、团结和主权。

促进我们社会多样群体的民族融合和和睦共存。

确保真正恢复经济，永久防御，践行民主、法治、平等和社会正义。

除了支持言论和表达自由外，也支持司法的独立。

确保政党的各个层面的项目始终遵守国家的根本目标和国家政策的指导原则。正如在尼日利亚联邦共和国宪法和政党宪法的道德观、目标和宗旨中所包含的目标一样。

总体上根除尼日利亚青年文盲，同时促进科学与技术的学习与研究。

支持和促进儿童、残疾和一些其他弱势群体的争取权利的斗争。

（五）经济目标

政府对国家资源的审慎性管理。

经济可靠，没有贪污腐败行为。

社会保险。

基础设施发展。

经济自主。

高税收，尤其在出口部门。

金融部门做到遵守金融纪律和透明化。

（六）目标的实现

民主变革大会通过将有才能的年轻人推选为候选人，推动他们与公职人员进行激烈的民主选举，来完成这些目标。

（七）宣言盟约

此宣言是民主变革大会和尼日利亚人民依照法律所达成的一致意见。该政党已经和尼日利亚人民达成一致意见，并且坚信人民是组成国家所有合法政府之源。

（八）结　论

民主变革大会将改变当前过度依赖石油来提升经济的发展路径。我们将在经济方面进行结构性变革，即通过确保经济快速摆脱过度依赖石油部门，同时推动出口市场多元化。

民主变革大会将重点关注农业战略矿产资源、大中型工业，减少交叉部门，调查当地原材料，授权尼日利亚投资者，包括授权尼日利亚青年。

民主变革大会的最终愿景是在 21 世纪将尼日利亚在结构上转变成一个工业化国家的模范。

在教育上，我们的任务是创立一个可靠发展的教育系统，这不仅对尼日利亚每个公民而且对尼日利亚社会这个有机实体产生积极的影响。

这个设想的充满着理论和技术构成的教育系统，会使公民拥有应对多样的人生现实的各种能力，不管是理论上的、复杂的，还是实用的。

为了实现以上提到的崇高目标，民主变革大会领导下的联邦政府将会在各个领域发挥核心的作用。比如确保充足的资金，创立合适的政体，进行有效的反腐管理和制定长久的教育政策制度。民主变革大会将确保拥有医疗设施。我们一旦上任，医疗卫生部门服务恶化的状况将会从根本上逆转。

民主变革大会将在医疗部门开始一项为了有效提供服务而进行的制度修复和复苏的计划。附属医院和联邦医疗中心将会恢复他们昔日杰出中心的地位。

民主变革大会将力劝年轻人远离迷信。

我们政府将着手抵制艾滋病病毒的活动并且教育尼日利亚年轻人在进行性行为时使用避孕套来进行保护。

社会主义重建民主党宣言

社会主义重建民主党来自于人民,服务于人民。

(一)背 景

社会主义重建民主党的建立源于人民消灭激进分子迫切的需要,接受新时代的挑战,建立一个彻底的、左翼政府平台,惩治狡诈的财政抢劫和统治阶级为获取政治权力而实施的偷盗行为。

整整一代人经历了以严重且大规模的全球资本主义体系系统性危机为主要特征的世界动乱。这次危机危及到了粮食、财政、经济、环境/生态系统、社会以及政治领域,然而,这次危机不但没有消退的迹象,而且随着2007年的粮食危机和2008年的前所未见的金融体系崩溃,而不断加重影响。欧元区危机已成为这次全球经济危机的集中体现。

在尼日利亚,伴随着根深蒂固的新自由主义危机的是失职,政治、经济不作为,以及狭隘、趁火打劫的政治高层们自私的金钱利益。

大多数贫穷、失业、遭受过度剥削且无政府撑腰的公民对此进行了大规模的反抗,由此引发了中东和北非(MENA)地区的"阿拉伯之春"组织;导致希腊、爱尔兰、冰岛、西班牙、意大利、法国、英国、荷兰等国政府部门崩溃的欧洲大罢工和反独裁抵抗运动。

在尼日利亚,群众举行了具历史意义的"一月起义"反抗运动,这是一场规模最大的全国民众街头抗议运动(55个城市持续12天),这是一次时间最长的大罢工(持续一周时间),这也是尼日利亚历史上最成功的一次全民运动。

"阿拉伯之春"、欧洲政治震动和"一月起义"运动的经验证明，我们必须建立一个清晰、分明的替代品，取代剥削、独裁和全球统治阶级的政治经济强盗行为。这个旗帜鲜明的替代品必须是政府机构，传达政府意志；该替代品将最终替代统治阶级，进行权力角逐。该替代品将重组社会秩序，采取相应的经济政策框架，将人民的幸福安康置于追求经济利益和经济增长之上。

社会主义重建民主党为每一个被"一月起义"激励的尼日利亚人民提供平台，让我们将呼吁变为行动，携手唤醒人道主义精神，重建我们的国家，将她从盗贼和败类手中夺回来！我们号召唤醒人道主义精神和公民权利！团结一心我们就可以建设我们的政党，改变我们的国家！

1. 名称

政党的名称是：社会主义重建民主党。

我们是民主的政党，因为无论何时我们都支持并积极鼓励成员全面参加和参与党的组织构成、组织决策和决策实施过程（内部民主）。同时，无论何时，我们不仅支持并积极鼓励全体公民全面参与国家机关领导的竞选、国家机关的组成，还将支持并积极鼓励公民参与中央政策和法规的制定和实施，以确保公民参与各级政治。

我们是社会主义政党，因为，作为一个政党，我们致力于实现财富的公平分配，促进社会公平公正，恢复被不义之财和偷盗行为破坏的国家财政，检举并惩处腐败和盗窃国家财政行为，保证为所有公民提供社会服务和基础设施，不论其地位、出身、信仰、性别或年龄等。在努力创造财富的同时，我们致力于缩小贫富差距，保障各地区人口的全面发展和各项权利，以上发展和赋权应包括政治、社会和经济领域。

2. 信条

党的信条为：自由、平等、公正的社会转型。

3. 承诺

党的承诺为：

(1) 尼日利亚永远不会因我受到伤害；

(2) 永远支持每位公民的进步和发展；

(3) 为重建社会公正平等的新尼日利亚而奋斗。

4. 愿望

党的愿望为：国家归每位公民所有，每个人都能够实现其潜在价值。

5. 使命

党的使命为：拥护参与式政治，问责制和透明政府；和平和公正；将优良品德作为领导基础。

6. 基本原则

我们的基本原则规定了我们作为一个政党的立场，和我们党战略方向的动力。集中体现在以下方面：

(1) 以问责制和透明政府为信任基础。

(2) 以社会公正和公平为行动准则。

(3) 以人民和大众的参与为每个决策的重点。

上述基本原则具体体现在以下方面：

(1) 政治

(a) 意识形态

党的意识形态为民主社会主义。无论何时，我们都将促进全体公民参与，我们支持社会公平公正。社会主义重建民主党无论何时都支持全体人民平等的基础服务、社会基础设施和机会平等。我们不但确保社会财富的再分配，还将大幅缩小贫富差距。无论何时，我们都会努力搞好社会建设，每个人都不会被抛弃、被排挤，因无法实现其潜力而被边缘化。

(b) 多样性

尼日利亚是一个新兴的国家，拥有许多不同种族，是一个诸多民族社会文化实体在不同经济发展水平的混合体。鉴于这一现实，各群体都应被给予归属感。

我们党主张召开主权立宪议会（SCA），各社会构成均出席代表，不仅限于民族构成，还包括工人、青年、妇女等其他弱势群体。（这里的"主权"指作为所有政治力量来源的公民组成方式。）主权立宪议会还包括各社会构成中来自各级独立代表大会（IDC）中的代表们。主权立宪议会的政策建议须通过全民公投，获得通过后作为尼日利亚新联邦宪法的构成基础。

我们在应对各联合部门之间的危机和紧张局面方面开发了很多措施，包括联邦政府特性，以及强调以道德方式取得平衡的必要性。党将促进公开透明地实施联邦特性原则，以道德为基础，与道德相结合。如果将其看作是一个有时限的确定的行为准则，联邦特性原则确保各联邦组成部分在联邦中的代表人数均衡，保证其得到均衡的发展。只有这样，才能实现其既定目标。在这方面，我们将为实现平衡发展的崇高目标设定时限，并建立相关机制跟踪和监测实现既定目标的过程。在实现以上目标的过程中，我们将确保将优良品德作为实施的基础。我们只考虑各地区符合联邦特性原则资格的人选。如果党设定的品德标准过高，那么最接近的人选将被选入特别发展项目接受训练，直到其满足良好道德标准。

（c）地方和中央

面对许多以军事基础建立起来的州目前没有任何能力进行发展而只能作为单纯的国家开销中心问题，对当前的政治结构进行彻底的评估已变成迫切需要。大多数分发到各州的资源仅够维持行政花销，再加上各级政府的疯狂腐败行为，能够用于发展项目的资金所剩无几或根本没有，这也是这种模式存在和产生的根本原因。因此，我们应大力推动尼日利亚联邦政府重组，以实现平等、平衡和财政自主，这是重建尼日利亚民族国家的重要内容。

（d）地方管理

我们致力于进行全面的地方政府改革，以促进地方政府有效行政。该项改革的一个核心要求为每届政府任期最低不得少于两年，最高不得多于四年。该项改革的第二个要求为实现财政自主。该项改革的核心要求还包括建立正式的民主选举基层社区政府，并将该政府纳入地方政府行政范畴。

(e) 竞选程序和候选人选拔

为遵守和实现政党内部民主，我们决心遵守上述最低要求和指导方针。我们应当以身作则，所有党员都应全面参与党内决策、政策的实施、党内各机关人员的竞选和委任，以及在党外职务需要党内代表任职时进行选拔。

(f) 其他政府机关

对全国各立法机关的取样调查显示这是一个高成本、低效率的机构。我们需要从地方到联邦各级重新审视立法机构的永久性。这要求清晰的地区和选区分界，我们不仅需要考虑地理标准，还须考虑其他标准，包括社会构成（例如工人）、人口、性别、残疾和边缘化问题。各级的立法机关须由民选立法者组成，并且立法者须不断轮换。立法者须在一年中工作规定天数，在这期间政府将支付其工资。所有民选立法者不仅拥有选区运营办公室，还须定期和立法成员召开选区论坛。党将确保立法机构按照以上标准改革以提高效能和民众参与度，减少低效率倾向和经常性开支。

作为旨在确保问责制和真正政府代表的全面改革和政府重组计划的一部分，我们将引进社区级政府概念。我们鼓励社区建立以民主方式组成的社区政府组织，该组织将得到宪法认可。

(g) 公民权利和乡土主义

任何出生在尼日利亚或父母是尼日利亚籍的人员都算作尼日利亚公民，享受尼日利亚各种公民权利。党不仅坚持以上原则，并且坚决反对利己主义者宣扬的关于公民权和乡土主义之间的对立。

党在州或其他级别行政区政府中的代表遴选，应以出生地为基础（包括在该州或该行政区辖区内出生），或被证实在该州或行政区连续居住超过三年时间。该三年居住标准认定将根据各级政府或是特别政府机关或州机构的不同标准而定。

(h) 基本人权

党将支持全面实现和保障人权，包括公民权，政治、经济、社会文化权利。我们将以人权必不可少为信条。

作为宪法改革进程的一部分，在这方面，我们将使所有基本人权合理化，以证明各政府为确保实现进步所做出的努力。

（2）经济

党的经济政策基于其民主社会主义的意识形态。我们将不仅促进和确保充分尽责的政府经济调控，还将在国家领导的经济框架下积极主动参与经济事务。通过促进民主参与，鼓励各关键利益相关者委派代表参与宏观经济管理以及各经济部门的管理，来扩大经济的民主自治。

推动民主参与宏观经济管理和个别经济部门管理，意味着党将努力培养利益相关者和公民参与经济的管理和规范活动。利益相关者的参与意味着，经济实体或改革进程所在的社区，将真正有机会参与决策，这些决策很可能会切实影响到业主、股东、工人、管理人员、消费者、社区居民等的利益。需要提出并强调的是非民主国营经济体（集中体现为90年代初期苏联和东欧体系的戏剧性崩溃）及其"表兄"非民主私营部门主导经济体（集中体现为2007年以来全球资本主义的经济，甚至政治危机）的全球历史性惨败。由此看来，借鉴并整合两个社会经济政治组织极端异化与崩溃的教训对党具有十分重要意义。在经济和政治的总体和部门发展中，如果没有民主参与和公民发挥其多样的功能，社会将进化成专制或单极（甚至寡头）结构，随之而来的便是边缘化问题，以及对人民大众的排斥和剥削问题。结果将使贫困问题恶化（例如，2011年，尼日利亚超过69%的人口，超过1亿人，处于赤贫的状态），将加大贫富差距（如，尼日利亚拥有1.7亿人口，在非洲最富有的50人中仅有10人是尼日利亚人，而贫困人口超过1亿），还将导致经济崩溃（例如苏联、东欧、希腊、爱尔兰、冰岛、意大利、西班牙和葡萄牙）和政治危机（如"阿拉伯之春"、全球占领运动、遍布欧洲的大罢工、尼日利亚的"一月起义"等）。

（a）农业及农业联盟

联邦政府为经济和政治领域设定最低标准全权负责的同时，农业各部门实现潜力的全面发展也应得到联邦政府部门/单位和联邦领地的特殊保护。联邦政府仅需要做到增加就业,确保农民掌握生产方式和分配方式,为粮食安全提供基础保障,以及为工业化确保原材料。

(b) 工业化和可持续发展

党将把重点放在核心领域,包括,但并不仅限于如下领域:

(i) 汽车(包括航空和海运)

党将积极促进实现强大的汽车工业发展,并以此作为实现基本公路/土地(包括铁路)、航空和海陆交通的基础设施发展项目的基础。没有良好的交通和运输发展,经济不可能得到整合和定位,并充分发挥其实力。强大的汽车工业不仅指制造和分销轿车、卡车、火车车头及车厢、飞机以及海上交通设施,还包括为充分发挥经济效益提供基础设施。该工业还将大量创造就业。

(ii) 重型装备

没有重工业做基础,经济发展无法实现。重工业为工业腾飞提供其基础所需。阿焦库塔,奥绍博,阿拉贾(Aladja)和卡齐纳的钢铁厂或工厂的建立都是值得赞赏的举措。但是目前却面临失职、腐败、无能和混乱的领导,也只能处于萎靡状态。党将开发项目恢复并扩大重工业,不仅当作为工业发展奠定基础的手段,还将作为增加就业和大幅减缓贫困状况和缩小贫富差距的手段。

(iii) 军工业

作为公认的区域(西非经共体和非盟)领导者和未来的联合国安理会常任理事国,我们国家的一大悲哀是我们无法生产轻型武器。无论是从国家责任还是经济发展的方面来说,在这一重要领域发展的缺失是我们承担不起的损失。党将采取适当措施,彻底改革、重组并复位军工综合体。我们将以对国防工业公司的改革作为开始。

(iv) 能源与动力

能否供应能源、发电以及输电是总体经济能力的核心。党将在这两方面实现彻底的检修,严厉打击腐败和无能这两个妨碍行业发展和实现经济发展的祸根,将其斩草除根。在最短的时间内提高并改善发电和输电的速度和持续性是重要的，具决定性的。与此同时，随之而来的产品和服务也能惠及尼日利亚人民。

鉴于石油对于国家经济的核心意义，在能源这方面，党将对各部门进行大力的、彻底的，以及开放透明的调整和改革。我们将确保在一届政府任期内，实现石油产品提炼能力的全面自足和分配，并且优先发展强大的石油化工业，以确保化学材料、化肥、塑料、油漆等产品的供应。

(v) 信息通信技术

我们正处在一个全球数字连接/互联的时代。尼日利亚需要强大的信息通信技术部门和政府特别支持的社区作为支撑。党将通过促进和确保所有公民，无论其所在地或社会地位，都能使用因特网和移动电话技术来满足上述需要。同时，党将通过发展电子政务积极支持和促进民众参与政治。

(c) 农村和城市规划

由于大多生产性经济活动发生在农村地区，所以推动农村劳动力向城市迁移的做法符合国家利益。因此，目前急需能够实现上述迁移的明确政策。

党将确保农村生活全面融入国家生活，农业全面融入国家政治、经济。为农村社区和城市贫困区提供和扩展基础服务（医疗、教育、住房、营养）和基础设施（公路/交通、电力、因特网/信息通信技术、仓储、市场等）是政府的基本政策。

党希望通过引进并加强初级和正式社区级民主政府以促进地方政治参与，要实现上述目标和发展计划还有很长的路要走。一个正式的民主代表社区政府意味着，特定的社区内收入将直接由社区政府保管，作为后续活动资源；也意味着，当地政府财政预算将以综合社区政府需求和计划为基础进行公示。我们的总目标是缩小城市和农村间贫富差距。

党将在城市、城镇、农村甚至乡村地区积极推动、鼓励并支持发展和改革的总计划，以实现系统化的、平衡的发展。上述计划考虑到实施手段的多样性，以及上述城镇和城市居民的具体能力，并且确保发展的状况、流程和系统能够为城镇、城市甚至乡村地区各级公民和居民提供舒适的居住条件。

(d) 人力资本发展

如今，我们国家的高层精英们毫不脸红地将子女送到海外留学接受良好教育，而他们自己也纷纷出国接受医疗护理。鉴于上述情况，我们必须制定有效策略，全面改革我们的教育和医疗系统。党决心以公开透明和群众参与的方式发展上述策略。对于第一个实例，我们将采取彻底的部门改革，同时也还将促进各级教育和医疗设施的快速恢复。我们的目标是确保每位尼日利亚公民都能接受直到中学的义务教育（包括对超过上学年龄的成人提供教育），还有医疗服务。在实现上述目标的过程中，居住地、地位、性别、人口（年龄）、宗教信仰、文化取向和种族都不得成为阻碍政策实施的因素。

为确保政府和公民实现上述目标的决心，特别是高层精英们的决心，党将推动禁止所有政府官员（民选和委任，包括公务员）及其亲属接受海外教育或基础医疗的决策。

(e) 交通和运输

作为惠及公民发展基础设施计划的一部分，党将通过政府特别干预政策，优先发展铁路和航空交通，上述政策将对铁路和航空交通旅行系统的运行和发展起到积极作用。对于沿河地区发展，应包括河流/海运交通系统和设施的发展。

党将进一步促进海运、铁路和航空交通的发展，以促进重型货物运输的分配。除此之外，公路、铁路和航空网络将得到发展，以整合整个经济系统，促进国家团结，以及全国各族人民的积极互动。

(f) 财政及辅助服务

党将对财政部门进行彻底改革，旨在扩大全体公民享有充足且高质量的金融服务。

新型金融服务产品将鼓励农村经济融入国家经济，还将积极支持和鼓励正式和非正式经济部门相整合。

拉各斯是西非金融服务的天然枢纽,因为拥有适当的政策支持和策略,其金融领域在非洲堪称一流。我们应恢复并审视"拉各斯大型城市计划",这样做不仅有利于拉各斯的发展,也有利于所有大城市的发展。

(g) 解决贫困问题,增加就业

党将实施一系列就业计划,旨在恢复和扩大全国基本社会服务以及基础设施建设以惠及全民。

实现上述大型计划不可避免地涉及大量的人力和物力、财力和经济资源。公开透明且群众参与的实施方式不仅为国家经济和人力发展奠定平稳基础,还将为上百万失业的尼日利亚人民创造就业机会。通过对国家财富的再分配,从宏观上减贫,大幅缩小贫富差距。

(3) 社会

(a) 总体

目前我们面临的挑战是如何在分裂肆虐已造成潜在危机的情况下,创造持久的社会凝聚力。目前尼日利亚人民是因仇恨团结在一起,而不是因爱凝聚在一起的。

党将通过以群众参与和互相包容为基础的经济和政治政策,积极促进国家社会凝聚力。通过解决贫困问题,确保基本服务和基础设施建设,增加就业,以及全新的问责制的参与式治理文化。我们相信创造国家社会凝聚力的基石已经建好。

如果我们能确保没有人因为贫困、边缘化和被排斥而感到自尊受损,那么我们已经为社会凝聚力奠定了基础。

党将致力于开发社会安全系统,保障弱者不被贫困和排斥所困扰,这将包括解决各类排外或弱势群体问题的社会保障安全网的建设。

(b) 赋予妇女权利

社会主义重建民主党致力于通过采取积极行动,来保护妇女权利。

我们将特别注重促进妇女代表的政治职务竞选及委任,以及妇女切实享有企业所有权和管理权。在这方面,我们将迅速落实北京峰会决议,努力确保立法和政策结构有利于该改革的实现。我们将在一段时间内开辟一条重要途径,实现最终平等。

(c) 赋予青年权利

结合我国三十五岁以下的青年人口占绝对优势的现实，我们承诺赋予青年政治和经济权利。我们应以此为基础对国家青年政策进行审查。我们将积极解决青年失业问题，同时热切促进青年接受教育和必要的技能训练。

(d) 腐败、犯罪和无安全保障

党坚定地认为恶劣的腐败行为、地方性贫困、普遍失业和严重犯罪与无安全保障之间有着辩证和动态的联系。

我们知道，腐败规模和范围在有罪不罚体系的包庇下，已经变得系统化。这样就为国家发展、提高公民生活水平和改善国家经济造成了障碍。

党将在短期或中期内，进行直接且全面的安全部门改革，包括对警察、军队和其他安全机构的改革，使他们更加敏捷高效，将其变成保护公民安全的机构。

我们将特别重视社区警力，建立相关机制，提高军民关系与合作。

我们将在恢复和培养公民和安全机构之间的信任关系的基础上收集信息，我们将成为打击犯罪，预防暴力事件和缓解社会秩序紊乱的核心力量。

我们将努力实现在公民和社区的监督下对人民进行安全保护。

我们将在中期或长期内实施一系列社会经济和政治政策，解决长期困扰我们的贫困问题、异化问题和政府有罪不罚问题，一并解决引发犯罪、暴力、无安全保障的社会根源——失业问题。上述问题迫使贫困、心理受创的人民实施犯罪和社会暴行。

我们对于安全部门改革和解决无安全保障问题的基本方针是将重点推动从国家安全到个人安全的范式转移，因为保障公民安全是保障国家安全和国家合法化的基础，是普遍真理。

7. 党员准则

我们要建设的是一个全新的政党。与我们拥有同样抱负和意识形态的同志将成为我们的党员。

积极活跃的尼日利亚政界精英们扰乱了我们的国家秩序，将国家置于水火之中。这样的人不得加入我们的政党。

党在社区/街道，地方政府，州，分区（地缘政治区）和国家级均设有相应组织和机构。党组织的最基层单位为社区级。

党员的招募不带任何歧视，向所有尼日利亚人民公开，无论居住地，种族，宗教信仰，性别，年龄，地位，条件（指残疾人）。

我们的政党将在工人（包括正式和和非正式部门），青年，妇女（特别是弱势群体），和民间社会（包括社会组织和公民组织）间选拔成员。

8. 筹款

我们活动型政党的性质，决定了我们的党员组织形式一定是政党归党员拥有。同样的道理，我们的筹款也必须是有组织的。党员将通过定期交纳党费，税收，登记费用等对党的运营做出贡献。我们也将接受来历正当的捐款。我们将开展符合法律规定的具体集资活动。

9. 竞选策略

竞选策略（包括党员和选举）应在本文（政党宣言）中初次阐述，同时还须在党章中体现。

党将制定一个完整成熟的竞选策略，为达此目的，我们将建立政党策略委员会，领导制定该策略，同时管理政党竞选事宜。

10. 核心领域

有五个领域需要党进行核心干预，这五个核心领域将成为体现我们完整政党宣言的基础。这五个核心领域组成了五个核心项目，包括：

（1）整合农村发展；

（2）各级免费公共教育；提供直至中学的义务和高质量基础教育；强调教育和受教育的权利；

（3）社会凝聚力；

（4）全面就业；

（5）提供基础医疗，基础营养供应和基础住房供应；

对这五个核心领域干预直接来源于我们的政党宣言。为实现这五个基本核心干预目标，党将制定全面政策和战略框架。

进步变革大会（党）宣言

（一）前 言

进步变革大会，作为尼日利亚人民的一个政治团体，竭诚致力于共建一个和平共处的国家。

我们致力于建设和维持一个团结、繁荣、充满活力的国家。该党成为执政党以后，坚持民主和法制原则，共同制定和规范党内事务及管理形式。

该党将汇集尼日利亚政党的一切进步力量，来发展一个以人为本，无私奉献，勇于牺牲，公开透明，责任追究，绝不姑息腐败的治国理念。

（二）我们的使命

1. 通过以下措施以实现安全：

（1）保护公民的人身和财产安全。

（2）保护尼日利亚的合法团体和领土完整。

（3）通过加强法制建设和促进社会公平来恢复人民对政府的信心。

（4）公平、公正、合理地分配资源。

（5）实现严谨谦虚、公开透明的政府工作作风。

（6）严厉打击腐败行为。

（7）创造更多的就业岗位，以此强有力地对抗贫困。

（8）给予弱者、贫困的公民更多照顾。

（9）加强食品安全、环境保护和可持续再生能力。

2. 通过以下措施以实现稳定：

（1）为个人、团体和社区组织提供平等的经济创业、参政议政和管理政府的机会。

（2）尊重宪法的规定和准则。

（3）促进相互信任、理解和包容。

（4）坚持三权分立。

（5）保护所有公民的人权，包括宗教言论自由和结社自由。

（6）尊重国家和国际协议。

（7）重组国家机构以实现真正的联邦制。

（8）解决民族与国籍方面的问题。

（9）尊重尼日利亚人民的意愿，随时解决尼日利亚人民遇到的问题。

3. 通过以下措施以实现繁荣：

（1）建立财政管理与行政监督相结合的原则，承认并奖励绩效。

（2）通过教育医疗改革，加强人才资源建设，加强社会服务建设。

（3）让国内私有产业参与经济活动，实现经济自由化，吸引国内储蓄和国外资本。

（4）咨询利益相关者来实现私有化，以此保护国家利益，避免个人或消费者权益遭到没收或侵犯。

（5）发展并恢复基础设施建设，加强主流文化建设。

（6）尊重劳动者的人格。

（三）我们的愿景

于公平正义的基础之上，建立一个安全、稳定和繁荣的尼日利亚国家。

第一任政府的基本计划：

为了实现以上"安全、稳定和繁荣"的理想，在政府第一届任职期间，进步变革大会党致力于推行以下四点基本计划：

1. 机构体制改革

（1）进行司法改革以维护其独立性；加强法院体制建设，有效快速地分配并管理司法体系；恢复公民的信心，实现普通人民通过法律，获得公平正义的最后希望。

（2）改革所有执法机关和其他安全部门，加强其服务能力；确保其独立行使服务职能；重新培训并重组安全工作人员，恢复公民对其执法能力的信心。

（3）改革与宪法有关的法定监督机构、联邦行政机构和其他专业机构，加强以上机构的职能，维护其独立性并提高其服务能力。

（4）改革和加强所有民主制度，以提升他们的服务能力，并恢复公民对其公正性的信心。这些措施是确保以上机构实现完全独立非常关键的一步。

2. 恢复并加强基础设施建设

在任何一个国家，基础设施建设的水平都是衡量其经济发展水平和人民生活水平的决定因素之一。

在尼日利亚，农业、电力、能源、交通运输以及通信等贫穷落后的基础设施，严重影响了经济活动的发展和人民生活水平的提高。因此，进步变革大会党在第一届任职期间重要的工作之一，便是实现并维护具有现代化功能的基础设施建设。

为了实现这一目标，进步变革大会党将采取各种形式、不同层面的公私合营制度，力求与全球经济走向保持一致。与此同时，实行严格的监督管理机制，保证公平竞争，保护公民的合法权益不受侵犯。

此项干预措施在今后的建设阶段具有为众多青年人创造工作机会的潜力，由此，进步变革大会党会积极与短期的贫困做斗争，积极开创一个安全、稳定和繁荣的未来局面。

3. 经济改革和经济多样化

进步变革大会党承认，全球化是一个现实，拥有无比巨大的潜力。要充分利用全球化的大趋势来调整并适应我国的发展阶段和发展能力。

我们清楚，在当今世界，全球化正在不断重新定义公共和私营部门的角色及其合作关系。因此，我们将重新审核并评估私有化计划，力求能够逐步形成并执行各方面广泛认可的政策，使其与我国的发展阶段和发展能力相适应。

我们将改革金融和银行体制，拓宽公民参与金融活动的广度，丰富财富分配的形式。

小额信贷计划作为解放经济和反抗贫困的一项有力措施，正成功应用于许多第三世界国家的经济发展。我们也会广泛采取这一措施，以此来加强经济发展的多样性，提高我国众多人民的生活水平。

进步改革大会党所领导的政府会继续投资石油和天然气资源（我们的主要收入来源），与此同时，通过农业、固体矿产开发和人力资源方面的干预措施，以实现收入渠道的多样化。

我们将不断审查并加强监管环境，简化经济业务程序。我们会一如既往地确保消费者的安全，提高劳动生产率，维护劳动者的尊严。

4. 为公民提供足够的安全保障，提高社会服务水平

进步变革大会党政府会努力构筑一套全面的国内安全体系，包括警察、半军事性机构、民间团体、传统性防御机构、社会公众等。在特殊情况下，政府会出动一切武装力量，坚决打击那些将国家陷入猖獗和不安的无政府状态的恶势力。

采取多项措施将警务权力下放到地方，以实现社区管理自治化。从这方面来说，需要依靠地方警察、观察委员会以及其他各地方社区组织的力量，来监督、部署并规范以上措施的执行。以此来适应当地社区文化以及地区传统。

广泛采用高科技的现代技术，监督并预防犯罪。

进步变革大会党致力于解决尼日尔三角洲地区的不稳定状况与该区的经济和环境问题的关系。因此，我们将制定并实施一系列解决尼日尔三角洲问题的政策，与该地区的所有利益相关者（主要包括各级政府、传统机构、非政府组织、其他社会团体、石油公司以及私人投资者）进行广泛洽

谈与协作，并鼓励其广泛参与。

与现在执政的政党不同，进步变革大会党深刻体会到，任何一个以人为本、值得人民信任的政府，都会把为公民提供社会服务作为重要的责任之一。

因此，进步变革大会党在第一届任职期间，将通过以下措施实行社会服务计划，主要包括：

（1）医疗服务

（a）所有的政府医院和诊所，免费为孕妇提供优质的产前护理，免费为零到十八岁的未成年人、70岁及以上的老年人以及患有结核病和艾滋病等慢性疾病的公民提供一流的医疗保健服务。

（b）所有的政府医院和诊所实施独立的功能性药物循环计划。

（c）改革并加强社会保险制度，扩大参保范围，确保保险实效。

（2）教育

（a）免费为学生提供义务职业教育，直至其获得初级中学毕业证书。

（b）免费为学生提供职业教育，直至其获得高级中学毕业证书。

（c）建立专门的教育银行，为想要继续深造的个人提供助学贷款和奖学金。

（d）修订中学及高等学校的教学课程，注重培养学生的自主就业能力。

（3）薪酬待遇与住房问题

（a）不断加强并修订政府工作人员的工资制度，不仅保证其最低生活标准，而且使政府工作人员及其家人生活相对稳定舒适，并有能力支付日常开销。

（b）鼓励在私有部门中实施雇主与员工协商工资制度，提高员工的最低薪资，使其生活相对稳定舒适，并有能力支付日常开销。

（c）改革并加强按揭贷款制度，为工人购房提供资金保证。

（d）采用公私合作模式，建造大规模的居民住房。

（4）退休后的社会福利

（a）不断调查并改善退休后老年人的生活状况，提高老年人的生活水平，确保其生活得有尊严。

（b）确保在离职后三月内支付所有的退休福利。

（c）重新审核退休养老计划，确保老年人晚年生活舒适且有尊严。

行动联盟党宣言

（一）前　言

　　如今，生活在尼日利亚就如同是生活在战争的前线，尼日利亚的居民现在连在路上散步或开车都要小心翼翼。生活像是一盘俄罗斯轮盘赌，就和英国的著名哲学家托马斯·霍布斯描述的那样："混乱，肮脏，野蛮和贫瘠。"雇用杀手，武装抢劫，种族部队，轻型犯罪和各种社会犯罪不停地上演，使得这里的生活渐渐如同人间地狱。无论是家里还是在街道上，高调的谋杀，骇人听闻的抢劫，种族和政治活动或庆功宴频频发生似乎成了日常生活的一部分。这使人不禁以为尼日利亚政府是去外空度假去了。如今国家的局面如此混乱不堪，没有人——无论是贫民还是富豪——有丝毫的安全感。而即使是在中世纪，一个国家首要的也是最重要的任务，就是无论如何都要不仅确保国民生命财产的安全，还要使他们感受到安全。

　　确切地说，目前的形势却全非如此，其原因在于近几十年来一直由这些无能力的政府掌权，以及它们推行的无用政策。无用的政策和无能力的政府自然就会激起社会大众的不满，而这种不满反过来又会滋生无组织纪律的不法行为、犯罪和强权管理。不管是上至政府管理层，还是下到路边街巷，这种不安全和无组织纪律的氛围不仅正悄悄弥漫开来，甚至人们惊恐地发现，其有愈演愈烈之势。难怪俗话说，臭鱼先臭头。

（二）目 标

尼日利亚行动联盟党的第一要务就是要保护每一个尼日利亚国民的生命安全。使他们不管是在家还是出行在外，在国内还是在外国，确保他们每一步，每一分秒，无论在哪，白天或夜晚，都无须担心自己的生命安全。

1. 良善治理：推举一个有纪律的政府层，模范领导，出台以人民为本的政策。

2. 维护治安：通过一系列的训练，规范，调动，适当的分配重组，使警察真正成为一个维护社会秩序规范的合理工具，具体说来措施包括：

（1）提高入职门槛，要求有最低的国家认可普通学历或相应的学历。

（2）警务方式现代化，从而有效阻止犯罪发生，协助调查案件，收集证据。

（3）为警务人员配置足够的现代通讯，运输和武装设备，以更好地应对复杂、困难的犯罪案件的挑战。

（4）提高警务工作者的福利，薪酬，保证其舒适的食宿条件。

（5）为警官和警务工作者提供足够的国内外训练机会，并且设置强制性训练，制定训练要求和训练目标。

3. 罪犯改造：减轻监狱负担，设置真正的适合的教改所，配置有效运转的工作车间，学习中心，提高卫生条件。

（三）党纲（附）

行动联盟党致力于投身尼日利亚人民政治，经济，社会解放的伟大事业中，为改善和实现上帝赋予他们的既定命运而努力奋斗。特此，我们肯定：

获得自由，平等，公正，尊严是尼日利亚人民想要成立一个独立而强大的国家的合法意愿和最本质的目标。

公民政治权利和经济，社会，环境，文化权利密不可分，而对于这些权利的满足也保证了公民政治权利的实现。

赋予政府组织机构的权力服务于这个国家的整体福利和进步，而不是为了掌权人的个人势力增长。

据此，我们颁布的党章将成为我们和尼日利亚人民之间的契约。

1. 党员义务：团结一致，贡献时间，专业服务，财物；负责交流联系，对外宣传；登记投票，并确保投票有效；遵守党纲要求。

2. 公民权利包括：食物和水；就业；不间断供电；住房；教育；公平，公正，安全；医疗；良好的道路交通和运输条件。

考瓦党宣言

我们的国家面临着重要抉择：生活质量差到极点，失业率已至顶峰。教育、医疗、司法这些支撑国家和社会发展的支柱已崩塌。这条道路已寸步难行，我们必须改变方向。

如今，我们和后代的将来已处于险境，但结果如何却取决于我们。我们必须团结起来，一个崭新的尼日利亚才能崛起。我们必须全方位提高政治管理、透明度、问责制标准。我们的领袖必须有所作为。虽然曾经的领袖让我们失望，但尼日利亚是一个充满伟大、坚强、勤劳人民的国家。儿童，男人，妇女，只要有能力有愿望建设更好的国家，他们都有可能成为国家领袖。

考瓦党是一个政党，是为建设新尼日利亚开辟道路的基层组织。我们通过和平和民主手段获得政治领导，为国内外的每个尼日利亚公民提供最高质量的社会服务。我们承诺建立一个新尼日利亚。虽然任重道远，但我们信心坚定。我们要建设的新尼日利亚，每个人都能得到食物、干净用水；接受医疗服务；生活在一个安全、和平、进取的环境中，在这里，每个人都有自我实现的机会。

我们致力于建设一个安全、繁荣、有序、公平、善良的社会，在这里，每个人都能自由参与建设听从民愿的政府；我们致力于促进社会民主，且我们的任何决议和政治行动，都基于并将持续基于上述理念所阐述的理想、原则和信念。

由于党将持续的政治参与和尼日利亚公民的个人福利作为我们政治和组织的根本出发点，党的组织原则为：基础服务，纪律严明，问责制和最高专业和道德标准。我们可以做得更好！一切取决于我们！

（一）国家面临的五大危害

如今国家的治国理念和我们的理想、期望、愿景已逐渐偏离，我们面临着愚昧无知、不公现象、不团结的集体、治理不善和无安全保障这五大危害。它们阻碍着国家前进的步伐，使我们不断倒退。

是时候采取行动直面这五大危害，消灭它们，为我们建设渴望的国家打下基础。这取决于你和我，无论是热心关注的公民，还是切身利益相关者，我们渴望的改变就在今天。考瓦党致力于为消灭这些危害找寻方法，我们将团结起来，消灭它们，最终实现我们的愿景。

1. 愚昧无知

在这样一个充满人才资源的国家，愚昧无知给我们带来的损失不可估量。它抑制着尼日利亚在各方面的发展；剥夺尼日利亚优化人力资源的潜力，无法在国家舞台上担任其应有的领军作用。

多年来，一个计划周详并且利于妥善实施的国家教育政策的缺失导致了大量尼日利亚人口失业。受教育缺失使公民在面对重大问题时无法进行决策。

同时，课程设置的局限性，特别是在公民权利方面的指导和国家社会政治历史方面未能给予必要重视，已经减弱了我们对自己文化的认知及对自己语言和国家价值的尊重。这种愚昧无知也造成了大范围的无视人权、基本自由和联合国宪章条款的后果。

（1）通过教育发展心智

我们相信受教育是人类的基本权利，对国家进步起着至关重要的作用。

我们的目标是发展国家教育，赋予人民权利，让他们能够发挥最大潜能发展个性、才智和身心能力，以最佳方式治理当地、地区和国家用于生产的资源。

我们将为每个尼日利亚儿童提供覆盖到高中的义务教育，增加政府投资,以拓宽受教育机会,提高各级教育质量,包括高等教育、教师培训和成人教育,促进学术研究是我们教育政策的奠基石之一。

2. 不公现象

不公本质上是指对人民、事件或情况的不公正行动、行为或态度。其主要特征是不平等、剥削和边缘化,以及所有不良和落后的现象。

一个典型的案例是尼日尔三角洲,该地区拥有多年被剥削历史:四十多年来为国家外汇和国民收入做出贡献,却是从中获益最少的地区,同时也是全国最不发达地区。

尼日利亚经济和社会进步缓慢也与男女之间在战略性资源如信息、教育、收入、财富和决策权方面的不平等权利有关。

为保护弱者的权利,政府发展各项措施,建立相关部门,但是在接受良好教育和技能发展这些方面仍然存在很大不足。由于缺少一个周密、健康的社会保障系统以保障老年人退休福利,随着年龄的增长,老年公民逐渐被边缘化。

为在尼日尔三角洲地区探寻长期和平和可持续发展,考瓦党认为,出于对整个国家利益的考虑,应尽快减缓该地区的冲突和紧张态势。

我们认为,只有在尼日尔三角洲地区建设物质基础设施和社会便利设施,以表示其对国家财政所做贡献的认可才是公平公正的做法。

尼日尔三角洲地区的人民应该得到公平对待。他们有权要求国家和联邦政府的认可,他们有权要求安全干净的生活环境,要求解决冲突的方案,要求对土地和资源公平的控制权,他们有权要求且应该得到。

(1) 性别平等

考瓦党承认本质上的男女平等,该理念将完全融入我们各级政治组织的重要政策和计划中。我们承认女性在家庭生活中起到的显著作用。

因此,党致力于对女性在家庭中的重要地位和对国家发展做出的贡献予以官方认可。

(2) 青年权利

青年是一个国家拥有的最宝贵财富。他们是未来的领袖,也是国家发展的珍贵投资。

考瓦党政策不仅为青年的积极发展设想,而且赋予青年权利,以解燃眉之急。我们将努力创造良好的成长环境,并且为年轻人做出榜样。

(3) 尊重弱势群体,赋予弱者权利

考瓦党将保护残疾人权利,筹集残疾人基金,以确保尼日利亚的残疾人能参与生活各个领域。

我们将为老年人和其他社会弱势群体提供社会支持。由于残疾人无获得收入和维护健康的能力,我们将保护他们的福利,使他们免受遗弃或虐待。

3. 不团结的集体

不协调的联邦制度;对于联邦和地区政府权力界限调节机构的缺失;殖民强制政体的历史残余;各联合部门关于联邦条款协商的缺失,以上因素导致了一个不团结的集体,一个日益受到威胁的集体。

我们的后殖民经验证明仅靠联邦政府的努力是无法应对尼日利亚社会和经济变革过程中面临的挑战的。国家和政府的权力和责任必须尽可能地下放到直接社区中,更确切地说,下放到国家的初级联合部门。

(1) 联邦制度和权力下放

尼日利亚将实现真正的财政和政治联邦制度,即将责任和权力尽可能地下放到直接社区中,更确切地说,下放到国家的初级联合部门。

考瓦党认为,联合部门须对在其区域内发现或产生的资源拥有更大的支配权。联邦政府,就其本身而言,须保证社区的平等与和平,维护所有尼日利亚公民在国内外任何地方的宪法权利和个人安全。政府应制定标准,保护环境和弱势群体;须收税;并为达到以上目标加强军事力量。

4. 治理不善

尼日利亚国家发展的危机应归咎于长期的治理不善,其特征为:糟糕的公共服务和无能的领导。贫困形势严峻,且青年失业率惊人。对石油收入的过度依赖已经损害了非石油私营领域的利益。电力供应严重不足,导致了企业的超高经营成本。

薄弱的基础设施和猖獗的腐败导致尼日利亚的企业经营成本极高。我们生活在无尽的黑暗中，不但给生产力带来了负面影响，还逐渐影响到了我们的发展和健康。我们面临的许多电力问题来源于薄弱的电力基础设施，非服务型政府垄断以及电力政策计划和实施的失败。

对于国家冶炼厂的过少资金投入以及随之而来的石油冶炼产品的短缺和不稳定导致了生产力的下降和国内通货膨胀。尼日利亚拥有丰富的天然气资源、油砂资源、水力发电前景，当然，还有风能和太阳能资源，但这些资源都没有被合理开发利用，这对人民非常不利。

（1）服务型政府

考瓦党决心建立新尼日利亚的关键在于建立有生命力、训练有素且装备充足，能够迅速有效满足公众需求的公务员队伍。为做出以上改变，政府各机关部门应制定一个工作基础设施和环境的最低标准。需要良好的领导作风和充足的鼓励机制以鼓舞士气、提高生产力。须有技巧地根除腐败，这就需要强有力的司法和警务力量，将罪恶绳之以法。缺乏发展计划也可能鼓励腐败膨胀，考瓦党将会设定明确基准，对政府各级的表现进行评估。

考瓦党以成绩见分晓的领导作风认为政府各级的关键领导应由实力、信誉和爱心集一身的人担任，这种人遍布全国各地。因此，考瓦党认可每个尼日利亚公民的公民和政治权利，不管其背景、宗教、民族如何，只要在国家联邦政府管辖内，不违反存续于联邦共和国宪法的条款，都可在职务空缺后根据意愿申请职位。

（2）创造财富

考瓦党决心创造财富，消灭贫穷。要达到上述目标须通过工业化和商业化。我们认为财富的划分应覆盖全国所有范围，不应有例外。我们还决心发展一个新的尼日利亚，持续改善人民生活水平，为全体公民提供粮食保障、庇护所、医疗服务、饮用水，以及平等的社会福利和服务机会。

（3）工业化

为实现全面就业，考瓦党将发展和全面落实尼日利亚工业总发展计划。上述目标将通过在研究、科学和技术领域的政策发展实现。这些领域将尼日利亚的高等教育系统和国家工业发展优势结合起来。尼日利亚将致力于解决信贷转入和随之而来的资金问题。

(4) 稳定的能源供应

执政期间，考瓦党将在能源发展和管理方面做出大胆、有原则且活力十足的领导。我们的目标是通过要求在这一领域从业的跨国公司和本地公司实行协议、租金和环境术语国际标准化，并严格执行这一领域的能源效率标准和法规以加强对石油和天然气资源的管理。考瓦党将提高我们国家精炼石油产品的能力，我们还将确保在发电、输电、配电和绩效管理方面提供时限要求，以确保新能源计划按时完成。

5. 无安全保障

尼日利亚警务系统面临的一大关键问题是获取信息和沟通不畅。我们警务力量缺乏可操作的技术、技巧和有效的沟通组织。此外，警察系统使用的信息管理系统老旧且不全面。以上原因导致了确切犯罪数据、适当证据文件和存储系统以及法医学的缺失。

多年来，警察系统已声名狼藉：未经审判即收押嫌犯入狱，强制逮捕，勒索，用刑，滥用职权甚至谋杀。由于警察工作的失败，很多义务警员组织开始根据自己的计划行事。此外，军队执行国家命令的同时还要维护地区治安，也已分身无术。

无法得到适当的医疗保障或许是我们人身安全在疾病面前的最大挑战，只有不到百分之三十五的人口能够得到医疗保障，其中还不包括社区卫生计划覆盖的人口。婴儿和产妇死亡率高得惊人。在世界其他国家已经灭绝、被人遗忘的疾病，仍然在我国肆意夺走我们兄弟姐妹、父亲母亲的生命。

虽然已在农业发展领域投资多年，尼日利亚始终无法自己生产粮食，且需要向农业发达的国家大量进口粮食。

(1) 人身财产安全

考瓦党将通过一如既往地增加就业、培养社区凝聚力和促进家庭安稳的经济和社会政策解决犯罪问题，并保证人民的生命和财产安全。我们也将确保犯罪司法部门的战略性改革，并且加强执法，加强包括司法部在内的安全部门发展。

（2）国家健康计划

考瓦党坚信健康的国家才是富裕的国家，只有健康的人民才能真正为国家的社会经济发展做贡献。尼日利亚将致力于持续加强医疗服务，特别是针对农村居民和城市贫民。我们将建立基金，用于支持我们国家面临的各种医学研究、适当进行工作人员培训，购买先进国家的设备和药物，以进行预防和治疗。

（3）粮食保障

考瓦党深知目前在农业领域的公共投入过少，因此考瓦党将以总体提高公共资金在农业领域的投入为目标。

农业在尼日利亚起着至关重要的作用。我们将努力达到粮食自足的目标。在粮食需求方面将加强国内供应，而非粮食进口。

（4）保护国家完整

考瓦党的外交政策以主权国家的利益和经济发展为重点，保护尼日利亚的领土完整，维护全体尼日利亚人民的利益的同时促进国家利益。

我们的外交政策将以追求国家绝大多数人民的利益的具体结果为指导。由于尼日利亚在历史和文化上与西非地区各族人民的紧密联系，考瓦党将把重点放在西非分区，其在尼日利亚境内容易获取且潜力巨大的产品和服务市场，以及我们这位近邻的不稳定性——其市场很可能涌入尼日利亚。考瓦党将更多地鼓励海外流散人员回国投资。为达以上目标，我们将通过采取全球最佳政府管理实践，增加其对我们体制的信心，并利用其已有兴趣使其为尼日利亚发展做贡献。

以上为考瓦党十年内的发展目标。我们相信我们会实现上述目标，同时，尼日利亚将在我们有生之年发挥其巨大潜力。我们任重道远。但是尼日利亚和她的所有人民是一体的，如果我们不为了尼日利亚的未来而实现这些目标，我们将会失去更多。我们相信民主、透明选举和赋予人民权利使其参与民主政治事务。

全国转型党党章

序 言

尼日利亚，作为非洲人口最多的国家，作为所有黑人民众最重要的乡土，被上帝赋予了丰足的人力和物力资源，使这片土地成为非洲乃至世界上最富饶、最强大的国家。

然而，经过五十年的独立自主和多种形式的政府以及领导层的变更，尼日利亚已经成为全球的笑柄——一个总是错过机会和不善于利用机会的国家。

我们，作为爱国、勇敢和坚定的尼日利亚人民，在此，团结一心，决心建立一个伟大的民主的党，建立一个有着清晰的愿景和目标的党，并立志将落后的尼日利亚转变为现代化繁荣的伟大国家。

第一条 党的名称和座右铭

1. 党的名称

党的名称应为全国转型党（简称 NTP）。

2. 党的座右铭

党的座右铭是：梦想成真。

第二条 全国转型党党章至高无上的权力

根据尼日利亚联邦共和国宪法的规定，此党章的权力是至高无上的，其条款对所有的党员和党的机关人员具有约束力。

第三条　党的愿景和使命陈述

1. 愿景

在二十年间，将尼日利亚从一个欠发达的国家转变为世界上十大发达国家之一，变成有纪律、美丽的国家。在此过程中，我们党应该成为这一快速转变的主要领导力量。

2. 使命陈述

我们党应该成为一个强大的、有效的、积极的并具有领导力量的政党。党应该在尼日利亚各个级别的政府机构中培养优秀的领导人，使他们能够进行良好的管理。

第四条　党的口号、标志和旗帜

1. 口号

党的口号应为，让梦想成真。

2. 党的标志

党的标志是燃烧的火炬。给尼日利亚和整个非洲带来光亮、知识和统一。火炬包裹在一个钻石中，象征着我们国家和我们信仰的坚定性。

党的旗帜由四种颜色组成：绿色、白色、红色和紫罗兰色。绿色象征精神饱满和丰饶，白色象征和平与统一，红色象征勇气和奉献，紫罗兰色象征改变和转型。

第五条　党的注册登记办事处

党的办事处是：阿布贾 Wuse II Aguiyi Ironsi 街 75 号。

第六条　党的宗旨和目标

1. 提高公众的意识，并动员所有的尼日利亚人民为国家的大规模快速发展建言献策。

2. 在尼日利亚人民实现抱负、做出贡献和私营部门倡议的基础上，为了国家快速发展制定一个远景规划。

3. 通过自愿奉献和全民的参与，来动员资金、物质资料和服务，以成功地实施全国转型规划。

4. 在社会和政府中弘扬虔敬的价值观，有效地带动人民参与国家的转型规划。

5. 通过大选，招募和促进有能力且正直的领导人在各个机关以及尼日利亚政府部门进行优质的服务。

6. 为 2010/2011 准备和确定总统候选人人选。

7. 当全国转型党候选人赢得选举时，在各个级别的政府部门设立梦之队内阁，以在短长期内取得优异的成绩。

8. 对在党的平台上服务的领导人要进行监督、评估，必要时给予处罚。

9. 促进尼日利亚的统一、和平和正义。

10. 使尼日利亚成为非洲最强大的国家，成为具有良好治理机制的民主典范。

第七条　道德观

全国转型党是一个中性且民主的政治运动。

党的政策由党员决定，领导层在本章程的有关程序的规定下对党员负责。

全国转型党也必须作为一个登记政党参与竞选，并获得尼日利亚不同社会层次的支持。

全国转型党，在其组织和职能中，是民主和中性的党，反对一切形式的宗教、部落或种族的排外主义和沙文主义。

当争取最大限度的团结统一的目标和职能时，全国转型党必须尊重其党员在语言、文化和宗教方面的多样性。

全国转型党须支持妇女的解放运动，反对性别歧视，并确保组织中妇女的声音能完全被听见，以及妇女在各个级别组织的代表权得到落实。

言论自由及思想和信息的自由流通的原则应在党内实施。

全国转型党的党员身份对所有的男性和女性公民开放，不论种族、宗教或部门的差异。

第八条 党员身份

全国转型党的党员身份对国内或海外的年满十八周岁的所有尼日利亚公民开放，不论宗教、种族、出身的差异。党员须接受党的原则、政策和规划以及遵守此章程中的相关规定。

所有已证明与尼日利亚公民同患难并体恤尼日利亚斗争且居住在尼日利亚的人民都可以申请党员身份。

全国执行委员会，可以根据其委员会或在分支机构全国执行委员会的建议下，授予不符合此章程规定但已经显示出誓死效忠全国转型党及其政策的决心的人民申请党员身份的荣誉。

党员的申请应由分支机构执行委员会进行考量（若有此机构的话），没有设分支机构执行委员会的地方，应由全国执行委员会进行负责。分支机构执行委员会，全国执行委员会或类似于全国执行委员会的临时机构或全国执行委员会应负责决定党员申请的事宜，接受或拒绝任何党员身份申请的前提是应由全国转型党更高一级机关进行审议。党员身份卡应发放给全国转型党的登记党员和申请党员身份已接受并等待审查的党员，在任何情况下，支付了规定的捐赠费的申请人将被授予临时性党员身份，并被告知其所居住地区的分支机构或选区的一些详情介绍和当地分支机构的任何可获得的消息。

临时性党员身份主要针对那些第一次加入组织的人或那些希望过一段时间后重新加入组织的人。

临时性党员身份权利自得到党承认的那天起开始生效，前提是有申请证明和交纳了规定的党费。临时性党员可以参加分支机构的会议，但是没有投票权。

对申请者党员身份申请的拒绝应由全国转型党党员向分支机构，全国秘书长处在拒绝决定做出八周内，通知申请人。

党员身份卡应发放给全国转型党的登记党员和申请党员身份已接受、等待审查的党员且在任何情况下支付了规定的捐赠费的申请人。

党员应按全国执行委员会的决定支付年费。

一旦被批准成为全国转型党党员,新的党员应用自己熟悉的语言,向党指定的宣誓机构进行庄严宣誓:

我,某某某,庄严宣誓,将会遵守宪法规定的全国转型党的宗旨和目标、党的宣言和其他政策立场,我自愿加入该组织,没有任何涉及个人利益和物质方面的企图,我同意尊重宪法和党组织的权威,并努力成为一名忠诚的党员,我将会为组织奉献自己的所有能力和才智,完成党交给我的任务,我将会努力使全国转型党成为一个更有效的为人民民主斗争的工具,我将会捍卫组织的团结统一,遵循组织的原则,并反对任何破坏倾向和派别斗争。

已拖欠党费长达三个月之久,并被告知拖欠的党员应视为放弃具有良好声誉的党员身份,直到支付完所有拖欠的费用为止。

第九条 党员的权利和义务

1. 权利

全国转型党党员应该:

(1) 全面和积极参与全国转型党政策的讨论、制定和实施。

(2) 接收和宣传全国转型党所有的政策和活动信息。

(3) 对任何党员、官员、政策规划或全国转型党党内的活动提供建设性的批评意见。

(4) 积极参加选举,并被推选或任命为全国转型党任何委员会、机构,或代表大会的成员。

(5) 向分支机构或全国执行委员会提交建议或声明。前提是这样的建议和声明须通过相应的机构进行提交。

2. 义务

全国转型党党员应该:

(1) 隶属于和积极参加其所在分支机构的日常活动。

(2) 采取任何必要的措施,理解和实施全国转型党的宗旨、政策和项目。

(3) 向人民群众解释全国转型党的宗旨、政策和项目规划。

（4）加深自己对国家在社会、文化、政治和经济问题方面的了解。

（5）反对有损于全国转型党利益的宣传和言论，捍卫党的政策、宗旨和规划。

（6）反对种族的、部落沙文主义，性别歧视，宗教和政治上的不容忍以及其他任何形式的歧视和沙文主义。

（7）遵守纪律，行为诚实，实施大多数人通过的和更高机关的决议。

（8）向其他地区告知其所在机构的活动，若调任新的区域，应向该区域的分支机构委员会秘书处进行报告。

（9）在没有相应的部门或党的机关授权的前提下，禁止出版或分发任何声称为党或任何群体或宗派的观点的材料。

（10）所有党员必须确保已在所居住的选区登记为选民。

（11）在国家、省级或地方当职的全国转型党党员应按要求成为相应党团会议的成员，按规则行事，并遵守本章程有关规定的决议和全国转型党章程。

第十条 成为党员的程序

每名成员必须填写党员身份申请表，并交纳五百奈拉党费，或是交纳由全国执行委员会规定的党费。

每名成员应得到一张党员身份卡，卡里显示了包括月费在内其他的详细资料。

第十一条 性别和平权行动

为了努力实现妇女在所有的政策决策中能有全面代表权，全国转型党应该实施平权行动规划，包括在全国转型党中妇女人数的当选比例不得少于百分之三十，以此来促进妇女有效的参与。

上述规划和方案将立即在全国转型党的所有机构内实行，并连续实行。

第十二条 党的组织结构

全国转型党有以下机关组成：

（1）行政区议会；

（2）行政区执行委员会；

（3）地方政府区域议会；

（4）地方政府执行委员会；

（5）州议会；

（6）州执行委员会；

（7）州工作委员会；

（8）国民议会；

（9）全国执行委员会；

（10）全国工作委员会。

第十三条 党机关的组成、职能和权利

1．基层选区

（1）基层选区年度议会

每个选区必须举行年度议会。

（2）基层选区议会的职能：

(a) 为地方政府区域和州议会选举代表成员。

(b) 选举基层选区执行委员会委员。

(c) 在党的指导方针的基础上，为参议员选举确定党的候选人。

(d) 批准党在基层选区的预算。

(e) 对所有违纪党员实施处罚措施（开除党籍除外）。

(f) 采取其他任何有利于实现党在基层选区内的最大利益的合法行动。

(g) 考量和批准基层选区执行委员会的报告，包括财务和审计报告。

(h) 接收和评估代表选区的顾问的业绩报告。

（3）基层选区执行委员会

基层选区执行委员会选举应在选区年度议会上进行，并由以下人员组成：

(a) 主席；

(b) 副主席；

（c）秘书；

（d）助理秘书；

（e）司库；

（f）青年领袖；

（g）妇女领袖；

（h）顾问委员会；

（i）部门主席；

（j）地方政府区域主席；

（k）选区、州或全国级别的政府官员和行政区中党的高管。

（4）基层选区执行委员会职能：

（a）组织基层选区议会，实施议会的决议，并召开选区一般会议。

（b）提出政策建议，供基层选区议会审议。

（c）负责党员招募，宣传党的思想、规划和宣言，并实施党的政治教育项目。

（d）制定年度预算方案，供基层选区议会批准。

（e）评估和定期监督议员的表现。

（f）采取任何其他合法行动实现党的最佳利益。

2. 地方选区

（1）地方选区议会组成：

（a）每个基层选区执行委员会的所有委员；

（b）地方选区执行委员会所有委员；

（c）在地方选区内由每个基层区议会选出的代表；

（d）所有被选举的官员（包括主席、副主席、议员、党从地方选区推选的州议院成员），来自地方选区的没有被推选为议会代表的州党委，在参加议会审议时，没有投票权。

（2）地方选区执行委员会职能

地方选区执行委员会应由以下人员组成：

（a）主席；

（b）两名副主席；

（c）秘书；

（d）助理秘书；

（e）司库；

（f）宣传委员；

（g）行政区主席和秘书；

（h）法律顾问；

（i）青年领袖；

（j）妇女领袖；

（k）顾问委员会（由州和全国党的高管以及政府官员组成，来自各地方选区的州或全国级别的官员）。

（3）地方选区执行委员会职能：

地方选区执行委员会，每月召开一次会议，应该：

（a）组织地方选区议会和实施议会的决议；

（b）提出政策建议，供地方选区议会审议；

（c）负责党员招募，宣传党的思想和宣言，组织党在世界各地的政治项目活动；

（d）为党在各个地区的管理活动发布规章制度，包括协调行政区委员会活动；

（e）在地方选区议会的规定下，推行其他任何合法活动或措施，以实现党在地方选区的最佳利益；

（f）定期评估地方选区的活动，看其活动是否在党的管理下或者议员的活动是否被反对派所操纵；

（g）制定党的预算方案。

3. 州

（1）州大会

每个州必须每三年举行一次州议会。

（2）州执行委员会的组成：

(a) 州执行委员会的所有成员；

(b) 在州内由地方选区议会选出的代表；

(c) 所有当选的官员（包括州长、副州长、地方选区主席、州议院议长），没有当选为州议会代表的成员在参加议会审议时，没有投票权。

(3) 州大会的职能

(a) 向党的国民议会推选代表。

(b) 审议州工作委员会的报告，包括财务和审计报告。

(c) 规范州内党员纪律（驱逐出党除外），并批准由地方选区机关制定的纪律处分措施。

(d) 选举党在州内的州长身份候选人，包括副州长身份候选人。

(e) 在党指导方针的基础上进行治理。

(f) 批准党在选区选举的程序和规划。

(g) 采取任何其他的合法措施，以实现党在州内的最佳利益。

(h) 评估州政府的表现。

(4) 州执行委员会

州执行委员会由以下人员组成：

(a) 主席；

(b) 代理主席；

(c) 三名副主席；

(d) 秘书；

(e) 两名助理秘书；

(f) 助理司库；

(g) 宣传部长；

(h) 助理宣传部长；

(i) 法律顾问；

(j) 妇女领袖；

(k) 助理妇女领袖；

(l) 青年领袖；

（m）助理青年领袖；

（n）顾问委员会（由政党全国高管组成）；

（o）三名当然成员；

（5）州执行委员会职能

州执行委员会，每月举行一次会议，应该：

（a）协调州内党的所有机关的活动，并确保活动有效进行。

（b）组织党的选举活动。

（c）宣传党的思想、规划和宣言，并实施党的教育计划。

（d）实施州议会、全国执行委员会和国民议会的决策和指令。

（e）审议州工作委员会的财务和审计报告，批准州的预算。

（f）接收、定期评估和监督州政府的表现和活动。

（6）州工作委员会

州工作委员会构成如下：

（a）州执行委员会的所有委员；

（b）州级别党团会议领导；

（c）党在州议院的主要官员；

（d）来自党的州长和副州长；

（7）州工作委员会职能

州工作委员会每季度须召开一次会议，应该：

（1）审议影响州内党的紧急和重要议题。

（2）协调和保持政府行政和立法机关以及党的关系和各项活动的和谐。

4．全国

（1）全国大会

全国大会每四年举行一次，由下列人员组成：

（a）全国执行委员会的所有委员；.

（b）州议会推选的代表；

（c）所有当选官员（包括总统、副总统、州长、副州长、参议院议长、参议院副议长、众议院议长和副议长),没有当选为全国大会代表参加议会审议时,没有代表权。

(2) 全国大会职能

(a) 决定党的国家政策和规划。

(b) 接收来自全国执行委员会的报告和建议,并做出决定。

(c) 将其所有职能和权力委派给全国执行委员会或党的其他任何机关。

(d) 选举党的全国官员,组成全国执行委员会。

(e) 决定党的总统候选人。

(f) 执行由此章程规定的其他任何权利和职能。

(3) 全国执行委员会

全国执行委员会的构成:

(a) 全国审计署署长;

(b) 全国审计署副署长;

(c) 全国法律顾问;

(d) 全国副法律顾问

(e) 全国妇女领袖;

(f) 全国副妇女领袖;

(g) 青年领袖;

(h) 青年副领袖;

(i) 六名当然委员;

(4) 全国执行委员会职能

全国执行委员会,每月召开一次会议,应该:

(a) 监督党的整体管理和组织程序;

(b) 准备议程,组织国民议会,实施国民议会的决策和指令;

(c) 准备提交报告和建议,供国民议会审议;

(d) 处理党的较低级别机关提交的问题;

(e) 制定党的纪律处分和忠诚规则,并对所有党的机关和党员具有约束力;

(f) 批准党的年度预算；

(g) 全国执行委员会有权决定、召集国民议会特别会议和国会；

(h) 决定党的全国官员的服务条件；

(i) 监督、引导和监测低级别的党的机关的行为；

(j) 为党筹资；

(5) 全国工作委员会

全国工作委员会构成如下：

(a) 全国执行委员会的所有委员；

(b) 全国级别党团会议领导；

(c) 党的国民大会主要官员；

(d) 党的总统和副总统；

(e) 党的州长和副州长；

(f) 全国主席；

(g) 全国代理主席；

(h) 六名副主席；

(i) 全国秘书长长；

(j) 全国副秘书长；

(k) 全国财政部长；

(l) 全国财政副部长；

(m) 全国组织秘书；

(n) 全国副组织秘书；

(o) 全国司库；

(p) 全国副司库；

5. 全国大会特别会议：

尽管有第1款第(1)项、第2款第(1)项、第3款第(1)项和第4款第(1)项的规定，应该设有国家和州议会的特别会议来解决涉及党的一些特别议题。

6. 党中央官员的职能和权利

（1）全国主席

（a）全国主席应该起领导作用，主持召开国民议会、全国执行委员会和全国工作委员会的所有会议；

（b）批准所有的支出并作为党的账户的签署方。

（2）全国代理主席

（a）全国代理主席应该协助主席，并在主席不在职期间主持会议；

（b）全国代理主席应被指派特定的职能。

（3）全国副主席

（a）在代理主席不在职期间履行其所有职责；

（b）全国副主席应被指派特定的职能。

（4）全国秘书长

（a）全国秘书长是党的主要管理官员，负责党的日常事务和运行；

（b）全国秘书长是党的银行账户的签署方，并提议主要的支出方案供全国主席批准。

（5）全国副秘书长

（a）协助全国秘书长；

（b）可由全国执行委员指定其代表全国执行委员会执行任务；

（c）国家副秘书长应被指派特定的职能。

（6）国家司库

（a）全国司库主要负责管理党的财务，是党的账户的签署方之一；

（b）全国司库必须确保准备党的年度财务报告，包括党的资产和债务的统计以及向独立选举委员会提交同样的报告。

（7）全国宣传部长

（a）全国宣传部长负责宣传党以及党的活动；

（b）全国宣传部长负责党的著作、报纸等的出版和发行。

（8）全国组织秘书

全国组织秘书负责党的组织。

（9）全国法律顾问

全国法律顾问负责党内所有法律事宜。

(10) 全国妇女领袖

全国妇女领袖是党内女性党员的主要协调员。

(11) 全国青年领袖

全国青年领袖是党内青年党员的主要协调员和动员者。

(12) 六名当然成员

当然成员有望在党内充当顾问咨询的角色。

(13) 董事会

(a) 党应当只在全国级别设立董事会,其构成如下:

(i) 由党的各州机关和联邦首都特区提名一名成员;

(ii) 在党的平台上当选的前州长;

(iii) 在党的平台上当选的前任或现任总统、参议院议长、众议院议长;

(iv) 党的前任或现任全国主席;

(v) 由党的全国执行委员会提名和批准的精英政治家和杰出的声誉良好的专业人员。

(b) 董事会应该履行以下职能:

(i) 作为党的咨询机关;

(ii) 应作为党的财产的监护者;

(iii) 应成为党的价值观和道德观的维护者。

7. 基层选区、地方选区和州党组织的官员职能

基层选区、地方选区和州党组织的官员职能应来自全国有关机关。

8. 官员任期

(1) 党的全国官员的任期为四年,符合资格可以连任。

(2) 州党组织官员任期为三年,符合资格可以连任。

(3) 地方选区党组织官员任期为两年,符合资格可以连任。

(4) 基层选区党组织官员任期为一年,符合资格可以连任。

第十四条　党纪

1. 所有的党员，无一特例，必须遵守全国转型党通过或修改的章程、议事规则和行为规范。必须遵循本章程规定的党的政策和决议。

2. 代表全国转型党的每位候选人在各级政府选举中，必须在选举之前，以书面形式证明遵守此章程中的有关选举代表人的行为规范，作为全国转型党公众代表，在直接或间接违纪后接受此章程和行为规范规定的纪律处罚程序。

3. 关于党员、公众代表规范以及惩戒措施，全国转型党的所有党员和公众代表，无一例外，必须遵守全国转型党的纪律处分规定，必须服从此章程规定的条款以及全国转型党的议事规则和行为规范。

4. 针对党员的纪律处罚程序应该限于以下方面：违反了全国转型党的章程、法规规章、议事议程、行为规范和本章程规定下党通过的政策和决议，或本章程中规定的一些违纪行为。但，不包括以下方面：

（1）作为煽动争议和否认党员基本民主权利的手段。

（2）除非该行为本身违反或触犯了组织规定，在组织的准则没有直接受到影响时，不应该作为解决个人恩怨和干涉党员私生活的手段。

5. 全国转型党的机关或相关机关在此章程下，行使其权利实施纪律处分程序，如其认为党员或公众代表违反了此章程中规定的条款或任何禁止条款时，可以决定对其实施处分，并向国民议会、全国执行委员、州议会和州机关提议并举行听证。

6. 在此章程规定下举行纪律听证的纪律委员会，必须找到任何违反此章程中的规定和禁止的行为的党员和公众人员违纪的足够的证据，以证明他们涉嫌违纪。

7. 党员和公众代表的下列行为构成了违纪行为，应当受到的纪律处分措施，违纪行为如下：

（1）对于任何严重的非政治性犯罪，没有选择罚款的方式，而被法庭定罪并被判入狱。

（2）由于严重的非政治性犯罪，被法庭定罪。

(3) 党员行为为组织抹黑或公然违反党员和公众代表应遵循的道德准则，或是其行为与党员和公众代表身份不符。

(4) 传播种族主义、性别歧视、部落沙文主义、宗教和政治上的不容忍、地方主义以及其他任何形式的歧视。

(5) 涉嫌对妇女和儿童实施性和身体虐待，滥用职权从党员或其他人身上获得性或其他方面不正当的利益。

(6) 滥用党的选举或雇用职务，以此获得任何直接或间接的不正当利益。

(7) 涉嫌腐败，以实施或拒绝实施某任务来接收贿赂。

(8) 挪用党的资金或破坏党的财产。

(9) 试图通过挑衅来制造党内分裂和破坏党的团结。

(10) 不尊重党，阻碍党机构的运行。

(11) 参加超越了委员会的有组织的宗派活动，或在组织内肆意讨论公认准则，威胁党的团结和统一。

(12) 支持其他和全国转型党没有联盟关系的党派，违反全国转型党的宗旨、目标和政策。

(13) 参与地方、州和联邦政府选举，或作为选举代理或游说者，反对全国转型党批准的合适候选人。

(14) 加入其他政党，而且该党不是与全国转型党有联盟关系的党。

(15) 通过以下措施损害党的声誉以及党运行能力的完整性：

(a) 阻碍党的活动；

(b) 在党各个部门和党员之间创建分歧；

(c) 实施损害党组织效益的任何其他行为；

(d) 与反对派勾结：

(i) 与某个政党或与全国转型党没有联盟关系的党派勾结，违反全国转型党的宗旨、政策和目标；

(ii) 为其他国家的情报和安全服务；

(iii) 任何严重干涉党的工作，阻止党实现其使命和目标的个人或群体；

（iv）好斗且不守规矩；

（v）蓄意破坏会议，干涉党的正常有序运行；

（vi）为不愿支付党费的个人或群体支付党费；

（vii）为个人或组织提供不符合此类党员身份资格的党员身份；

（viii）招募不符合地区规定的成员，以此来操纵分支机构会议和投票结果，或是在全国转型党参与竞选过程中，违规发放、收集或筹集资金，以此影响国会或议会的结果。

8. 全国执行委员会应该从其委员会或全国转型党的其他机构中任命代表组成全国纪律委员会，全国纪律委员会由五到九名成员组成。全国纪律委员的法定人数至少为三名。党中央官员、州行政委员会和全国执行委员会可以直接向国民议会报告任何违纪行为，并供其做出决议。

此外，全国执行委员会应该从其委员会和全国转型党的机构中任命设立全国纪律诉讼委员会。全国纪律诉讼委员会由至少三名但不超过五名成员组成。

在相关人员不能供职全国纪律诉讼委员会的情况下，其法定人数至少为三名。全国纪律诉讼委员会应该对上诉进行听证，全国纪律委员会对案件进行第一审的听证。

9. 全国纪律诉讼委员会应是最终上诉机构，除非，全国执行委员会经过考量，重新进行审议。此类审议应由全国执行委员会通过的现行命令进行。每个行政区执行委员会应任命成员组成一个行政区纪律委员会。每个地方政府区域执行委员会应任命成员组成地方政府纪律委员会。每个州应任命成员组成州纪律委员会。这些纪律委员会要在各自的执行委员会选举组成后立即建立，其成员至少有三名，但不超过五名。纪律委员会的法定人数至少为三人。

10. 纪律处分程序须在违反纪律的机构的同一级别进行，也就是，基层选区、地方选区、省份或中央级别，并由相关组织进行听证。

11. 如果相关的州执行委员会以书面形式批准某选区进行纪律处分措

施,那么纪律处分程序只能在该选区实施。

12. 全国执行委员会可以决定纪律处分措施的听证是否应该在比发生违纪行为的机关更高级别的机关进行。

在党各个级别的执行委员会选举出来后,应尽可能:

(1) 全国执行委员会应任命首席全国主持人,由不超过三名能胜任的成员组成,并在听证时,将案件呈递全国纪律委员会和全国纪律诉讼委员。

(2) 州执行委员会应该任命首席省级主持人,由不超过三名能胜任的成员组成,并在听证时,将案件呈递州纪律委员会。

(3) 地方选区执行委员会应该任命首席地方选区主持人,由不超过五名能胜任的成员组成,并在听证时,将案件呈递地方选区纪律委员会。

13. 纪律委员会的成员不得参加针对其成员的纪律处分实施决议。涉及被处分的纪律委员会成员应在委员会讨论是否对其实施处分时回避,除了本章程规定的特殊情况外。但是,不禁止该成员参加任何其他议题的政治讨论。

14. 任何面临纪律处分程序的人将会收到有关审讯的书面通知以及面临的指控,并有机会为自己辩护。

15. 任何面临纪律处分程序的人应该拥有一位持有良好立场的代表,此代表必须在收到上述通知之前至少已交纳三个月的党费。

如果针对某成员的处分程序开始时,被告没有出现或是当需要出席时没有出现时,相关纪律委员会(在已经通知被告人进行审讯的时间和地点后),可以在被告没有出现的条件下继续进行处分程序。即使被告缺席部分或整个处分程序,纪律委员会也应该形成一个基于证据的处分意见,并证明被告人是否有罪。

16. 纪律委员会对于已证明违反此章程和全国转型党的其他相关原则、准则、政策决议做出的处罚和制裁措施包括:谴责,支付赔偿,履行有益的劳动任务,采取补救措施,暂停党员身份或驱逐出全国转型党。对于公众代表而言,应撤销其代表全国转型党在任何级别政府的任职。

17. 纪律委员会可以暂停上述的所有处罚措施，并在某段时期的一定条件下，由纪律委员会再度进行决议。

18. 任何成员被证明其违反了本章程中对党员资格的有关规定的，必须开除其党籍。

19. 纪律委员会的决议仅仅在第 25 条规定的内部上诉程序和补救措施无用时才能生效。任何在纪律处分程序中被证明有罪的被告或原告有权从判决开始那天起的十四天内就相关定罪和审判向纪律委员会或全国转型党更高级别的机关进行上诉。对于只有一次机会向更高级别机关上诉的成员而言，更高级别机关在本章程下做出的决议应为最后决议并具有约束力。如果全国纪律诉讼委员会，在申请的条件下且认为必要的话，可以批准自行对案件进行进一步听证。全国执行委员会（除了特殊情况），应该在全国执行委员会或全国纪律委员会或州执行委员会做出决定的条件下并在本章程的规定下暂停相关违纪人员的职务，无须征求本人的同意。

违纪人员和公众代表应立即被送达暂停职务的通知。

在当选的公众代表暂停职务的情况下，应该做出决议的相关机关必须制定相关制约条件和条款来规范违纪人员在暂停职务期间的行为举止。

违纪人员和公众代表应立即被告知相关制约条件和条款。

当州执行委员会或州纪律委员会对成员或公众代表实施暂停职务处分时，必须将暂停职务处分的报告和缘由提交给全国纪律诉讼委员会，全国纪律诉讼委员会可以在条件允许的情况下，撤销这一处分。

如果关于暂停职务的处分通知没有在暂停职务处分规定的三十天内告知被告人，那么此处分将会作废。

纪律处分程序应该尽可能快地进行，并在合理的期限内完成。在本章程规定下暂停职务的处分应该在纪律程序最后的决议实行之前继续生效。最后决议程序，包括上诉的前提是，全国纪律诉讼委员须进行申请，并在条件允许的情况下可以撤销该处分安排。

做出撤销暂停职务处分决定的机关，如果认为必要的话，可以由其进行进一步的听证审讯。全国执行委员会可以指定由更高级别的机关进行听证，反对基层选区纪律委员会决议的上诉应该直接由州纪律委员会进行听证。

20. 当纪律委员会达成一致决议，暂停或驱逐某个地方政府顾问或州或联邦立法机关成员时，此决议应该暂停实施等待自动提交给全国纪律诉讼委员会进行审讯的结果。全国纪律诉讼委员会必须在十四天内发布纪律委员会将要开始处理诉讼的通知。

21. 所有的纪律处分程序应该迅速处理，但是要在指控告知被告人起的六个月内进行，如果全国纪律诉讼委员会通过书面形式，在得到相关纪律委员会的申请批准且认为必要的情况下，在程序截止日期前后的任何时间可以延长纪律处分程序的日期。

相关纪律委员会应该以书面形式将每次纪律程序的结果提交给执行机关的秘书处，然后由相关的纪律委员会来公开宣布最后的处理结果。

州纪律委员会或者州执行委员会就有关纪律问题尚未在全国级别实施的情况下，全国纪律委员会或全国执行委员会应该在本章程规定的程序下暂停该成员的职务。

在以上任何机构做出决定之前，必须要考虑到成员和公众代表违反纪律的性质和严重程度，当被相关机关进行指控时，被告人有机会进行申诉，当被告人被给予拥有适当机会进行申诉的通知，其没有利用该机会，或没有出席时，纪律处分程序应该继续进行。

在特殊情况下，由全国执行委员会、全国纪律委员会或州执行委员会决定并在本章程规定下，可以立即实施暂停被告人职务的决议，无须征求本人同意。

违纪人员和公众代表应立即被告知暂停职务的通知。

在当选的公众代表暂停职务的情况下，应该做出决议的相关机关必须制定相关制约条件和条款来规范违纪人员在暂停职务期间的行为举止。

违纪人员和公众代表应立即被告知相关制约条件和条款。

当州执行委员会或州纪律委员会对成员或公众代表实施暂停职务处分时，必须将暂停职务处分的报告和缘由提交给全国纪律诉讼委员会，全国纪律诉讼委员会可以在条件允许的情况下，撤销这一处分。

如果关于暂停职务的处分通知没有在暂停职务处分规定起的三十天内告知被告人，那么此处分将会作废。

纪律处分程序应该尽可能快地进行，并在合理的期限内完成。在本章程规定下暂停职务的处分应该在纪律程序最后的决议实行之前继续生效，最后的决议程序，包括上诉的前提是，全国纪律诉讼委员须进行申请，并在条件允许的情况下可以撤销该处分安排。

如果认为必要的话，暂停职务的处分可以在任何阶段由任何实施处分的机关进行撤销。

全国转型党宣言

（一）序　言

尼日利亚错过了许多机会，导致现在我们需要采取根本性的变革来促进国家的发展。自从 1960 年 10 月 1 日从英国殖民地独立以来，尼日利亚便陷入国家管理不善的恶性循环中，这主要是因为政治领导的无能所致。海内外的尼日利亚公民看着其他并非得天独厚的国家向前发展，而自己却被甩在了后面。我们需要唤醒非洲巨人，我们需要竞争，赶超所有的第三世界国家，并在二十年间成为世界领先的国家之一。

关心国家安危的尼日利亚人民决心推动改变，建立一个伟大而崭新的尼日利亚，并成立我们的全国转型党。我们的党对所有尼日利亚公民开放，不论年龄、性别、部落信仰和地区的差异。

本宣言包含了我们的愿景、使命、策略和规划，旨在使尼日利亚成为一个可爱而伟大的国家。

（二）愿　景

在二十年间，要使尼日利亚从一个欠发达的国家转变为十大发达国家之一并成为世界上纪律严明而美丽的国家，我们应该成为这一迅速转变的主要领导力量。

（三）使　命

我们党应该成为一个强大的、有效的、积极的并具有领导力量的政党。党应该在尼日利亚各个级别的政府机构中培养优秀的领导人,以进行良好的管理。

(四) 目 标

1. 提高公众的意识,并动员所有的尼日利亚人民为国家大规模的快速发展建言献策。

2. 在尼日利亚人民实现抱负、做出贡献和在私营部门倡议的基础上,为国家的快速发展制定一个远景规划。

3. 通过自愿奉献和全民的参与来动员资金、物质资料和服务,以成功地实施全国转型规划。

4. 在社会和政府中弘扬虔诚的价值观,有效地带动人民参与国家的转型规划。

5. 通过大选,招募和促进有能力且正直的领导人在各个机关以及尼日利亚政府部门进行高质量的服务。

6. 为2010/2011准备和确定总统候选人人选。

7. 当全国转型党候选人赢得选举时,在各个级别的政府部门设立梦之队内阁,以在短期内取得优异的成绩。

8. 对在党的平台上服务的领导人进行监督和评估,必要时给予处罚。

9. 促进尼日利亚的统一、和平和正义。

10. 使尼日利亚成为非洲最大的国家,成为具有良好治理机制的民主国家典范。

(五) 座右铭

让梦想成真。

(六) 核心价值观

完整统一;

人道主义；

民族主义；

追求卓越。

（七）四项基本原则

1. 人力资源开发

尼日利亚，作为世界上黑人民众最多的国家，从未充分利用和挖掘其人力资源的潜力和力量（人力资源如果得到充分培育、开发和利用的话，其潜力不可测量）。如果这个国家一无所有，但依然拥有人力资源开发的基础，那么我们仍然会取得成功。只有充分开发和部署人力资源，我们国家的各个项目规划才能行之有效。

为了充分开发和利用人力资源，我们需要关注以下几个方面：

（1）教育

（a）为儿童普及基础教育，教育须与地方相关，并与全球通用标准接轨。

（b）推行现行的、为民所享的、负担得起的、优质的和节约成本的教育模式。

（c）推行职业培训和成人扫盲。

（d）为十八周岁以下的每位儿童提供义务教育。

（e）不断推行公民教育。

（f）在不妥协的基础上，继续促进和鼓励发展私立教育。

（g）改善教育机构的学习环境。

（h）实施功能性教育，做好关于满足国家对劳动力需求的研究。

我们将在一个弘扬和鼓励创新发明的文化氛围里推进科学、工程和技术的发展，不仅仅是在大学，而且在军队、准军事机构和私营企业里进行。

（2）医疗保健

(a) 根据世界卫生组织的建议，加大对医疗保健领域的投资。

(b) 通过公共医疗保健教育，推行预防性卫生服务项目。

(c) 通过建立公私伙伴关系，发展基础性设施。

(d) 在卫生保健领域促进私营企业的参与。

(e) 在公共医疗服务机构推行免费的基本卫生保健。

(f) 在教育机构，推行校内卫生规划。

(g) 推进全民综合医疗卫生保健。

(h) 对医疗人员进行再培训和重新定向。

(i) 对二三级医疗机构实施创业管理。

(g) 针对性项目：母婴健康、疟疾、艾滋病、癌症等。

(k) 加大对公共、军事、准军事机构和私营机构的医疗研究。

(l) 在实践的基础上，支持和发展替代性医疗保险。

(3) 劳动力、生产率和工资

(a) 通过推动大规模的基础设施建设、服务行业和知识产业的发展，来促进就业。

(b) 使所有的经济部门实现最优生产率。

(c) 通过提高公共和私有部门的基本工资来提高生产率和减少腐败现象。

(d) 通过抵押资助、定点和服务，建立互助协会以及低成本住房计划来为公民提供大众性住房保障。

(e) 建立一个生产率不断提高和严格管理的文化体制。

(4) 公务员

(a) 提供充足的报酬和有益的工作环境。

(b) 保障公务员的职业任期。

(c) 推行制度化的透明性、问责制和完整性，对于任何腐败行为实施严重处罚。

(d) 通过提高公务员办事效率，来减少官僚主义和机构办事累赘现象。

(5) 福利

(a) 我们会建立全民社会保障制度,特别关注弱势人群、残疾人群、贫苦人群、失业人群、寡妇和老年人的福祉。

(b) 实施一个能使所有公民有机会生存的社会保障体制。

(c) 与民间社会和非政府组织建立合作伙伴关系,为公民提供社会服务和福利保障。

(6) 人权

(a) 我们努力使尼日利亚成为一个自由的社会,并根据联合国宪章的规定,维护所有公民的尊严和基本人权。

(b) 我们相信所有的公民都应该享受美好的生活。

(7) 社会动员

有效积极地进行社会重建和发展,关键在于动员所有公民作为利益相关方,参与推动民主建设、管理和国家发展。

(8) 青少年发展

(a) 国家的青年一代是促成改变和发展的最强大和最具潜力的力量。我们应该充分开发、培育和保护青年一代的无限潜力。

(b) 青年人的力量和创造性将通过自我完善和社会发展得以提高。我们的政府将在体育、娱乐、科学研究和发明等方面提供世界一流的设施。

(9) 妇女赋权

任何束缚,限制和阻碍妇女发展的社会势必会以落后而告终。妇女构成了我们人口的一多半,社会在发展、提供机会和生产率方面如何利用妇女正反映了一个国家的进步与否。

(a) 为了实现性别平等,必须促进妇女在教育、经济和政治方面的发展。

(b) 采取足够措施来防止和减少孕产妇死亡。

(c) 妇女在社会各领域应该享有一定的代表权。我们会保证所有的教育机构女性学生的最低入学率为百分之五十,在就业、政治、职务任命和工作场所女性的代表权为百分之三十。

（10）儿童保育

（a）我们今天为所有孩子做的努力将会决定我们国家未来的发展轨迹。

（b）我们必须确保所有儿童的基本人权得到保护。

（c）采取充分措施来防止和降低婴儿死亡率。

（d）保障所有的孩子能够获得教育和医疗卫生保健服务。

（e）采取措施发现和培育在音乐、表演，甚至企业家方面具有天赋的天才儿童。

（11）民族主义外交

（a）对于一个负责任的政府而言，尼日利亚公民是所有政策和规划实施的主宰和主导力量。尼日利亚必须成为灵感的源泉，并以所有的尼日利亚人民为自豪；

（b）我们将会与其他国家建立互利的友好合作关系。任何对尼日利亚公民的攻击将被视为对我们国家的攻击，这将增强尼日利亚公民对国家的归属感、忠诚度和奉献精神。

2. 基础设施发展

我们必须认识到发展基础设施的至关重要性。我们不能没有一个坚定的国家架构，来保证国家每部分的运行都能完好。

基础设施建设必须采取统筹兼顾的方法。首先要进行地理位置调查并制定充分的计划方案，来了解国家的实际特征、资源和地理位置的情况以确保它们得到最佳利用。

制定地区、城市中心和农村社区的总体规划蓝图。目标是实现尼日利亚所有的社区能够有效规划，消除棚户区和贫民窟。我们应该停止目前棚户区和贫民窟的扩张，采取措施防止新的棚户区和贫民窟出现。在实施这一项目时，不得给公民带来创伤，在拆去所有的棚户区和贫民窟之前，要确保建立安置和恢复设施。

由于多年的不重视和管理不善，尼日利亚在基础设施方面十分落后。我们需要大力增加对基础设施的资金投入，以实现我们经济和发展目标。

这些目标的实现仅靠政府支出是不够的，还需要各个方面的融资，包括：技术合作伙伴关系、特许、期货交易、发展贷款、外商直接投资和私营企业的举措。

尼日利亚必须加快发展，迎头赶上和超过世界上大多数国家。城市基础设施必须随着人口的增长不断加以改善，农村基础设施应该使农村地区适宜生活并与城市中心密切相连。为了实现这些目标，我们将会从以下几个方面来加大对基础设施项目的建设。

(1) 能源

(a) 我们的政府须提出综合战略，为所有尼日利亚公民提供长达六年不间断的电力供应；

(b) 我们会在合适的区域建立大小型水力发电站；

(c) 我们将建立天然气管道网络，使无法建立有水力发电站的地区更容易建立燃气轮机电站；

(d) 我们将充分挖掘我们的煤炭开采能力，并利用煤来发电；

(e) 我们也将会利用可替代能源资源，例如，太阳能、风能、核能和生物燃料；

(f) 我们的策略旨在鼓励全国小型发电站的发展；

(g) 我们会为私营企业有效地参与电力的开发创建良好的环境；

(h) 与此同时，我们还将会确保充足的电力输送和分布，使所有的尼日利亚社区都能够用到电。

(2) 水资源利用

(a) 由于饮用水的短缺，造成了许多健康问题。尼日利亚拥有丰富充足的淡水资源，包括地下水资源供应；

(b) 我们将会通过向所有尼日利亚社区提供饮用水资源来减少人民巨大的医疗费用账单和提高人民的平均寿命。

(3) 交通运输设施建设

(a) 我们将会在全国范围内建立具有国际水准的州际高速公路，以连接整个尼日利亚，以及整个州。在这一项目中我们将会与州政府和私有企

业开发商进行合作;

(b) 与此同时,尼日利亚需要建立铁路线路网络,连接所有的地缘政治区,减少公路的交通压力,同时确保商品和服务能更有效地进行分布;

(c) 我们需要提高技术设施,在未来建立世界一流的能到达非洲其他国家和地区的铁路线枢纽;

(d) 机场不仅仅是旅客的中转站,它也应该成为商业和娱乐中心。我们将会选择有关机场,并将之打造为集航空、商业、旅游和娱乐为一体的中心地区;

(e) 加强航空产业的发展,航空旅客的安全是我们应该关注的重点;

(f) 我们还应该加强建造飞机及其生产零部件的能力。我们的最终目标是让尼日利亚航空线路成为优秀的国际品牌,并建立拉各斯和阿布贾非洲航空枢纽;

(g) 尼日利亚内陆水域和沿海水域长久遭到忽视,然而它们在运输和旅游业方面的潜力不容藐视。作为综合运输体系的一部分,我们将会在相关地区建立沿海和内陆港口来开发我们的水域。

(4) 通讯设施建设

(a) 我们将会确保由各个通讯公司建立的现存的光纤网络体系能够得到有效升级和改造,使之能够为每一个家庭和工作场所提供宽带网络设施。这将会为所有的尼日利亚公民提供电话、因特网和娱乐服务,以满足他们在家庭、商业和安全方面的目的;

(b) 我们也将会为私营企业制造手机以及零部件以支持通讯产业的发展并为其创造有利环境。

(5) 住房问题

(a) 确保有效住房的最可靠的方式是通过公共部门和私营部门建立合作伙伴关系。除了进行规划外,我们的政府应该实施严厉的限制开发房产的措施,例如,在没有得到必要的政府审批的条件下,不得随意在尼日利亚建造房屋;

(b) 将会在城市和农村社区提供选址和服务。这样更容易进行的融资将有助于加大私人房地产开发项目的力度，与此同时，对于长期进行租赁的政府将会提供低成本住房计划；

（c）负担得起的按揭融资应该通过抵押贷款、商业银行和建筑协会的方式为工薪族一代享有。

（6）农村基础设施建设

农村社区为城市中心提供大部分农产品，并为工业产业提供原材料。作为我们为全民提供美好生活政策的一部分，应该在农村加强基础设施建设，以此来促进农村地区的经济活动，阻止城乡间人口的迁移。

（7）环境保护

（a）我们应该通过采取有效的环境管理措施和标准来使尼日利亚变成一个井然有序而美丽的国家；

（b）在管理环境方面我们将会推行负责任的管理精神；

（c）我们将会防止和降低环境污染和环境退化，同时通过积极的环境建设工程，进行相应的立法，对环境造成损害的行为给予严重处罚，来避免遭受生态灾难；

（d）我们的目标是能够修复和加强对环境的控制，以及遵循美化我们的家园、社区街道和高速公路的国家政策。我们将会使环境美化工程成为尼日利亚的主要产业；

（e）禁止和严厉处罚所有形式的噪音污染。

3．经济发展

我们有必要挖掘尼日利亚得天独厚的巨大的人力、物力和物质资源，并加以充分利用，刺激和促进尼日利亚经济的快速发展。尼日利亚人民必须努力工作，埋头苦干，并从以下几个方面来着手：

（1）土地资源

我们相信土地就是财富，但是土地必须妥善管理和利用以创造财富和变成人们的生活源泉和生计来源。

（a）我们将会对尼日利亚不同地区的每一寸土地进行调查和分析，决定土地应该如何从事经济活动和得到有效的利用；

（b）我们将会对耕地、固体矿产资源和水资源的具体情况建立充分的资料库；

（c）为了发展活动而使用土地将会变得很容易，所有的制约瓶颈将会消除。

（2）财政措施

（a）通过有效的资本动员，和有效的货币政策支持下的积极的货币储蓄措施，制约项目的融资瓶颈将会被消除；

（b）我们的政府将会设计创新方式减少利率，来促进创业和发展。

（3）农业发展

（a）我们政府将会确保尼日利亚所有的耕地资源得到最佳利用；

（b）森林资源的发展反映了人们意识到保护环境和促进经济发展的重要性。尼日利亚的森林资源正在不断被消耗，且没有采取统一的措施来增加植被种植。这一趋势必须得到制止，同时应在所有指定的地区加强对森林资源的保护；

（c）我们也将会利用萨赫勒地区的森林资源开发来防止沙漠化；

（d）尼日利亚不同的地区都有生产某种作物的比较优势。我们的目标是促进大规模的商业性农业的发展，同时，通过进一步的服务来增强农民的生存能力。我们也会全力发展园艺业；

（e）我们将会大力发展畜牧业和渔业；

（f）我们将会确保在化肥生产方面自给自足；

（g）作为我们实现大规模农业现代化和提高农业产能努力的一部分，我们将会鼓励农具制造地方化和农业机器的集中装配；

（h）我们将会为农民的农业生产融资和借贷提供便利；

（i）我们将会提供策略性储藏设备，以减少收获后农作物的浪费；

（j）我们将会教授农民增加农作物价值的方法，鼓励他们进行农产品包装以供市场销售或出口；

（k）我们鼓励一般和特定的农业机构进行培训和科研项目；

（l）我们将会促进青年人和妇女参与到农业发展中来。

（4）石油和天然气

（a）将会进一步提高石油资源部门的效率，使之更好地促进尼日利亚各地区石油产能和石油产业的技术能力发展；

（b）我们将会促进石油公司活动的开放性和透明性；

（c）我们将会提供充足的安全措施，防止石油工业中存在的犯罪活动发生；

（d）我们将会提高本国的石油产量；

（e）在天然气产业中我们将会创造更多的财富；

（f）所有形式的环境污染应该降低至最低程度，并在环境污染发生的地方采取相应的补救措施；

（g）促进天然气在家庭和工业中的适用；

（h）我们将会建立产品管道，使天然气资源能够有效地在全国范围内输送；

（i）通过公共和私营部门的合作伙伴关系建立充足数量的炼油厂，四年内实现尼日利亚冶炼产品的自给自足；

（j）尼日利亚三角洲的人民将被视为石油产业的利益相关方，我们会支持他们像尼日利亚其他州一样能够控制自己享有的资源；

（k）我们将会大力发展石油化工产业及其附属产业。

（5）固体矿产资源

（a）我们应该积极动员公有和私有资源来发展我们的固体矿产资源，使之在发展沥青、煤矿、黄金、铁矿石、锡和其他资源方面发挥重要作用；

（b）我们将会为地方建筑产业和出口贸易产业的发展，开发石灰岩、花岗岩和其他建筑产业用品。

（6）钢铁

我们将会通过公共和私营部门的合作伙伴关系更新和遵循在钢铁工业设立的原有目标。这样，进口将会补充地方生产的缺口。

（7）工业发展

（a）我们将会和私营企业建立合作伙伴关系，更新和发展落后产业，同时根据资源和战略需要设立新的产业；

（b）我们将会确保尼日利亚生产的产品的质量和包装满足国际标准，以此来有效地增加我们产品的出口量；

（c）我们鼓励小型产业支持大型产业发展。

（8）商业

（a）充分利用尼日利亚人民的创业精神，促进国内贸易的协调运转；

（b）我们将会大力发展商业，旨在推动地方基础设施发展和增强商业活动；

（c）我们将会通过公共和私营部门的合作伙伴关系在全国战略地区建立具有国际水准的大中型购物中心；

（d）我们将会通过出口保障计划和出口促销委员会来促进国际贸易。

（9）旅游业发展

（a）尼日利亚拥有巨大的旅游发展潜力。基础设施建设不断提高、安全有所保障和旅游信息丰富等将会给我国的旅游产业带来繁荣景象；

（b）我们将会通过公共和私营部门的合作伙伴关系在战略地区建立新的酒店。

（10）娱乐设施

尼日利亚的娱乐产业在为政府赚取外汇收入和为尼日利亚公民提供工作岗位方面具有巨大的潜力。

（a）我们将会与私营企业进行合作，在尼日利亚战略地带共同建立电影制片厂；

（b）我们将会促进娱乐中心一体化的发展，增加娱乐产业的活动；

（c）我们要在提高尼日利亚形象和声誉的同时，促进高质量和世界一流娱乐产品的私人融资，以增加娱乐产业的财政收入和提高产业的整体效益；

（d）我们将会加强监管和立法措施，保护娱乐产业者的知识产权。

（11）体育运动

（a）我们将会在小学引进发展尼日利亚体育运动能力的规划，及时发现和培育在体育运动方面具有天赋的儿童；

（b）我们将提供相应的基础设施建设和鼓励措施，发现最优秀的青年体育人才；

（c）发展体育运动事业，将之作为全尼日利亚一个可行的商业事业；

（d）我们将会促进尼日利亚举办国际体育盛事，并在国际体育竞赛中取得优异成绩。

（12）信息技术发展

（a）我们将会促进从幼儿园到高等教育水平的信息技术方面的教育；

（b）我们将会确保所有的学生都能懂电脑，并制定项目和鼓励措施使信息和通信技术成为尼日利亚人民热衷的产业；

（c）大力快速推动尼日利亚电脑和电子设备的制造生产；

（d）我们将会推动和促进服务性模式，以满足国内和与出口相关的信息技术的需要。

4. 社会秩序发展

不管国家获得了多么快速的发展，如果国家发展的环境中缺少了法治、秩序、平等和和平，那么这样的发展是不牢固的并且将危在旦夕。

（a）只有生命和财产安全有了保障之后，国家现行的和新的投资计划才能得以维持；

（b）我们将会通过以下部署措施来创建一个由安全保障、法治、秩序和正义组成的社会氛围：

（1）国民身份

（a）每个尼日利亚公民必须拥有三种身份认证，它们是：公民身份证、医疗保险卡和社会保障卡；

（b）公民的选民卡和驾照上带有生物测定数据，方便进行跟踪；

（c）我们将会在国民数据库建立每个公民和居民的个人信息数据库。公民的出生登记、死亡记录以及公民和居民信息的变更记录将会载入国家数据库，以便相关的权利机关进行跟踪查询；

（d）公民将提供紧急电话记录，以便在紧急情况下进行追踪；

（e）我们将会在全国战略地带安装闭路照相机和其他形式的监控设备，以防范安全隐患。

（2）民族主义运动

关于维持法治和社会秩序的动员是指动员公民时常保持警惕性，并致力于促进公共福祉。民族主义是我们的核心价值观之一。它会提高尼日利亚所有公民对国家的忠诚度，并愿意捍卫我们的祖国免受任何形式的外族入侵。

（a）我们应该鼓励公民参加治安维护团体和社区治安巡视组织；

（b）我们应该教授公民在发现可疑活动或紧急事件时，要提高警惕并且使用专用紧急救助电话。

（3）促进全国就业

懒惰和遭受挫折往往会导致犯罪。发展经济将会提供充足的就业机会。

所有健全的公民将会得到协助来维持基本的生计并找到基本的工作。

（4）法治

任何不尊重法治的国家不可能变得强大和稳定。

（a）我们的法律体系需要变得现代化，应该配置适当的人员和设备，以保障法律体系的效率；

（b）具有不充分和不正当的措施的法律将会废止，所有现存有效的法律将会得到有效的执行。

（5）司法体系

（a）我们应该有效地配置司法体系人员和设备，以能够进行快速和可靠的审讯和判决程序；

（b）司法工作人员应该享有充足的报酬以防止任何工作松懈和腐败滋生的情况；

（c）工作人员的诚实性和工作效率将会有所回报，但不容许任何形式的腐败行为出现。

（6）社会纪律

应该弘扬礼貌的行为举止规范，构建良好的社会纪律。

违法乱纪的行为将会受到相应的惩罚。

（7）情报信息

（a）正如之前提到的那样，动员公民是为了增强公民的警惕性；

（b）公民应该为得到警惕提醒而感激。向政府举报任何形式的可疑或反社会的行为是每个公民的爱国主义义务；

（c）我们也鼓励海外的尼日利亚公民对有损国家利益的任何行为进行举报；

（d）我们国家将会提高在情报收集和确保专业安全部门方面的能力。

（8）警察

警察的职责是为人民服务。公民的权利是神圣不可侵犯的，包括嫌疑人的权利在内。

（a）我们将会充分配置、培训和部署警察势力，使之有效地执行法治和社会秩序管理；

（b）应该为警察人员提供充足的报酬、住宿以及后勤支持，以提高他们的士气和保障他们对国家的忠诚度；

（c）任何涉嫌腐败的警务人员将会受到严重的处罚；

（d）应该为警察人员提供保险，以防在执行任务时出现意外事件或死亡；

（e）执法人员会告知公民服从合法命令；

（f）我们将会扩大警察势力范围，以增加年轻人的就业率以及加强安全保障；

（g）联合国推荐警务人员人口比例为1∶400，该规定须得到充分落实。

（9）消防系统设施

每个社区必须配备具有充足资源的消防服务部门，在火灾发生时，进行扑火并抢救困于火海中的公民。

警察局使用的紧急救助电话应该与消防局、护理机构和急救服务机构的电话相连。

（10）监狱

我们必须要改革和扩大监狱系统设施。

（11）其他执法机构

（a）应充分提高海关、尼日利亚禁毒署和其他机构有效执法的能力，并为工作人员提供充足的资源；

（b）任何形式的腐败行为将会受到严厉的惩罚；

（c）将会继续推进武装部队的专业化进程；

（d）军队医院将会变成研发和服务的核心机构；

（e）军队人员和所有安全维护人员应加强体能建设，以成为真正能让我们民族感到骄傲的人；

（f）通过公共和私营部门的合作伙伴关系在国防部和国防总部的新的防御城市中设立员工宿舍、学校和购物中心；

（g）武装部队人员在国家出现紧急情况时应全力以赴。

全尼日利亚人民党宣言

全尼日利亚党的政策目标和宣言包含在"FENDS"的标语中。"FENDS"单词中的字母代表着以下目标。

（一）字母 F 代表自由

尽管我们的祖国从 1960 年 10 月 1 日起从殖民地获得了自由，但并不意味着尼日利亚公民获得了个人以及群体范围内真正意义上的自由，也就是消灭暴政、人虐待人、贫穷和违反基本人权。

为了重新引领这个国家走向正轨，全尼日利亚人民党将会制定一项规划，旨在实现以下的目标：

1. 免受贫穷

贫困是反民主势力的有效武器，因为贫困不断延续它们的罪恶行迹，限制个人思想的独立性。贫困也降低了普通民众的生活质量，因而将他们置于饥饿和疾病中，并遭受政治操控。全尼日利亚人民党将会在现存的减贫规划中引进诚信和透明体制，废除旧的减贫规划，实施新的减贫计划。

全国尼日利亚人民党管理机构并不是利用减贫来作为寻求政治庇护的借口，全尼日利亚人民党将会循序渐进地实施该规划，并在一个结构完善的经济框架下提高尼日利亚公民自我生存的能力。

2. 免受暴政

暴力出现的地方，个人或群体利用某些服务来达到自我扩张的个人目的，不管是政治上的还是经济方面的。为了消除我们政治体制中存在的暴政行为，全尼日利亚人民党将会组织一个基于法治的管理机构，实行选举过程的真正独立，没有独立的选举过程将被视为民主进程中暴政的开始，我们应该保护和尊重此章程和其他法规规定的个人和群体的权利，任何时候都要将政府的行为限制在法律范围内。根据本章程相关条款的规定，尊重司法机构。尊重公序良俗，纠正政府的治理不善。全尼日利亚人民党将会制定一个管理体制，确保政府能意识到所有行动带来的后果。

3. 避免政府违反基本人权

全尼日利亚人民党认为，人民应享受宗教、思想和道德的自由，自由地接受和传授思想，并且拥有言论自由与和平集会的自由，并享有宪法规定的人性尊严、私有权和其他权利，且将非洲宪章关于人类和人民权利的规定作为实现尼日利亚真正民主开端的基础。为此，全尼日利亚人民党将会努力保护和促进人民的这些权利，并将之作为一项基本的战略性政策。为了实现这一目标，全尼日利亚人民党将会，除确保财政和司法体系独立外，强化和授权相关政府机关，使这些机关负责监督、保护和实现这些权利。因此，像国家广播委员会、人权委员会、法律援助委员会、出版和电子媒体机构等必须了解各自担负的使命和责任。由于立法不到位而被禁止的活动应该在国民大会上做出必要的修改。遭到不善利用的公共秩序法和过去军事统治的遗迹将会进行重新审视，以符合尼日利亚宪法第四章的有关规定。无正当理由任意逮捕公民的议题应特别通过及时的修宪案并参照其他非洲国家的同类情况进行解决，以达到一劳永逸的效果。全尼日利亚人民党政府明确承诺成为一个尊重人权的友善的政府组织。

（二）字母 E 代表公平

全尼日利亚人民党确保在法律面前，个人、权力机关、政府和其他任何组织的平等性。这将通过实施详细的规划并由独立的司法机关中优秀的人员和执行任务时需要的现代化设施来完成。禁止任何勒索和恐吓的行为，尊重法庭判决和指令，行使宪法规定的上诉权利，推动选举过程的独立性和透明性，以确保那些从事选举的官员按规定行事，使选举结果与投票数相符合，平等和公平对待商业群体，不论他们附属于哪个政治党派。积极对待性别问题，并努力确保所有程序井然有序，纪律严明。全尼日利亚人民党相信，只有在任何时候对待任何事情基于平等和公平，那么国家的政体才会享有和平与稳定。

1. 妇女权利

全尼日利亚人民党政府确保为妇女提供平等的机会，以促进妇女的发展并在一个免受歧视的社会环境中与男性同胞进行竞争，女性遭受的社会歧视阻止了女性在经济、社会和政治方面的发展，导致妇女在事实上和法律上的基本人权遭到侵犯。为此，全尼日利亚人民党政府将会在尼日利亚的部分地区迅速解决女性终身守寡的恶性传统问题，以及妇女遭受死去配偶家庭的来自经济和尊严上的剥削问题。妇女将通过其业绩表现被任命政治或其他行业的职位，没有任何性别禁忌，政府资助的体育和其他活动也不应该带有性别歧视。

2. 儿童的权利

全尼日利亚人民党政府应该高度重视和确保所有的尼日利亚儿童免受虐待及诸如童工和饥饿的社会剥夺，以促进尼日利亚儿童身心的健康发展。全尼日利亚人民党应该制定立法程序，严厉禁止父母或监护人剥夺孩子接受教育的权利。

（三）字母 N 代表民族主义

毫无疑问，任何一个客观的旁观者都能察觉到，如今尼日利亚民族的归属感和爱国主义热情处于历史最低潮。反而是一股种族主义浪潮一浪高过一浪，这无疑会给尼日利亚的团结和主权完整造成威胁。全尼日利亚人民党将满怀热情致力于效忠尼日利亚民族。我们将会从以下几个方面来实现我们的承诺：

1. 弘扬社会正义

民族主义在尼日利亚的低潮和冷淡主要是由于我们的社会缺少了社会

正义的价值观，政体中的不公正公然存在，政府没有行使尼日利亚期待的应该对公民行使的呵护责任，反而极度忽视了个人和群体的利益以及他们的要求。因此，自我挣扎和自我生存变成了社会的准则。这些因素都造成了普通民众对国家的情感日益疏远。全尼日利亚人民党政府将会弘扬和提倡社会正义，作为一项根本准则，加强政府对个人和群体利益的体恤，有效行使政府职责，关注所有公民的福祉，不管是活着的、残疾的，还是已经死去的。在国内外，以及各个领域，提倡运用合法的人性主义手段作为唤醒爱国主义热情和对祖国忠诚的唯一方式，要反对针对个人和群体的任何蓄意的不公正行为。

2. 与腐败和不遵守纪律的行为做斗争

全尼日利亚人民党将会以身作则通过对所有当选和任命的官员进行内部审查来与腐败和违纪的行为做坚决斗争。全尼日利亚人民党在抗击腐败行为时，不只针对贿赂行为，还包括一切诱发社会腐朽衰败的不法行为。为了实现这一目标，全尼日利亚人民党政府将会保护所有与腐败和违纪行为做斗争的、积极履行职责的、防止社会受到伤害的公职人员的安全。

3. 重燃公民的民族自豪感

全尼日利亚人民党将会努力重燃人民的民族自豪感，向民众灌输尊重国旗、鼓励在公共或私下场合使用国旗的理念，恢复我们在民族独立日时唱国歌的惯例，这将会反映人民已经摆脱压迫以及我们国家的愿望和民族的目标。为我们的公职人员提供更好的福利（特别是住房和退休后的保障）。针对人民养老金和公务员的退休金支付不到位的情况，寻找最终解决方案，特别是那些被严重剥削的教职工。要给予我们的老年人群体适当的尊重，因为他们在各行各业给尼日利亚的发展做出了一定的贡献。要大力进行监狱改革，提倡纠正性而非惩罚性的理念。建立一个严明律己的社会，使遵纪守法成为根除或者至少减少社会邪恶，诸如腐败、贪婪和自私等行为的手段。在政府管理的一言一行中须力求公平，保护那些为了政府和尼日利亚人民利益而受伤的公职人员。

4. 外交政策

全尼日利亚党将会遵循维护我们民族自豪感和国家统一的外交政策目标，确保我们作为一个国家参与国际事务的权利以及在非洲的领导角色。这样尼日利亚才能在国际贸易和国际政治中享有来自他国的更多的尊敬。全尼日利亚人民党将根据章程中第十九条的规定来贯彻我们在外交政策方面的目标和准则。

（四）字母 D 代表发展：资源开发和管理

可持续发展与良好和管理得当的经济政策密不可分，而良好的经济政策也将必然会促进社会和基础设施的发展，良好的经济管理将会带来社会的发展，这正是全尼日利亚人民党的目标。

适当的经济管理措施包括：优先关注经济资源开发、多样化和保护。这将会保证国家拥有一个完善的财政管理机制，从而使各项目和规划得以执行。

为了实现这一目标，全尼日利亚人民党将会在外汇收入管理中增强透明性，例如石油、固体矿产资源和其他领域的资本收益产品。为此，全尼日利亚人民党将会制定一项由公共和私营企业共同开发各种储藏的矿产资源的政策，以提高我们的收益能力。我们将会鼓励采矿作业的商业化和私有化。积极提倡当地和外国投资者组成合资企业。

1. 财政管理

财政管理应该建立在透明和正当的程序基础之上。为此，全尼日利亚人民党政府将会对以下提到的行业提供需要关注的事项。

（1）能源

尼日利亚能源产业混乱不堪的现状迫使我们国民经济发展陷入一蹶不振的境地，导致生产率低下，一大批工厂关闭，造成了前所未有的失业现象，建立新的工厂面临重重困难。

全尼日利亚人民党认识到一个正常运行的能源产业是教育、科研、农业、工业和旅游业领域可持续发展的基础，全尼日利亚人民党将会优先关注和制定具有针对性的能源政策，旨在在起初的六个月内提高电力供应，并试图在两年内实现百分之七十五的稳定的电力供应。全尼日利亚人民党相信，只要领导层坚持党一直追求的目标，坚持纪律严明和诚实，那么在全尼日利亚人民党执政四年后，尼日利亚断电的现象将成为历史。为实现这一目标，全尼日利亚人民党政府将会致力于实行能源资源多样化，并在互利共赢的基础上鼓励私营企业积极参与。

（2）健康

全尼日利亚人民党意识到并遵循健康就是财富的原则。因此，全尼日利亚人民党政府将会全力建设一个健康的国家，主要完成以下目标：

（a）在联邦、州和地方政府各个级别的行政中心制定环境卫生可持续发展的政策，将之作为与疟疾等疾病抗争的必要的组成部分，并为儿童的健康成长创造良好的环境。

（b）关注基本医疗保健，预防为主、防治为辅。为了实现这一目标，国家免疫规划项目将会得到加强。政府将会促进直接的或来自非政府组织的对艾滋病的治理，严格监督对艾滋病病人提供的医疗服务，以防止一些医疗人员剥夺病人的权利。

（c）加大对医疗技术和基础设施的投入，以提高医疗救援人员的诊断能力，尤其是医生的诊断能力。目前，医疗基础设施落后导致医生诊断能力低下。这将会促进医疗卫生保健业的质量不断提高，减少尼日利亚人民出国寻医的比例。

（d）通过提高奖学金鼓励医学领域的专业化研究，包括麻醉剂、脑神经科、法医病理学等等，因为在尼日利亚，这些领域的研究要么完全没有涉入，要么极度稀缺。

（e）将目前医院的一些基本的基础设施进行改造和升级。

（f）建立更多的具有诊断中心的专业医院，达到发达国家医疗服务的标准。

（g）提高对护校和专业医院的津贴补助，使他们能够修复老化的设施和设备，对医疗设备进行适当的维修，提高他们的能力，为人民提供各种形式的医疗卫生服务。

（h）审查各级医护人员的薪酬和其他激励措施，以提高他们的工作热情，激励他们展示更好的表现和承诺。

（i）鼓励州政府在没有医院的地方政府区域建立一般性医院，并确保现存医院的正常运行。

（j）确保地方政府区域提供医疗服务诊所和中心为附近居民，特别是农村社区的居民提供医疗卫生服务。

（k）承认和鼓励企业组织、工业团体、个人、志愿团体、社区投入到提供医疗保健服务的事业中，以补充政府在这方面的努力。

（l）协助政府机关和社区提供和维持饮用水设施，以提高卫生状况和减少因水传播疾病的发病率。

（m）在各州重新引入健康教育和学校健康服务，将其作为学生课程和社会福利项目的有机组成部分。

（n）打击全国出现的假药问题，增强全国食品和药品管理局和监控机构的职责，以提高其执行任务的效率。

（o）鼓励和提供相应的激励措施，激励地方药物制造商能够满足国家基本的药物标准。

（p）对进口的并非本地生产的药产品的关税进行审查。

（q）通过尊重达成的一致协议，做出切实努力来防止健康医疗领域出现一些不当的工业行动。在实现这些设定目标的过程中，全尼日利亚人民党政府将会与尼日利亚医疗协会进行密切的合作，获得在政策决策中专业的援助和建议。

（3）教育

全尼日利亚人民党遵循尼日利亚宪法第十八条的有关规定以及设定的根本性目标和指导原则，并承认和接受贯彻实施这些原则的必要性。为此，全尼日利亚人民党政府将会从以下几个方面努力：

（a）指导政策的实行，确保为所有级别的老百姓提供平等和充足的受教育的机会。

（b）促进科学和技术的发展。

（c）普及免费的小学义务教育。

（d）努力提供免费的中等和大学教育。

（e）推广本地语言的学习。

全尼日利亚人民党将教育看成是提高人民价值和尊严的文化过程，相信家庭教育、社会教育和教育机构推行的教育是一项终身的活动。家庭、社会和政府肩负着共同的责任，应该携手推进。要实现上述关于教育发展政策目标的指导原则，应该从以下方面着手：

（a）为了提高教育机会，鼓励积极参加有组织的私立教育、家长中心、社区和志愿团体组织。

（b）确保为公民提供政治和道德教育。

（c）为各级教育机构提供一个良好的有益的学习环境。

（d）为所有的公民提供平等的教育机会。

（e）确保定期和按时支付教师工资和津贴，并且保证按时支付他们的退休金和养老金。

（f）承认和认可教师作为专业人士的地位。

（g）支持为残疾人提供免费教育以及确保他们的权利。提供充足的资源、教学或非教学资源以及其他基础设施，为了在全国范围内推行大规模的成人扫盲项目。将培养良好的公民作为我们教育政策和课程目标的重要组成部分。确保不断对各级教育机构的教育质量和水平进行监督和责令提高。确保免费的基本义务教育得以实施。

为了实现以上目标，我们的策略主要应该关注完善学前教育的质量，小学教育应该是免费的义务教育，职业技术和中等教育应该是可行和奏效的，应该进一步完善基础设施建设，建立更多的综合性学校，以吸纳更多的学生，不论种族、宗教、性别和社会等级的差异。我们还应该建立更多的专业教育机构和设立培训项目，使更多的老师能够为学校服务，并且继续维持高等院校蓬勃发展的历史。全尼日利亚人民党政府将会在目前投入的基础上继续大力增加教育机构的年度预算。

(4) 农业

全尼日利亚人民党认识到在实现真正的独立后，对国家来说，最主要的是能够养活所有的人民。为了实现这一目标，全尼日利亚人民党政府将会制定一项规划，帮助普通农民，无论是通过种植作物还是饲养家禽，来减少他们的生产投入和财务支出，实现养活这个国家的目标，我们将会采取以下策略：

(a) 发动一场消除饥饿的运动，切实落实和贯彻该项目，并密切监督农业信贷和补贴的实施情况。

(b) 实现养活这个国家的目标，我们将会采取以下策略：

(i) 实行种子作物的多样化，改良品种；

(ii) 发展和提高牲畜产业的繁殖能力；

(iii) 确保农民能够以负担得起的价格获得牲畜饲料和种子肥料。因此，全尼日利亚人民党政府将会对进口肥料采取补贴措施，并通过激励措施，使私营企业参与当地优质种子和化肥的生产以自给自足；

(iv) 通过采取激励措施，鼓励农业的商业化和出口，以促进农业的生产来提高赚取外汇收入的能力，尼日利亚的农业生产发展早于石油产业。为此，政府将会鼓励机械化耕作；

(v) 建立更多的水坝，妥善维护已修建的水坝，确保全国各地区一年四季都能进行耕作。

(5) 工业化

工业化过程是我们一系列活动中的根本目标，旨在减少国家间发展的相互依赖性和对外国经济的依赖性。很长一段时间以来，我们希望制造业能带来经济的迅速发展的愿望落空。这主要是因为政府的投资主要倾向于大型工业而忽视了小型工业的发展，以及缺乏基础设施建设和没有吸引企业家投入到工业化进程中来。

党认为工业化发展的滞后造成了食品、医药和纺织业原料的高成本。为此，作为其工业发展的政策，全尼日利亚人民党将会从以下方面做起：

（a）解决断电的隐患，停电已经成为阻碍工业发展的罪魁祸首；

（b）在进口、税收和土地利用方面为潜在的工业企业家提供激励措施；

（c）在维持地方制造业质量水准的同时，保护地方工业发展；

（d）使出口贸易区得以有效运行，吸引外商投资者加入到本地商品的制造；

（e）鼓励在该行业进行小规模的创业；

（f）通过激励措施鼓励工业人员创造可以替代进口原材料的产品；

（g）鼓励私营企业在政府的监管下接管工业企业；

（h）鼓励外商直接投资，为了增强产品竞争力，改造和升级现代化工业产能；

（i）在提供基础设施方面，政府应该起领导作用。

（6）通讯设施建设

全尼日利亚人民党将会继续改善通讯设施，鼓励通过私人服务提供商在通讯设施现代化的过程中引入监督性的竞争机制，通过私营企业的参与为人们提供廉价和有效的通讯设施服务。

为了实现这一目标，全尼日利亚人民党将会：

（a）优化全国通讯设施和邮政系统的组织结构，以提高工作效率；

（b）确保通讯行业所有的运营商使用现代化设备，以及遵守尼日利亚通讯委员会的相关规定和指导原则；

（c）鼓励私营企业在通讯行业的参与和投资。

（7）交通运输

全尼日利亚人民党政府将对所有的交通运输体系进行有效的规划、协调，促进其现代化和维护保养，例如公路、铁路、海路、航空和内陆水域。

在各个部门实现这一目标的方式和策略包括：

（a）公路运输

目标是重建各级别的高质量的高速公路线。

着手方法：公路设计和建设规划，旨在提供向北方向的六个双车道交叉高速公路线和从西边起向东建立三个横跨全国的水平方向高速公路。这将会连接全国各州首府的道路线。我们还应该认真考虑让私营企业在有关指导下参与高速公路和桥梁的建设。

（b）铁路运输

我们应该通过升级现存的卡车设备，采购新的机车车辆和完善所有的运营和管理技术来振兴铁路系统。在全国范围内建设现代化的铁路系统，横跨拉各斯—奥尼查—哈克特港线。我们应该认真考虑私营企业参与铁路服务建设的项目。

（c）航空运输

改善和升级航空基础设施建设，以符合国际安全标准。

继续鼓励私人航线运营商，前提是要达到相关的条件和安全标准。

完善机场的舒适度服务和安全设施。

（d）海上运输和内陆水运：

（i）重建或升级现存的港口设施，以缓解的交通压力；

（ii）鼓励尼日利亚人民参与国际航运和海上贸易；

（iii）鼓励本地对船舶的制造和维护，以促进水上交通运输；

（iv）加大对内陆水运作为可替代交通运输方式的关注，妥善维护现存的设施和路线，保持河流畅通，开发内陆水域作为可替代的交通运输方式。

（8）劳动力

全尼日利亚人民党将会鼓励并积极与工会组织进行合作，以维护稳定的劳动力。鼓励与工会组织签订协议。全尼日利亚人民党政府将会通过实施党的经济规划来创建就业岗位，减少国家的失业率.

（9）生态发展

由于自然因素以及人们的经济活动，对石油资源和其他矿产资源的大肆剥削和开采，日益严重的生态退化已经在全国各地区出现，尤其是尼日利亚三角洲地区，生态退化已经开始污染水资源，破坏水生和野生生物赖以生存的栖息地，在此过程中，也毁坏了许多人民维持生计的方式和来源。水土侵蚀的威胁已经毁坏了村庄，摧残了道路、农田，并在继续造成更多的破坏。其他的工业生产的排放也造成了尼日利亚环境污染无休止的极度恶化，这已经达到了不可容忍的地步。

全尼日利亚人民党认为这种极恶劣的环境退化是不可接受的，政府将会从以下几个方面来阻止这一严峻威胁：

（a）确保石油开发商和采矿商遵守国际公认的环境保护法规和规则，以在开采过程中保护邻国的环境；

（b）确保遭受环境退化影响的社区和机构能够得到及时的赔偿；

（c）采取措施防止蓄意引发的环境退化行为，并指出此种犯罪行为是无利可图的；

（d）抗击尼日利亚任何地方出现的水土流失的危险，并作为优先关注的项目；

（e）采取国际标准，控制工业排放；

（f）增强联邦和州环境机构的职能，使之有效地执行任务。

（10）住房

全尼日利亚人民党政府将会努力制定一个为所有公民享受的住房政策。全尼日利亚人民党政府还将会考虑解决在大城市中存在的贫民窟问题，以及改善学生在高等教育机构的学习和生活环境。

（11）旅游业

很显然，尼日利亚没有充分挖掘其旅游资源的潜力。全尼日利亚人民党政府将会努力扭转这一趋势，将尼日利亚打造成旅客的天堂，首先必须得重建游客对我国安全的信心。

2. 私有化

全尼日利亚人民党政府认为商业和创业企业应该脱离政府独立运行。但是党反对将尼日利亚的工商业机构售卖给一些有可疑行为和以非竞争性价格进行运营的不法企业。全尼日利亚人民党坚持在私有化的过程中必须提倡透明性，私有化进程必须以更多人加入到这一进程的方式运行。

3. 收入分配

全尼日利亚人民党遵循的收入分配政策将会平息人民受伤的感情，通过协调各种不同的分歧来满足全国人民的愿望，确保无人受到压迫或者有理由感受到压迫。全尼日利亚人民党不提倡通过恐吓的方式为收入分配问题寻求一个最后的解决方案。

4. 青年发展

青年人的发展构成了祖国的未来，也是促进国家发展的重要人力资源。为此，我们将会采取切实措施和实施相关规划来为我们的国家培养健康、知识渊博和爱国的青年一代。通过政策规划来实现一个国家对其青年人应有的呵护，以增强青年人的发展。具体规划如下：

（1）通过体育运动、疾病防治来促进青年人的健康发展；

（2）通过为青年人提供良好的教育来促进他们的智力发展，并为他们的学习和身心的发展提供一个有益的环境；

（3）保护青年人免受任何形式的剥削和虐待；

（4）制定规划鼓励青年人远离犯罪；

（5）建立康复中心，使那些误入歧途的青年人迷途知返。

5. 传统的统治者

党认识到联邦主义提倡多元化下的统一理念。因此，党认为联邦内的每个州都应该自由地维持或更新其特定的机构组织，以满足人民合法的要求。全尼日利亚人民党相信传统的统治者，为了保护他们作为国父的地位，不应该陷入党派政治之争。

（五）字母 S 代表安全

国家现存的不安全的局势使得海内外的尼日利亚民众感到十分忧虑。全尼日利亚人民党政府将会彻底改革我们的安全机构，旨在实现：

（1）在日益加剧的武装抢劫和谋杀暗杀中，增强安全机构的防御和打击能力；

（2）将人们的利益放在首位；

（3）对安全机构人员灌输自豪感和使命感；

（4）增加警察人员、武装势力及其他安全机构和同盟组织的福利服务。

为了达到此目的，全尼日利亚人民党将会高度重视警察人员、武装势力及其他安全机构和同盟组织的动机和需求。

党的五点提议的焦点在于使我们的国家远离由于领导层及其追随者违纪而造成的社会腐朽和衰败。由此而恶化了腐败行为，使爱国主义热情降低，产生政府渎职，体制不公，教育水平低下，国家发展滞后，降低了公民对政体和机构的信心，包括司法体制。因此，我们需要将我们的国家引入正轨，使尼日利亚成为一个纪律严明的和博大精深的国家，努力在团结中建立一个经济和社会协调发展、人民免受压迫的政体。

这些目标将会使全尼日利亚人民党在尼日利亚领土上播种真正民主的种子。

（六）总　结

尼日利亚人民，如果我们有幸当选为政府，那么以上正是我们的政策规划总结。请你们支持全尼日利亚人民党，建立一个没有压迫的国家，那么尼日利亚的和平和繁荣将会得到祝福。

非洲解放党宣言

我们非洲解放党意识到维护和促进尼日利亚联邦共和国国家主权、统一和进步并让我们自身以及后代的尼日利亚人从长期困扰我们国家,制约社会经济发展的贫困、愚昧、腐败和剥削中解脱。

我们坚信主权在民,民主政治的权力来自人民。因此我们承认人民拥有决定最适合其自身需要的政府形式的权力,并且我们承诺为人民谋取最好的福祉。

(一)面对所有尼日利亚人民的自由和公平

我们决心将尼日利亚建成一个更公平自由的社会。对我们和大部分尼日利亚人民来说,文明社会指在一个社会中,所有公民联合起来,利用所有人参与贡献的社会资源来提供诸如健康医疗、教育和退休金等基本服务,因为这些服务是大部分人在急需的时候无法自我提供的。

我们党的目标是拓宽和深化所有人的自由度,使人们从贫穷、剥削和恐惧中解脱,让他们自由充分地发挥潜能,让每个人都有享受真正的机遇和做出真正选择的自由。

(二)加强民主,更多自由

军事独裁统治下的尼日利亚政治环境严酷。60年代短暂的初步民主政府时期建立的自由已经消失殆尽。我们必将加强那些自由权利使人们在尼日利亚生活得更愉快和更能实现个人抱负。

我们相信我们有必要采取积极的措施帮助妇女和少数民族争取公平对待和在工作场所更多的民主。

（三）妇女的权利

占我们国家超过一半人口的妇女至今仍被剥夺了很多基本权利。我们党的政府将会设立妇女事务部，负责保证所有政府部门在制定政策时能听取和反映妇女的需求和关注的问题。

尤其，妇女应该享有工作和工作平等的权利。除了员工培训计划和保障免受歧视的新规定外，政府将会帮助众多失业的妇女就业。我们将会制定法律规定为妇女专门预留一定比例的工作岗位。

（四）就业计划

就职后我们将优先召开国民经济峰会全面评估我国的经济的状况，着手进行经济复苏计划。以此确定政府、私人和公共部门的雇员以及工会组织所需要采取的协同合作措施来增加投资、控制通货膨胀、实现经济持续复苏。

（五）扶贫计划

过去八年内社会上下普遍的贫困状况是整个国家的污点，同时也加深了人民的苦难。贫困的主要原因还在于是政府有意为之。成千上万的穷苦大众只能在绝望中默默忍受。我们党的政府将与贫困直接做斗争。

（六）工业新活力

这么多年尼日利亚的工业一直处于放任自流逐渐走向衰落的状态。我们的石油收入被荒废，以牺牲制造业为代价，主要集中在短期的资金流动。

我们党将致力于重建我们的工业基础。石油产出下滑、技术变革和国际竞争压力加剧的形势之下，我们国家必须充分利用计算机和信息技术等现代发展手段谋生。

我们党政府将建立科学技术部，促进研究开发活动显著增加，协调科研活动和政府部门在相关领域的预算，协同企业和科学界鼓励将科学充分应用于工业生产过程和产品中。

（七）人才培养计划

要发展现代化、制造财富的工业，我们需要训练有素的劳动力。因此我们党将建立一项全国性的人才培养计划，以期在普及和提高职业技能标准方面取得重大进展。

（八）合理的能源政策

工业能效和社会安全都有赖于价格合理、可靠稳定的能源供应。我们党将寻求如煤炭等的其他替代能源，并且致力于提高能源产业的竞争力和效率。我们将贯彻能源部门私营化的政策。

尼日利亚的石油储备有限。我们党的协调能源计划将保证在保护环境和刺激就业的同时，尽可能合理地使用我们的能源储备。

（九）繁荣的农业

更高效的农业无疑将对尼日利亚的复苏做出可贵的贡献。我们将支持在农业中采取良好的环保作业。

为了支持农产品生产者，农业支持的重担必将从消费者身上转出。支持的方向必须从对产品的全面补贴转向直接补助那些急需帮助的农民，如那些在农田里劳作的农民。为了实现这些目标我们必须引入新的长期性的农业计划。

（十）健康医疗投资

我们党的政府将建立现代化符合大众期望的国民保健服务计划。

国民保健计划旨在为疾病的预防和治疗提供高品质的服务，对所有有需求的人提供免费使用，并且能够满足它可能碰到的不断变化的需求压力，如人口老龄化、为精神疾病患者提供合理援助的需求。

尼日利亚改革党宣言

（一）前　言

宣言目的是维护尼日利亚人民的权利，保障他们的未来和前景，保护国家财产免于过度浪费和滥用。此宣言蕴含极高的希望，要给我们的国家带来远大的前程、自豪以及信用保障。因为这个国家属于我们所有人而不仅仅是一部分人。

当全球经济危机殃及全世界的时候，我们需要坚持更有发展性的目标和循环经济。

博科圣地暴动以及盗用和肆意浪费国家资金所导致的政治形势，已经破坏了人民和他们所选出的官员之间的信任。在尼日利亚，选民被无视、被剥夺权利。因为政府官员认为，人民信息不畅，缺乏与政府的沟通渠道，于是他们就可以不履行为人民服务的公共职责。然而这一切不能再继续下去，我们将通过改革计划和我党的宣言对其实施根本的变革。

在这项宣言里，我们陈列出一系列计划来处理我们未来在经济上、社会上和政治上面临的主要挑战。我们会重建经济来保护经济复苏，加大投资促进经济增长和就业。我们将通过复兴来进一步巩固社会基础，加强团结。在当前被盗用公款和贪污丑闻所搞垮的体系中，我们会以更大的透明度和责任来恢复人们对政治的信任。这项国家改革项目能很好地达到我们预期的远大目标，应对我们所面临的挑战。我们的宣言虽然雄心勃勃但却要付出艰苦努力，虽然无畏大胆但却是脚踏实地。它是从殖民统治、军事独裁、平民体制以及动荡不安的年代所吸取的经验教训中总结出来的。

在接下来的两年里我们主要面临的挑战是：加强基层关于民主权利、选举权的再教育。在经济稳定增长和持续发展时，在知情选择的基础上，需要用这些权利选出推行善治的合适人选。这是为应对挑战而做出良好判断。我们的目标是在公平、尊重、庄重和开放的基础上实现现代化，保证尼日利亚的进步。由于我们生活的时代艰难，所以这是一项关于推动逐步变革的宣言。我们承诺，将减少依赖进口和国债支撑的发展项目。正如前文所述，这项决定意味着每分钱都会用得很明智，可以最大程度地保护一线公共服务。

这是显示更大胆量和魄力的时刻，我们希望受压制人民回应尼日利亚经受的苦难和它所付出的代价。我们反对"一切照常"的心态，因为我们必须重建和重新平衡经济，复兴我们的社会和政治。改革不能静止不动——尤其是当我们处在毫无约束的公共浪费时期，我们更需要在公共服务中创造更多的价值。

我们的宣言为健全的经济发展计划铺设了一条康庄大路。即便是在反对党政府执政期间，我们难以发挥影响时，也要一如既往地推进改革。我们需要推动经济成长，确保邮政系统和监控系统符合国际标准。我们厌烦了浮华的标准，无法接受虚妄的职业道德和伦理，因为我们经过改革，已经洗练出优雅和教养。旧的时代必定会被埋葬和毁灭。

这是新时代的开始，一个崭新的尼日利亚正在世界新秩序中形成。

尼日利亚是我们的祖国，我们的党想为人民和祖国做到最好。无论种族还是宗教的差异，这项宣言给予所有人极大的责任和公平，这项宣言是我党对未来公平的保证。

（二）改革党的临时施政纲领

1. 政治改革

基本目标是：我们通过教育选民努力重建我们的政治生活，巩固我们的社会。与此同时,我们要推动一次可能为所有人带来公平的残酷改革;满足重建经济的需求;保护和改革我们的公共服务。

我们就是站在下一个国家复兴舞台上进行改革的人,是因为我们的价值观、确定议程和我们对政府角色的理解:站在群众的立场上做事,让他们的生活朝更好的方向发展。我们坚信这才是积极向上的、永续改革的、绝不缺位的政府。也正是这种信仰帮助我们选出了受人敬仰的有能力的人。

我们的国家曾被毁坏和腐败,也被一些卑劣的政府破坏,我们对此感到十分难过。这段记忆永远难忘。我们的公共服务曾是衰落的代名词。如今政府仍然保留着那些多余的、没用的公共服务。我们的大城市发展滞后、医疗服务不足、交通系统落后和安全保障缺失。

人们拿到的都是贫困水平的收入。但是由于缺少物价和汇率管控,人民的购买力下降,无法拥有健康的生活方式。现在最低工资低于合理的生活标准,甚至大学生因为失业都去做了司机和抢劫犯。我们的当务之急是,在一个立法官员收入百万和允许政府官员每年更换豪车的国家,分配不公已经到了导致犯罪的局面!我们必须用福利和保障政策来救助失业者。我们要给人们社会和住房补贴,让他们的生活更得体。我们有这样的财富和资源。我们只要确保弥补和杜绝所有滥用的漏洞,实施我们的价值观和严谨的计划,就能实现以上这些改变。

我们成立政党就是因为它连接着肯尼亚人民的希望和愿望。我们想改变我们的国家,因为我们拒绝自夸和剥削的旧理论。政府是一个独立于被管理者的机构——这是一个谬误,政府不能随意地脱离正规,也不能仅仅为自己服务。政府是要真正地服务于人民。

我们很自豪的宣布我们正在奔向未来、奔向祖国的繁荣!现在我们不得不应对一个完全不同的世界,我们面临的新的主要挑战是:在竞争激烈的世界中为未来经济而战;在面临国际恐怖主义的现实时,处理经济损耗中的外来剥削和不合格的公共服务;在发展不定和生活期望最低的地方,调整政策以适应正在衰退的社会。这项改革意味着通过建设计划项目,使得我们作为个人可以有效地安排自己的生活、经济、保证我们的人民更长寿、更快乐,恢复改革政治。我们会在更公平、更雄厚的基础上改革我们的金融市场,建设我们的经济前途。

为了成功建设我们的公共服务,我们需要保护一线投资并且大胆地控制诡计多端的个别市民。我们必须成为政治上大胆的改革者:抓住我们这一代仅有的唯一一次机会,使尼日利亚成为负责任的、构建完整的共和国。

在所有改革的方案中,我们认为在艰难的时期应采取渐进式的改革方案。

我们不会通过改革所带来的变化来衡量我们实施项目的胆量和魄力,而是通过缩减公共开支和杜绝浪费来实现,我们所取得的成果将证明一切。在采取艰难决策时,始终秉持着公正的信念,我们相信我们可以朝着我们一直坚信的美好社会前进。

对于建设这种我们相信的经济、社会和政治过程中遇到的挑战,我们是该勇敢面对还是畏缩不前,这是一个很重要的选择。但是为迎接未来的挑战,我们要立即采取一些决策。首先,我们需要保证经济恢复,让我们的发展计划促进增长、繁荣,减少对外国的依赖。我们可以继续建设一个强大的经济前途。走错了,我们就会退回衰退和持续不景气的局面。

改革党相信我们不可以鲁莽地花费和浪费公共基金而把经济恢复置于危险之中。我们要刺激我们的经济,把工作保障落实到位,保障人们重新工作,减少赤贫现象。

2. 经济改革

银行系统已经成为发展不景气的源头。银行实施的紧缩政策使得借贷困难,严重制约了经济的增长。

我们的经济改革政策正在成为经济增长中一项必要的基本制度。到目前为止,失业人数上升超过 2900 万并且仍在不断增长。

此时此刻的问题是我们选举了无能的立法机关。他们没能力承认国家当前面临的极为艰巨的任务是一颗定时炸弹,并且很快就要爆炸。面对这种情况，人民是否能认识到，我们所做的决定是正确的。

我们有成百上千的技术机构，却不能为发展造出基本的工具，不能为家庭手工业造出创造性的改革方法，这一切都源于缺少政府的指导和极力。我们会向这些制度发起挑战，要求解除对外国进口的一切限制。

当增长仍然很脆弱的时候，我们承认需要继续支持经济发展。我们必须保障经济恢复。我们应当用新的方式重建我们的经济：更高科技的商贸、更公平的责任和回报，我们也希望精致的技术进步有助于控制欺诈和基金调度，以推动有效的发展。

通过监督和问责来提高公共服务质量。这是保证我们自己的钱服务于我们自己的时刻。因为在过去的这些年里，由于执政人的轻率导致纳税人上百万资金的浪费。这项宣言使得这种情况不会再发生。人们在工作、生活方面遭受了很多挫折。所以必须有一个不仅仅是为了改正错误的决定，而是要抓住建设未来机会的决定。改变是必然的而且是刻不容缓的。

金融服务通过提供投资资金支持，已经成为扩大就业的助推器。浪费和有名无实的花销的情况在尼日利亚已经不存在了。但是之前遗留的金融体系已经破坏了我们的经济。我们正在施行彻底的金融改革来阻止其重蹈覆辙；保证其成为未来高科技工业的新支持力量，例如创新工业，努力构建促进商业、本土产品增长的新文化。我们将补救废弃的金属制造业来鼓励地区生产和手工业的发展，阿焦库塔的复兴将作为国家的自豪和经济增长的巨大源泉。

财富的创造不是市场或者政府——而是人民的努力。所以我们要更多地支持地区和本土企业，帮助那些想要创业的人。有能力工作的人必须去工作，并且需要被正确估价。我们会通过给失业者提供工作机会来永久地结束贫困的生活；我们会给出更好的报酬，其最低工资至少符合平均收益，给打工人员提供生活保障。武装抢劫和犯罪趋势会减少，因为我们实施的改革已经根除了犯罪发生的土壤。

推行经济改革的方式包括：恢复经济增长；甩掉次重要的发展项目；提高对富人的征税力度，因为他们盗用国家财富来发展自己，却并没有将财富用于社会。改革的最高的职责是保障每个人的劳动都得到了应有的回报。我们相信，那些有宽广胸怀的人承担了更多的责任，他们的劳动为弱势群体创造了财富。

我们必须保护一线上的花销——教育和学校，人民健康，治安，以及公共服务改革以管理人民。

上百万的公职人员体现了我们价值观最坏的一面，他们利用权力贪污，养肥了自己的钱包，只重视自己的生活。由警察护卫的立法机关和警察总督每天都在保护自己免受公共事务的威胁。这些护卫者是从公共基金领取报酬、保护公众的警员，而不应充当其首长、参议院议员和公安局局长的私人保镖。正像我们勇敢地担负经济改革、推动市场公平运行一样，我们也需要勇敢地成为政府的改革者。

在过去的十年里，我们缺乏投资、改革以及公共服务。现在我们在物力不受约束的时期需要挑战更高的标准。我们要使我们的项目规划朝着脱离浪费、提高效率、物尽其用的方向前进。我们承认，更多地投资于有限区域就意味着削减其他区域。我们每年都要完成一项既定目标，填补一项缺项。第一年保证所有人的供电，第二年就是保证水的供应，以此类推。首先我们要建立以人民需要为导向的公共服务：产品标准上的明确保证，由最好的供应商接管未达标地区的项目，运用新的组织方式，如能适应经济增长的方式。

3. 卫生服务、安全和教育改革

在医疗方面的改革意味着我们是否能做到我们所保证的那样，为所有人提供完美的免费的健康服务。教育方面的改革意味着：如果地区学校表现不佳，那它就需要改革来提高质量；对于那些不够好的学校可以发起投票来更换校长，并经过上级机关或者教育委员会的严格调查。在治安方面，在暴力事件频发的社区，我们会更换警察局局长。

我们会保护人们所重视的事情、所要求的权利和义务，以此来巩固我们的社会。

4. 对吸引外国投资的改革

我们的社会没有被击碎,在很多方面它仍然有自己的长处。但是变化是如此之快。人们搬家搬得越来越频繁,小孩长得越来越快,思想也越来越开明。

我们会保护人们所重视的东西:家庭、强大的社区、地区管理机构。

外国投资者都必须尊重尼日利亚雇员,在缴纳相应的税金的同时,保障雇员的最低工资标准。任何羞辱我们人民和侮辱我们友好的外国投资者的行为将面临法律的制裁。任何与可耻行为合作的腐败公务人员将被起诉,与其同谋的外国人将被驱逐出境,永不能返回尼日利亚。对于诽谤和贬低我们种族的评论是可以容忍的。受到侮辱的尼日利亚人将得到充分的补偿。

我们提议推动充分的民主改革,将政治与其所服务的人民重新结合在一起。就像国际货币基金组织推行的货币贬值政策造成了全球经济危机一样,货币贬值也是破坏我们经济体系的原因。这项改革应该在我们的政治体系上引起尽可能小的骚动。因为我们封闭的政治体系已经与人民失去联系,而我们的改革又触动了立法机关的既得利益。

5. 选区改革

我们的政治体系和更多不知情的选区需要基本的改革,使其担当更大的责任。我们会鼓励人们去决定怎样改革我们的体系和政治:改变投票体系,选举出能对人民需求负责的政治体系。而且我们会更进一步限定国家元首两年固定期限的试用期,不能达到预期设定目标的国家元首将会被弹劾,或禁止担任任何政府职位!

过去的50年里,在政治和经济方面我们已经目睹了严重的冲击、作弊的选举、军事政变、后危机时代。我们希望人们用经验、价值观和理念来帮助我们的国家通过下一阶段的复兴和演变、而不是沮丧!过去统治国家的一个又一个的政府已经给我们的生活造成了灾难性的影响。

这项工作依赖于那些迫切要改革的人民的乐观精神。我们首要的敌人是那些被奉为神的老一代政客,他们是一群难改掉贪污毛病的混蛋,他们更愿意给毫无方向和目的的尼日利亚人一种悲观厌世的视角来看待国家的衰退。他们认为完美社会的唯一标准就是：建立一个少数人统治的国家，政策的目标是争取保护少部分特权阶层而不是大部分的群众。他们以一己私利，希望国家分裂。他们试图划出一条分界线，将分裂、衰退的尼日利亚与帮助我们统一的盟国和势力分开。

这个宣言是关于什么是可能的而又现实的、我们怎样成功实现的一种理想主义。这不是一次重大的运动而是从过去到现在的一场巨变。这是进步的一刻。我们代表着尼日利亚辛勤工作的普通人，我们希望他们的孩子能青出于蓝而胜于蓝。我们对于在经济、环境和社会上面临的挑战深感忧虑。我们站在他们的立场上。是他们的声音、需要和希望才成就这次改革。

6. 保卫我们的未来

在这个宣言中陈列的计划充分考虑到我们面临的财政状况。接下来的四年里要保证均等的平衡财政赤字，与此同时，保护一线的公共服务。我们一度遭遇全球经济危机，对我们的经济增长有着持久的影响。我们坚持认为我们的财政改革计划能够适应快速发展、自立的经济。这项宣言反映了我们选择一种公平的方式保护尼日利亚未来的同时，所要做出的艰难决定包括：

（1）偿还债务来提高我们的外汇汇率。

（2）对于所有立法局都有警察勤务兵，每年都换新车的局面，我们应当削减政府的这些消耗！退休的州长享受在两个州各拥有一套住房的待遇和勤务兵执勤——每年花掉我们上百万奈拉！这种深层的问题必须马上解决！其他促使政府合理化的跨境储蓄也必须马上停止。必须尊重尼日利亚工人并公平发放薪水。

（3）福利政策：我们的改革会增强公平和尊重。

（4）保护我们的国有资产：为所有尼日利亚人民提供国民保险。

我们应当着眼于在全球市场的增长与扩张，依靠于革新、建设性的发展理念，发展循环经济。

（三）挑 战

尼日利亚应对的挑战有：保护经济恢复，在全球经济危机中吸取经验和教训——货币贬值意味着我们的出口廉价而进口昂贵！这些挑战削弱了经济持续增长的基础：改革银行，基础设施现代化，现金交付赤字，正面支持私营部门以建立一个多样化、高科技的产业经济。在我们未来经济中，改革党应当实施经济恢复和鼓励投资。

下一阶段的改革方向：

（1）支持经济复苏，通过经济增长、公平税和减少次重要优先项目的花销，将赤字减半。

（2）保障银行的贷款安全，通过改革银行的业务管理条例，以保证过去不负责的情况不再发生。

（3）为经济增长建立金融业，促进金融机构间的政策协调，为商业和投资的发展提供资金。

（4）建立高科技经济，支持商业和工厂创造一百万的高技能就业，提供有效的交通系统，实现基础设施的现代化。

（5）鼓励长期恪守持续共同发展的文化理念。

发展的动力是私营企业：我们会全力支持商业去创造财富和工作岗位。强势的、持续的增长对可靠的政策来说是重要的。保障公共财政保持稳定、长期的增长。

在受到全球银行业危机的严重冲击下，要保证成功和商业需求稳定，我们必须对经济和金融机构的管理进行彻底地改革；为了支持保护后代享有繁荣的商业，我们需要积极的产业战略：向那些成功发展先进制造业和先进服务产业的国家学习。在尼日利亚，政府的角色不是坐视不管，而是培养私人部门的动力，适当地支持基础设施和一些新兴的其他部门。

后 记

本书在翻译过程中，主要参考了《世界各国宪法》（孙谦、韩大元主编）、《非洲十国宪法》（孙谦、韩大元主编）、《当代非洲法律》（洪永红、刘鸿武著）、《非洲法律文化史论》（夏新华著）、《非洲法律发达史》（何勤华、洪永红著）等书，并请教了国内外法学界、政治学界的多位专家以及在非洲一线的工作人员。在此向北京大学政治学讲席教授、政府管理学院院长、我的博士后导师俞可平先生、北京大学张清敏教授，中央编译局张文红研究员、陈家刚研究员，美国哥伦比亚大学 Jacqueline M. Klopp 教授，中国铁建集团中土公司寇鲁林总经理等表示感谢，同时感谢中央编译出版社薛迎春编辑认真负责的修改。本书如有不当之处，请诸位专家同仁勘正。

宋 微

2015 年 12 月于商务部研究院

图书在版编目（CIP）数据

世界主要政党规章制度文献. 尼日利亚 / 俞可平主编；宋微分册主编. —北京：中央编译出版社，2015.12

ISBN 978-7-5117-2513-4

Ⅰ. ①世… Ⅱ. ①俞… ②宋… Ⅲ. ①政党-规章制度-文献-尼日利亚 Ⅳ. ①D564

中国版本图书馆 CIP 数据核字（2015）第 012700 号

世界主要政党规章制度文献. 尼日利亚

出 版 人：	刘明清
责任编辑：	薛迎春
责任印制：	尹 珺
本书译者：	宋 微
出版发行：	中央编译出版社
地　　址：	北京西城区车公庄大街乙 5 号鸿儒大厦 B 座（100044）
电　　话：	（010）52612345（总编室）　（010）52612335（编辑室） （010）52612316（发行部）　（010）52612317（网络销售） （010）52612346（馆配部）　（010）55626985（读者服务部）
传　　真：	（010）66515838
经　　销：	全国新华书店
印　　刷：	山东鸿君杰文化发展有限公司
开　　本：	787 毫米×1092 毫米　1/16
字　　数：	503 千字
印　　张：	35.25
版　　次：	2015 年 12 月第 1 版第 1 次印刷
定　　价：	210.00 元
网　　址：	www.cctphome.com　　邮　箱：cctp@cctphome.com
新浪微博：	@中央编译出版社　　微　信：中央编译出版社（ID：cctphome）
淘宝店铺：	中央编译出版社直销店（http://shop108367160.taobao.com）　（010）52612349

本社常年法律顾问：北京市吴栾赵阎律师事务所律师　闫军　梁勤
凡有印装质量问题，本社负责调换。电话：（010）55626985